Michael Peinkofer
Barbarossa – Im Schatten des Kaisers

Weitere Titel des Autors:

Die steinerne Krone

Über den Autor:

Michael Peinkofer, Jahrgang 1969, studierte in München Germanistik, Geschichte und Kommunikationswissenschaft. Seit 1995 arbeitet er als freier Autor, Filmjournalist und Übersetzer. Unter diversen Pseudonymen hat er bereits zahlreiche Romane verschiedener Genres verfasst. Bekannt wurde er durch den Bestseller DIE BRUDERSCHAFT DER RUNEN, der – wie viele seiner übrigen Romane – auch in zahlreiche Sprachen übersetzt wurde. Seinen Erfolg mit dem Epos BARBAROSSA setzte er mit DIE STEINERNE KRONE fort, einem großen historischen Roman um Barbarossas Enkel Friedrich II.. Michael Peinkofer lebt mit seiner Familie im Allgäu. Weitere Informationen zum Autor unter www.michael-peinkofer.de

MICHAEL
PEINKOFER

Barbarossa – Im Schatten des Kaisers

HISTORISCHER ROMAN

Lübbe

NACHHALTIG PRODUZIERT

Die Bastei Lübbe AG verfolgt eine nachhaltige Buchproduktion. Wir verwenden Papiere aus nachhaltiger Forstwirtschaft und verzichten darauf, Bücher einzeln in Folie zu verpacken. Wir stellen unsere Bücher in Deutschland und Europa (EU) her und arbeiten mit den Druckereien kontinuierlich an einer positiven Ökobilanz.

FSC www.fsc.org MIX Papier | Fördert gute Waldnutzung FSC® C014496

Vollständige Taschenbuchausgabe
der bei Bastei Lübbe erschienenen Hardcoverausgabe

Originalausgabe 2022 by Bastei Lübbe AG,
Schanzenstraße 6–20, 51063 Köln, Deutschland
Bei Fragen zur Produktsicherheit wenden Sie sich bitte an:
produktsicherheit@bastei-luebbe.de

Dieses Werk wurde vermittelt durch die
Autoren- und Verlagsagentur Peter Molden, Köln

Lektorat: Stefan Bauer
Umschlaggestaltung: Massimo Peter-Bille
Umschlagmotiv: © kosmofish/shutterstock; © Eroshka/shutterstock;
© Phattha-nit/shutterstock; © vectorkat/shutterstock;
© LadyMary/shutterstock; © Ton Photographer 7824/shutterstock
Satz: Dörlemann Satz, Lemförde
Gesetzt aus der Baskerville Book BQ
Druck und Verarbeitung: GGP Media GmbH, Pößneck

Printed in Germany
ISBN 978-3-404-18933-5

4 5

Sie finden uns im Internet unter luebbe.de
Bitte beachten Sie auch: lesejury.de

Für meinen Vater,
der dieses Buch so gerne noch gelesen hätte

Der alte Barbarossa,
der Kaiser Friederich,
im unterird'schen Schlosse
hält er verzaubert sich.

Er ist niemals gestorben;
er lebt darin noch jetzt.
Er hat im Schloß verborgen
zum Schlaf sich hingesetzt.

Er hat hinabgenommen
des Reiches Herrlichkeit
und wird einst wiederkommen
mit ihr zu seiner Zeit.

Friedrich Rückert (1817)

HANDELNDE PERSONEN

Friedrich, genannt Barbarossa	Kaiser des römischen Reiches
Adalbert von Haigerloch	ein junger Ritter
Adela von Vohburg	erste Gemahlin Barbarossas
Arndt von Cappenberg	der Schatten des Kaisers
Arnold II.	Erzbischof von Köln
Arnulf von Weißenburg	Ritter, staufischer Gefolgsmann
Beatrix von Burgund	zweite Gemahlin Barbarossas
Berthold IV.	Herzog von Zähringen
Bertolf von Urach	Bannerträger des Reiches
Bruno von Chiaravalle	Abt des Zisterzienserordens
Chrétien von Troyes	ein französischer Dichter und Sänger
Christian von Buch	kaiserlicher Legat, Erzbischof von Mainz
Dazio	Waffenknecht aus Siena
Dietho von Ravensburg	ein Ritter
Dietrich von Flandern	Graf, Schwager des Kaisers

Dietrich von der Lausitz	Markgraf des Reiches
Dietrich von Sylva Benedicta	ein Kartäusermönch
Eberhard	Bischof von Bamberg
Friedrich II.	Herzog von Schwaben, Vater Barbarossas
Friedrich V. von Schwaben	Herzog, erstgeborener Sohn Barbarossas
Garzabano	ein italienischer Ritter
Gautier von Arras	ein französischer Sänger
Gebhard von Henneberg	Bischof von Würzburg
Gottfried von Viterbo	Kapellan des Kaisers
Gottfried von Wiesenbach	Ritter, Teilnehmer am 3. Kreuzzug
Gunther	Hofkaplan und Erzieher der Kaisersöhne
Guido von Biandrate	Graf des Reiches
Guido von San Callisto	Kardinal, päpstlicher Legat
Hartmann von Siebeneich	kaiserlicher Ritter
Heinrich	Sohn des Kaisers, erster in der Thronfolge
Heinrich der Löwe	Herzog von Sachsen und Bayern
Heinrich Jasomirgott	Herzog von Österreich
Heinrich von Kalden	Marschall des Kaisers
Hillin	Erzbischof von Trier
Humbert III.	Graf von Savoyen
Imad ad-Din Zengi	Atabeg von Mossul
Konrad	Pfalzgraf bei Rhein, Stiefbruder Barbarossas
Konrad	drittältester Sohn des Kaisers, später Friedrich von Schwaben

Konrad III.	römisch-deutscher König, Onkel Barbarossas
Konrad von Lützelhardt	Graf, Getreuer des Kaisers
Kuno	Gelehrter, Leibarzt des Kaisers
Lothar III.	Kaiser und König, Vorgänger Konrads III.
Ludwig von Helfenstein	Ritter, Teilnehmer am 3. Kreuzzug
Ludwig II.	Landgraf von Thüringen
Manuel I. Komnenos	Kaiser von Byzanz
Maria Komnena	seine Nichte, kaiserliche Prinzessin
Marchese	ein Erfinder von Kriegsmaschinen
Nicolaios	ein byzantinischer Hofbeamter
Nikolaus	Bischof von Cambrai
Nur ad-Din	Atabeg von Aleppo
Oberto von Dovara	Bischof von Cremona
Obizo Malaspina	Markgraf in Italien
Octaviano	Kardinal, später Papst Viktor IV.
Otto von Cappenberg	Mönch, Taufpate Barbarossas
Otto von Wittelsbach	Graf, Vertrauter Barbarossas
Philipp von Heinsberg	Kanzler, später Erzbischof von Köln
Rainald von Dassel	Kanzler, später Erzbischof von Köln

Rolando Bandinelli	Kardinal, später Papst Alexander III.
Sebastiano Ziani	Doge von Venedig
Sven von Dänemark	Cousin Barbarossas
Vincenzo	Kaufmann, Konsul in Mailand
Welf VI.	Herzog, Onkel Barbarossas
Wendelin	Bruder des Prämonstratenserordens
Wichmann von Seeburg	Erzbischof von Magdeburg
Wiebald von Stablo	Benediktinerabt, Berater des Kaisers
Wilhelm III. von Burgund	Onkel von Beatrix
Wilhelm von Montferrat	Markgraf, Onkel des Kaisers
Wladyslaw II.	polnischer Herzog, Schwager des Kaisers
Yussuf Salah ad-Din	Sultan von Ägypten und Syrien

PROLOG

Heerlager am Fluss Saleph, Kleinarmenien
Nacht des 10. Juni 1190

Die Zeit schien stillzustehen.

Es war, als hätte der Allmächtige selbst die Tiere verstummen lassen und den Lüften verboten, sich zu regen.

Schweigen hatte sich über das Lager gebreitet, so steinern wie die karge Landschaft, die es umgab, und so endgültig wie der Tod auf Erden selbst. Die Banner über den Zelten hingen träge herab, da war kein Wind mehr, der sie bewegt hätte. Und sogar der einstmals reißende Fluss schien jetzt zäh und langsam dahinzuziehen, nachdem er sein Mordwerk verrichtet hatte.

Der Kaiser war tot.

Friedrich von den Staufern, Kaiser und König, dem sie seines roten Haares wegen den Namen Rotbart gegeben hatten, weilte nicht mehr unter den Lebenden. Und es war, als hätte mit dem Ableben des Herrschers auch jeder Mut und alle Hoffnung das Heer der Kreuzfahrer verlassen.

Strapazen lagen hinter uns, die jeder Beschreibung spotteten, Hunger und Entbehrung. Sengende Hitze und brennender Durst hatten uns ebenso zugesetzt wie die Seldschuken, die uns immer wieder überfallen hatten, eine

Taktik gezielter Nadelstiche, die früher oder später jeden Kämpfer ermüden musste. Doch selbst in dieser scheinbar aussichtslosen Lage war es dem Herrscher gelungen, die Seinen stets mit frischem Mut und neuer Kraft zu erfüllen und bei Iconium zum Triumph über die Heiden zu führen. Noch keinen Mond lag dies zurück – doch schien es, als wären seither Ewigkeiten verstrichen.

Friedrich war nicht mehr unter uns.

Das Licht des Abendlands war erloschen, und drückende Trauer hatte sich über uns alle gelegt, die wir dem Kaiser ins Heilige Land gefolgt waren: Von den zehn Bischöfen und dreißig Grafen und ihren Bannerträgern und Rittern bis hinab zum Fußvolk und dem gemeinsten Knecht. Und nun, als sich der Tag dem Ende neigte, als die Sonne im Westen blutrot versank und die Felsen und verkrüppelten Bäume in der kargen Landschaft lange Schatten warfen, gesellte sich dunkle Furcht zur Trauer der Männer. Eine Angst, die bereits als dumpfe Vorahnung ihre Herzen verfinstert und ihnen in kalten Wüstennächten den Schlaf geraubt hatte und die nun mehr und mehr zur Gewissheit wurde – dass dieses ganze Unternehmen, dieser Heereszug zur Ehre des Allmächtigen und seiner himmlischen Scharen, nicht unter günstigen Sternen stand und von Beginn an zum Scheitern verurteilt gewesen war, vom ersten Tage an, seit der Kaiser vor drei Jahren auf dem Hoftag Jesu Christi das Kreuz genommen und feierlich gelobt hatte, das Heilige Land von den Heiden zu befreien.

Auch ich konnte mich dem nicht entziehen.

Furcht war mein Begleiter gewesen, seit wir Regensburg vor mehr als einem Jahr verlassen hatten und gen Osten aufgebrochen waren: zunächst auf Schiffen den großen Fluss hinab bis Alba Graeca, hinein in das Östliche Imperium, durch die Wälder und über die Pässe der Bulgaren nach Adrianopel. Versorgungsnot und ständige Überfälle hatten uns bis dahin bereits zugesetzt, und nur dem eisernen Willen und der Führungskraft des Kaisers war es zu verdanken gewesen, dass wir zum Osterfest den Hellespont erreichten und ihn auf byzantinischen Schiffen überquerten. In Anatolien freilich stießen wir erneut auf Widerstand. Heidnische Türkenstämme und kriegerische Seldschuken setzten uns zu, deren Hauptstadt Iconion wir mit Gottes Hilfe und unter großen Opfern eroberten – und nun, da wir mit dem Königreich von Kleinarmenien endlich wieder befreundetes, christliches Gebiet erreichen sollten und uns nur noch der Lauf des Saleph von den rettenden Mauern von Seleukia trennte, war unser geliebter Herrscher eines ebenso jähen wie unerwarteten Todes gestorben.

Es gab solche im Lager, die sich an die Heilige Schrift erinnert fühlten und an Moses, dem es nicht vergönnt gewesen war, das Land der Verheißung zu betreten; aber auch andere, die von dunklen Vorzeichen sprachen und von drohendem Untergang. Und alle stellten sie dieselben Fragen: Was genau war an der Furt geschehen? Wie hatte es zu dem furchtbaren Unglück kommen können, das nun womöglich Tod und Verderben über uns alle bringen würde?

Und wenn mich die Erfahrung meines langen Lebens eines gelehrt hatte, dann, dass vor allem die Mächtigen es nicht ertrugen, wenn solche Fragen ohne Antwort blieben …

Als die Wachen kamen, hielt ich mich vor dem Zelt des Kaisers auf. Hell erleuchtet stand es inmitten des Heerlagers, und obgleich es kein Prunkzelt war wie das, welches

Heinrich von England dem Kaiser einst zum Geschenk gemacht hatte, war es doch größer als alle anderen und mit purpurfarbenem Stoff ausgeschlagen, der Farbe des Herrschers. Von hellem Fackelschein erfüllt, leuchtete es in roter Glut und beschien die Gesichter jener, die sich eingefunden hatten, um ihrem König und Kaiser die letzte Ehre zu erweisen, seiner zu gedenken und für seine unsterbliche Seele zu beten. Aus dem Inneren des Zeltes drangen leise lateinische Worte – Litaneien der Prämonstratenser-Mönche, die die Wallfahrt begleiteten und sich um den aufgebahrten Leichnam des Herrschers versammelt hatten. Auch wenn die meisten, die hier draußen ausharrten, kein Wort davon verstanden, legte sich der monotone Gesang wie Balsam um ihre Seelen, gab ihnen Trost und Hoffnung inmitten der Trauer … anders als mir.

Am Boden kniend, bemerkte ich den Schatten, der auf mich fiel. Ich blickte auf und sah im Zwielicht zwei Waffenknechte. Auf ihren zerschlissenen Röcken, die vor Schweiß und Dreck ebenso standen wie vom Blut erschlagener Feinde, prangte neben dem Kreuz der Pilger das Wappen des schwäbischen Herzogs.

»Folge uns«, sagte einer der beiden mit einem Tonfall, der keinen Widerspruch zuließ.

Warum hätte ich mich auch wehren sollen? Ich hatte damit gerechnet und war bereit, die verlangte Auskunft zu geben. Ein leises Stöhnen entfuhr mir, als ich mich auf die Beine raffte. Das rechte Knie machte noch immer Schwierigkeiten, seit der seldschukische Pfeil mich getroffen hatte. Ein Splitter der Pfeilspitze steckte noch in der Wunde, die sich immer wieder öffnete – und nach dem heutigen Tag bezweifelte ich, dass sie sich jemals wieder schließen würde.

Einer der Posten bot mir den Arm als Stütze, und ich

nahm dankbar an. Gemessenen Schrittes führten sie mich zu einem Zelt, das nicht weit entfernt von dem des Herrschers stand, jedoch kleiner und schlichter gehalten war. Das Banner über dem Eingang kennzeichnete es als die Unterkunft des Kaisersohnes Friedrich, der den Titel des Herzogs von Schwaben trug und seinen Vater auf der Pilgerfahrt begleitet hatte – nicht unbedingt freiwillig, aber davon sprach inzwischen niemand mehr. Denn in den verlustreichen Kämpfen hatte sich der junge Herzog mehr als nur hervorgetan, und es galt schon jetzt als sicher, dass er anstelle seines Vaters die Führung des Kreuzfahrerheeres übernehmen würde.

Auch wenn das Zelt weniger prächtig anzusehen war als das des Kaisers, war es dennoch geräumiger als alles, worin gewöhnliche Edelmänner nächtigten. Zwei große Kammern umfasste es, von denen die größere auch als Versammlungsort diente. Dort hinein führte man mich.

Die vier Ritter, die dort bereits warteten, kannte ich. Auch ihre Waffenröcke waren schmutzig, die Gesichtszüge ausgemergelt von der Entbehrung und gezeichnet von den Schrecken des zurückliegenden Tages. Es waren nicht die Höchsten und Nobelsten, die im Heer der Kreuzfahrer ritten, gleichwohl waren sie enge Vertraute des Herzogs: Hermann, Bischof von Münster, der sich im Verlauf der Wallfahrt als kühner Anführer erwiesen hatte; des Kaisers Marschall Heinrich von Kalden sowie die Ritter Gottfried von Wiesenbach und Ludwig von Helfenstein, dem nachgesagt wurde, dass zuweilen himmlische Mächte zu ihm sprachen – wie am Tag vor dem Triumph von Iconion, als er in einer Vision gesehen haben wollte, dass der Heilige Georg selbst dem Heer der Kreuzfahrer vorausritt und es zum Sieg über die Heiden führte.

Die Ereignisse des zu Ende gehenden Tages freilich hatte auch er nicht kommen sehen …

Ich beugte das Haupt, um den hohen Herren Respekt zu erweisen. Ihre ratlosen Gesichter verrieten, dass auch sie nicht wussten, warum sie zu dieser späten Stunde an diesen Ort bestellt worden waren, noch dazu, wo nebenan Andacht für den verstorbenen Kaiser gehalten wurde. Kein Wort wurde gesprochen, und mir kam es vor, als würde die Hitze des Tages, die noch drückend unter dem Zeltdach hing, mit der Stille zu zäher, giftiger Schlacke verschmelzen.

In diesem Moment trat der junge Herzog aus der angrenzenden Kammer. Seine bartlosen Gesichtszüge, die eine gewisse, jedoch nicht frappante Ähnlichkeit zu seinem Vater aufwiesen, wirkten müde und ausgezehrt, in Strähnen hängendes blondes Haar umrahmte sie. In Friedrichs blauen Augen jedoch brannte ein Feuer, das verriet, dass sich die anfängliche Trauer um seinen Vater inzwischen in blanken Zorn verwandelt hatte.

Und Zorn pflegte stets nach einem Schuldigen zu rufen …

»Nehmt Platz, ihr Herren«, wies er die vier Rittern an und deutete auf die Hocker, die in der Kammer aufgestellt waren, auf einem Teppich, wie die Türken ihn woben, ein Beutestück aus vorangegangenen Kämpfen. Die Herren leisteten der Aufforderung Folge, auch Friedrich selbst nahm Platz, während ich weiter stehen blieb. Es kam mir nicht zu, mich ohne Aufforderung zu setzen, auch nicht nach all den Jahren.

Mit loderndem Blick sah Friedrich reihum. Sein Waffenrock ließ die Spuren zurückliegender Kämpfe erkennen; auf der Brust trug er den Löwen der schwäbischen Herzöge, auf der Schulter das Kreuz der Kämpfer Christi, so wie auch ich und alle anderen im Raum es trugen und wie es auch der Kaiser getragen hatte.

»Meine Freunde«, wandte sich Friedrich an die Anwesenden, »ich danke euch, dass ihr gekommen seid. Dies ist keine offizielle Beratung. Noch nicht einmal eine Anhörung. Kein Schreiber wird anwesend sein, um der Nachwelt davon zu berichten – euch jedoch bitte ich, um der Wahrheit willen mit mir auszuharren.«

»Um der Wahrheit willen?« Hermann von Münster hob die buschigen Brauen. »Verzeih, wenn ich widerspreche, aber solltest du in diesem Augenblick nicht bei deinem toten Vater weilen? Der heiligen Messe beiwohnen, die Bischof Gottfried lesen wird?«

In einer Geste, die mich an seinen Vater erinnerte, schüttelte Friedrich unwillig das Haupt. »Mein Vater hat zu Lebzeiten alles getan, um ins Reich des Allmächtigen aufgenommen zu werden. Er ist ein frommer Mann gewesen, erbarmungslos gegen die Heiden und barmherzig gegen die Armen. Die letzte Entscheidung, die er als unser Herrscher getroffen hat, bestand darin, meinem Bruder Heinrich die Krone zu übertragen und sich selbst nach dem Heiligen Land zu begeben, um dort seine christlichste Pflicht zu erfüllen. Ich werde«, fügte er schnaubend hinzu, »das Beten denen überlassen, die sich darauf verstehen und stattdessen gemeinsam mit euch Gewissheit suchen.«

»Dann stimmt es also?«, erkundigte sich Heinrich von Kalden. Der kaiserliche Marschall war dafür bekannt, keinem Zweikampf aus dem Weg zu gehen. Die Narbe, die quer über seine rechte Wange verlief, legte davon beredtes Zeugnis ab. »Im Lager machen Gerüchte die Runde …«

Statt zu antworten, winkte Friedrich einen Diener heran. Auf seiner Schulter trug der Mann einen Kriegssattel, den wir alle sofort erkannten: Es war der Sattel, der unseren Herrscher in die Kämpfe und Schlachten der letzten Wochen getragen hatte. Für den Sattel eines Kaisers war er vergleichsweise schmucklos, Friedrich Rotbart war kein Freund großer Verweichlichung gewesen. Die Nähte waren brüchig von der Sonne, das Leder glattgewetzt vom häufigen Benutzen. Von Sätteln wie diesem aus hatte der Kaiser sein Leben lang regiert, hatte er Huldigungen empfangen und Kriege geführt. Bis zuletzt …

Der junge Herzog erhob sich, nahm dem Diener den Sattel ab und hielt ihn so, dass alle das mit einer Borte versehene Gurtzeug sehen konnten. Man brauchte kein Sattler zu sein, um zu erkennen, dass etwas damit nicht stimmte. Der Bauchgurt war offenbar gebrochen, knapp unterhalb der Schnalle. Und die Glätte des Bruchs machte klar, dass jemand nachgeholfen hatte …

»Der Gurt ist angeschnitten worden!«, zischte von Kalden.

»Da musste er ja reißen«, folgerte Gottfried.

»Die dabei waren«, entgegnete Friedrich mit einem Seitenblick auf mich, »berichten übereinstimmend, dass Vater von großer Ungeduld erfüllt war, und wer ihn kannte, dem fällt es nicht schwer, dies zu glauben. Seleukia war bereits in Sichtweite, und er war nicht gewillt, sich von den Wassern eines Flusses aufhalten zu lassen, und wären sie noch so reißend. Also trieb er sein Ross in die Fluten, um dem Heer vorauszureiten – kurz darauf fiel er vom Pferd und ertrank, obwohl wir alle hier wissen, dass er trotz seines fortgeschrittenen Alters ein Meister im Sattel war.«

»Nun kennen wir den Grund für den Sturz«, sagte von Helfenstein. »Jetzt ergibt alles Sinn …«

»Es war feiges Mordwerk«, flüsterte Ludwig.

Wieder trat Schweigen ein. Das hässliche Wort war ausgesprochen, wie beißender Odem hing es in der schwülen Luft. Ein Ritter nach dem anderen nahm das Sattelzeug näher in Augenschein, überzeugte sich, dass der ungeheure Verdacht berechtigt war. Ihre Mienen verfinsterten sich, Fäuste wurden geballt und Racheeide geschworen.

»Die Sarazenen waren es«, meinte Gottfried überzeugt. Er musste es wissen, war er doch einige Zeit ihr Gefangener gewesen und unlängst nur mit Mühe entkommen. »Den Heiden ist nicht zu trauen, das haben sie mehr als einmal bewiesen!«

»Und wie sollten sie an meinen Vater herangekommen sein?«, fragte der junge Herzog dagegen. »Er war zu jeder Tages- und Nachtzeit wohlbewacht. Nein, meine Freunde.« Friedrich schüttelte den Kopf. »Ich fürchte, was meinem Vater zum Verhängnis wurde, war nicht nur feiger Mord, sondern auch Verrat.«

»Du meinst … einer von uns ist es gewesen?«, fragte Hermann kopfschüttelnd. »Das mag ich kaum glauben.«

»Ich ebenso wenig. Aber nur einer der Unseren konnte an die Ausrüstung meines Vaters gelangen. Und nur einer der Unseren kannte seinen unbeugsamen Willen und sein Ungestüm.«

»Dann lassen wir das Lager durchsuchen.« Von Kalden rammte die Faust in seine halb geöffnete Hand.

»Wonach?«, konterte Friedrich mit einer Weisheit jenseits seiner Jahre. »Nach Mordlust? Falschheit? Niedertracht?«

»Bei den Stallknechten fangen wir an«, beharrte der Thüringer und erntete dafür allseitiges Nicken. »Spätestens, wenn wir sie einer peinlichen Befragung unterziehen …«

»... werden sie uns alles erzählen, was wir hören wollen, und am Ende werden wir der Wahrheit kein Stück näher sein«, fiel Friedrich ihm kopfschüttelnd ins Wort. »Nein, meine Freunde. Außerdem will ich nicht nur die Hand, die den Mord ausführte – ich will den Kopf, der die feige Tat ersann.«

»Aber wer könnte so etwas tun?«, fragte Bischof Hermann in ehrlicher Bestürzung. »Wer seine unsterbliche Seele mit einer solchen Untat zu ewiger Verdammnis verurteilen?«

Friedrich nickte. Er schien über diese Frage bereits nachgedacht und eine Antwort gefunden zu haben. »Mein Vater hat mich gelehrt, dass es notwendig ist, seine Feinde stets genau zu kennen«, erwiderte er und nickte mir zu. »Tritt vor, Arndt.«

Ich kam der Aufforderung nach, so gut es eben ging. Genau wie der Kaiser, der von uns gegangen war, näherte auch ich mich dem siebzigsten Lebensjahr. Und obwohl es dem Allmächtigen bislang gefallen hatte, mich vor der Schwäche des Alters zu bewahren, hatten die Dürre Kilikiens und der Pfeil des Seldschuken mich auf schmerzhafte Weise gelehrt, dass ich nicht mehr der Jungspund von einst war. Humpelnd trat ich in die Mitte des Zeltes, wobei Gambeson und Kettenhemd schwer an mir zu zerren schienen, aber vielleicht kam es mir auch nur so vor. Alles schien schwerer zu sein, seit Rotbart nicht mehr da war, um meine Last zu teilen. Und ich die seine mit ihm ...

»Du meine Güte«, stieß Marschall von Kalden hervor, als würde er mich jetzt erst wirklich wahrnehmen. »Heinrich, warum hast du diesen Greis zu unserem Treffen bestellt? Er vermag ja kaum noch aufrecht zu stehen!«

»Dieser Greis«, stellte der junge Herzog mich ohne Zögern vor, »ist Ritter Arndt von Cappenberg. Möglicherweise ist euch sein Name niemals untergekommen, aber ihr habt ihn oft gesehen, und stets in unmittelbarer Nähe meines Vaters. Arndt ist sein Diener gewesen, sein persönlicher Leibwächter, sein Leben lang – und das mit derartiger Hingabe, dass manche von *caesaris opacitas* sprechen …«

»… dem Schatten des Kaisers«, übersetzte Helfenstein.

»Herr Arndt hat Vater besser gekannt als irgendjemand sonst. Beide sind gleich alt, am selben Tag geboren, und wie der erwähnte Schatten hat er ihn sein Leben lang begleitet, lautlos und treu und ohne ein Wort der Klage.«

Ich widersprach nicht, senkte jedoch den Blick. Was das Letztgenannte betraf, war ich mir nicht so sicher.

»Er wird uns Auskunft geben«, schloss Friedrich seine Beschreibung meiner Person und Tätigkeit.

»Worüber?«, fragte Hermann.

»Über alles«, entgegnete Friedrich achselzuckend. »Das Gift, das meinen Vater getötet hat, ist in der Vergangenheit gewachsen, und ich verlange alles darüber zu erfahren, von Anfang an. Welche Freunde hat mein Vater gehabt und welche Feinde? Was sind seine Stärken gewesen, was seine Schwächen? Was seine geheimen Leidenschaften? Heute Nacht werden wir seiner auf unsere Art gedenken, indem wir uns an all das erinnern – Herr Arndt wird uns berichten.«

»Kann er denn reden?«, erkundigte sich Gottfried mit herablassendem Augenaufschlag. »Offen gestanden wusste ich nicht einmal, dass er ein Ritter ist – noch kann ich mich entsinnen, ihn jemals sprechen gehört zu haben.«

»Das haben Schatten so an sich«, erwiderte ich.

»Hört, hört.« Ein flüchtiges Lächeln huschte über Bischof Hermanns Züge. »Das verspricht interessant zu werden.«

»Herr Arndt wird uns berichten«, wiederholte Herzog Friedrich und wies mir einen Platz auf dem letzten noch freien Schemel an, »und wir werden seinem Bericht lauschen. Wir werden meinen Vater durch seine Augen sehen und erfahren, wer er gewesen ist – und vielleicht finden wir auf diese Weise auch denjenigen, der ihn feige ermordet hat.«

»Mit Verlaub, hoher Herr«, wandte ich leise ein. »Wollt Ihr das alles wirklich hören? Es könnte Euch missfallen …«

»Ich will die Wahrheit«, stellte Friedrich klar, und sein Blick machte deutlich, dass er keinen Widerspruch dulden würde. »Die reine Wahrheit, verstehst du das?«

»Junger Herr«, entgegnete ich, »in meinem Alter ist die Wahrheit alles, was mir geblieben ist. Ihr werdet nichts anderes von mir zu hören bekommen.«

»Gut.« Friedrich nickte, und seine blauen Augen sahen mich auffordernd an, genauso wie die seines Vaters mich oft angesehen hatten. »So beginne deinen Bericht, Schatten! Sage uns, wer unser Kaiser gewesen ist und wer seine Feinde waren – auf dass wir die Schlange finden, die er an seiner Brust genährt hat bis zum tödlichen Biss …«

Indicium I

Adolescentes

1

Prämonstratenserstift Cappenberg
Herbst 1129

Trotz all der Jahrzehnte, die verstrichen sind, erinnere ich mich noch genau an meine erste Begegnung mit dem Mann, der später einmal Herzog, danach dann König und schließlich unser aller Kaiser werden sollte.

Meine ersten Lebensjahre hatte ich in der Obhut meiner Mutter verbracht, einer zarten jungen Frau, von der mir kaum mehr als ihr Lächeln in Erinnerung geblieben ist. Sie starb im bitterkalten Winter des Jahres 1127, als die Vorräte eines kargen Herbstes bereits zu Sancta Barbara zur Neige gingen und Eis und Schnee nicht enden wollten. In meinem ganzen Leben habe ich nur einen weiteren Winter erlebt, der ähnlich düster und dunkel war wie dieser. Dass mir der frühe Tod durch Kälte und Hunger erspart blieb, habe ich Mönchen der Prämonstratenser zu verdanken, die mich noch in jenem Winter zu sich nahmen. Damals hielt ich das für glückliche Fügung, für ein Wunder, das der Allmächtige an mir gewirkt hatte – heute weiß ich, dass dabei Mächte ihre Hand im Spiel hatten, von denen ich, der siebenjährige Knabe, noch nichts ahnte.

Die Mönche brachten mich, abgemagert und halb erfroren, wie ich war, in ihr Kloster nach Cappenberg, das erst wenige Jahre zuvor gegründet worden war, durch eine Stiftung der jungen Grafen von Cappenberg, der Herren Gottfried und Otto. Um für die Zerstörung des Gotteshauses von Münster zu sühnen, das durch ihr Zutun in Flammen aufgegangen war, hatten die beiden Brüder nicht nur ihrem weltlichen Besitz entsagt und das Armutsgelübde abgelegt, sondern die Burg und den Besitz ihrer Familie dazu eingesetzt, gleich mehrere Klöster zu gründen. Und Otto von Cappenberg war es auch, der mich unter seine Fittiche nahm. Wann er jenen Plan gefasst hatte, von dem ich ein Teil sein sollte, vermag ich nicht zu beurteilen, doch hätte es keinen Unterscheid gemacht, hätte ich schon früher davon erfahren. Denn fortan brauchte ich keinen Hunger mehr zu leiden. Ich bekam zu essen, bis ich satt war, und Kleidung, die mich wärmte, und war fortan von schützenden Mauern umgeben. Die Mönche waren gut zu mir; auf Bruder Ottos Geheiß lehrten sie mich Lesen und Schreiben und weihten mich ein in die Geheimnisse der Heiligen Schrift. Zum ersten Mal in meinem Leben erfuhr ich den Trost einer Gemeinschaft, und ich verlebte glückliche Tage … dass all dies einem Zweck diente und einer festen Bestimmung, erfuhr ich erst später.

An einem Frühlingstag des Jahres 1129 rief mich Bruder Otto zu sich. Ich nahm an, dass er sich über den Stand meiner Kenntnisse informieren wollte, indem er mich wie so oft einer kleinen Prüfung unterzog. Aber an diesem Tag war es anders. Am frühen Morgen waren Reiter im Kloster eingetroffen, gepanzerte Kämpen auf riesigen Pferden. Es kam öfter vor, dass Reisende im Kloster Halt machten oder bei Einbruch der Nacht um Obdach ersuchten; doch selbst ich, der halbwüchsige Knabe, konnte sehen, dass diese Leute keine gewöhnlichen Reisenden waren. Ihre Rösser, ihre Kleider, ihre Rüstungen – all das deutete darauf hin, dass hoher Besuch nach Cappenberg gekommen war.

Mein Verdacht bestätigte sich, als ich den Kapitelsaal des Klosters betrat. Nicht nur Bruder Otto fand ich dort, wie zu festlichen Anlässen in Mönchsrobe und Chorhemd gekleidet, sondern auch zwei Ritter, die auf ihren Röcken die Löwen der Staufer trugen – ich konnte nicht ahnen, welche gewichtige Rolle dieses Zeichen noch in meinem Leben spielen würde.

Und auch ein Knabe war dabei.

Es kam nicht oft vor, dass Kinder im Kloster weilten, meist kamen sie nur bis an die Pforte, um dort um Essensreste zu betteln. Aber dieser Junge, das konnte ich auf den ersten Blick erkennen, gehörte nicht zu denen, die es nötig hatten, ihr Auskommen auf Knien zu erflehen.

Sein Wuchs war aufrecht, seine Haltung stolz; sein Körperbau war kräftig, nicht unähnlich dem meinen. Aber anders als ich schien er die Kraft seiner Arme durch regelmäßige Übung zu trainieren. Seine Gesichtszüge waren blass und ebenmäßig. Sein Gebiss, das zu sehen war, weil er lächelte, war weiß und lückenlos. Es war kein hochmütiges Lachen, wie ich es bei anderen Gelegenheiten auf den Gesichtern hochwohlgeborener Sprösslinge gesehen hatte, sondern es lag eine offene, ehrliche Freundlichkeit darin. Obwohl er noch ein Knabe war, wirkte sein Kinn energisch und entschlossen, und etwas lag im Blick seiner blauen Augen, das mich beeindruckte und das ich später noch oft darin gesehen habe, eine unerklärliche Zuversicht, ein tiefes Vertrauen auf die eigene Herkunft, die vom Herrn verliehenen Fähigkeiten und ein günstiges

Schicksal – und auch gewisse Ungeduld. Das mit Abstand hervorstechendste Merkmal jedoch war das fast bis zur Schulter reichende rote Haar, das sein Gesicht umrahmte.

Ich war in respektvollem Abstand vor dem Jungen und seinen beiden Begleitern stehen geblieben. Wir mochten im selben Alter sein und womöglich manches gemeinsam haben, und doch trennten uns Welten.

»Arndt«, ergriff Bruder Otto das Wort und winkte mich näher heran, »ich möchte, dass du Friedrich kennenlernst, mein geliebtes Patenkind.«

Ich war sieben Jahre alt und wusste nicht viel von solchen Dingen – im Gegenteil konnte ich froh sein, überhaupt getauft worden zu sein und mich an den Namen zu erinnern, den meine Mutter mir gegeben hatte. Umso mehr beeindruckte mich, dass mein väterlicher Freund und Mentor, dem ich so viel verdankte, sich dazu bekannte, der Taufpate dieses Jungen zu sein, und das mit großem Stolz. Erst viel später erfuhr ich, dass dies auf die Verwandtschaft zwischen den Grafen zu Cappenberg und der Familie dieses Jungen zurückging.

Ich nickte und trat zögernd ein wenig näher. Das Gesicht des Knaben blieb freundlich. Er zog sogar die Nase kraus, und in seinem Augenwinkel zuckte es, als wollte er mich jeden Moment fragen, ob wir Fangen oder Verstecken spielen wollten. Der Blick seiner erwachsenen Begleiter jedoch verfinsterte sich mit jedem Schritt, den ich mich näherte.

»Und Ihr seid sicher, dass …?«, fragte der eine.

»Es ist der Wille des Herrn«, erklärte Bruder Otto überzeugt, während seine Blicke zwischen uns Knaben hin und her glitten. »So unterschiedlich und doch einander gleich«, sagte er. »Im selben Jahr geboren, im selben Mond, womöglich zur selben Stunde – der Herr tut solches nicht von ungefähr. In Rätseln wie diesen pflegt uns der Allmächtige seinen Willen zu offenbaren, davon bin ich überzeugt.«

»Aber ist es wirklich der Wille des Allmächtigen, der spricht?«, wandte der anderer Ritter ein. »Oder vielmehr der Eure, Cappenberg?«

Bislang hatte Bruder Otto seine verschränkten Arme in den weiten Ärmeln des Chorhemdes verborgen. Jetzt breitete er sie in einer schicksalsergebenen Geste aus. »Genau wie mein Bruder habe ich sowohl dem Titel als auch dem Besitz meiner Familie entsagt. Beides hat für mich keine Bedeutung mehr, mein Weg ist der des Herrn. Doch indem ich das Amt des Paten für diesen Knaben übernahm, gelobte ich auch, ihn vor Gefahr zu schützen. Wenn dieser Junge, in dessen Adern Blut von Staufern und Welfen fließt, einst tatsächlich sein wird, was ich gesehen habe und mir inständig erhoffe, so wird er jemanden brauchen, der ihm treu ergeben zur Seite steht.«

»So jemanden hat er bereits«, versicherte der Ritter, die Hand am Griff seines Schwertes. »Bis zum Tod.«

»Daran zweifle ich nicht – doch könnt Ihr nicht immer bei ihm sein. Schon aufgrund Eures Alters werdet Ihr eher vor dem Schöpfer stehen als dieser Knabe. Und wer wird dann an seiner Seite sein, habt Ihr daran je gedacht? Dieser Junge dort wird nicht nur ein *specialis custos* sein, ein Leibwächter, der ihn beschützt, sondern er wird auch mit ihm zusammen altern und mit Gottes Hilfe stets bei ihm verweilen, treu wie ein Schatten – selbst dann, wenn Ihr und ich längst den Weg alles Sterblichen gegangen sind.«

Ich verstand nicht wirklich, was mein Mentor damit sagen wollte, aber der Ritter widersprach nicht mehr. Und auch der Junge selbst, von dem so geheimnisvoll gesprochen wurde, sagte nichts. Ich wurde wieder fortgeschickt, wobei ich das Gefühl hatte, dass mich die Blicke der fremden Besucher verfolgten, selbst dann noch, als ich den Kapitelsaal längst wieder verlassen hatte. Was weiter gesprochen wurde, weiß ich nicht. Aber ich merkte, wie sich meine Ausbildung veränderte.

Die Mönche waren fortan strenger mit mir, und die Lektionen, die sie mir erteilten, wurden länger. Bruder Otto persönlich unternahm es, mich in den Grundzügen der lateinischen Sprache zu unterweisen, und zum ersten Mal wurde auch körperliche Ertüchtigung in meine Ausbildung einbezogen. All das ließ ich geschehen und stellte keine Fragen. Ich hatte keinen Grund, den Mönchen zu misstrauen, und nahm an, dass all diese Lektionen letztlich dazu dienten, mich zu einem der Ihren zu machen. Die Aussicht gefiel mir, denn ich hatte Freude am Lesen und an Büchern, und meine freie Zeit, obschon spärlich bemessen, verbrachte ich oft im *scriptorium*, wo ich den Mönchen bei der Abschrift und Vervielfältigung alter Schriften zusah. Ich hegte die Hoffnung, mich ihnen eines Tages anschließen zu können – nicht ahnend, was andere, höhere Mächte für mich beschlossen hatten.

Eines Tages – ich mochte neun oder zehn Winter alt gewesen sein – bat ein Mann im Kloster um Zuflucht. Es war eine stürmische Herbstnacht, und den Geboten von Gastfreundschaft und Nächstenliebe folgend, gewährten die Mönche von Cappenberg ihm Obdach. Wie sich zeigte, war der Fremde ein walisischer Sänger, der sich für das Mahl und das Dach über dem Kopf bedankte, indem er uns etwas vortrug.

Während der Regen auf die Dächer peitschte und der Wind um die Mauern der Klosterburg heulte, saß ich am flackernden Kaminfeuer und lauschte dem Sänger, der in einer schlichten Melodie und mit einfachen Worten die Geschichte eines Königs namens Artus besang, der vor langer Zeit in Britannien herrschte.

Es war keine Kindergeschichte, doch ich habe die Worte, die der Waliser in akzentbeladenem Deutsch vortrug, nie vergessen. Irgendetwas daran berührte mich und drang tief in mein Herz.

Erst Jahre später erkannte ich den Grund dafür.

2

Klosterstift Cappenberg
März 1134

Den rothaarigen Knaben sah ich erst fünf Jahre später wieder. Über die Zeit hatte ich ihn beinahe vergessen, so eifrig hatte ich mich den Studien gewidmet. Inzwischen hatte ich Lesen und Schreiben gelernt und Kenntnisse in der lateinischen Sprache erworben, die es mir ermöglichten, in der Heiligen Schrift zu lesen. Auch lauschte ich den Ausführungen gelehrter Mönche über Glaubensfragen, so wie ich ihnen an den Lippen hing, wenn sie Geschichten aus alter Zeit erzählten, die sie uralten Schriften entnommen hatten: von Kriegen, die vor undenklichen Jahren auf Erden tobten, von wagemutigen Reisen und hölzernen Pferden und von heidnischen Göttern, die auf Erden wirkten, ehe der Glaube an den Allmächtigen sie vertrieb.

Meine körperliche Ertüchtigung war darüber ein wenig zu kurz gekommen, ganz anders als beim roten Friedrich. Als wir einander zum zweiten Mal begegneten, zählten wir beide zwölf Lenze und standen vor dem Eintritt ins Mannesalter. Der junge Staufer jedoch – so hieß, wie ich inzwischen erfahren hatte, sein Adelsgeschlecht – erweckte den Eindruck, mir mindestens zwei Winter voraus zu sein. Er war ungewöhnlich groß für sein Alter, und seine Körperkraft hatte Sinn und Richtung bekommen. Er hatte dieselbe Haltung, die ich oft bei gepanzerten Reitern gesehen hatte, die Haltung eines Kämpfers; das leichte Kettenhemd, das er trug, unterstrich diesen Eindruck noch. Sein Haar trug er nun kurz geschnitten, aber noch immer war es so rot wie die Sonne, wenn sie abends versinkt.

Ob die Ritter, die ihn begleiteten, dieselben waren wie beim letzten Besuch, vermochte ich nicht zu sagen. Doch ihre Blicke waren ähnlich abschätzig, und der Argwohn war ihnen deutlich anzumerken. Bruder Otto setzte sich wie immer für mich ein: Er verteidigte meine Ausbildung, versicherte jedoch, mich nach dem Umgang mit Tinte und Feder künftig auch den mit dem Schwert lehren zu wollen. Für einen Jungen, der nichts als ein friedfertiger Mönch werden und sein Leben in den Dienst von Glauben und Wahrheit stellen wollte, kam das einer Drohung gleich, und ich hoffte, dass daraus so bald nichts werden würde. Doch der einstige Graf zu Cappenberg war nicht Ordensbruder geworden, weil er sich leicht von seinen Zielen abbringen ließ – und so fand ich mich bereits am nächsten Tag auf der Wiese am Fuß der Klosterburg wieder, in der linken Hand ein Schwert aus Holz und in der Rechten einen Schild, mit dem ich mich mehr recht als schlecht gegen die Schläge verteidigte, die der junge Friedrich auf mich niedergehen ließ. An Gegenwehr war erst gar nicht zu denken.

Die Hiebe, die er mir versetzte, flogen mir um die Ohren, als würde um mich ein Gewitter toben. Die lederne Haube, die man mir zum Schutz auf den Kopf gesetzt hatte, leistete mir nur sehr unzureichende Dienste, ich bezog furchtbare Prügel unter den Augen meines Mentors und vor Friedrichs Begleitern, die sich ausschütten wollten vor Lachen. In meinem Inneren wuchs Widerstand, ja sogar Zorn auf den Knaben, der mir dies antat, der mich vor sich hertrieb wie ein verschrecktes Tier und mich demütigte. Ich mochte kein gelernter Kämpfer sein, aber ich hatte von jeher einen starken Arm besessen, dem der Dienst an der Feder zumindest nicht geschadet hatte. Und so umklammerte ich den Griff des Schwertes fester und wartete auf eine Gelegenheit.

Der Schild, den ich zum Schutz immer höher genommen hatte, löste sich bereits in seine Bestandteile auf, während Friedrich auf ihn eindrosch. Doch da der junge Staufer darauf versessen war, mir meine Deckung zu nehmen, ließ er die seine außer Acht. Just in dem Augenblick, als mein Holzschild an meinem Arm zerfiel, holte ich zum Gegenschlag aus.

Oder vielmehr zum Gegentritt.

Mit voller Wucht traf ich das Schienbein meines Gegners, das wegen der noch kühlen Jahreszeit mit Hasenfell umwickelt, aber nicht gepanzert war. Ein überraschter Laut kam aus Friedrichs Kehle, schmerzvoll verdrehte er die Augen. Und statt mir den letzten entscheidenden Streich zu versetzen, nahm er ihn selbst in Empfang.

Da ich nun beide Hände frei hatte, schlug ich auch beidhändig zu. Seinen Schild hatte Friedrich sinken lassen, ob vor Überraschung oder vor Schmerz, und so drang mein Hieb durch und erwischte ihn an der Schläfe. Eine Wunde platzte auf und Blut trat hervor, und der rote Friedrich fiel um wie ein Mehlsack vor dem *refectorium.*

Im Siegestaumel riss ich den Schwertarm hoch und empfand einen Anflug diebischer Freude – die allerdings nicht lange währte. Denn schon einen Herzschlag später waren Friedrichs Begleiter bei mir. Einer stieß mich zu

Boden, und noch ehe ich begriff, was geschah, schwebte seine blanke Klinge vor meiner Kehle, bereit, sie zu durchschneiden.

»Haltet ein, ihr Herren!«

Bruder Otto stürzte atemlos heran. Gemeinsam mit dem anderen Ritter fiel er bei Friedrichs regloser Gestalt nieder und untersuchte ihn mit prüfendem Blick. »Dem jungen Herrn geht es gut, er wird gleich wieder zu sich kommen«, versicherte er. »Arndt hat in fairem Kampf gesiegt.«

»Fair war das wohl kaum!« Der Ritter, der mich bedrohte, bedachte mich mit finsterem Blick. »Was sollte der Sohn einer Stallmagd auch von den Regeln ritterlichen Zweikampfs wissen? Ich habe gleich gesagt, dass es an Irrsinn grenzt, ihm ein Schwert in die Hand zu geben, vom Frevel ganz zu schweigen!«

»Aber ist es nicht das, was Ihr erfahren wolltet?«, fragte Bruder Otto, der sich wieder aufrichtete und näher trat. »Ob Arndt sich im Kampf als ebenbürtig erweisen kann?«

»Ein Hund muss wissen, wer der Herr ist«, knurrte der Ritter. »Wenn sein Frevel ihn schon nicht das Leben kostet, dann doch zumindest die Hand, die den Sohn des Herzogs schlug.«

»Hier ist sie«, sagte der andere Ritter, der mein rechtes Handgelenk bereits ergriffen hatte und es so quetschte, dass ich das Holzschwert wimmernd fallen ließ.

»Nein, Ihr Herren, so hört doch …«, begann Bruder Otto von Neuem und klang beinahe flehend – doch die staufischen Ritter beachteten ihn nicht.

Mein Gesicht war heiß, mein Herz hämmerte, während meine Blicke zwischen den beiden Herren hin und her flogen. »Bitte nicht«, hauchte ich, doch weder konnte ich Nachsicht noch Mitleid in ihren harten, bärtigen Zügen erkennen. Mit panisch geweiteten Augen sah ich, wie der eine seine Klinge hob, um sie herabfahren zu lassen und mein Handgelenk zu durchtrennen. Ich hatte Verstümmelungen wie dieser beigewohnt und die Schreie der Bestraften gehört. Ich stellte mir den Schmerz vor und das Blut, musste daran denken, dass ich niemals wieder eine Feder würde halten können. Ich sah die Wut und die Entschlossenheit in den Augen des Ritters und wusste, dass selbst Bruder Otto die Mittel fehlten, um ihn aufzuhalten …

»Halt!«, rief in diesem Moment eine Stimme, die sehr viel jünger war als die meines Mentors, aber bereits voller Autorität. »Hört sofort auf damit!«

Friedrich war wieder zu sich gekommen. Mit einer Verwünschung auf den Lippen kam er auf die Beine und befühlte seine blutende Stirn. »Meiner Treu! Was ist das gewesen? Ist ein Baum auf mich gefallen?«

»I-ich bin das gewesen, Herr«, gestand ich leise, noch immer im Griff meiner Peiniger.

»Etwa damit?« Er deutete auf das Holzschwert, das herrenlos zu meinen Füßen lag.

Ich nickte.

»Aber er wird dafür bezahlen«, versicherte der Ritter mit der erhobenen Klinge.

»Was denn, Vetter?«, fragte Friedrich, während er grinsend seine blutbesudelte Hand betrachtete. »Bist du schwachen Verstandes, dass du jemanden, der so dreinschlagen kann, seiner Hand berauben willst? Hast du mal daran gedacht, wie nützlich er uns sein könnte, wenn es das nächste Mal gegen die Zähringer geht?«

»Ja … nun, nein«, gab der Ritter ein wenig verlegen zu – nachzudenken schien nicht unbedingt seine Sache zu sein. »Aber Cousin, Ihr müsst eingestehen …«

»Ich muss gar nichts«, stellte Friedrich klar, wischte energisch das Blut aus seinem Gesicht und trat auf mich zu. »Außer mich bei dir bedanken, Arndt«, sagte er.

»Was?«, fragte sein Vetter, und auch ich selbst glaubte, nicht recht zu hören. »Aber …«

»Du hast mir heute eine wichtige Lektion erteilt«, fuhr Friedrich fort, »und ich lerne sie lieber durch ein Schwert aus Holz als durch Zähringer Stahl.« Er nickte mir zu, und da war wieder dieses Lächeln, offen und ehrlich und trotz des furchtbaren Hiebes, den er eingesteckt hatte, voll unerschütterlicher Selbstsicherheit.

Der Cousin des jungen Herzogs zögerte noch einen Augenblick, dann endlich ließ er sein Schwert sinken und trat zurück. »Wenn Ihr es wünscht, Vetter.«

»Ich wünsche es, und mehr als das«, erklärte Friedrich, an Otto gewandt. »Ich verstehe jetzt Euren Gedanken, mein Pate, und die Vision, die Ihr verfolgt.«

»Das freut mich, Junge.« Bruder Otto nickte, wobei er die anderen beiden Staufer mit einem Seitenblick streifte. »Wenn deine Begleiter deine Meinung auch nicht zu teilen scheinen.«

»Das tut nichts zur Sache. Arndt ist Eure Gabe an mich und nicht an meine Vettern«, erwiderte Friedrich, und erneut hatte ich das Gefühl, meinen Ohren nicht recht trauen zu können.

Ich war eine Gabe? Ein Geschenk?

An den jungen Herzog?

»Er soll unterwiesen werden in den Regeln des ritterlichen Kampfes«, fuhr Friedrich fort. »Und ich möchte über seine Fortschritte auf dem Laufenden gehalten werden.«

»So soll es geschehen«, bestätigte mein Mentor und lächelte in väterlichem Wohlwollen. Meine Brust straffte sich, denn für einen Augenblick glaubte ich, dass sich dieser väterliche Stolz auf mich bezog – doch schon im nächsten Moment wurde mir klar, dass es sein Patensohn war, den der Cappenberger so ansah und mit dem er ein Geheimnis zu teilen schien. Ein Geheimnis, das mich betraf, meine Zukunft und das, was aus mir werden sollte.

Ich war plötzlich wütend und ertappte mich dabei, dass ich Eifersucht empfand, den Neid eines Zwölfjährigen, der seinen Vater niemals kennengelernt hatte und sich nach Anerkennung sehnte. Doch schon im nächsten Moment wurde mir klar, dass mir dieses Gefühl nicht zukam. Und dass es äußerst gefährlich sein würde, ihm nachzugeben, also verbarg ich es besser tief in meinem Inneren.

»Mein lieber Friedrich«, sagte Bruder Otto und legte seine Hände auf die breiten Schultern des jungen Staufers, der ihm an Körpergröße fast ebenbürtig war. »Die Wege des Herrn sind unergründlich, doch mir ist offenbar geworden, dass er Großes mit dir vorhat – deshalb hat er dir nicht nur Sinn und Verstand gegeben, sondern auch ein großes Herz, das aus deinen Worten und Taten spricht. Arndt wird es dir mit unverbrüchlicher Treue danken und dir ergeben dienen.«

»Was?«, platzte es aus mir heraus – schließlich war es das erste Mal, dass ich von solchen Dingen hörte. »Aber Herr«, wandte ich ein, »Ihr wisst, was ich mir erhoffe, mehr als alles andere! Ich möchte Mönch werden wie Ihr und mich dem Studium des Glaubens widmen, des Wissens und der Wahrheit …«

»Da hört Ihr es«, wandte Friedrichs Vetter spöttisch ein. »Dieser undankbare Bengel begreift noch nicht einmal, was ihm zuteilwerden soll.«

»Er ist noch zu jung, um zu wissen, was er will und

was nicht«, entgegnete Bruder Otto mit gütigem Lächeln. Auch wenn er es mir gegenüber nie erwähnt hatte, schien er diesen Plan schon seit langer Zeit zu verfolgen – war es womöglich sogar der Grund dafür, dass mich die Mönche von Cappenberg zu sich genommen hatten?

»Er wird mehr als Friedrichs Diener sein und auch mehr als ein bloßer Wächter. Er wird ihn verstehen wie niemand sonst und ihm nicht nur mit dem Schwertarm zur Seite stehen, sondern auch mit Rat, wann immer er es wünscht, so lautlos und selbstverständlich wie ein Schatten.«

»Aber …«, hauchte ich noch einmal, beinahe flehend.

»Ich weiß, dass es nicht das ist, was du dir erhofft hast, mein guter Arndt«, wandte sich Bruder Otto mir zu, und sein Blick schien zu sagen, dass er sehr genau wusste, wovon er sprach, »aber dir ist dies Schicksal bestimmt so wie mir das meine, und wenn der Herr nach uns ruft, so können wir uns diesem Ruf nicht verweigern. Auch mein Bruder und ich konnten es nicht, trotz aller Anfeindungen, die wir dafür in Kauf nehmen mussten, trotz des Zorns, der uns aus unserer eigenen Familie entgegenschlug.« Er hob den Arm und deutete auf seinen Patensohn. »Auch Friedrich kann sich seiner Bestimmung nicht entziehen«, erklärte er dazu. »Es wird der Tag kommen, da man ihm große Macht und Verantwortung übertragen wird … nicht etwa, weil Menschen es so verfügen, sondern weil der Allmächtige selbst es so will. Ich werde dann womöglich nicht mehr da sein, um ihn zu unterstützen, aber du, mein guter Arndt, wirst es für mich tun, selbst dann noch, wenn ich längst aus dieser Welt geschieden bin. So ist der Wille Gottes – und wer sind wir, uns diesem Willen zu widersetzen?«

3

Cappenberg
Anfang Mai 1138

Jener Tag änderte alles.

Zwar blieb ich in Cappenberg, während Friedrich das Kloster schon am nächsten Morgen wieder verließ und es über die nächsten Jahre nur gelegentlich besuchte; jedoch führte ich fortan nicht mehr das Dasein eines Novizen, an dem ich so großen Gefallen gefunden hatte, sondern bekam zu meinen Pflichten als Laienbruder nun auch noch jene als Schildknappe verordnet. Der Tag war fortan dem Erlernen des Kriegshandwerks gewidmet, während die Studien in Literatur, in Geschichte und Philosophie nunmehr nachts und bei Kerzenschein erfolgten, bis meine Augen vom Lesen bei spärlichem Licht schmerzten.

Ich nehme an, dass Bruder Otto sein Versprechen erfüllte und dem jungen Herzog von meinen Fortschritten berichtete – und es gab Gutes zu berichten. Denn obwohl ich am Umgang mit Waffen wenig Gefallen fand, musste ich zu meinem Verdruss feststellen, dass ich dafür mehr Begabung besaß als für Feder und Wissenschaft. Die Waffenmeister, die ins Kloster kamen, um mich im Umgang mit Pfeil und Bogen zu trainieren sowie im Führen von

Schwert und Lanze, zeigten sich überaus zufrieden; mit Leibesübungen kräftigten sie meine Beine, damit ich einen festen Stand hatte, und meine Arme, damit ich auch nach längerem Kampf nicht ermüdete; sie lehrten mich den Waffenstreit zu Fuß ebenso wie den zu Pferd, der eigentlich dem höheren Stand vorbehalten war. Doch der Zweck, dem meine Ausbildung diente, schien dies zu rechtfertigen.

Ich tat, was ich konnte, um Bruder Otto zufriedenzustellen und seine Anerkennung zu gewinnen, und so beflissen, wie ich mich zuvor dem Erlernen von lateinischer Schrift und Sprache gewidmet hatte, widmete ich mich jetzt den ritterlichen Tugenden – auch wenn ich insgeheim noch immer hoffte, dass mein Gönner irgendwann von seinem Plan ablassen und mir doch gestatten würde, als einfacher Klosterbruder zu leben.

Vergeblich, wie sich zeigte.

Von Friedrich hörte ich in diesen vier Jahren, die von Unruhen im Reich gekennzeichnet waren, nur selten; sein Onkel Konrad, der nach dem Tod Kaiser Heinrichs Ansprüche auf die Königskrone erhoben hatte, erhielt diese auch aufrecht, als die Reichsfürsten Lothar von Sachsen zum Nachfolger Heinrichs erwählten. Die Folge waren blutige Fehden, die sich Staufer und die mit Lothar verbündeten Adelshäuser von Welfen und Zähringern lieferten. Der zum Gegenkönig ausgerufene Konrad war schließlich zum Verzicht auf die Krone gezwungen worden, doch Lothars Tod im vergangenen Jahr hatte die Machtverhältnisse erneut grundlegend verändert. Und indem sie ihren noch immer vorhandenen Einfluss im Reich geltend machten, war es den Staufern gelungen, Konrad bei der Fürstenversammlung zu Koblenz zum neuen König wählen und in Aachen krönen zu lassen.

Erst im vorletzten Monat war dies geschehen, und der Groll darüber, dass er in der Herrschernachfolge übergangen worden war, saß tief beim mächtigen Welfenherzog Heinrich, der nicht von ungefähr den Beinamen »der Stolze« trug. Spätestens nach dem Reichstag zu Bamberg, den Konrad zum Pfingstfest einberufen hatte, um sich der Anerkennung durch die Mächtigen des Reiches zu versichern, würden neue Auseinandersetzungen aufflammen und das Reich in blutige Fehden stürzen.

Die Wochen zuvor, die uns wie die Ruhe vor dem drohenden Sturm erschienen, nutzte Friedrich zu einem weiteren Besuch in Cappenberg, diesmal für mehrere Tage; und wie ich zu meiner Verblüffung feststellen musste, war er nicht nur ins Klosterstift gekommen, um seinen Taufpaten zu besuchen und sich nach dem Stand meiner Ausbildung zu erkundigen; sondern auch noch aus einem anderen Grund, den er mir auf seine bisweilen schelmische Art offenbarte.

»Du bist zu beneiden, Arndt«, stellte er fest, als wir vom Übungsplatz in unsere Unterkünfte zurückkehrten – ich in die bescheidene Enge meiner Zelle, er in das gemütlich eingerichtete Gästequartier, das für ihn und seinen Vater, den Schwabenherzog Friedrich, hergerichtet worden war. Stundenlang hatten wir aufeinander eingeschlagen und den Kampf Mann gegen Mann geübt, und anders als damals war ich nun tatsächlich in der Lage, den Attacken des jungen Herzogs Einhalt zu gebieten, ohne ihm, auf höchst unritterliche Weise vor das Schienbein treten zu müssen; da warmer Mairegen niederging, waren wir beide durchnässt bis auf die Haut und sahen aus wie zwei Frischlinge, die sich im Schlamm gewälzt hatten.

»Zu beneiden? Warum?«, fragte ich. Wenn wir unter

uns waren und niemand in der Nähe, der uns belauschte, so hatte ich die Scheu weitgehend abgelegt und unterhielt mich mit ihm, wie ich es auch mit anderen Gleichaltrigen getan hätte. Friedrich selbst hatte mich dazu ermutigt.

»Nun mach nicht so ein Schafsgesicht«, meinte er und grinste breit. »Du weißt doch genau, was ich meine – oder willst du mir erzählen, du hättest dich noch nie hinübergeschlichen?«

»Hinüber?« Ich wusste wirklich nicht, wovon er sprach.

»Dummkopf, zu den Weibern natürlich!«

Jetzt wurde es mir klar. Wie alle Prämonstratenser-Klöster zeichnete sich auch das Klosterstift zu Cappenberg dadurch aus, dass sich in unmittelbarer Nachbarschaft des Männerkonvents ein Frauenhaus befand, in dem fromme Christinnen nach den Ordensregeln lebten. Da ich von klein auf unter Mönchen gelebt hatte, hatte ich dieser Tatsache nie größere Bedeutung beigemessen, zumal ich mich ja selbst mit dem Gedanken getragen hatte, die Gelübde abzulegen (und es insgeheim noch immer tat). Friedrichs wölfisches Lächeln allerdings machte mir klar, dass er sich seine eigenen Gedanken zum Thema gemacht hatte – und dass sie nichts mit Frömmigkeit oder gar Keuschheit zu tun hatten …

»Die Nonnen von Cappenberg haben ihr Leben in den Dienst Jesu Christi gestellt«, erwiderte ich schnell und lauter, als ich beabsichtigt hatte. »Sie stehen unter dem Schutz des Allmächtigen und der heiligen Kirche, ich würde niemals …«

»Krieg dich wieder ein«, feixte Friedrich und hob dabei die Hände wie jemand, der ein in Unruhe geratenes Pferd beschwichtigt. »Ich habe gewiss nicht vor, die heiligen Frauen in ihrem Seelenfrieden zu stören«, versicherte er. Er war ein gut aussehender Bursche, selbst jetzt, da er vor Dreck starrte. Seine Schultern waren noch breiter geworden, und seine Postur wirkte noch eindrucksvoller; um sein Kinn spross jetzt ein Bart, der ebenso rot war wie das Haar auf seinem Kopf, und seine Augen blitzten vor Tatendrang. »Aber ich weiß auch, dass es dort auf der anderen Seite Laienschwestern gibt, die von ihren gestrengen Vätern dorthin entsandt wurden, um wichtige Tugenden des Lebens zu erlernen. Und dabei könnten wir beide ihnen heute Nacht behilflich sein.«

»Heute Nacht?« Vor Schreck blieb ich stehen und ließ die beiden Übungsschilde fallen, die ich getragen hatte. Klappernd landeten sie auf dem Boden.

Friedrich griff an den ledernen Beutel an seinem Gürtel und zog mit noch breiterem Grinsen einen eisernen Schlüssel daraus hervor. »Erkennst du den?«

Und ob ich ihn erkannte!

Es war der Schlüssel zu dem alten Kellergang, der den Männerkonvent und das Niederkloster der Frauen unterhalb der Burg miteinander verband, ursprünglich angelegt, um im Fall eines Überfalls die Flucht zur jeweils anderen Seite zu ermöglichen, sowie zur Vorratshaltung, aber gewiss nicht für die Zwecke, denen der junge Friedrich sie zuführen wollte …

»Woher hast du den?«, fragte ich verblüfft.

»Das brauchst du nicht zu wissen. Wichtig ist nur, dass du dich um Mitternacht im Keller einfindest, sodass wir beide einen Ausflug auf die andere Seite unternehmen können.«

»Wir beide?« Mir wurde heiß und kalt. In Gedanken begann ich bereits zu zählen, wie viele Verbote ich mit diesem Frevel wohl übertreten würde … »Das geht nicht, Herr«, widersprach ich und wurde plötzlich wieder förmlich.

»Warum nicht?«

»Weil es sich nicht geziemt, deshalb!«

Friedrich schnaubte nur. »Hat Otto dir je erzählt, was seinem Bruder Gottfried widerfuhr, als er sich für das klösterliche Leben entschied?«

»Nein«, musste ich zugeben.

»Gottfried war zu diesem Zeitpunkt mit Jutta verheiratet, der Tochter Graf Friedrichs von Arnsberg. Durch Heiratspolitik hatte der alte Graf gehofft, Macht und Besitz für seine Familie zu mehren und auf Generationen hinaus zu sichern – all diese hochtrabenden Pläne lösten sich in Wohlgefallen auf, als sich Gottfried entschied, den weltlichen Dingen zu entsagen und den Klostertod zu sterben. Und das, zumal auch Jutta sich auf Gottfrieds Drängen hin entschied, den Schleier zu nehmen und dem Frauenkonvent beizutreten. Nicht nur dass ihr Vater Gottfried mit wüsten Schmähungen überzog und ihn vor Gericht zerrte – er versuchte auch, Jutta gewaltsam aus den Klostermauern zu befreien.«

»Das … wusste ich nicht«, gab ich zu. Die Mönche hatten zwar hin und wieder etwas in dieser Richtung angedeutet. So unverblümt berichtet hatten sie es mir allerdings nicht.

»Bis zu Gottfrieds Tod lebte Jutta im Kloster. Die Ordensgelübde hat sie allerdings nie abgelegt und später einen anderen Mann geheiratet«, fuhr Friedrich fort, geschwätzig wie eine Magd am Brunnen. »Zugegeben, das ist eine Weile her. Aber nun stelle dir vor, wie viele Töchter aus gutem Hause dort noch in Klostermauern leben, von

Gelübden gänzlich unberührt und von Langeweile gepeinigt!«

Ich gestehe, dass ich der Vorstellung für einen Moment nachgab – und einigermaßen über die Reaktion meiner Leibesmitte erschrak.

»Das … das ist keine gute Idee Herr … Friedrich«, würgte ich mühsam hervor.

»Wie auch immer – mein herzensguter Pate hat angeordnet, dass du mir immer zu folgen hast«, konterte dieser, »du musst also mitkommen, ob es dir gefällt oder nicht.«

Mein Mund klappte auf und zu wie bei einem Fisch, der auf dem Trockenen lag. Dann kam mir ein rettender Gedanke. »Außerdem nutzt der Schlüssel der einen Seite nichts«, merkte ich an, »wenn man nicht auch den der anderen …«

Friedrichs Grinsen ließ mich verstummen.

»Wie es der Zufall will, weiß ich aus zuverlässiger Quelle von zwei jungen Damen, die just das Gegenstück zu diesem Schlüssel hier besitzen und uns um Mitternacht auf der anderen Seite erwarten werden. Bereitwillig, wenn du verstehst.«

Ich verstand durchaus – aber mir war nicht klar, ob ich darüber in helle Verzückung oder in schiere Panik ausbrechen sollte. Friedrich sah meine Verlegenheit und deutete sie richtig.

»Einen Moment«, sagte er. »Soll das etwa bedeuten, dass du noch nie …?«

Ich schüttelte den Kopf.

»Noch nicht einmal mit einer Stallmagd?«

»Dies ist ein Kloster, Herr.«

»Dann wird es höchste Zeit«, urteilte Friedrich unbarmherzig. »Bei Sonnenuntergang am Eingang zum Keller. Wasch dich und sorg dafür, dass du nicht stinkst wie ein Bulle. Und flechte einen Blumenkranz.«

»Wozu?«, fragte ich mit großen Augen.

»Wozu wohl?«, fragte Friedrich dagegen, während er die Tür zu seiner Kammer aufstieß und grinsend darin verschwand. »Um Maienzauber zu treiben natürlich!«

Ich weiß nicht, woran genau es lag – ob es die Ehrfurcht vor meinem jungen Herrn war oder ob seine Worte eine Begierde in mir geweckt hatten, die sich nicht mehr einfach leugnen ließ, jedenfalls fand ich mich um Mitternacht tatsächlich an der verabredeten Stelle ein. Ich hatte mich gewaschen und ein frisches Hemd angezogen und bildete mir ein, auch ordentlich zu riechen. Und in aller Hast hatte ich sogar einen Kranz aus Margeriten geflochten, auch wenn ich mir nicht recht erklären konnte, wofür er gut sein sollte.

Friedrich erwartete mich bereits.

Auch er hatte sich zurechtgemacht, auf den Blumenkranz allerdings verzichtet. Er war wohl der Ansicht, dass er keines Maienzaubers bedurfte, um beim weiblichen Geschlecht zu erreichen, wonach ihm der Sinn stand. Dafür hatte er zwei brennende Kerzen aus Talg dabei, von denen er eine an mich weiterreichte. Dann schlichen wir lautlos die Treppe zum Keller hinab. Das Herz schlug mir dabei bis zum Hals, und ein Teil von mir sehnte sich zurück in die Abgeschiedenheit meiner Zelle – während ein anderer nirgendwo anders sein wollte als hier und jetzt, bei meinem jungen Herzog, dessen Lebenslust geradezu ansteckend war. Wann immer sich bislang körperliches Verlangen bei mir geregt hatte, hatte ich durch Gebet und Askese versucht, mich auf andere Gedanken zu bringen, und bisher war mir das leidlich gelungen. Nun jedoch nicht mehr – und niemand anders als der rote Friedrich trug daran Schuld.

Wir bewegten uns so lautlos wie möglich, schließlich konnte es sein, dass der Cellerar oder einer seiner Helfer sich noch zu einer späten Bestandsaufnahme in den unteren Gewölben aufhielt. Doch wie es später noch so oft der Fall sein sollte, war Friedrich das Glück hold. Unbehelligt erreichten wir die Tür zum Tunnel, und er schloss sie auf. Was folgte, war der Gang durch einen ebenso kalten wie feuchten Stollen, der steil bergab durch Gestein und Erdreich getrieben worden war, kaum hoch genug, dass man aufrecht darin stehen konnte. Scharen von Ratten tummelten sich darin, die Reißaus nahmen, sobald der Lichtschein der Kerzen sie berührte.

Endlich erreichten wir die andere Seite. Friedrich klopfte an, und wir warteten mit pochenden Herzen. Im nächsten Moment wurde das Schloss von der anderen Seite geöffnet.

Die Tür schwang auf, und wir schlüpften durch den sich weitenden Spalt, lautlos und geschmeidig wie Füchse in einem Hühnerstall. Dunkelheit umgab uns, und ich leuchtete mit der Kerze umher, bis ihr Lichtschein eine Gestalt erfasste.

Ich war wie vom Donner gerührt.

Sie war älter als ich, wohl schon um die zwanzig Lenze, und in der Blüte ihrer jugendlichen Schönheit. Kastanienbraunes, zu dicken Strängen geflochtenes Haar umrahmte ihr zartes Gesicht, aus dem mich ein rehbraunes Augenpaar freundlich ansah. Sie lächelte, und ihr Mund war ein wenig geöffnet, sodass kleine weiße Zähne blitzten. Nie zuvor hatte ich etwas so Anmutiges gesehen. Wie eine

Erscheinung stand sie vor mir in ihrem weißen Gewand, unter dem sich ein bebender Busen abzeichnete. Mein Herz schlug schneller, und meine Begierde erwachte unter ihrem einladenden Blick. Ich murmelte etwas Unverständliches und hielt ihr den Kranz hin, den ich geflochten hatte, um ihre Stirn damit zu krönen …

… als Friedrich mir einen harten Rippenstoß versetzte.

Ich krümmte mich vor Schmerz und sog pfeifend nach Luft. Der Kranz fiel zu Boden, und ich trat darauf, während ich mich wankend auf den Beinen zu halten suchte. Als ich endlich wieder Atem schöpfte, war Friedrich über mir und sah befremdet auf mich herab.

»Bist du toll, Mann?«, fragte er verständnislos, während er mich gleichzeitig in die andere Ecke des Kellerraumes schob. Dort erfasste der Schein der Kerze eine weitere Gestalt.

Sie war ebenfalls weiblich und mochte etwa so alt sein wie ich – aber mit jener engelsgleichen Erscheinung hatte sie nur wenig gemein. Ihre Gesichtszüge waren blass und hohl und von Pusteln übersät, unter ihren Augen hingen Tränensäcke. Ihr flachsblondes Haar hatte die Anmutung von Stroh, und wenn sich unter ihrem Kleid ein Busen versteckte, so hielt sie ihn wirklich gut verborgen. Ihr Blick war mehr verschreckt als einladend, und ich fragte mich, warum sie überhaupt hier war – vermutlich aus Rache an einem Vater, Onkel oder Bruder, der sie in klösterliche Obhut gegeben hatte, um sie gegen ihren ausdrücklichen Willen zu verheiraten.

Ein Teil von mir wollte kehrtmachen und wieder gehen, aber meine Begierde war entfacht und würde nicht mehr von allein verschwinden.

»Trag es mit Fassung«, beschied mir Friedrich, während er die rehäugige Schöne in eine dunkle Ecke zog und mir einen wölfischen Blick über die Schulter zuwarf. »Die Wiese des Lebens ist weit und groß – es gibt noch genug Blumen für dich zu pflücken.«

4

Waldland südlich von Weinsberg
Ende August 1140

Im Herbst 1139 hatte ich Cappenberg verlassen. Es war nur eine Frage der Zeit gewesen, bis Bruder Otto meine Ausbildung für beendet erklären und mich meiner neuen Aufgabe als Diener des jungen Friedrich zuteilen würde, sodass ich mehr als genug Zeit gehabt hatte, mich darauf vorzubereiten; dennoch befiel mich Wehmut, als ich das Klosterstift, das zwölf Jahre lang meine Heimat gewesen war, verließ, um meinem neuen Herrn in einen Konflikt zu folgen, den ich weder recht verstand noch nachvollziehen konnte.

Nachdem ein Teil der Reichsfürsten Friedrichs Onkel Konrad als König bestätigt hatte, war es wie erwartet zu blutigen Auseinandersetzungen gekommen, die zwar mit dem Tod seines Rivalen Heinrichs des Stolzen im vergangenen Jahr ein jähes Ende genommen hatten, jedoch gleich wieder aufgeflammt waren, als sich die welfischen Herzöge dagegen wehrten, dass ihnen zur Strafe ihre angestammten Besitzungen in Sachsen und Bayern genommen werden sollten. Was mich zusätzlich verwirrte, war die Tatsache, dass Friedrich, der Konrad im Kampf unterstützte, auch welfisches Blut in seinen Adern hatte – seine früh verstorbene Mutter Judith war Welfin gewesen, der mächtige Herzog Welf daher nicht weniger sein Onkel als der zum König gekrönte Konrad. Dem Sterben auf den Schlachtfeldern tat das jedoch keinen Abbruch, auf beiden Seiten wurden Schädel eingeschlagen, Kehlen durchschnitten und Leiber durchbohrt, ohne dass diejenigen, deren Blut in Wiesen und Äckern versickerte, jemals erfuhren, wofür sie ihr Leben ließen. Es war ihre Pflicht, ihren Lehnsherren in den Kampf zu folgen – so wie es die meine war, meinen jungen Herrn zu beschützen und an seiner Seite zu bleiben.

In einem Hohlweg waren wir abgesessen und warteten bei unseren Rössern. Es war noch früh am Morgen, und der nahe Herbst kündigte sich bereits durch eine klamme Kälte an, die unter unsere Umhänge kroch und uns frösteln ließ. Mächtige Eichen ragten zu beiden Seiten des Weges wie stumme Wächter auf, um die knorrigen Stämme waberte Nebel, aus dem sich unvermittelt die Umrisse eines Reiters schälten.

Es war der Späher, den Friedrich vorausgeschickt hatte, und er hatte gute Nachricht. »Ihr hattet recht, Herr«, meldete er, während er aus dem Sattel stieg. »Dort im Wald haben sie sich versteckt, westlich von hier, in einer Senke.«

»Wie viele?«, wollte Friedrich wissen.

»Ein halbes Dutzend.«

Friedrich grinste unter dem visierlosen Helm und der Kettenhaube, unter der zu beiden Seiten seines Gesichts rotes Haar hervorquoll. Seit einigen Tagen schon hielten sich die königlichen Truppen im Umland von Burg Weinsberg auf. Ursprünglich von den Staufern als Stützpunkt errichtet, war ihnen die Festung von den welfischen

Truppen im Handstreich entrissen worden. Nun galt es, sie mit Waffengewalt zurückzuerobern, und dazu gehörte auch, die umliegenden Wälder von welfischen Kundschaftern zu säubern. Mit dieser Aufgabe hatte Friedrichs Vater seinen Sohn betraut, während er selbst damit befasst war, die Belagerung der Burg zu organisieren. Der alte Schwabenherzog war ein kluger Taktiker, aber auch hart in seinem Wesen wie in seinen Entscheidungen; seine Schläue mochte Friedrich von ihm geerbt haben, das gewinnende, zugängliche Wesen wohl eher von seiner Mutter. Friedrich war klar, dass dieser erste Einsatz als Kommandant eines Kriegstrupps eine gute Gelegenheit war, sich auf dem Weg zum Ritterschlag zusätzliche Sporen zu verdienen, und er war entschlossen, sie nicht ungenutzt verstreichen zu lassen.

»Dieses Schlangennest werden wir ausheben, so wahr ich der Sohn meines Vaters bin«, knurrte er entschlossen.

»Und wie wollen wir es anfangen?« Arnulf von Weißenburg, ein Ritter aus dem Stammland der Familie, trieb seinen Rappen näher heran. Er war gut zehn Jahre älter als Friedrich und im Kampf sehr viel erfahrener. Dennoch war der Oberbefehl über den Trupp an den Sohn des Herzogs gegangen.

»Wenn wir zu Pferd angreifen, werden die Welfischen gewarnt sein und die Flucht ergreifen«, führte Friedrich seinen Plan aus. »Deshalb werden wir sie zurücklassen und den Feind einkreisen, ohne dass er es bemerkt.«

»Wir sollen zu Fuß kämpfen?«, fragte Arnulf ungläubig. »Unseren größten Vorteil aus der Hand geben?«

»Unser größter Vorteil ist, dass sie nicht mit uns rechnen«, widersprach Friedrich. »Wir werden auch die Schilde zurücklassen, im Unterholz wären sie uns nur hinderlich.

So sind wir flink genug und haben gute Hoffnung, einige der Welfischen zu fangen, um sie über die Stärke der Burgverteidigung zu befragen.«

»Das wollt Ihr tun?« Arnulf machte kein Hehl aus seinen Zweifeln.

»Was fürchtet Ihr, Herr Ritter?«, fragte Friedrich verwegen dagegen. »Dass es im Wald nichts gibt, wohinter Ihr Schutz suchen könnt? Seid versichert, wenn es dazu kommen sollte, werde ich Euer Schutz und Schirm sein. Die Schilde bleiben hier«, verkündete er entschlossen, »ebenso wie die Pferde. Ein Mann zur Bewachung.«

»Verstanden«, erwiderte Arnulf tonlos und stellte einen der Waffenknechte dazu ab, sich um die Rösser zu kümmern. Auch mein Pferd, kein kampferprobter Renner wie Friedrichs und Arnulfs Tiere, sondern ein robuster, gutmütiger Runtzid, wurde weggeführt, und wir folgten dem Hohlweg in westlicher Richtung, wo er sich schon bald im Wald verlor. Das von frühem Laub übersäte Gelände stieg steil an, und der Baumbewuchs wurde dichter.

Friedrich selbst übernahm die Führung des Trupps, der aus elf Mann bestand: neben Arnulf und ihm selbst nur Waffenknechte, die mit Kriegshämmern und Spießen bewaffnet waren. Auch wenn ich nach Art eines Ritters ausgebildet worden war – vom Stand eines Kämpen war ich so weit entfernt wie sie. Durch den Nebel, der bisweilen so dicht wurde, dass das Moos an den Nordseiten der Bäume die einzige Orientierung bot, drangen wir weiter vor und konnten schon bald gedämpfte Stimmen hören. Das welfische Lager befand sich direkt vor uns.

Gesprochen wurde nicht mehr. Indem er Handzeichen gab, teilte Friedrich seinen Trupp in einen rechten und einen linken Flügel ein. Die Führung des einen, zu dem auch ich gehörte, übernahm er selbst, den anderen übergab er an Arnulf. So huschten wir davon, und im Schutz des Nebels und der eng stehenden Bäume arbeiteten wir uns noch näher an das feindliche Lager heran.

Wir fanden es in der Senke, die der Späher beschrieben hatte. Die Welfischen schienen nicht mit Entdeckung zu rechnen. Sie hatten keine Wachen aufgestellt, ihre Decken lagen um die erloschenen Reste eines Feuers ausgerollt auf dem Boden. Es kam mir eigenartig vor, dass sie so unbekümmert waren, obschon sie doch wissen mussten, dass der Feind in der Nähe war, aber ich behielt meine Bedenken für mich. Wer war ich, die Entscheidung meines jungen Herrn infrage zu stellen?

In diesem Moment ertönte der Schrei eines Kauzes – oder besser das, was Arnulf von Weißenburg wohl dafür hielt. Der Ritter und seine Leute hatten die andere Seite des Lagers erreicht und waren bereit zum Angriff.

Die Männer im Lager – es waren fünf – bemerkten auch diese Warnung nicht. Sie waren dabei, ihre Sachen einzusammeln und sich zum Aufbruch zu rüsten, ihr Anführer erleichterte sich am Rand der Senke in einen Haufen Laub.

»Jetzt!«, zischte Friedrich.

Der Angriff begann.

Entschlossen traten wir aus dem Unterholz und stürmten den Anhang hinab. Für die Welfischen musste es sein, als ob Geister aus dem Nebel kamen und sie attackierten.

Dem Anführer zerschmetterte ein staufischer Waffenknecht den Schädel, noch ehe er seine Bruche wieder oben hatte. Die verbliebenen vier Welfischen griffen zu ihren Waffen. Halb gerüstet, wie sie waren, scharten sie sich um das erloschene Feuer, aber als sie der Übermacht gewahr wurden, die von allen Seiten in die Senke drängte, ergaben sie sich.

Mit einem breiten Siegerlächeln wollte Friedrich gerade befehlen, sie zu binden, als die Falle zuschnappte, die man uns gestellt hatte und in die wir so unvorsichtig getappt waren: An Seilen, die von den umliegenden Bäumen herabgeworfen wurden, glitten noch mehr Welfische herab, fünfzehn, zwanzig an der Zahl, in einem einzigen Augenblick hatten sie uns umzingelt und bedrohten uns mit Keulen und Spießen.

Spätestens jetzt wurde klar, warum der Feind keine Wachen aufgestellt und sich so überaus unbekümmert gegeben hatte: Man hatte uns zum Angriff verleiten wollen, und unser unerfahrener Anführer war in seinem Eifer darauf hereingefallen …

Zwei der staufischen Waffenknechte ergriffen die Flucht, noch ehe sich der Kordon ganz um uns geschlossen hatte. Dann standen wir einander mit blanken Waffen gegenüber, neun Mann gegen mehr als doppelt so viele Welfische.

Hätten diese gewusst, welch hochgestellte Person sich unter ihren Gegnern befand, hätten sie ihn sicher als Geisel genommen und versucht, ein Lösegeld zu erpressen. So jedoch schienen sie nicht darauf aus, Gefangene zu machen, und der unwürdige Tod ihres Anführers schien sie in dieser Haltung noch bestärkt zu haben. Von allen Seiten drängten sie heran, blanken Stahl in der Hand und kalten Hass in den Augen …

»Sagt etwas, Mann«, raunte Arnulf Friedrich beschwörend zu. »Gebt Euch zu erkennen!«

»Und die Schmach der Gefangennahme erdulden?«,

fragte Friedrich dagegen. »Und was denkt Ihr, wird mit unseren Knechten geschehen?«

»Wenn Ihr nicht offenbart, wer Ihr seid, werde ich es tun!«

»Tut das, Mann, und meine Klinge wird Euch noch vor den Welfischen ereilen.« Friedrich sprach leise und ohne Zorn, aber es war klar, dass er jedes Wort ernst meinte.

Arnulf schwieg – und im nächsten Moment griffen die Welfischen an. Kampfgeschrei erklang, Funken stoben, als Stahl auf Stahl traf. Es war nicht mein erster Kampf, seit ich in staufischen Diensten stand, ich hatte schon an einigen Scharmützeln teilgenommen, aber dieses versprach, besonders blutig zu werden. Ich musste mich eines hünenhaften Gegners erwehren, der eine große Keule schwang. Das Schwert mit beiden Händen führend, parierte ich die wütenden Hiebe, so gut ich konnte, ehe ich endlich eine Gelegenheit zur Gegenwehr fand. Die Wut, mit der der Hüne auf mich eindrosch, wurde ihm zum Verhängnis. Er hatte mit derartigem Schwung zu einem neuerlichen Schlag ausgeholt, dass er für einen Moment um seinen Stand ringen musste – meine Klinge stieß vor und durchdrang seinen ledernen Rock, bohrte sich in seine Eingeweide. Ich stieß den Verwundeten zurück und wandte mich Friedrich zu, der neben mir focht und es gleich mit zwei Gegnern auf einmal zu tun hatte. Sein Schwert mit beiden Händen führend, brachte er dem einen Kämpfer eine klaffende Wunde am Waffenarm bei, die ihn kampfunfähig machte. Dem anderen stellte ich mich in den Weg, just als er mit der Kriegsaxt zuschlug. Ich blockte den wütenden Hieb, wobei mich die Wucht des Schlages in die Knie zwang. Dann traf mich etwas an der Schläfe.

Der Helm, den ich trug, bewahrte mich vor schlimmerem Schaden, doch für einen Moment war ich benommen. Auf dem Boden kauernd, sah ich eine schemenhafte Gestalt vor mir aufsteigen, eine Axt hoch erhoben. Verzweifelt riss ich meine Klinge empor – und der andere stürzte mit der Wucht seiner Attacke hinein.

Der Mann fiel auf mich, sein Mund war nah an meinem Ohr, als er röchelnd zu seinem Schöpfer flehte. Ich versuchte, die Klinge wieder freizubekommen, die unterhalb seines Brustbeins feststeckte, aber es gelang mir nicht. Ich ließ den von Blut glitschigen Schwertgriff los und schüttelte den Sterbenden von mir, griff stattdessen nach seiner herrenlos am Boden liegenden Axt. Mit ihr in den Händen sprang ich Friedrich bei, der zusammen mit Arnulf und zwei staufischen Waffenknechten erbittert Widerstand leistete. Unsere übrigen Leute waren verwundet oder setzten sich einzeln zur Wehr, dem Untergang geweiht. Heiseres Geschrei und der Gestank von Schweiß und Blut lagen über der Senke, und in den Augen unserer Feinde loderte wilde Kampfeslust, die uns klarmachte, dass jede Nachlässigkeit die letzte sein würde, die wir auf Erden begingen …

Mehrere Waffenknechte streckten die Waffen, um ihr Leben zu retten – die Welfischen dankten es ihnen schlecht und erschlugen sie ohne Federlesens.

Von allen Seiten drang der Feind nun auf uns ein. Einer der Knechte büßte eine Hand ein und schied als Kämpfer aus. So günstig es gewesen sein mochte, sich ohne Schilde durch den Wald zu bewegen, nun rächte sich, dass wir sie nicht hatten. Als die Welfischen erneut vorstießen, wurde unser kleiner Haufen getrennt – Friedrich und ich kämpften auf der einen, Arnulf und der verbliebene Knecht auf der anderen Seite. Mit wüsten Hieben setzten wir uns zur

Wehr und schafften es mit Not, uns die Angreifer vom Hals zu halten.

Als Arnulfs Waffenknecht fiel, geriet der Ritter in Bedrängnis. Erschöpft sank er nieder und wäre wohl dem nächsten Streich seiner Angreifer zum Opfer gefallen, hätte sich Friedrich nicht in diesem Moment des eigenen Gegners entledigt und wäre ihm beigesprungen. Mit der Klinge parierte er den wüsten Hieb des Welfischen und hielt damit das Versprechen, dass er Arnulf zu Beginn des Kampfes gegeben hatte. Doch zu welchem Preis!

Einer der Angreifer war dadurch in seinen Rücken geraten! Den Kriegshammer schwingend, stürzte er heran, bereit, meinem jungen Herrn den Todesstoß zu versetzen …

Ich schrie auf wie ein verwundeter Eber und schwang meine Klinge in einem weiten Kreis, um mir Luft zu verschaffen. Dann sprang ich dem jungen Herzog auch schon zur Seite, warf mich auf den Angreifer, der unter dem Gewicht meines Angriffs niederging. Wir wälzten uns über den laubbedeckten, von Blut getränkten Boden, wobei jeder versuchte, dem anderen einen Vorteil abzuringen. Sein Kriegshammer war ihm dabei eher hinderlich, während ich es irgendwann schaffte, das Blatt meiner Axt in den ungeschützten Hals des Mannes zu treiben. Vom Blut des Unglücklichen besudelt, sprang ich auf und nahm meinen Platz an Friedrichs Seite wieder ein, und so standen wir bei dem erschöpft am Boden kauernden Arnulf, während die Angreifer sich neu sammelten. Dabei offenbarte sich eine Lücke in ihrem Kordon …

»Flieh«, zischte Friedrich mir zu. »Schlag dich zu meinem Vater durch und berichte ihm, was geschehen ist. Sag ihm, dass ich ehrenhaft gekämpft habe!«

»Nein, Herr, ich bleibe«, widersprach ich mit einer Entschlossenheit, die mich selbst überraschte.

»Du verweigerst meinen Befehl?«

»So ist es mir bestimmt, Herr.«

Friedrich widersprach nicht mehr. Unsere Klingen beidhändig umklammernd, sahen wir dem Gegner entgegen, bereit, uns dem letzten Kampf zu stellen.

Schon griffen sie wieder an, traf Stahl mit hartem Klang auf Stahl, und ich erwartete jeden Moment, den brennenden Schmerz einer Klinge in meinen Eingeweiden zu spüren – als ein heiserer Schrei erklang.

»Die Staufischen! Sie sind hier …!«

Der Angriff geriet ins Stocken. Unsere Gegner ließen von uns ab und wandten sich erschrocken um, wofür zwei von ihnen mit dem Leben bezahlten. Im nächsten Moment erzitterte der Waldboden unter donnerndem Hufschlag, und mehrere gepanzerte Reiter stürmten in die Senke. Ein welfischer Knecht, der ihnen im Weg stand, wurde kurzerhand niedergeritten, ein zweiter vom Pferderücken aus enthauptet. Was danach von den Welfischen noch übrig war, ergriff schreiend die Flucht. Einige der Reiter nahmen die Verfolgung auf, andere stiegen von ihren Rössern, um nach den Verwundeten zu sehen.

Der Anführer des Trupps lenkte sein Schlachtross zu uns. Er trug den blauen Rock mit dem Wappen derer von Staufen.

»Vater!«, rief Friedrich, halb erleichtert und halb bestürzt. Die blutige Klinge hatte er sinken lassen, sein Brustkorb hob und senkte sich unter heftigen Atemzügen.

Der alte Herzog von Schwaben taxierte uns durch das Visier seines Helmes, ehe er diesen schließlich abnahm. Die graubärtigen Gesichtszüge, die darunter zum Vorschein kamen, wirkten hart und zum Äußersten entschlossen. Nur ein Auge war dem alten Herzog geblieben, das andere hatte er bei einem Scharmützel in Jugendtagen eingebüßt. Aber es schien mir, als sähe er seinen Sohn dafür mit doppelter Sorge an.

»Bist du wohlbehalten?«

Friedrich nickte.

»Dem Herrn sei Dank. Wir waren in der Nähe, als wir den Kampflärm hörten – doch habe ich nicht damit gerechnet, meinen eigenen Sohn in Bedrängnis vorzufinden.«

»Es war … anders geplant«, gestand Friedrich und senkte beschämt das Haupt.

»Wir konnten einige der Welfischen einfangen, das ist von Vorteil für uns«, stellte der Herzog mit väterlicher Strenge fest. »Über alles andere werden wir noch sprechen.«

»Ja, Vater.«

»Herr«, verschaffte sich Ritter Arnulf Gehör, der sich schwerfällig wieder auf die Beine gerafft hatte, »Euer Sohn mag unüberlegt und im Eifer gehandelt haben, aber auch mit großem Mut und noch größerer Tapferkeit.«

»Das eine ist nichts wert ohne das andere«, urteilte der alte Herzog streng. »Du kannst von Glück sagen, dass euch die Welfischen nicht in Stücke gehauen haben.«

»Nein, Vater«, widersprach Friedrich entschieden, »ich kann von Glück sagen, einen Begleiter wie Arndt zu haben.« Er wandte sich mir zu, das Gesicht von Blutspritzern übersät. »Du bist bei mir geblieben, obwohl ich dich fortgeschickt habe.«

»I-Ihr könnt mich nicht fortschicken, Herr«, erwiderte ich schulterzuckend. »Ich bin doch Euer Schatten.«

Trotz seiner Erschöpfung und der Kampfeslust, die

noch immer wild durch unsere Adern rauschte, rang sich mein junger Herr ein Grinsen ab. »Einen Schatten hat jedermann«, konterte er, während er mir anerkennend auf die gepanzerte Schulter klopfte. »Ich jedoch habe einen Freund in dir gefunden.«

5

Straßburg
April 1141

König Konrad hatte zum Hoftag gerufen, und zahlreiche weltliche wie geistliche Edle waren dem Aufruf gefolgt: Albero, Erzbischof von Trier, hatte sich ebenso an der Ill eingefunden wie die Bischöfe von Würzburg, Münster und Basel, und selbst aus dem fernen Rom war ein Legat seiner Heiligkeit Papst Innozenz II. eingetroffen; des Königs Halbbruder, der Babenberger Heinrich Jasomirgott von Österreich, war ebenso zugegen wie Herzog Konrad von Zähringen und sein Sohn Berthold, mit denen nach blutigem Ringen ein vorläufiger Ausgleich erzielt worden war; die Herzöge von Sachsen, Oberlothringen und Baden waren zugegen, darüber hinaus weitere Ritter und Grafen, deren Namen mir längst entfallen sind. Auch mein junger Herzog und sein Vater Friedrich nahmen an dem Hoftag teil, der im Wesentlichen den Ausgleich zwischen rivalisierenden Adeligen zum Gegenstand hatte und den Frieden im Reich fördern sollte.

Die Belagerung Weinsbergs im vergangenen Jahr war mit der Eroberung der Burg zu Ende gegangen. Den in der Festung befindlichen Frauen hatte der König freies Geleit zugesichert, einschließlich all dessen, was sie auf ihrem Rücken tragen könnten – worauf die findigen Weiber von Weinsberg kurzerhand ihre Ehemänner fortgetragen hatten. Herzog Friedrich hatte diesen Vorfall zum Anlass genommen, sich aus den Kämpfen für den König zurückzuziehen. Der Streich der listigen Frauen mochte dabei allerdings eine weniger große Rolle gespielt haben als die Erkenntnis, dass er bei den Kämpfen um die Krone nur wenig zu gewinnen, aber viel zu verlieren hatte. Zumal er ja mit einer Welfin vermählt gewesen war und welfisches Blut in den Adern seines Sohnes floss. Zu den Hoftagen und Versammlungen, die der König einberief, erschienen die beiden Staufer allerdings regelmäßig, und als Sohn des Herzogs und nunmehr vollwertiger Ritter nahm Friedrich auch an den Verhandlungen der Reichsfürsten teil. Tatsächlich interessierte er sich allerdings herzlich wenig dafür, ob zwischen den Vögten von Basel und St. Blasien ein Ausgleich erzielt wurde oder nicht – sein Augenmerk galt mehr den Annehmlichkeiten, die eine solch hochrangige Zusammenkunft bedingte: den abendlichen Festmahlen, die zu Ehren des Königs und seiner Gäste gegeben wurden, und der holden Weiblichkeit, die ihm, dem groß gewachsenen Herzogssohn mit den edlen Gesichtszügen und dem auffällig roten Haar, nur zu gerne ihre Aufmerksamkeit zuwandte. Dass er zum Christfest die Schwertleite erhalten hatte und seine Hüften nun der Gurt eines Ritters zierte, trug noch zu seiner Anziehungskraft bei. Aber Friedrich hätte dieses zusätzlichen Schmuckes nicht bedurft – sein einnehmendes Wesen leistete ihm auch in diesen Belangen verlässliche Dienste.

Was mich betraf, so erwies es sich als weitaus einfacher, meinem jungen Herrn in die Schlacht zu folgen als an den Hof. Sehr rasch musste ich lernen, dass Feindseligkeiten unter den Adelshäusern bei Weitem nicht immer mit blankem Stahl ausgetragen wurden. Ränke wurden allenthalben geschmiedet, es gab Falschheit, Lüge und üble Nachrede nicht weniger als unter Bauersleuten. Entsprechend schwierig war es, meinen Herrn zu beschützen und ihm nach Bruder Ottos Willen wie ein Schatten zu folgen. Manche Nacht verbrachte ich vor der verschlossenen Tür einer Kammer, in die sich Friedrich mit einer Dame seines Herzens zurückgezogen hatte, und lauschte die halbe Nacht hindurch verzückten Lauten – mein Herr schien auch in dieser Hinsicht nicht nur einiges Geschick, sondern auch Standhaftigkeit zu besitzen. Was auch an seiner häufigen Übung liegen mochte.

Dass Friedrich all diesen Dingen neuerdings so große Beachtung schenkte, war einem neuen Freund zu verdanken. Sein Name war Sven, und in seinen Adern floss königliches Blut: Sein Vater Erik war Herrscher von Dänemark gewesen und hatte seinen Sohn zu König Konrad geschickt, damit er die ritterlichen Tugenden erlernen solle. Friedrich und er waren einander in vieler Hinsicht ähnlich: Sie waren annähernd gleich alt, mit großem Talent für den ritterlichen Kampf gesegnet, und sie teilten ein abenteuerlustiges, mitunter draufgängerisches Wesen. Sie hatten zur selben Zeit die Schwertleite erhalten und als Söhne mächtiger Männer manche gemeinsame Erfahrung gesammelt.

Äußerlich unterschieden sie sich hingegen sehr. Während Friedrich groß und kräftig war, war Sven zwar ebenfalls hochgeschossen, aber eher hager zu nennen; und während den einen rotgelocktes Haar zierte, war das des anderen glatt und blond. Wer die beiden besser kannte, dem blieb auch nicht verborgen, dass der Däne nicht das gewinnende Wesen meines Herrn besaß, dafür allerdings ein gutes Maß an Hochmut. Und dass er zur Aufschneiderei neigte wie ein besoffener Kerkerknecht …

»Und, mein Freund?«, fragte er, als wir ihm auf dem Gang in die Kapelle begegneten. »Wie ist die Begegnung mit der holden Maid verlaufen, die ich dir gestern Abend so großzügig überlassen habe?«

»Du? Hast sie mir überlassen?« Friedrich blieb stehen, der Schalk blitzte in seinen blauen Augen. »Ich würde eher sagen, dass sie meine Gesellschaft der deinen vorgezogen hat, nachdem deine Versuche, sie mit Gesang zu umgarnen, kläglich gescheitert sind.«

»Das hat gesessen.« Adalbert, der Sohn des Grafen von Haigerloch, der ebenfalls mit dem Vater zum Hoftag gekommen war, befand sich in Svens Begleitung. »Du musst zugeben, mein nordischer Freund, dass Friedrich dir voraus ist – um mindestens eine Lanzenlänge«, fügte er unter albernem Gelächter hinzu.

Der Däne schnaubte. »Und wenn schon – bei der Dame mag ich nicht zum Stich gekommen sein, wohl aber beim gestrigen Turnier. Ich habe mehr Gegner aus dem Sattel gehoben als jeder andere, und der Jagdfalke, den ich als Preis dafür vom König erhalten habe, ist ein wahrhaft edles Tier.«

»Das bestreitet keiner«, gab Friedrich zu. »Der Falke hat ein prächtiges Federkleid, in der Tat – aber ob er für die Jagd taugt, muss er erst noch beweisen.«

»Wollen wir wetten?«, fragte Sven sofort dagegen. »Mein Jagdfalke gegen deinen – wessen Tier zuerst eine Beute schlägt, der hat gewonnen.«

»Und was bekommt der Sieger?«

»Den Falken des anderen«, erklärte Sven achselzuckend. »Lasst uns gleich hinausreiten in den Wald und das Glück entscheiden …«

In respektvollem Abstand hatte ich den Wortwechsel verfolgt. »Herr«, raunte ich Friedrich nun zu, »bitte vergesst nicht, dass Euer Vater Euch in der Kapelle erwartet …«

»Was denn?«, wandte Sven ein, kaum dass ich ausgesprochen hatte. »Lässt du dir jetzt von einem Diener vorschreiben, was du zu tun und zu lassen hast?«

»Fürwahr«, stimmte Adalbert zu. »Wer ist dieser Kerl eigentlich, der dich auf Schritt und Tritt verfolgt? Ein Ritter ist er nicht, so viel steht fest, aber auch kein Knecht, so wie er sich bewegt und gewandet ist.«

»Arndt ist mein Diener«, erklärte Friedrich, und seinem Tonfall war anzumerken, dass er mich in diesem Moment lieber nicht an seiner Seite gehabt hätte.

»Dein Diener?« Mit der traumwandlerischen Sicherheit des geübten Intriganten hatte Sven eine Schwäche erkannt und setzte sofort nach. »Oder vielmehr deine Anstandsdame? Soll er womöglich verhindern, dass du Dinge tust, die deinem alten Herrn missfallen?«

»Unfug«, knurrte Friedrich. »Arndt ist mir ein treuer Begleiter.«

»In der Schlacht und beim Buhurt mag er das sein«, räumte Sven ein, »aber hier bei Hofe? Wacht er vor der Tür, während du einer Dame deine Aufwartung machst?«

»Oder entbrennt er dabei gar in glühender Eifersucht?«, fügte Adalbert hinzu, und beide lachten dämlich.

Ich war lange genug in Friedrichs Diensten, um zu wissen, dass man besser nicht auf das achtete, was die verwöhnten Söhne hoher Herren in ihrem Übermut von sich gaben, und den Spott der beiden hätte ich ohne Murren ertragen. Als jedoch auch Friedrich selbst in das Gelächter einfiel, fühlte ich einen Stich in meinem Herzen.

»Herr«, versuchte ich es noch einmal, »Euer Vater und Abt Werner erwarten uns. Wir sollten jetzt gehen …«

»Das lässt du dir von einem Diener gefallen?« Sven trat vor, und noch ehe ich begriff, was er vorhatte, hieb er mir die Faust ins Gesicht.

Der Schlag kam so unerwartet, dass ich mich nicht verteidigen konnte. Ich hörte meine Nase brechen und fühlte stechenden Schmerz. Im nächsten Moment fand ich mich auf dem Boden kniend wieder, unter mir eine Lache Blut.

»Das wird dich lehren, dich deinem Herzog gegenüber respektvoller zu verhalten!«, beschied mir der Däne. Mit noch immer geballter Faust stand er über mir, in den schmalen Zügen ein kaltes Lächeln, das er von seinem für seine Grausamkeit berüchtigten Vater geerbt haben mochte. »Er ist der Neffe des Königs und entstammt einem mächtigen Adelsgeschlecht, also erweise ihm gefälligst Respekt!«

Tränen des Schmerzes waren mir in die Augen geschossen. Mit verschwimmendem Blick sah ich zu Friedrich in der Hoffnung, dass er mir beispringen und den anderen zurechtweisen würde. Doch mein junger Herr mied meinen Blick und starrte zu Boden, wollte sich vor seinesgleichen keine Blöße geben.

»Ver-verzeiht«, stieß ich deshalb hervor, während ich mich wieder auf die Beine raffte. Mein Gesicht fühlte sich an, als hätte der wüste Nordmann es zu Brei geschlagen.

»Lass es dir eine Warnung sein«, wiederholte Sven, während Adalbert von einem abstehenden Ohr zum anderen grinste. »Und nun, meine Freunde«, fügte er hinzu, wobei er einladend die dürren Arme um die Schultern der beiden anderen schlang, »lasst uns zur Jagd ausreiten! Zur Ehre des Königs – und zu unserer eigenen Erbauung!«

»So sei es«, willigte Friedrich ein, und die drei jungen Herren stachen mit ausgreifenden Schritten den Gewölbegang hinab. Ich folgte, wie ich es immer tat, mit einigem Abstand, doch schon nach wenigen Schritten blieb Sven wieder stehen.

»Du nicht!«, fuhr er mich an und zeigte mit einem anklagenden Finger auf mich. »Für heute hast du deinen Herrn genug beleidigt, das genügt für einen Tag.«

»Aber Herr, ich …«

»Es ist gut, Arndt«, versicherte Friedrich und trat auf mich zu. »Hier besteht keine Gefahr für mich, wir sind unter Freunden.«

»Sind wir das?«, stieß ich hervor, während ich immerzu das Blut abwischte, das aus meiner gebrochenen Nase quoll.

Friedrich ging nicht auf die Frage ein. »Geh in die Kapelle zu meinem Vater«, wies er mich an, »und sag ihm, dass eine dringende Unterredung mich ferngehalten hätte.«

»Ich soll für Euch lügen, Herr?«

Friedrich starrte mich an. Ein Ruck schien durch ihn hindurchzugehen, aber er sagte nichts.

»Willst du dir das gefallen lassen?«, raunte Sven ihm zu wie ein unguter Geist. »Lässt du zu, dass ein Knecht so mit dir redet?«

Der junge Herzog stand vor mir und mahlte mit den Kieferknochen. Dann, ansatzlos, ohne dass es sich in seinen Augen angekündigt hätte, schlug er mich mit dem Handrücken.

Meine ohnehin schon malträtierte Nase ächzte unter der rohen Behandlung. Der Schmerz überwältigte mich, und ich ging erneut zu Boden. Mein zorniger Herr stand über mir, die Fäuste geballt und am ganzen Körper bebend, und bis zum heutigen Tag weiß ich nicht, was ich in seinen Augen sah. War es Genugtuung? Bestürzung? Bedauern?

Er schien etwas sagen zu wollen, doch in diesem Moment wand sich erneut der dürre Arm des Dänen wie eine Schlange um seine Schulter und zog ihn mit.

»Sag meinem Vater, dass ich zur Jagd ausgeritten bin«, beschied mir Friedrich zum Abschied, dann schritten die drei jungen Herren davon, während ich auf dem steinernen Boden kauerte, an meinem Blut würgend. Dabei lachten sie laut und ausgelassen.

»Wo kämen wir hin«, tönte Sven, »wenn der Knecht über den Herrn befehlen würde?«

Ich weiß nicht, was in jenen Tagen in meinem jungen Herrn vor sich ging. Heute denke ich, dass er wütend war – auf sich selbst, auf die Familie, in die er geboren wurde, und auf das Leben, das ihm bevorstand. Früher hatte ich angenommen, dass Edelleute mit ihrem Schicksal stets zufrieden waren und sich als vom Schöpfer gesegnet betrachteten, aber das war nicht mehr oder weniger der Fall als beim einfachen Volk. Friedrich haderte mit dem, was er war und werden sollte, und in den Wochen und Monaten, die folgten, diente er sowohl seinem Vater als auch seinem Onkel sehr viel weniger bereitwillig, als er es bislang getan hatte. Er verfolgte eigene Ziele und zettelte hin und wieder auch Fehden an, die den Interessen seiner Familie, insbesondere denen des Königs, zuwiderliefen.

Ob der hochmütige Sven daran Schuld trug, vermag ich

nicht zu sagen. Vielleicht war es nur jugendliche Leichtfertigkeit, die Friedrich verwirrte, vielleicht die Ahnung der eigenen Größe, die sich in jenen Tagen bereits ankündigte, wenn auch noch derb und ungeschliffen wie ein roher Diamant.

Was Sven von Dänemark angeht, so sollte es ein übles Ende mit ihm nehmen.

Um Anspruch auf die Krone zu erheben, kehrte er nur wenige Jahre nach unserem Zusammentreffen in seine Heimat zurück, wo er seinen Vetter Knut grausam ermorden ließ und ein Heer gegen seinen Rivalen König Waldemar aufstellte. Im Jahr des Herrn 1157 jedoch unterlag er dessen Truppen – und wurde auf der Flucht vom Schlachtfeld wie ein gemeiner Dieb von Bauern erschlagen.

Indicium II

Milites Domini

6

Speyer
Weihnachten 1146

Fünf lange Jahre gingen ins Land, in denen Friedrich mehr den eigenen Interessen frönte als jenen seines Onkels. Nicht, dass ihn die königlichen Belange nicht mehr interessiert hätten, jedoch nur insofern, als sie seinen eigenen Absichten nicht widersprachen. Bisweilen ging er auch so weit, die Nähe seines Onkels mütterlicherseits zu suchen und gemeinsam mit ihm welfische Interessen zu verfolgen, gegen die Krone.

Dann wieder rückte er den Zähringern zu Leibe, den ewigen Rivalen seiner Familie um die Vorherrschaft im schwäbischen Land, und drang bis vor die Burg ihres Herzogs Konrad vor, obwohl sein Onkel, der König, um einen Ausgleich mit diesem bemüht war. Mein Herr erschien mir ruhelos in diesen Jahren und seltsam getrieben, so als hätte er tatsächlich tief in seinem Inneren bereits um die Last der Verantwortung gewusst, die einst auf seinen breiten Schultern ruhen würde, und als versuchte er, ihr mit aller Macht zu entkommen. Zumal sein Vater im Winter des Jahres 1146 krank darniederlag, ans Bett gefesselt von einer Krankheit, die seine Lungen befallen hatte und sich immer mehr verschlimmerte, sodass man das Ärgste befürchten musste.

In all dieser Zeit blieb ich an seiner Seite und hielt ihm die Treue, obschon wir uns voneinander entfernten. War ich in jungen Jahren sein Spielkamerad gewesen, später dann sein Kampfgefährte und zuletzt noch sein freundschaftlicher Begleiter, hatte er mich nun auf den Platz eines bloßen Dieners verwiesen. Ich nahm diese Rolle an, wie ich jede andere zuvor angenommen hatte, wissend, dass ich vom Wohlwollen meines Herrn und seiner Familie lebte. Aber tief in mir hegte ich die Sorge, dass Friedrichs Seele sich verfinstern, dass er seine Anlagen missbrauchen und er denselben Weg nehmen könnte, den auch der junge Däne eingeschlagen hatte.

Was meine Befürchtungen betraf, so war ich in guter Gesellschaft. Otto von Cappenberg, der Pate des Kaisers, schien diese Sorgen zu teilen, und wann immer Friedrichs Weg ihn auf seinen immer seltener werdenden Besuchen ins Klosterstift führte, lud Bruder Otto ihn zu langen Gesprächen unter vier Augen, die bis tief in die Nacht andauerten und in denen er dem jungen Herzog ins Gewissen geredet haben mag. Doch im selben Maß, wie sich der Zustand seines Vaters verschlechterte und Friedrichs Pflichten sich vermehrten, verschloss er sich immer mehr. Eine Dunkelheit schien ihn zu umgeben, wie ich sie nur noch ein weiteres Mal in seinem Leben bei ihm gesehen habe, eine finstere Nacht ohne Morgen.

Wir beide, sowohl Bruder Otto als auch ich, schlossen Friedrich in unsere Gebete ein und baten den Allmächtigen, ihm einen Weg aus der Dunkelheit zu weisen und ihn zurück auf den rechten Pfad zu führen, wobei die Gebete eines Chorherrn weit größeres Gewicht gehabt haben mögen als meine eigenen, hilflos dahingestammelten Worte.

Wie auch immer, wir wurden erhört.

Schon im Oktober war Bernhard von Clairveaux ins Reich gekommen, der so mächtige wie einflussreiche Zisterzienserabt, den Papst Eugenius mit einer dringlichen Mission betraut hatte: die Mächtigen der Welt mit flammender Rede zu einer neuen Wallfahrt ins Heilige Land aufzurufen, vergleichbar jener, die vor beinahe fünfzig Jahren stattgefunden und mit der Eroberung von Jerusalem geendet hatte.

König Ludwig von Frankreich hatte das Kreuz bereits im Frühjahr genommen und zugesagt, sich an der Unternehmung zu beteiligen. Nun war die Reihe an den deutschen Rittern und ihrem Herrscher, und der weihnachtliche Hoftag zu Speyer war von Gerüchten überschattet, auch König Konrad wolle mit einem großen Heer von Kriegern und Pilgern an der Wallfahrt teilnehmen. Dass dies mehr waren als Gerüchte, wurde mir klar, als ich am Abend des 27. Dezember Zeuge eines Gesprächs zwischen Friedrich, seinem Vater und seinem königlichen Onkel wurde. Wegen des sich stetig verschlechternden Zustands des alten Friedrich fand die Unterredung nicht bei Hofe statt, sondern im Gemach des Herzogs, der dort auf seinem Lager ruhte, in wollene Decken gehüllt, um ihn vor der Kälte des Winters zu schützen; in seinem einen Auge und den bärtigen Gesichtszügen, so ausgezehrt sie wirken mochten, lag jedoch noch die alte Entschlossenheit.

»Nein, verdammt!«, polterte er, wie es stets seine Art gewesen war. »Wie oft muss ich es dir noch sagen, Bruder? Meine Zustimmung wirst du nicht bekommen!«

Konrad, der vor seinem Lager stand, blieb äußerlich

gelassen. Ein Widerstreit von Gefühlen spiegelte sich in seinen kantigen Zügen, und es war schwer zu beurteilen, welche davon die Oberhand behielt – das Mitgefühl für den mit Krankheit geschlagenen Bruder oder der Unwille über den widerspenstigen Untertan. »Du solltest dem Namen des Herrn nicht spotten, Friedrich«, entgegnete er nur. »Nicht in einer Angelegenheit wie dieser …«

»Einer Angelegenheit wie dieser?« Der Herzog von Schwaben richtete sich halb auf seinem Lager auf. »Hast du ernsthaft vor, Bruder, das Kreuz zu nehmen und diesen Eiferern nachzufolgen? Dich auf ein Abenteuer in fernen Ländern einzulassen, statt hier im Reich deinen Verpflichtungen als König nachzukommen?«

Konrad seufzte. »Ich hatte heute eine lange Unterredung mit Abt Bernhard. Er sagt, die Verpflichtungen eines Königs sind von mancherlei Art – und nicht alle sind von dieser Welt. Er hat mir ins Gewissen geredet …«

»… und dabei den Verstand umgangen, wie ich befürchte. Der Zisterzienser ist ein wahrer Meister, wenn es darum geht, mächtige Häupter mit Worten zu umgar …« Der Rest von dem, was Herzog Friedrich hatte sagen wollen, ging in heftigem Husten unter. Sein Bruder wollte ihm zu Hilfe eilen, aber mit einer energischen Handbewegung hielt dieser ihn von sich fern. »Ich will nicht dein Mitleid, Bruder. Ich will, dass du dir vergegenwärtigst, wer du bist und wem deine Loyalität gehört!«

»Nichts anderes tue ich«, versicherte Konrad leise. »Abt Bernhard hat mir klargemacht, dass ich alles, was ich bin, was ich war und was ich jemals sein werde, Gott verdanke: Meine Macht als König verdanke ich ihm …«

»… und dem Zutun deines Bruders, der dich stets ohne Vorbehalt unterstützt hat«, fügte Herzog Friedrich hinzu.

»… meinen Reichtum verdanke ich ihm …«

»… und dem Vermögen deiner Familie, die stets für dich da gewesen ist, als du sie brauchtest.«

»… und auch meine Gesundheit verdanke ich ihm«, schloss Konrad seine Aufzählung.

»Eine flüchtige Gabe, fürwahr, die allzu leicht verloren geht.« Als der Herzog erneut von einem Hustenkrampf geschüttelt wurde, rannen dünne Blutfäden aus seinen Mundwinkeln und versickerten in seinem Bart.

»Ich kann deine Bitterkeit verstehen, Bruder«, versicherte Konrad, »dennoch bitte ich dich um Unterstützung. Die Lage im Heiligen Land ist besorgniserregend. Das Königreich Jerusalem und die christlichen Fürstentümer sind in Bedrängnis, seit Imad ad-Din Zengi, der Atabeg von Mossul, Edessa in seine Gewalt gebracht hat …«

»Und? Was geht dich das an? Byzanz soll sich darum kümmern!«

»Die Byzantiner verfolgen ihre eigenen Ziele, wie wir spätestens wissen, seit sie Antiochien übernommen haben. Dennoch sind sie zu schwach, um dem Ansturm der Heiden zu trotzen. Wenn noch weitere Städte fallen, ist auch Jerusalem bedroht. Das kannst du nicht wollen, Friedrich, um deiner unsterblichen Seele willen!«

Er sah seinen Bruder direkt an, und sowohl sein Blick als auch seine Worte schienen den alten Friedrich wie Pfeile zu treffen. Es war kein Geheimnis, dass der Herzog von Schwaben dem Tod geweiht war. Von den in der Kammer Versammelten würde er als Erster seinem Schöpfer gegenübertreten und über sein Leben Rechenschaft ablegen müssen, über seine Taten und seine Versäumnisse. »Bruder«, sagte er, leiser jetzt und mit Resignation in der Stimme, »ich habe in meinem Leben vieles getan, um dem Schöpfer zu gefallen. Ich habe die Kirche unterstützt und ihre Belange gefördert, habe Klöster begründet und Almosen für die Armen gegeben … Aber dieses Opfer verlange nicht von mir. Ich kann ihn nicht ziehen lassen … nicht ihn.«

Beider Blicke richteten sich nun auf den jungen Friedrich, der in der Kammer ein Stück abseits stand, so als wagte er nicht, an das Lager seines Vaters zu treten. Ich hatte meinen jungen Herrn in den vergangenen Jahren häufig einsam erlebt. Jetzt wirkte er geradezu verloren.

»Auf ihm ruht die Hoffnung unserer Familie«, fuhr sein Vater mit heiserer Stimme fort. »Er muss über unsere Ländereien wachen, wenn ich nicht mehr bin, ihm habe ich den Schutz meines zweiten Weibes Agnes und seines kleinen Halbbruders übergeben, der noch ein Knabe ist und deinen Namen trägt …«

»Das alles weiß ich, und auch um deine Sorge«, versicherte Konrad. »Aber während sich dein Sohn um die Wahrung eurer Interessen gekümmert hat, hat er den meinen geschadet. Seine Fehde mit den Zähringern hat für Unruhe im Reich gesorgt. Es heißt, wenn der König nicht in der Lage ist, seinem eigenen Neffen Einhalt zu gebieten, wie will er da ein ganzes Land befrieden? Der Zähringer Herzog war nur durch Vermittlung Abt Bernhards dazu zu bewegen, sich zum Hoftag einzufinden.«

»Und vermutlich hast du ihm alle möglichen Versprechungen gemacht, nur um des Friedens willen, Onkel«, sagte mein junger Herr. Es war das erste Mal, dass er das Wort ergriff, und ganz sicher war es nicht der Tonfall, den ein Gefolgsmann gewöhnlich gegenüber seinem König anschlug. Konrad schien dennoch gewillt, darüber hinwegzusehen.

»Friede, Neffe, ist alles, was zählt«, erwiderte er.

»So hast du nicht immer gedacht«, brachte sein Bruder vom Krankenbett aus in Erinnerung.

»Ich weiß. Aber ich kann nicht dem Aufruf seiner Heiligkeit folgen und in fernen Ländern gegen die Sarazenen kämpfen, wenn ich zugleich fürchten muss, dass mein Königreich in Zwist und Zwietracht untergeht.«

»Pflegt nicht die Kirche in solchen Fällen einen Frieden unter den Rittern der Christenheit zu verordnen?«, fragte der alte Herzog in unverhohlenem Spott. »Das sollte doch genügen.«

»Das sollte es vermutlich.« Konrad nickte und zog den pelzverbrämten Umhang enger um seine Schultern – da die Kammer von einem Kaminfeuer beheizt wurde und es im Gegensatz zu anderen Gemächern der Burg angenehm warm war, war die Geste wohl eher der Gefühlskälte seines Bruders geschuldet. »Es gibt nur eine Lösung: Dein Sohn wird mich auf meiner Wallfahrt begleiten. Nur so kann verhindert werden, dass eine Fehde ausbricht, die mein Reich in Schutt und Asche legt – und dass dein Sohn solches vermag, hat er hinreichend bewiesen.«

»Und der Zähringer?«, schnappte der Herzog. »Soll er zu Hause bleiben? Er leckt seine fetten Finger doch schon lange nach unseren schwäbischen Besitzungen, und ich allein habe nicht mehr die Kraft, ihm zu trotzen …«

Der König seufzte. »Herzog Konrad von Zähringen zögert noch, an der Unternehmung teilzunehmen …«

»Wie überraschend!«, warf der alte Friedrich ein.

»… doch Abt Bernhard hat mir zugesichert, dass die Macht und die Autorität der Kirche ausreichen werden, um ihn beizeiten zur Teilnahme zu überreden.«

»Und wer garantiert, dass wir unsere Fehde nicht unterwegs fortsetzen werden?«, fragte der junge Friedrich keck.

»Sprich nicht so blasphemisch«, wies sein Onkel ihn zurecht. »Man erhebt die Waffen nicht gegen einen Kreuzfahrerbruder, selbst du solltest das wissen! Und ist es nicht so, dass ihr jungen Kerle auf *aventiure* aus seid? Auf eine Gelegenheit, euren Heldenmut zu beweisen und Ruhm und Ehre zu erwerben, wie es in euren Gedichten gepriesen wird?« Der Spott in des Königs Stimme war unüberhörbar gewesen, ein Hinweis darauf, dass er die Leidenschaft vieler junger Ritter für die neu in Mode gekommene Art der Dichtung und des Gesangs nicht teilte. »Was für einen besseren Weg könnte es geben, sich als Held zu beweisen, wenn nicht im Kampf gegen die Heiden?«, setzte er schnaubend hinzu. »Der Ruhm dafür wird nicht nur auf Erden, sondern sogar im Himmel verkündet!«

»Er soll nicht Ruhm und Ehre erwerben, sondern meine Nachfolge antreten und unseren verdammten Besitz …« Weiter kam der alte Herzog nicht. Der nächste Anfall war so heftig, dass er kein Wort mehr hervorbrachte. Blut trat ihm über die Lippen, und seine fahlen Gesichtszüge färbten sich blau.

»Vater!«

Friedrich stürzte zu ihm, die erste echte Gefühlsregung, die ich seit Langem bei ihm sah. Er schlüpfte an seinem Onkel vorbei, fiel am Krankenbett des alten Herzogs nieder und ergriff dessen Hand.

Suchend, beinahe panisch schweifte der Blick des einen Auges umher, bis es den Sohn endlich fand. Der Anblick schien den alten Friedrich zu beruhigen. Der Anfall ging vorüber, der Husten legte sich.

»Sohn«, hauchte er mit rasselnder Stimme.

»Ich bin hier, Vater.«

»Willst du … ebenfalls gehen? Dich der Wallfahrt anschließen?«

Friedrich seufzte. »Es ist mir gleichgültig, Vater«, gestand er dann, was wohl der Wahrheit entsprach. »Sag mir, dass ich bleiben soll, und ich werde bleiben. Sag mir, dass ich meinem König folgen soll, und ich werde ihm folgen.«

Der Blick des alten Herzogs ging an seinem Sohn vorbei und erfasste den Bruder, der noch immer an seinem Lager stand. »Ich bitte dich, Konrad … nimm ihn mir nicht. Er ist alles, was mir noch geblieben ist.«

»Ich weiß«, versicherte Konrad. »Und ich wünschte, es gäbe einen anderen Weg.«

»Was erwartest du dir davon? Warum willst du das alles auf dich nehmen? Warum riskierst du alles, was wir besitzen?«

Der König zögerte mit der Antwort. Dann straffte er sich und hob das Kinn. »Um einer größeren Sache willen.«

Der Herzog stieß ein Keuchen aus, müde und voller Resignation. »Ich höre Bernhard aus dir sprechen. Sein Eifer hat von dir Besitz ergriffen. Oder ist es die Kaiserkrone, nach der du schielst? Willst du dich dem Papst empfehlen?«

»Vorsicht, Bruder«, sagte Konrad nur.

»Du hast keine Ahnung, worauf du dich einlässt. Dies ist keine Wallfahrt, sondern ein Feldzug gegen die Heiden, und er wird in Blut und Chaos enden. Dennoch hast du vor, meinen Jungen in die Sache hineinzuziehen …«

»Friedrich ist längst kein Junge mehr, das hat er hinlänglich bewiesen«, entgegnete der König, auf seinen Neffen deutend. »Er hat in deinem Interesse gehandelt und gegen das meine. Nun erhält er eine Chance, sich zu bewähren, vor seinem Gott und seinem König.«

Mit wässrigen Augen sah der alte Herzog seinen Bruder an. »Und wie steht es um seine Familie?«

Konrad seufzte. »Es gibt eine Lösung«, verkündete er dann. »Etwas, das deine Sorge um die Besitzungen der Familie zerstreuen wird.«

»Nämlich?«

»Vor unserer Abreise wird Friedrich Adela, die Tochter Diepolds von Vohburg ehelichen.«

Friedrich fuhr hoch und sah sich nach seinem König um – von diesen Plänen schien er zum ersten Mal zu hören. Wenn sein Vater überrascht war, so ließ er es sich nicht anmerken.

»Diepold ist Markgraf, mit Besitzungen, die weit nach Osten reichen«, erklärte der König weiter. »Die Mitgift, die er seiner Tochter in die Ehe gibt, sollte ausreichen, um eure Ländereien hinreichend abzusichern, Bruder, und dir den Abschied von deinem Sohn erleichtern.«

Schweigen trat ein, das schwer auf den Anwesenden lastete. Ich konnte sehen, dass die Aussicht, mit einer Frau verheiratet zu werden, die er noch nie in seinem Leben gesehen hatte, meinem Herrn nicht besonders behagte, aber er beschwerte sich nicht – es war das Los eines jungen Edlen, der übliche Weg. Und auch der alte Herzog widersprach nicht länger. Sei es, dass dieses Argument des Königs ihn überzeugt hatte, oder weil seine Kräfte ihn zusehends verließen.

»So geht«, flüsterte er, »und nimm den väterlichen Segen.«

Friedrich beugte sich zu ihm hinab, und der alte Herzog küsste mit blutigen Lippen seine Stirn. Friedrich nickte, erhob sich und trat zurück.

»Bruder, ich …«, setzte Konrad zu etwas an, das wohl

Worte des Dankes hätten werden sollen, doch der Herzog winkte ab. »Arndt«, sagte er stattdessen. »Ich will Arndt sprechen.«

Der König hob die Brauen. »Wen?«

Der Herzog hob seine zitternde Rechte und deutete geradewegs auf mich. »Arndt.«

Sein Bruder streifte mich mit einem Seitenblick, als würde er mich jetzt erst entdecken. Als ständigen Begleiter seines Neffen hatte er mich wohl wahrgenommen, aber nicht als jemanden, der einen Namen trug. Es schien ihm nicht in den Kopf zu gehen, dass der alte Herzog ausgerechnet mit mir reden wollte – und das hatten wir gemeinsam …

»Herr?«, fragte ich, wobei mein Blick vom alten Herzog zum jungen und dann zurück zum König glitt.

»Ich wünsche, mit dem Leibdiener meines geliebten Sohnes zu sprechen«, sagte Friedrichs Vater und winkte mich zu sich heran. »Und nur mit ihm«, fügte er hinzu.

Der König und sein Neffe tauschten Blicke. Es widersprach – gelinde gesagt – den Gepflogenheiten, dass ein Herzog seinen Lehnsherrn aus dem Gemach entließ, aber zum einen hatte Konrad seinen Bruder nicht nur in seiner Eigenschaft als König besucht, und zum anderen war er wohl bereit, dies einem Todkranken zuzugestehen, auch wenn er sich keinen Reim darauf machen konnte. Vielleicht führte er den Wunsch des Herzogs auch auf dessen schlechten Gesundheitszustand und ein vermindertes Urteilsvermögen zurück. Jedenfalls verabschiedete er sich mit einem Nicken und verließ die Kammer. Friedrich folgte ihm, nicht ohne zunächst seinem Vater und dann auch mir einen undeutbaren Blick zuzuwerfen.

»Komm näher, Junge«, ächzte der alte Herzog, nachdem auch sein Sohn die Kammer verlassen und die Tür hinter sich geschlossen hatte. Das einzelne Auge sah mich auffordernd an.

Ich trat näher an das Bett und ließ mich davor auf ein Knie nieder. »Ich bin hier, Herr.«

Der Herzog nickte. Ich erschrak beinahe, wie gebrechlich und vom Tod gezeichnet er aus der Nähe wirkte. Tiefe Falten hatten sich in sein Gesicht gegraben, dunkle Ränder lagen um die Augen, die in kaltem Fieber glänzten.

»In all den Jahren«, begann er leise, »habe ich dir nie gedankt.«

»Wofür, Herr?«

Der alte Herzog lachte heiser auf, worauf er erneut husten musste. »Für deine Hingabe … deine Ergebenheit«, stieß er dann hervor. »Ich weiß, was es bedeutet, einem jungen Staufer zu dienen, denn ich bin selbst einer gewesen. Ungestüm, jähzornig und voller Tatendrang.« Er deutete auf das trüb gewordene Auge, über das eine alte Narbe verlief. »Dies hier ist mir als Andenken aus jener Zeit geblieben.«

»Ihr … Ihr müsst mir nicht danken, Herr«, war alles, was mir als Erwiderung einfiel. Es bestürzte mich beinahe, wie mitfühlend der alte Kämpe auf einmal klang – kündigte sich darin bereits sein nahendes Ende an?

»Ich weiß«, versicherte er, und der Blick seines einen Auges wurde finster. »Ich kenne Friedrich«, fuhr er dann fort. »In vielen Dingen ist er mir ähnlich, doch nicht in allen. Es ist Dunkelheit in ihm, aber auch Licht … es ist wichtig, dass jemand bei ihm ist, der auf ihn achtet und über ihn wacht.«

»Das werde ich, Herr.«

»Ich habe alles darangesetzt, es zu verhindern, aber

mein Bruder ist von religiösem Eifer befallen … Er wird diese Wallfahrt beginnen und meinen Jungen mitnehmen.«

»Das befürchte ich, Herr«, stimmte ich zu.

»Umso wichtiger ist es, dass du ihn dort im Feindesland begleitest, als sein Schwert und sein Schild. Friedrich muss in die Heimat zurückkehren, hörst du? Es warten wichtige Aufgaben auf ihn …«

»Ich weiß, Herr«, versicherte ich. »Seid beruhigt. Ich werde nicht von der Seite eures Sohnes weichen, ganz gleich, was geschieht. Ich habe es seinem Taufpaten versprochen, und ich verspreche es euch.«

Der alte Herzog nickte, ein zustimmendes Keuchen entrang sich seiner Kehle. »Otto von Cappenberg ist nicht von ungefähr Friedrichs Pate geworden. Als Friedrich zur Welt kam, berichtete er mir von einer Vision, nach der Friedrich eines Tages die Kronen des Reiches auf seinem Haupt vereinen wird. Er ist zu Großem ausersehen und darf nicht …« Er unterbrach sich, ein heftiger Schmerz in seiner Brust ließ ihn zusammenzucken.

»Soll ich nach einem Arzt schicken, Herr?«, fragte ich besorgt.

Trotz der Schmerzen, die ihn quälen mussten, lachte der alte Herzog erneut, dann spuckte er Blut in den Napf neben seinem Bett. »Diese verdammten Quacksalber vermögen nichts, als mich zur Ader zu lassen oder anderweitig zu traktieren. Halte sie mir nur vom Leib!«

»So ruht Euch wenigstens aus, Herr. Das alles hat Euch mehr angestrengt, als gut für Euch ist.«

Sanfte Gewalt anwendend, drückte ich ihn auf sein Lager zurück. Darauf wollte ich aufstehen und die Kammer verlassen, aber seine Rechte schnellte vor und hielt mich mit überraschender Kraft fest.

»Herr?«

»Eines noch«, hauchte er. »Etwas muss ich dir noch sagen …« Er bedeutete mir, noch näher heranzukommen, und ich beugte mich über ihn, bis mein Ohr dicht über seinem Mund war.

Was der alte Herzog mir dann sagte, flüsternd und mit bereits schwacher Stimme, erschreckte mich.

Es veränderte manches und erklärte vieles, und doch beschloss ich noch in dem Augenblick, da ich es erfuhr, es tief in meinem Herzen zu vergraben.

Dann erhob ich mich und verließ das Gemach.

Herzog Friedrich von Schwaben, der zweite seines Namens und Vater unseres späteren Kaisers, starb Anfang April, nur wenige Wochen vor unserem Aufbruch ins Heilige Land.

7

Thrakische Tiefebene nahe Adrianopel
Mai 1147

Die runde Scheibe des Mondes stand hoch am Himmel und ließ das Band des Flusses Evros glitzern, das sich durch die von Äckern und kleinen Wäldern durchsetzte Tiefebene zog. Es war eine laue Nacht, die still und friedlich hätte sein können, wäre da nicht der Pulk deutscher Ritter und Waffenknechte gewesen, die sich mit Fackeln in den Händen vor den Mauern des Klosters versammelt hatten.

Es war ein byzantinisches Kloster, von Mönchen der Ostkirche erbaut, die darin ein kontemplatives Leben führten, dem Gebet und dem Studium der Heiligen Schrift gewidmet; dem Kloster angegliedert war eine Herberge, die die Mönche betrieben und die wie das Kloster selbst den Schutz hoher, aus Natursteinen zusammengefügter Mauern genoss. Diese Herberge war der Grund dafür, dass wir auf königlichen Befehl hier aufmarschiert waren und uns die Nacht um die Ohren schlugen, statt im Lager des Heeres zu verweilen, das schon ein gutes Stück weitermarschiert war …

»Öffnet das Tor!«, erscholl die Stimme von Herzog

Friedrich rau und voller Unnachgiebigkeit, so als wären mit dem Tod seines Vaters nicht nur dessen Ländereien und Titel auf ihn übergegangen, sondern auch das aufbrausende Temperament. »Öffnet das Tor, ihr Mönche, oder ich schwöre bei allem, was mir heilig ist, dass ich es aufbrechen und dieses Kloster bis auf die Grundmauern niederbrennen werde!«

Friedrich, der die berittene Abteilung anführte, hatte sie in einem weiten Halbkreis um das Haupttor Aufstellung nehmen lassen: die gepanzerten Reiter, die die Hauptlast eines möglichen Ausfalls tragen würden, in der Mitte, die leicht gerüsteten Waffenknechte an den Rändern. Zwar war nicht wirklich zu erwarten, dass die Bewohner eines Klosters uns angreifen würden, doch andererseits war vieles geschehen, seit wir das Reich verlassen hatten, was wir zuvor nicht für möglich gehalten hätten.

Vor genau einem Jahr waren wir aufgebrochen, zuerst auf Schiffen die Donau hinab, dann auf dem Landweg durch das Königreich Ungarn und über die Grenzen des byzantinischen Reiches hinweg. Spätestens hier hatte sich gerächt, dass der Zug der bewaffneten Wallfahrer kein fester Heeresverband war, sondern ein loser Haufen, dem sich unterwegs zahllose Begeisterte angeschlossen hatten – Fußvolk, das in die Tausende ging und dessen Hunger nicht ohne Weiteres zu stillen war. So war man dazu übergegangen, sich zu nehmen, was vor Ort vorhanden war. Mit unabsehbaren Folgen …

Die schwere hölzerne Pforte des Klosters wurde nun geöffnet. Drei Gestalten traten daraus hervor, byzantinische Mönche in den traditionellen schwarzen Kutten, auf den Köpfen den *klobuk*, wie sie die hohe Kopfbedeckung mit dem nach hinten herabhängenden Schleier nannten.

Die Mönche näherten sich zögernd. Alle drei trugen sie die dichten Bärte und das lange Haar ihres Standes. Zwei von ihnen blieben schließlich zurück, und nur noch einer trat weiter vor, ein kleinwüchsiger Mann, dessen Gesicht fast zur Gänze in seinem schwarzen Bart verschwand. Ein dunkles Augenpaar funkelte darüber furchtsam ins Licht der Fackeln. Eine Hand hatte er zum Friedensgruß erhoben.

Friedrich hatte nicht vor abzuwarten, bis der Mönch – fraglos der Vorsteher des Klosters – auch noch den letzten Rest der Strecke hinter sich gebracht hatte. Er gab seinem Hengst die Sporen, der sich wiehernd aufbäumte und dann auf den Griechen zuschoss. Wie immer blieb ich meinem Herrn auf den Fersen und folgte ihm, ebenso wie die beiden Ritter seiner Eskorte. Für einen Moment hatte es den Anschein, als wolle unser junger Herzog den Mönch über den Haufen reiten. Erst im letzten Moment zügelte er seinen Rappen und brachte ihn unmittelbar vor dem kleinen Mann zum Stehen.

»Habt Ihr hier das Sagen?«, fuhr er ihn vom Pferd herab an.

»Gewiss.« Der Mönch nickte. »Ich bin der *hegumenos* dieses Klosters«, entgegnete er dann in unserer Sprache, die er flüssig beherrschte. »Womit kann ich Euch dienen, Fremde?«

»Das wisst Ihr verdammt genau«, stieß Friedrich zwischen zusammengebissenen Zähnen hervor, während er Mühe hatte, sein in Unruhe geratenes Tier zu bändigen. »Im Namen unseres guten Königs Konrad, des dritten seines Namens, verlange ich die sofortige Herausgabe der Mörder unseres Kreuzfahrerbruders Frowin von Weißenfeld!«

»Von einem solchen Verbrechen weiß ich nichts, hoher

Herr«, versicherte der *hegumenos*, was in unseren Landen wohl dem Rang eines Abts entsprach.

»Wie Ihr wollt, dann will ich Eurem Gedächtnis ein wenig auf die Sprünge helfen«, konterte Friedrich. »Ritter Frowin gehörte dem Zug der Kreuzfahrer an. Er ist krank gewesen, weshalb er die Herberge Eures Klosters aufsuchte, um sich zu erholen und dann wieder zum Heer seines Königs aufzuschließen. Doch statt Genesung wurde ihm in Euren Mauern Verderben zuteil. Diebesgesindel vergiftete ihn und bemächtigte sich seiner Habe. Wäre es seinem Knappen nicht gelungen, zu fliehen und uns zu berichten, hätten wir wohl niemals davon Kenntnis erlangt. So jedoch hat König Konrad mich entsandt, um die Mörder unseres Pilgerbruders ausfindig zu machen und sie ihrer gerechten Bestrafung zuzuführen.«

Der Abt hatte sich alles schweigend angehört. Dann erwiderte er: »Ich weiß nichts von den Dingen, die Ihr berichtet, und von den Vorwürfen, die Ihr erhebt.«

»Ihr zweifelt an meinen Worten?«

»Nein, hoher Herr. Aber selbst, wenn alles genau so geschehen ist, wie Ihr sagt, wären die Mörder längst nicht mehr anzutreffen. Dies ist eine Herberge und keine Burg. Meine Brüder und ich kontrollieren nicht, wer aus und ein geht.«

»Dennoch tragt Ihr Verantwortung für das, was innerhalb Eurer Mauern geschieht«, beharrte Friedrich. »Oder ist feiger Mord kein Verbrechen, sofern er einem Fremden widerfährt?«

»Jedes Geschöpf Gottes ist uns gleich viel wert, Herr Ritter«, entgegnete der *hegumenos* bestimmt. »Und das Recht achten wir im Reich des *basileus* nicht weniger als Ihr in Euren Grenzen.«

»Was soll das heißen?«

»Entspricht es etwa nicht der Wahrheit, dass auch der Zug Eurer Wallfahrer von Räubern und Dieben begleitet wird? Von Menschen, die sich nehmen, wessen immer sie habhaft werden können? Die unsere Dörfer und Höfe plündern, seit sie in unser Land gekommen sind?«

»Selbst der gerechteste Mann kann vom Glauben allein nicht leben«, entgegnete Friedrich.

»Nein – aber er könnte um Nahrung bitten, statt sie sich ungefragt zu nehmen.«

»Das haben wir versucht, alter Mann – und sie wurde uns nicht gegeben.«

»So hätte Euer guter König Konrad sich vielleicht beizeiten fragen sollen, wie er all diese Pilger zu versorgen gedenkt.«

»Das hat er«, versicherte Friedrich. »Es wurden Absprachen mit eurem Kaiser Manuel bezüglich der Versorgung unseres Zuges getroffen, doch er hat sich nicht daran gehalten. Seit wir die Grenzen seines Reiches überschritten haben, wurden wir abwechselnd von Wegelagerern überfallen, von Hunger verfolgt oder von kaiserlichen Soldaten bedroht. Ich habe Ritter sterben sehen, gute Männer, deren einziges Ansinnen darin bestanden hat, den Ruhm des Allmächtigen auf Erden mehren zu wollen. Stattdessen endeten sie mit Pfeilen gespickt oder mit durchschnittenen Kehlen. Oder vergiftet wie Herr Frowin …«

»Ich bedaure Euren Verlust«, sagte der Abt und neigte dabei respektvoll das Haupt, »doch hat niemand gesagt, dass ein Unternehmen wie dieses leicht werden würde, noch dass jeder Pilger das Ziel erreicht. Der Herr prüft die Seinen auf mancherlei Art …«

»Das ist nur zu wahr«, räumte Friedrich ein. In seiner

Stimme lag etwas Lauerndes, das mir nicht gefallen wollte. Sein Blick verfinsterte sich, während er sich im Sattel vorbeugte. »Genug geredet, Mann. Gebt die Mörder jetzt freiwillig heraus, oder ich schwöre Euch, es werden Dinge geschehen, die Ihr nicht auf Euer Gewissen laden wollt.«

»Ich stehe unbewaffnet vor Euch«, brachte der Mönch in Erinnerung. »Ihr seid es, die des Nachts vor unseren Mauern erscheinen, mit Feuer und Schwert wie Eroberer.«

»Ihr weigert Euch also?«

Der Abt straffte sich und hob das Kinn. Ich musste den kleinen Mann für seinen Mut und seine Haltung bewundern. »Wer innerhalb dieser Mauern Zuflucht sucht, hat den Schutz der Kirche«, erklärte er kategorisch.

»Ohne Ausnahme?«, hakte Friedrich nach. »Selbst Diebe und Mörder?«

»Ich bin nicht der Richter, dies zu entscheiden«, entgegnete der Mönch. »Zieht wieder Eurer Wege, ich bitte Euch. Hier gibt es nichts für Euch zu tun.«

»Nein?«

Von Jähzorn erfasst, trieb Friedrich seinen Rappen nach vorn, während er gleichzeitig das Schwert aus der Scheide riss – und es in einer einzigen fließenden Bewegung auf den wehrlosen Mann niederfahren ließ.

Der *hegumenos* stand wie vom Donner gerührt, als die Klinge ihn ereilte. Tief hinein fraß sie sich in seine linke Schulter und durchtrennte Adern, die roten Lebenssaft verspritzten, als der junge Herzog den Stahl wieder herausriss. Blut glänzte schmutzig im Schein der Fackeln, als der Mönch mit ungläubig geweiteten Augen niederging.

Seine Ordensbrüder, die ein Stück dahinter geblieben waren, fuhren herum und ergriffen schreiend die Flucht, zurück zur Pforte, die bereits wieder geschlossen wurde.

»Ihnen nach!«, befahl Friedrich und deutete mit der blutigen Klinge auf das Tor. »Stürmt das Kloster und tötet jede lebende Seele darin. Dann brennt es bis auf die Grundmauern nieder!«

»Herr!«, rief ich entsetzt aus.

»Was?« Vom Rücken seines Rappens aus funkelte er mich wütend an. Sein rotes Haar schien im Schein der Fackeln lichterloh zu brennen, seine Augen glommen wie glühende Kohlen. »Willst du jene schützen, die Mördern Zuflucht gewähren? Ihnen lächelnd verzeihen? Die Anordnung unseres Königs war eindeutig!«

Das war nur zu wahr. Dennoch wurde ich von einem tiefen Schaudern befallen, als die fliehenden Mönche von den Klingen der sie verfolgenden Ritter niedergemacht wurden. Der eine wurde enthauptet, der andere fiel mit durchbohrter Brust.

Der linke Flügel der Waffenknechte hatte unterdessen bereits das Tor erreicht und stellte sicher, dass es nicht mehr geschlossen werden konnte. An der Pforte sah ich einen weiteren Mönch tödlich getroffen niedersinken, zwei andere wurden von der zinnenlosen Mauerkrone gestürzt. Im nächsten Moment verriet der Widerschein flackernden Feuers bereits, dass die Stallungen jenseits der Ummauerung in Brand gesetzt worden waren. Die Flammen schlugen hoch, unheimlich beleuchteten sie die Kuppel des von einem Kreuz gekrönten Kirchenbaus, der in der Mitte der Klosteranlage aufragte. Brandgeruch drang zu uns herüber, der aufsteigende Rauch zog vor die Scheibe des Mondes und verfinsterte sie. Schreie drangen aus dem Hof und den hohen Fenstern des Klosters, als auch noch der Rest der deutschen Kämpfer in die Anlage eindrang und Friedrichs Befehl ausführte.

Wo Häuser von Holzschindeln bedeckt waren, fingen sie Feuer, auch Fensterläden und Dachstühle gingen in Flammen auf. Aus dem obersten Stockwerk des Klosterbaus stürzte unter entsetzlichem Kreischen ein Mönch, am ganzen Leibe brennend und einer lebenden Fackel gleich.

Alles in mir verlangte danach, die Zügel herumzureißen und den Ort des Grauens zu verlassen, doch ich blieb an der Seite meines dunklen Herrn. In schlaflosen Nächten hatte ich manches Mal darüber nachgedacht, was Bruder Otto bezweckt hatte, indem er mich zu Friedrichs ständigem Begleiter machte. Was genau bedeutete es, der Schatten eines Mannes zu sein? Doch erst in dieser Nacht, in diesem Moment, wurde es mir wirklich klar.

Ein Schatten konnte es sich nicht aussuchen, woher das Licht kam, das ihn erzeugte. So wie er nicht darüber entscheiden konnte, wohin er ging.

Man hatte den jungen Herzog zur Teilnahme an dieser Wallfahrt gezwungen, entsprechend war Zorn sein beständiger Begleiter, und der Tod seines Vaters mochte ein Übriges dazu beigetragen haben, seine Seele zu verfinstern. Härte, Unnachgiebigkeit und Todesverachtung waren die Folge gewesen. Zwar hatten sie ihm wieder die Achtung des Königs eingetragen, die er zuvor verloren hatte, jedoch zu einem hohen Preis.

Äußerlich blieb die Miene meines Herrn unbewegt, doch ich konnte sehen, wie sich seine Augen mit Tränen füllten, die schließlich über seine hohlen Wangen rannen und in seinem roten Bart versickerten. Bis spät in die Nacht blieben wir und wohnten dem grausigen Spektakel bei, lauschten den Schreien, bis sie weniger wurden und sich im Tosen des Feuers verloren.

Keiner von uns hat diese Nacht je vergessen.

8

Dorylaeum, Anatolien
26. Oktober 1147

Über den Bosporus drangen wir weiter nach Süden vor. Ich weiß nicht, ob Manuel von Byzanz weitere Zwischenfälle mit deutschen Kreuzfahrern vermeiden oder einer Begegnung mit dem zukünftigen Kaiser des Römischen Reiches aus dem Weg gehen wollte – jedenfalls stellte er in reichem Umfang Schiffe und Material zur Verfügung, um das ausgehungerte Heer mit dem Nötigsten zu versorgen und es möglichst rasch nach Kleinasien zu bringen.

Doch wenn wir geglaubt hatten, dass die Schwierigkeiten damit überwunden sein und wir auf byzantinischem Gebiet nun ungehindert ins gelobte Land vorstoßen würden, so hatten wir uns gründlich geirrt.

Einmal mehr erwies sich die große Anzahl an unbewaffnetem Fußvolk, die sich der Wallfahrt während unseres Marsches angeschlossen hatte, als Hemmnis. Selbst die Tatsache, dass der König seinen Halbbruder Bischof Otto von Freising beauftragte, sich zumindest mit einem Teil des Volkes vom Hauptheer zu trennen und an der Küste entlang gen Süden zu ziehen, brachte kaum Erleichterung. Viele Pilger bestanden darauf, beim König zu bleiben, und so setzte sich das Elend fort, das wir schon zuvor erlitten hatten, und der Hunger folgte uns wie ein Fluch.

Je weiter wir uns von Konstantinopel und von Manuels Einfluss entfernten, desto feindseliger wurde die Umgebung. Wir betraten das Gebiet türkischer Reiterstämme und der Rum-Seldschuken, und ihre lautlosen Pfeile und Attacken aus dem Nichts setzten uns noch mehr zu als bohrender Hunger und brennender Durst. Nicht nur dass sich in der kargen Weite des anatolischen Hochlands kaum Nahrung für die Menschen und Futter für die Tiere fand; es gab auch keine Deckung, hinter der man Zuflucht suchen konnte. Zudem ergriff ein rätselhaftes Fieber von vielen unserer Pilgerbrüder Besitz, vielleicht infolge des eisigen Windes, der nachts über die Hochebene strich, und auch der König wurde davon befallen. Anfangs scheuten wir uns noch davor, die Körper derer, die den Tag über durch Fieber oder feindliche Pfeile gefallen waren, aufzuschichten und als Schutz sowohl vor dem Wind als auch vor den todbringenden Geschossen der Türken zu benutzen; doch schon bald überwanden wir unsere Scheu und verlangten unseren toten Kameraden diesen letzten Dienst ab.

Gepeinigt von Entbehrung, von Schmerz und Enttäuschung und dem beißenden Gestank der in der Sonne verwesenden Körper, drängten wir auf eine Entscheidung und fanden sie bei Dorylaeum – jenem Ort, der während der ersten Wallfahrt bereits einmal Schauplatz einer großen und siegreichen Schlacht gewesen war. Doch obwohl es entsprechende Vorzeichen gegeben hatte und die uns begleitenden Priester den Beistand des Allmächtigen für unser Unternehmen erflehten, erlitten wir eine verheerende Niederlage.

Abermals geschlagen, hungrig und entkräftet, versammelten sich die Führer des Heeres im Zelt des fiebernden Königs, unter ihnen Herzog Heinrich Jasomirgott sowie mein Herr Friedrich. Um den Wallfahrtsthron stehend, der nicht mehr war als ein hölzerner Scherenstuhl, auf dem der Herrscher brütend kauerte, berieten die hohen Herren, was zu tun sei. Ihre Leibwachen, unter ihnen auch ich selbst, standen an der Zeltwand aufgereiht, als lebender Schirm vor Pfeilen, die sich bis ins Lager verirren mochten ...

»Elende Heiden!« Die kraftlos geballte Faust des Königs fiel auf die Armlehne des Stuhls herab. Sein Waffenrock mit dem Kreuz und dem Reichsadler darauf war schmutzig und zerschlissen wie die seiner Ritter, seine Züge waren feuerrot, vom Fieber gleichermaßen wie von ohnmächtiger Wut. »Sie haben die gesamte Nachhut vernichtet! Niedergemacht bis auf den letzten Mann! Hätte ich sie doch nur an dich gegeben, Neffe!«

»Dann läge ich jetzt auch auf jenem Hügel, Onkel, erschlagen oder von Pfeilen durchbohrt wie Graf von Plötzkau und die Seinen«, entgegnete Friedrich offen. »Ihn trifft keine Schuld an dem, was geschehen ist, das Problem sind die Unbewaffneten, die uns folgen. Um ihnen Schutz zu geben, ließ Graf Bernhard die Nachhut zurückfallen, nicht wissend, dass das Fußvolk von den Seldschuken bereits niedergemetzelt wurde. So ging er den Sarazenen in die Falle.«

»Es war kein ehrenvoller Kampf«, pflichtete Herzog Heinrich bei. Auch an ihm hatte der Hunger sichtlich genagt, seine einstmals vollen Wangen waren hohl und ausgezehrt, und ein Ausschlag hatte ihn befallen, der ihn dazu zwang, sich beständig im Gesicht zu kratzen. »Das ist es niemals, wenn diese berittenen Teufel angreifen. Wie der Wind brausen sie heran und verschicken mit ihren Bogen tödliche Grüße.«

»Unser Fußvolk ist ein leichter Fraß für ihre Pfeile, und unsere Reiter sind zu schwer gepanzert, um ihrer habhaft werden zu können«, fügte Friedrich hinzu.

Konrad schnaufte laut und keuchend. »Was also sollen wir tun? Was würdet Ihr Eurem König raten?«

»Rückzug«, sagte Heinrich Jasomirgott rundheraus – und erntete dafür einen wütenden Blick aus fiebrigen Augen.

»Rückzug?«, echote der König. »Und alles aufgeben, was wir bereits errungen haben?«

»Das ist das Problem, Onkel – wir haben nichts errungen«, stellte Friedrich unbarmherzig fest. »Wann immer wir uns dem Feind zu nähern versuchen, zieht er sich zurück. Es gelingt uns nicht, ihn zum Kampf zu stellen. Und gegen einen Gegner, den man nicht stellen kann, kann man nichts ausrichten. Seine berittenen Bogenschützen hingegen töten unsere Ritter im Dutzend und unser Fußvolk zu Hunderten.«

»Es gibt hier weiter nichts zu gewinnen als totes Land«, fügte der Herzog von Österreich hinzu. »Uns bleibt nur der Rückzug nach Nikaia.«

»Und dann? Was dann?« Der König sah zuerst seinen Halbbruder, dann die anderen Edlen zweifelnd an. »Ludwig von Frankreich um Hilfe bitten?«

»Die Franzosen sind uns mit wenigen Wochen Abstand gefolgt«, räumte ein anderer Babenberger ein. »Sie als Kreuzfahrerbrüder um Hilfe zu bitten, wäre keine Schande.«

»Und doch soll unser König nicht um Beistand betteln müssen«, entgegnete Friedrich hart. »Es wäre eine Schmach, nicht nur für das Reich, sondern für uns alle!«

»Wohl gesprochen, Neffe.« Konrad rang sich ein Lächeln ab. »In manchen Dingen mag ich mich geirrt haben – aber nicht darin, dich auf diese Unternehmung mitzunehmen. Dein starker Arm ist mir ebenso von Nutzen wie dein starker Wille.«

»Friedrichs Wille in allen Ehren«, wandte Heinrich ein, »doch hier geht es um das Überleben des gesamten Heeres! Ist es besser, einen sinnlosen Tod zu sterben, als sich vom Hunger besiegt zurückzuziehen und dann abermals für Gottes Reich ins Feld zu ziehen?«

Der König sah den Österreicher an und schien etwas erwidern zu wollen – als ein Knappe in das Zelt platzte, am ganzen Körper bebend und Panik in den Augen. »Mein König!«

Friedrich fuhr herum. »Was gibt es?«

»Kommt und seht selbst!«, rief der Knappe und deutete über seinen Rücken nach draußen. »Ein Zeichen ist geschehen!«

Die Edlen tauschten verblüffte Blicke, ebenso wie wir Diener. Seit Beginn der Wallfahrt hatte es manche Zeichen gegeben, gute wie schlechte. Doch was mochte vorgefallen sein, dass es den armen Kerl derart aufwühlte?

Die beiden Babenberger gingen nach draußen, gefolgt von weiteren Edlen. Auch Konrad wollte sich von seinem Hocker erheben, wäre infolge des Fiebers jedoch wieder niedergesunken, wenn Friedrich ihn nicht aufgefangen hätte. Mit einem Blick bedeutete er mir, ihm zur Hand zu gehen, und indem wir den König von beiden Seiten stützten, führten wir ihn hinaus vor das Zelt, wo die Sonne infolge der Tageszeit hoch am Himmel hätte stehen sollen.

Doch wo war sie?

Statt hellen Tages herrschte unwirkliches Dämmerlicht, so als würde sich der Tag bereits dem Ende neigen. Wir alle blickten besorgt zum Himmel – nur um atemlos zu beobachten, wie sich etwas vor die gleißende Scheibe der Sonne schob, als wollte es sie verschlingen.

»Seht! Seht!«, scholl es allenthalben, und alle deuteten zum Himmel, Edle wie Gemeine, und verfolgten das grässliche Schauspiel. Ich selbst merkte, wie etwas eisig über meinen Rücken fuhr und sich blankes Grauen meiner bemächtigte. Und auch in den Zügen unserer Herren sah ich in diesem Augenblick blankes Entsetzen.

Der König bekreuzigte sich, und wir taten es ihm gleich, die Geistlichen hoben die Hände und begannen zu beten – und dies umso mehr, als die rätselhafte Dunkelheit am Himmel einen Teil aus der Sonne gefressen hatte, sodass sie nun wie eine Mondsichel aussah, der Halbmond der Sarazenen …

Entsetzte Schreie erklangen, Rufe nach göttlichem Erbarmen. Es war ein Zeichen, das der Allmächtige am Himmel wirkte, daran konnte kein Zweifel bestehen. Aber warum ließ er am hellen Tag den Mond der Heiden erstrahlen? Bedeutete dies, dass unsere Sache verloren war?

Ich murmelte leise vor mich hin, einen Hymnus, den mich die Mönche von Cappenberg vor langer Zeit gelehrt hatten. Die Bedeutung der lateinischen Worte war mir nicht mehr geläufig, aber ihr Klang besänftigte meinen inneren Aufruhr ein wenig – und im nächsten Moment gab die Finsternis die Sonne wieder frei. Doch noch während wir uns fragten, was all das zu bedeuten hatte und ob unsere Gebete womöglich erhört worden waren, konnte man plötzlich erkennen, dass die Dunkelheit am Himmel ihre Richtung änderte. Statt sich erneut auf die Sonne zu stürzen, schien sie nun zu uns zu kommen, sich über den ganzen Himmel auszubreiten …

»Was, beim heiligen Georg …?«, hörte ich den König murmeln, und auch wir anderen starrten hinauf, um zu sehen, was sich dort näherte. Als wir es erkannten, war es bereits zu spät.

»Pfeile!«, brüllte jemand. »Die Seldschuken greifen …«

Er sprach den Satz nie zu Ende. Eines der Geschosse, die in Myriaden aus dem dämmernden Himmel stürzten, ereilte ihn, so wie viele andere. Im Schutz des Zwielichts, so als wäre jene unheimliche Finsternis mit ihnen verbündet, waren die heidnischen Reiter herangestürmt und entließen nun Tod und Verderben von ihren Sehnen. Einer Naturgewalt gleich brachen ihre Geschosse über uns herein, selbst der Wall der Toten, den wir um das Lager aufgeworfen hatten, vermochte sie nicht aufzuhalten. Der gefiederte Tod hielt wahllos Ernte, ganz gleich, ob es Knechte, Ritter oder Herzöge waren.

Wir waren dabei, den König zurück ins Zelt zu bringen, wo ein schaffellbeschlagener Baldachin ihn einigermaßen vor dem Pfeilbeschuss schützen würde – als ich plötzlich ein hässliches Flirren hörte. Ich sah nach oben, konnte jedoch nichts erkennen, dabei fühlte ich einen scharfen Luftzug an meinem Ohr. Fast gleichzeitig schrie der König getroffen auf.

»Mein König!« Friedrich stieß eine Verwünschung aus. Beide Arme um seinen Herrscher schlingend, schirmte er ihn todesverachtend mit dem eigenen Körper. »Schild!«, schrie er dabei, und sofort eilte ein Wächter herbei, der seinen mandelförmigen, mit dem Kreuzsymbol versehenen

Schild einsetzte, um den verwundeten König zu schützen. Während rings um uns weiter Pfeile einschlugen, eilte ich zu einem Gefallenen und nahm dessen Schild an mich, um die andere Seite zu schirmen. So wollten wir unseren Herrscher zurück ins Zelt bugsieren – doch Konrad wehrte sich mit aller Kraft.

»Genug«, fuhr er uns an, »lasst von mir ab!«

»Aber Onkel, Ihr seid …«

»Es ist nichts«, wies Konrad seinen Neffen zurecht, und zum Beweis packte er den Schaft, der aus seiner Schulter ragte, und brach ihn kurzerhand ab. Ein fürchterliches Heulen entfuhr ihm dabei, und seine Augen leuchteten in fiebrigem Glanz. »Bringt mir mein Pferd und meine Rüstung! Ich werde diesem feigen Mörderpack zeigen, was es bedeutet, einen gesalbten König herauszufordern, den zukünftigen *imperator* von Gottes Gnaden!«

Und noch ehe Friedrich oder ich etwas dagegen unternehmen konnten, hatte er sich bereits von uns losgemacht und dem Wächter den Schild entrissen. Den Schutz am linken Arm und mit der Rechten sein Schwert aus der Scheide reißend, stampfte er über den blutigen Sand, dem unsichtbaren Feind entgegen, von dem der Wind nur den Hufschlag der Pferde und das wilde Kriegsgeheul zu uns herübertrug.

Alles war so schnell gegangen, dass wir kaum reagieren konnten. Es war offenkundig, dass der König in diesem Augenblick nicht Herr seines Verstandes war. Fieber und unbändiger Zorn hatten von ihm Besitz ergriffen. »Mein Pferd! Bringt mir mein Pferd!«, brüllte er.

»Nein, Onkel!« Friedrich eilte zu ihm, und ich folgte, schützte beide mit dem Schild, in den sich bebend ein weiteres Geschoss bohrte. »Du wirst sterben!«

»Dann sterbe ich eben – zum Ruhm des Reiches und zur Ehre Gottes!«

»Nein!«, widersprach Friedrich abermals. »Heinrich hatte recht, wir können entweder hier einen sinnlosen Tod sterben oder uns zurückziehen, um an einem anderen Tag zu kämpfen!«

Er hatte den König am Rock gepackt und ihn zu sich herangezogen. Mit beschwörender Strenge starrte der Jüngere dem Älteren ins Gesicht – und tatsächlich schien die Glut in des Königs Augen ein wenig nachzulassen. »Rätst du mir umzukehren, Neffe?«, fragte er heiser.

»Nein, mein König.« Friedrich schüttelte den Kopf. »Es ist deine Entscheidung. Ich werde tun, was immer du befiehlst – aber ich beschwöre dich, an deine Pflicht zu denken und an die Krone, die du trägst!«

Konrad schwieg.

Für einen Augenblick schien die Zeit stillzustehen, während rings um uns das Chaos tobte. Pfeile schlugen ein wie Blitze, Ritter und Knappen ergriffen panisch die Flucht, seldschukische Reiter fegten Wirbelstürmen gleich durch das Lager.

»Rückzug«, stieß der König schließlich hervor. »Lass die Trommel zum Sammeln schlagen.«

»Verstanden«, bestätigte Friedrich. Ob er über die Entscheidung seines Onkels erleichtert war oder nicht, ließ sich nicht feststellen.

Wir kehrten dem Ort des Grauens den Rücken. Es war kein geordneter Rückzug, sondern eine wilde Flucht. Neun von zehn Pilger fanden den Tod, ihre leblosen Körper blieben zurück.

Jahre später sollten wir ihnen wieder begegnen.

9

Kaiserlicher Palast von Byzanz
Jahreswechsel 1148/49

Mit der dem Staufergeschlecht innewohnenden Zähigkeit erholte sich der König von seiner Verwundung, wenn auch nicht vom Fieber, das immer wieder zurückkehrte. Nachdem der klägliche Rest des deutschen Kreuzfahrerheeres sich bei Nicaia mit den Franzosen vereint hatte, marschierten wir gemeinsam gen Ephesos, das wir noch vor Jahresende erreichten. Dann jedoch verschlechterte sich der Zustand unseres Herrschers so sehr, dass Kaiser Manuel eingedenk ihrer bestehenden Verwandtschaft – die Kaisergattin Irene war nicht nur Konrads Schwägerin, sondern auch dessen adoptierte Tochter – mit dem Schiff nach Byzanz holen ließ, um ihn dort gesundzupflegen. Gestärkt kehrte der König im März des Jahres 1148 ins Heilige Land zurück, wo es in Akkon zu einer großen Beratung mit Ludwig von Frankreich und König Balduin von Jerusalem kam. Da Edessa von Zengis Sohn, Nur ad-Din, inzwischen vollständig zerstört worden war, gab man den Plan auf, die Stadt zurückerobern zu wollen, und wandte sich stattdessen Damaskus zu, das im Osten Palästinas zu einer aufstrebenden Handelsmacht geworden war und Balduins Vorherrschaft bedrohte.

Mein Herr Friedrich, der während der vergangenen Monate mehr und mehr zu einem Vertrauten seines Onkels geworden war, ja zu dessen engstem Berater, glaubte nicht an dieses Ziel – so wie er nicht mehr an einen Erfolg des Feldzugs glaubte. Doch seine Einwände, eine Eroberung von Damaskus diene vor allem König Balduins Zielen, der die Vorherrschaft von Jerusalem bedroht sah, verhallten ungehört, so wie die Warnungen, die er seinem Onkel zukommen ließ. Er argumentierte, das Heer der deutschen Pilger sei zu geschwächt, um einen erneuten Angriff und womöglich eine lange Belagerung durchzuhalten. Doch König Konrad, von der Aussicht auf die Kaiserkrone geblendet oder vielleicht auch nur, um dem Franzosen Ludwig den Triumph streitig zu machen, verschloss sich all diesen Argumenten. Im Juli sammelte sich das vereinte Heer der Kreuzfahrer und der christlichen Städte bei Tiberias, am Ufer jenes Sees, an dem unser Herr einst seine Jünger zu sich rief; von dort marschierten wir gegen Damaskus, doch die Belagerung verlief so, wie mein Herr es vorausgesehen hatte.

Von Hunger, Durst und den beständigen Ausfällen der Sarazenen geschwächt, wurde das christliche Heer schon nach wenigen Tagen zum Rückzug gezwungen. Erneut waren viele deutsche Wallfahrer im Kampf gefallen, andere wurden von Fieber oder Mangel dahingerafft; wieder andere hatten es vorgezogen, sich vom Heer abzusetzen und ihr Heil in der Flucht zu suchen. Mit dem elenden Haufen, der von seiner einstmals stolzen Pilgerschar übrig war, schlug König Konrad den Weg nach Ascalon ein, um zumindest diese Stadt aus heidnischer Hand zu befreien; doch weder die Franzosen noch die Kämpen Palästinas leisteten ihm Folge, und so blieb ihm schließlich nichts, als im September nach Konstantinopel zurückzukehren, wo er den Jahreswechsel damit zubrachte, sich von Fieber und Strapazen zu erholen und ein Bündnis mit Kaiser Manuel zu schmieden. Friedrich begleitete ihn dabei auf Schritt und Tritt, und ich begleitete meinen Herrn, lautlos wie ein Schatten.

In den ersten Wochen nach unserer Ankunft in Konstantinopel sprach mein Herr kaum ein Wort. So dankbar wir dem Allmächtigen sein mussten, dass er uns den Tod im Feindesland erspart hatte, so sehr bedrückte uns alle die Schmach der Niederlage, doch niemand so sehr wie meinen Herrn. Kein Tag verging, an dem sich Friedrich nicht in die Kapelle zurückzog, wohl weniger, um im eigentlichen Sinn zu beten – das übernahm ich in Erinnerung an die Gebete, die man mich in meiner Kindheit gelehrt hatte. Mein Herr schien die Stunden der Stille zu nutzen, um mit dem Allmächtigen in Zwiesprache zu treten, ihn nach den Gründen unseres Scheiterns zu fragen und wohl manches Mal damit zu hadern. Während ich im Gebet Zuflucht suchte vor den Erinnerungen, die mich verfolgten, vor den Bildern verstümmelter und mit Pfeilen gespickter Körper, die reglos und blutig im Sand lagen, führte mein Herr sie sich wieder und wieder vor Augen, zusammen mit den Fragen, die ihn quälten: Warum war all dies geschehen? Was wollte der Allmächtige ihm damit sagen? War Damaskus eine Warnung gewesen? Eine Strafe für unseren Hochmut?

Ich weiß nicht, welche Antwort Friedrich auf seine Fragen fand, doch sie schien ihn zu beruhigen, seine Anspannung löste sich. Es war allerdings nicht zu übersehen, dass er sich verändert hatte. Der jugendliche Draufgänger war im Feindesland zurückgeblieben, durchbohrt von den Pfeilen der Feinde. Ein anderer, gereifter Friedrich war von der gescheiterten Wallfahrt zurückgekehrt. Und sobald er sich wieder der Außenwelt zuwandte, war er ein aufmerksamer Beobachter der griechisch geprägten Welt, die zahllose Wunder bereitzuhalten schien, von den Palästen Konstantins bis zur Hagia Sophia mit ihrer gewaltigen, goldbeschlagenen Kuppel und ihren Böden aus Porphyr und Säulen aus Marmor.

Als Reaktion auf Friedrichs Interesse stellte Kaiser Manuel ihm einen ortskundigen Führer zur Verfügung, einen Hofeunuchen namens Nicolaios, der fließend Deutsch sprach und in Kunst und Historie beschlagen war – und wohl auch die Aufgabe hatte, ein wachsames Auge auf meinen Herrn zu richten, während dieser seine Streifzüge durch die Stadt unternahm.

Zum Weihnachtsfest wurden wir in den kaiserlichen Palast geladen, wo Manuel Hof hielt und seine Gäste mit allem verwöhnte, was die Speisekammern seines Palasts hergaben, ein Schwelgen im Überfluss, wie zumindest wir Kreuzfahrer es lange nicht erlebt hatten und das mir beinahe sündhaft erschien. Da gab es mit süßem Honig glasierten Braten, in dem sich das Licht Hunderter Kerzen spiegelte; würzig zubereitete Wildvögel, deren Inneres mit Granatäpfeln gefüllt war; dazu Früchte, wie wir sie noch nie zuvor gesehen hatten und die so köstlich schmeckten, als stammten sie direkt aus dem Paradies.

Die Hallen, in denen das Christfest begangen wurde, schienen einem Traum entsprungen, hoch und weit, aus rötlich schimmerndem Gestein erbaut, mit großen Fenstern und kühn geschwungenen Decken, die von schlanken Säulen getragen wurden. Die Bilder an den Wänden, Mosaike und Fresken, stammten aus glorreicher Vergangenheit.

Noch weitaus eindrucksvoller jedoch war der Thron, auf dem der *basileus* saß: Sechs Stufen führten hinauf zu dem Herrschersitz, der aus Elfenbein gearbeitet und mit Gold überzogen war. Zwei lebensgroße, ebenfalls goldene Löwen wachten zu beiden Seiten und über der Lehne zwei mächtige Greifen. Ein kunstvoll gearbeitetes Mosaik aus Purpur und Gold bedeckte die Thronnische im Rücken des Kaisers. All dieser Prunk jedoch wurde noch in den Schatten gestellt von einer geheimnisvollen Vorrichtung: Schlug nämlich der Hoforganist bestimmte Töne an, deren tiefer Bass den Palast erbeben zu lassen schien, rissen die Löwen die Schlünde auf und schienen zu brüllen, während der Thron selbst das Podest verließ und in die Höhe gehoben wurde, sodass Manuel auf seinen Hofstaat herabblicken konnte, vom Herrn erhöht und dem Himmel näher.

»Als wäre er nicht von dieser Welt«, flüsterte ich, während wir staunend zusahen, zusammen mit den deutschen Edlen, die der Kaiser ebenfalls in seinen Palast geladen hatte. Auf der anderen Seite des Thronsaals standen die griechischen Höflinge, und auf einem Podest, das dem des Kaisers untergeordnet war, saßen die Kaisergattin Irene sowie unser König Konrad.

»Ich habe mit Manuel verhandelt, und ich versichere dir, er ist *ganz und gar* von dieser Welt«, raunte Friedrich zu mir zurück. »Stünde er tatsächlich über den Dingen, wozu bräuchte er dann einen Thron wie diesen? Ein Kaiser des Abendlands bedarf keiner solchen Apparatur – er regiert vom Sattel aus und lenkt sein Ross dorthin, wo seine Macht walten soll. So ist es zur Zeit des großen Karolus gewesen, und so ist es noch heute.«

»Der Palast der byzantinischen Kaiser wurde von Kaiser Theodosius errichtet«, konterte Nicolaios mit giftiger Gelehrigkeit, »und jeder *basileus*, der ihm folgte, hat ihn erweitert und ausgebaut. All dies hier«, führte er weiter aus, wobei er mit der goldberingten Rechten eine ausholende Geste vollführte, »ist Stein gewordene Macht. Der *basileus* braucht sein Reich nicht zu bereisen – es genügt, dass er hier ist, auf diesem Thron, denn alle seine Untertanen respektieren ihn und achten sein Gesetz.«

»Auch der Kaiser von Rom wird von seinen Untertanen geachtet«, wandte Friedrich ein.

»Gewiss – doch während der *basileus* seine Macht und seine Krone allein der Tradition verdankt und der Tatsache, dass er von Gott ausersehen wurde, muss derjenige, der die Krone des Abendlands auf seinem Haupt tragen möchte, sich dem Schiedsspruch des Papstes unterwerfen, ist es nicht so? Wie groß kann seine Macht auf Erden also sein?«

Friedrich erwiderte nichts darauf, aber ich konnte sehen, wie seine Kieferknochen mahlten. Noch vor nicht allzu langer Zeit hätte er vermutlich widersprochen und darauf bestanden, dass es auch bei uns prächtige Kirchen und trutzige Burgen gab. Doch einmal mehr wurde deutlich, dass er sich verändert hatte. Seine neue erworbene Demut sorgte dafür, sodass er nicht trotzig widersprach, sondern diplomatisch schwieg. Erst sehr viel später vertraute er mir an, dass die Worte des Griechen etwas in ihm bewirkt hatten, dass sie Fragen formulierten, die auch er sich insgeheim längst gestellt hatte und die in den Jahren, die folgten, noch von entscheidender Bedeutung werden sollten.

Nicolaios jedoch schien an jenem Abend entschlossen, die Überlegenheit des Ostreichs gegenüber dem in seinen Augen barbarischen Westen unbarmherzig herauszustellen.

»Grämt Euch nicht«, fuhr er gönnerhaft fort. »Auch die Kaiserin war von großem Staunen erfüllt, als sie aus deutschen Landen an den Hof des Kaisers kam.«

»Bertha von Sulzbach«, sprach Friedrich den Namen der Kaisergattin genüsslich aus. Der für griechische Ohren arg profane Klang des Namens sorgte prompt für einige Falten im ansonsten so makellosen Gesicht des Eunuchen.

»Irene ist der Name, der ihr bei der Hochzeit gegeben wurde«, betonte er ihn ein wenig verunglimpft.

Nicolaios war nicht der Einzige, der der deutschen Kaisergattin Vorbehalte entgegenbrachte. Aus Gesprächen, deren Zeuge ich unfreiwillig geworden war, hatte ich erfahren, dass der armen Bertha, die aus Gründen der Bündnispolitik mit dem *basileus* verheiratet worden war, als Katholikin beträchtliches Misstrauen entgegenschlug. Die Tatsache, dass sie nicht nur König Konrads Schwägerin war, sondern von diesem auch noch adoptiert worden war, um ihren Rang und ihre Geltung zu erhöhen, konnte daran nur wenig ändern.

Der *basileus* selbst war, nachdem er die anwesenden Gäste von seinem hohen Sitz herab begrüßt und gesegnet hatte, wieder auf den Boden zurückgekehrt, und die eigentliche Feier begann. Die Gäste suchten die reich gedeckten Tafeln auf, und wie alle anderen Diener fand ich mich hinter meinem Herrn stehend wieder, während dieser mit Nicolaios, deutschen Edlen und griechischen Hofbeamten zu Tisch saß. König Konrad und Kaiser Manuel waren offenbar übereingekommen, ihre Gefolgsleute zu mischen, was anlässlich des christlichen Fests der Nächstenliebe wohl Misstrauen abbauen sollte – ich bezweifelte, dass dies eine weise Entscheidung gewesen war.

So großzügig des Kaisers Einladung auch gewesen sein

mochte, sie demonstrierte den bereits durch die Niederlage gebeugten deutschen Rittern nur, wie unterlegen sie in jeder denkbaren Hinsicht waren und wie barbarisch ihre Sitten. Und der Wein aus den kaiserlichen Kellern, der großzügig ausgeschenkt wurde, machte es nicht besser. Schon bald wurde der Tonfall bei Tisch lauter und rauer und übertönte die Harfenklänge der Musikanten.

Selbst die neue Demut meines Herrn schien unter dem Einfluss des Weins zu leiden. »Ihr mögt Euch auf die Vergangenheit berufen und auf die Schönheit Eurer Kunst – alles schön und gut, mein Freund«, sagte er, während er Nicolaios gönnerhaft auf die Schulter klopfte. »Aber auch der beste Wein wird irgendwann einmal schal, und selbst das schönste Antlitz zerfällt irgendwann zu Staub.«

»Was wollt Ihr damit sagen? Dass das Reich unseres erlauchten Herrschers nicht ewig währt?«

Mit vom Wein wässrigen Augen sah Friedrich den Griechen an, und seine Lippen bebten dabei. »Kein Reich wärt ewig außer dem des Allmächtigen«, knurrte er dann. »Und jetzt werde ich gehen und mich von den Mauern Eures alten Palasts herab erleichtern.«

Damit erhob er sich breitbeinig und wandte sich wankend ab, der entsetzten Hofschranzen ungeachtet.

»Vorsicht, Herr«, raunte ich ihm zu. »Hier mag es keine Seldschuken geben, aber des Kaisers Beamte pflegen auf andere Weise mit Pfeilen zu schießen.«

»Glaubst du, das merke ich nicht?« Friedrich sah mich an, seine Zunge war schwer. »Außerdem …«

Nicht nur er verstummte – im ganzen Saal herrschte von einem Augenblick zum anderen Schweigen, als plötzlich eine Stimme erklang, hell und klar wie der Glockenschlag am Weihnachtsmorgen.

Aller Blick ging zu den Musikanten. Von mehreren Dienerinnen umgeben, stand dort ein Mädchen, vielleicht zwölf Sommer alt. Sie war in ein goldbesticktes Kleid gehüllt, ihr blauschwarzes Haar zu einem kunstvollen Gebilde geflochten. Nicht nur ihr zartes Antlitz mit den hohen Wangen und den dunklen, mandelförmigen Augen glich dem eines Engels – auch ihre Stimme, mit der sie einen feinen Gesang vortrug, schien geradewegs vom Himmel herabzudringen.

Alle lauschten ergriffen, vergessen war alle Missgunst, die eben noch in der von Bratengeruch und Weihrauch geschwängerten Luft gelegen haben mochte. Die Worte des Liedes waren in griechischer Sprache, aber durch die Art, wie sie in die Herzen drangen, hatten auch wir Deutschen das Gefühl, alles genau zu verstehen, und mancher kampferprobte Kämpe vergoss heiße Tränen. Das Mädchen hatte seine Darbietung kaum beendet, als lauter Jubel aufbrandete, von Beifall begleitet.

»Wer in aller Welt ist das?«, verlangte Friedrich von Nicolaios zu wissen.

»Maria Komnena, die purpurgeborene Nichte des Kaisers«, entgegnete der Eunuch. »Sie ist ein Geschenk des Himmels.«

»Das ist sie«, stimmte Friedrich zu, der seinen Blick nicht von ihr wenden konnte. Lächelnd nahm das Mädchen den Jubel entgegen und bedankte sich, in dem es freundlich das Haupt neigte. »Fürwahr, das ist das schönste Geschöpf, das meine Augen je erblickt haben«, stellte Friedrich mit atemlosem Flüstern fest. »Eines Tages, wenn sie alt genug ist, werde ich bei Kaiser Manuel um ihre Hand anhalten und sie zu meiner Frau machen.«

Nicolaios sagte nicht, was er von diesem Einfall hielt,

zumal allgemein bekannt war, dass mein Herr in der Heimat bereits eine Gemahlin hatte. Die Leichenblässe, die das Gesicht des Griechen plötzlich färbte, sprach allerdings Bände.

Vermutlich hätte Friedrich der jungen Kaisernichte noch weiter gelauscht und ihr zugesehen, hätte ihn in diesem Moment nicht jemand an der Schulter gepackt und beherzt herumgedreht.

Es war der König.

»Onkel«, entfuhr es Friedrich, und er erhob sich.

»Ich danke dem Herrn, dass du mich noch erkennst«, knurrte Konrad mit freudlosem Grinsen. »Ich fürchtete schon, die Verlockungen des byzantinischen Hofs hätten dich alles um dich herum vergessen lassen. Hör mir gut zu, Junge, ich habe einen Auftrag für dich.«

»Einen Auftrag?« Friedrichs Blick klärte sich schlagartig. Offenbar hatte ihm der Wein bei Weitem nicht so zugesetzt, wie er uns hatte glauben machen wollen. »Welcher Art?«

Während das Fest ringsum weiterging, zog Konrad seinen Neffen von der Tafel fort und in eine zwischen zwei Säulen gelegene Nische. Ich folgte mit respektvollem Abstand.

»Ich habe soeben Kunde aus der Heimat erhalten«, eröffnete der König leise. »Ein Bote hat berichtet, dass der Kirchenfriede gebrochen wurde. Herzog Welf und Konrad von Zähringen haben durch Bestechung reihenweise Ministeriale auf ihre Seite gebracht und sind dabei, königliche Ländereien zu plündern.«

Friedrich biss sich auf die Lippen. Welf, der sechste seines Namens, war sein Onkel mütterlicherseits und damit nicht weniger sein Verwandter als der König selbst. Trotzdem zögerte er in diesem Fall nicht, Partei zu ergreifen. »Das darf nicht geschehen«, sagte er entschlossen. »Wenn Welf und Herzog Konrad erfolgreich sind, wird das andere Edle ermutigen, sich gegen den König zu erheben, und das Reich wird erneut in Krieg und Chaos stürzen.«

»So ist es.« Konrad nickte. »Deshalb wirst du Byzanz umgehend verlassen und nach Hause zurückkehren, um in meinem Auftrag die Ordnung wiederherzustellen.«

»Und die Verhandlungen mit Kaiser Manuel?«

Konrad zuckte mit den Schultern. »Meinen eingebildeten Schwiegersohn überlass ruhig mir – Welf ist es, der mir Kopfzerbrechen bereitet, und ich bin noch nicht gesund genug, um mich ihm und dem Zähringer entgegenzustellen.«

Friedrich zögerte keinen Augenblick. »Sei unbesorgt, Onkel. Ich werde mich darum kümmern.«

Der König lächelte wieder, diesmal in ehrlicher Anerkennung. »Ich weiß, Sohn«, sagte er und legte seinem Neffen die Hände auf die breiten Schultern. »Einst mögen wir geteilter Ansicht gewesen sein, aber wir sind vom selben Blut – und du hast bewiesen, dass auf dein Urteil ebenso Verlass ist wie auf deinen starken Arm. Von allen meinen Gefolgsleuten bist du der, dem ich am meisten vertraue.«

Ein Lächeln huschte über Friedrichs Züge, und er schien das Lob erwidern zu wollen, überlegte es sich dann aber anders. »Danke, mein König«, sagte er schließlich nur und verbeugte sich. Als er sich wieder aufrichtete, trafen sich für einen Moment unsere Blicke.

Uns beiden war klar, dass dieser Moment alles änderte.

Unsere Wallfahrt war zu Ende, als geläuterte Menschen kehrten wir in die Heimat zurück.

Ein neues Leben begann.

Indicium III

Dei Gratia Rex

10

Staufisches Gebiet südlich von Weißenburg
Frühjahr 1149

»Gnade, Herr! Ich bitte Euch, lasst Gnade walten …«

Die Stimme des Mannes, dessen Namen ich an dieser Stelle geflissentlich verschweige, war im morgendlichen Nebel weithin zu hören, krächzend, schrill und elend. Zusammengesunken kauerte er auf dem Boden, das Haupt gesenkt und mit auf dem Rücken gefesselten Händen. »Dreißig Jahre lang habe ich meinem Herrn, Eurem Onkel, treu gedient und bin ihm stets ein guter Dienstmann gewesen …«

»Warum hat dich deine Treue dann im einunddreißigsten Jahr verlassen?«, fragte Friedrich ungerührt dagegen. Mit vor der Brust verschränkten Armen stand er vor dem Mann und sah auf ihn herab, das Schwert an der Seite und in den graublauen Rock seines Hauses gehüllt. König Konrad hatte ihn in die Heimat zurückgeschickt, um nach dem Rechten zu sehen und dafür zu sorgen, dass nicht gierige Klauen nach staufischem Besitz griffen. Und wie sich herausgestellt hatte, gab es mehr als genug für ihn zu tun …

»Nicht nur dass du deine Pflichten vernachlässigt und nichts zur Verteidigung unternommen hast, als Zähringens

Waffenknechte aufmarschierten. Du hast des Königs Besitz auch allzu gern in den gierigen Rachen des Herzogs geworfen!«

»Gnade! Ich kann nichts dafür!«, jammerte der Ministeriale, der mit der Verwaltung gleich mehrerer Höfe betraut und auf diese Weise nicht nur zu Ansehen, sondern auch zu beträchtlichem Wohlstand gelangt war. »Der Feind war in der Überzahl, wir waren ihm hoffnungslos unterlegen …«

»Das könnte ich als Entschuldigung akzeptieren, wenn du wenigstens den Versuch unternommen hättest, den Angriff abzuwehren. Du aber hast beim ersten Anzeichen eines Kampfes aufgegeben – und das nicht nur aus Feigheit, wie man weiß, was allein schon Anlass wäre, um über dich zu richten. Sondern weil du des Herzogs Silber bereitwillig angenommen hattest.«

»Ich bestreite es nicht, Herr«, jammerte der grauhaarige Verwalter weiter, ohne seinen Blick vom Boden zu heben. »Zähringen hat den Versuch unternommen, mich zu bestechen …«

»Beim Versuch ist es nicht geblieben«, fiel Friedrich ihm ins Wort. »Wie ich höre, ist sein Mittelsmann mehrmals in deinem Haus gewesen – und wenn er gegangen ist, war dein Grinsen jedes Mal ein wenig breiter als zuvor und dein Wanst ein wenig feister.«

»Gnade, Gnade!«, war alles, was dem Dienstmann dazu einfiel – da er bereits überführt war, unternahm er erst gar nicht mehr den Versuch, es abzustreiten. »Um Gottes Liebe willen, lasst Gnade vor Recht ergehen!«

Friedrich sah auf ihn herab. Die Kapuze aus Kettengeflecht umrahmte seine Züge, rotes Haupt- und Barthaar quollen an den Rändern hervor. Nicht einmal ich vermochte zu beurteilen, was in diesem Moment in ihm vor sich ging, da er über Leben und Tod entscheiden sollte.

»Selbst wenn ich es wollte, Mann – welches Signal würde ich damit geben? Welches Zeichen an jene, die sich ebenfalls mit dem Gedanken tragen, ihren Lehnsherrn aus Gewinnsucht zu hintergehen oder es womöglich schon getan haben? Mein Onkel hat mich zurück in die Heimat geschickt, um dem Recht zur Geltung zu verhelfen – ich wäre fürwahr ein schlechter Neffe, wenn ich dich einfach ziehen ließe. Du wirst sterben, hier und heute – und mit dir auch jene, die mit dir dienten und dich nicht von deinem Verrat abgehalten haben.«

Er trat zurück und blickte auf die vier Männer, die zusammen mit dem Verwalter angeklagt waren, allesamt Dienstmannen des Königs, darunter auch Unfreie, die ihm mit Leib und Leben verschrieben waren. Wie ihr jammerndes Oberhaupt kauerten auch sie auf den Knien, im Rücken gebunden, und von je zwei staufischen Waffenknechten bewacht.

Ihnen drohte dasselbe grässliche Schicksal wie dem Verwalter, doch die meisten von ihnen schienen sich damit abgefunden zu haben. Einige rangen mit den Tränen, ein anderer übergab sich. Und alle zitterten sie am ganzen Leib.

»Nein! Nein!«, flehte der Grauhaarige, und man konnte sehen, wie sowohl sein Rock als auch der Boden, auf dem er kauerte, sich dunkel färbten. Vor anstehenden Schlachten hatte ich schon öfter die Feststellung gemacht, dass sich das Alter mitunter mehr ans Leben klammerte als die unbekümmerte Jugend.

Friedrichs Mundwinkel fielen angewidert herab, während er sich abwandte und seinen Leuten das Zeichen gab. »Hoch mit ihnen«, sagte er nur.

Jeweils einer der beiden Bewacher griff daraufhin nach der Schlinge, die bereits geknüpft worden war, legte sie dem vor ihnen Kauernden um den Hals und zog sie fest. Selbst das genügte nicht, um den Verwalter verstummen zu lassen, der weiter um Gnade flehte in der Hoffnung, seinem Schicksal zu entgehen. Erst als die beiden Schergen ihn auf die Beine rissen, brach der Wortschwall des Mannes ab und ging in ein dumpfes Heulen über, als ihm die Unausweichlichkeit seines Endes bewusst wurde. Im nächsten Moment wurden die Stricke bereits über die Astgabeln der Bäume geworfen, unter deren Kronen die zum Tode Verurteilten gekauert hatten – und mit aller Kraft daran gezogen.

Die Körper der treulosen Dienstmannen streckten sich, dann verließen ihre Füße den Boden. Eine ganze Mannslänge wurden sie hinaufgezogen, dann band man die Stricke an den zuvor eingeschlagenen Pflöcken fest. Dort hingen sie und zappelten, führten einer wie der andere einen aussichtslosen Todeskampf, bis ihre Körper endlich erschlafften.

»Eins verstehe ich nicht, Herr«, sagte ich.

Friedrich sah mich von der Seite an. »Nun?«

»Hättest du die Männer begnadigt, wären sie dir ihr Leben lang treu ergeben gewesen.«

»Vermutlich«, Friedrich nickte. »Aber aus welchem Grund wären sie mir ergeben? Aus Dankbarkeit, weil ich sie gerettet hätte? Oder aus Ehrfurcht vor ihrem König und dem Gesetz?«

»Aus Dankbarkeit«, vermute ich.

»So ist es.« Friedrich nickte. »Treue aus den falschen Gründen ist nichts wert. Das hat mich mein Vater gelehrt.«

»Und was sind die richtigen Gründe, Herr?«

Friedrich brauchte nicht zu überlegen. »Echte Treue ist jene, die von beiden Seiten gegeben und empfangen wird. Jene vom Knecht zu seinem Herrn und vom Herrn zu seinem Knecht. Vom Ritter zu seinem König und vom König zu seinen Rittern. Das ist das Gleichgewicht, auf dem alles beruht, die vom Allmächtigen gegebene Ordnung. Wer gegen sie verstößt, hat sein Leben verwirkt.«

»Gilt das auch für die Mächtigen?«

»Verrat ist Verrat, ganz gleich, ob er von einem Dienstmann begangen wird oder von einem Herzog«, stellte Friedrich fest. Während ich zu Boden starrte und es vermied, zu den nunmehr leblosen Gestalten hinaufzusehen, die dort an ihren Strängen hingen und an deren Beinen Pisse herablief und zu Boden troff, hielt er seinen Blick weiter auf sie gerichtet.

»Denke nicht, dass es mir leichtfällt«, sagte er gepresst und so leise, dass nur ich es hören konnte. »All das hat seinen Preis – und ich spreche nicht von den neuen Feinden, die ich mir damit schaffe und deren Hass nun in ihren Herzen brennt.«

»Wovon sprichst du dann, Herr?«, wollte ich wissen.

»Die Seelen dieser Männer wurden auf meinen Befehl zum Allmächtigen geschickt, und ich allein werde mich dafür verantworten müssen. Aber wenn ich dereinst selbst vor den Schöpfer trete und er mich fragt, wie ich mit der Macht umgegangen bin, die er mir verliehen hat, ob ich sie im Dienst der Ordnung eingesetzt habe, so werde ich die Antwort wissen.«

Ich nickte abermals und musste an die gescheiterte Wallfahrt denken, an die Niederlage vor Damaskus. Damals hatten wir erlebt, wozu der Zusammenbruch der Ordnung führen konnte – und mein Herr hatte sich wohl vorgenommen, dergleichen niemals wieder geschehen zu lassen.

Friedrich bekreuzigte sich und verharrte für einen Moment im Gebet. »Mein Vater hatte recht, Arndt«, sagte er dann.

»Was meinst du, Herr?«

»Ich hätte nicht gehen sollen. All das, was nun geschieht – die Fehden, die Überfälle, selbst diese Hinrichtung – hat er wohl vorausgeahnt.«

»Vielleicht.« Ich nickte und fühlte mich an die Geschichten erinnert, denen ich als Junge so eifrig gelauscht hatte, an die Seherin Kassandra, die die Einwohner der Stadt Troja vergeblich warnte …

»Was wird nun geschehen?«, wollte ich wissen.

»Ich werde unseren Besitz sichern und die Zähringer in die Schranken weisen, wie es der Wunsch meines Onkels ist«, erwiderte Friedrich. »Falls er zurückkehrt, soll er das Reich geordnet und in Frieden vorfinden.«

»*Falls* er zurückkehrt?« Überrascht blickte ich auf. Es war das erste Mal, dass ich meinen Herrn so etwas sagen hörte.

Friedrich hielt meinem fragenden Blick stand. Im Angesicht des Todes, den er über diese Menschen gebracht hatte, schien er an diesem Morgen von seltener Offenheit erfüllt. »Ich denke, wir wissen beide, dass sich mein Onkel nicht mehr vollständig erholen wird. Er mag irgendwann kräftig genug sein, um die weite Reise von Konstantinopel in die Heimat auf sich zu nehmen, und er mag weiter davon träumen, nach Rom zu ziehen und sich die Kaiserkrone aufs Haupt setzen zu lassen, aber ich bezweifle, dass dies jemals geschehen wird. So sehr sich Manuels Ärzte auch bemühen, das Fieber wird nicht mehr verschwinden.

Zudem ist die Wallfahrt ein Fehlschlag gewesen, mein Onkel hat nichts vorzuweisen, was eine Krönung in päpstlichen Augen rechtfertigen würde.«

»Dennoch wird er es versuchen«, vermutete ich.

»Allerdings – mit der Beharrlichkeit, die den Mitgliedern meiner Familie schon immer zu eigen gewesen ist. Aber er wird daran scheitern.«

»Und dann?«, erkundigte ich mich vorsichtig. »Wer wird der nächste König, Herr? Wer wird das Reich regieren?«

Erneut sah mich Friedrich an, und für einen Moment kehrte das alte, selbstsichere Lächeln auf seine Züge zurück, das ich lange dort vermisst hatte.

»Derjenige, der es am besten vermag«, erwiderte er.

11

Memmingen
Anfang Februar 1152

Friedrich sollte recht behalten, in mancherlei Hinsicht.

König Konrad kehrte aus Byzanz zurück, und während sein Neffe weiter dafür sorgte, dass Grenzen behauptet und Fehden im Keim erstickt wurden, ehe sie das Reich in neue Zwietracht stürzen konnten, trieb der Herrscher selbst seine Pläne voran, sich in Rom zum Kaiser krönen zu lassen – und dies mit umso größerer Beharrlichkeit, je schlimmer sein Fieber wurde.

Zwar hatte die Wallfahrt nach Palästina in einem blutigen Fehlschlag geendet, jedoch hatte der König ein Bündnis mit Kaiser Manuel geschlossen, demzufolge sie gemeinsam gegen Roger, den machthungrigen Normannenkönig von Sizilien, vorgehen wollten. Und da die Gier des Normannen auch Papst Eugenius ein Dorn im Auge war, gab es Gemeinsamkeiten, an die man anknüpfen konnte. Ein Feldzug nach Italien wurde geplant, an dessen Ende Konrads feierliche Krönung stehen sollte.

Um dauerhaften Frieden im Reich zu schaffen, war es zu Beginn des Jahres 1152 in Konstanz zu einem Treffen gekommen, an dem auch des Königs größte Widersacher,

Herzog Welf und Konrad von Zähringen teilgenommen hatten. Friedrich, mit Welfen wie Staufern gleichermaßen verwandt, drängte auf einen Ausgleich, zu dem es schließlich auch kam, nicht zuletzt deshalb, weil der bislang so uneinsichtige Herzog von Zähringen eines plötzlichen Todes starb – ob der Allmächtige ihn von sich aus zu sich rief oder jemand dabei nachgeholfen hatte, entzieht sich meiner Kenntnis. Mein Herr hat nie ein Wort darüber verloren, und ich habe nicht danach gefragt.

Vom Friedensschluss beflügelt, bereitete der König seine italienische Unternehmung vor, die ihm unsterblichen Ruhm eintragen und seinen Namen der langen Reihe großer Herrscher hinzufügen sollte, die über das Römische Reich geboten hatten. Da sich seine Gesundheit jedoch stetig verschlechterte, musste Konrad für den Fall, dass er aus Italien nicht wieder heimkehren würde, seine Nachfolge regeln. Schon im März, am Sonntag *laetare*, sollte deshalb sein Sohn in Aachen zum König gekrönt werden.

Der Knabe, der wie mein Herr auf den Namen Friedrich hörte, war jedoch noch jung an Jahren und hatte kaum Aussichten, inmitten der Zwistigkeiten zu bestehen, die nach dem Tod des Vaters wohl ausbrechen würden. Um die eben erst zurückgewonnene Einheit des Reiches zu bewahren, fand deshalb in jenen Tagen in der Reichsstadt Memmingen ein Treffen zwischen meinem Herrn und seinem Oheim Welf statt. Und noch ein anderer mächtiger Welfe stieß dazu, nämlich Friedrichs Vetter Heinrich.

›Der Löwe‹, wie er sowohl von seinesgleichen als auch von seinen Gegnern respektvoll genannt wurde, und das nicht nur seiner schwarzen Mähne, sondern auch seines aufbrausenden Wesens wegen, war in vieler Hinsicht bemerkenswert. Seinen Vater Heinrich den Stolzen hatte er früh verloren und war von sächsischen Rittern und Ministerialen erzogen worden, die ihn gelehrt hatten, die Ansprüche seiner Familie nicht nur mit Waffengewalt, sondern auch mit harter Politik zu vertreten. Dem Aufruf des Königs zur Wallfahrt ins Heilige Land war er nicht gefolgt, sondern hatte die Zeit genutzt, um die Grundlagen seiner eigenen Macht zu stärken, und obschon er erst zweiundzwanzig Winter zählte, gehörte er schon jetzt zu den mächtigsten Fürsten des Reiches. Es war kein Zufall, dass Friedrich nicht nur seinen Oheim, sondern auch seinen Vetter nach Memmingen lud, an die Grenzen jenes gebirgigen, rauchigen und stets nach Winter riechenden Landstrichs, der sich nach Süden hin erstreckt. Heinrichs Vater mochte König Konrad einst im Kampf um die Krone unterlegen gewesen sein. Doch die Zukunft war noch nicht geschrieben, und der Löwe witterte wohl, dass er einen nicht geringen Anteil daran haben würde.

Was genau die drei mächtigen Herren in ihren Unterredungen besprachen, vermag ich nicht wiederzugeben. Da Friedrich unter Verwandten weilte, erachtete er die Anwesenheit seines Schattens nicht für notwendig und wies mich an, vor der geschlossenen Tür zu warten. Da sie jedoch dünn war und vor allem der Löwe mit lauter Stimme brüllte, erfuhr ich dennoch mehr, als ich vermutlich hätte erfahren sollen, und wurde Zeuge der Absprache, die in dieser Nacht getroffen wurde und die das Schicksal des gesamten Reiches betreffen sollte.

»Mein Onkel der König liegt krank darnieder«, hörte ich Friedrich sagen. »Ihr wisst, dass er davon träumt, nach Rom zu ziehen und sich der Krone Karls zu bemächtigen. Doch immer mehr frage ich mich, ob dieser Traum nicht eher dem Fieber entsprungen ist, das ihn quält.«

»Du meinst, der Herr wird ihn bald zu sich holen?«, erkundigte sich Welf.

»Ich weiß es nicht. Bis dahin mögen nur Wochen vergehen oder auch noch Monate – aber wenn es so weit ist, sollten wir vorbereitet sein …«

Was danach gesprochen wurde, weiß ich nicht. Ich konnte hören, dass einer – ich nahm an, dass es mein Herr war – auf den knarrenden Dielen auf und ab ging, während die anderen beiden sitzen blieben. Wahrscheinlich wurden Meinungen ausgetauscht, Vermutungen geäußert.

»Ich weiß, was du von uns fordern willst«, hörte ich den jungen Heinrich plötzlich sagen. »Und ich weiß auch, dass es in weniger wohlmeinenden Ohren wie Hochverrat klingen könnte.«

»Gott ist mein Zeuge, dass ich meinem Onkel treu ergeben bin und ihn in seinen Bestrebungen nach Kräften unterstützt habe«, wandte Friedrich inbrünstig ein. »Aber was das Reich vor allem braucht, ist Frieden … dauerhaften Frieden, nicht nur ein Abkommen, das bald geschlossen und dann wieder gebrochen wird, weil einzelne Fürsten ihren Hals nicht voll genug bekommen können.«

»Sei vorsichtig, was du sagst, Vetter. Wenn ich mich recht entsinne, hast auch du einst alles unternommen, um deine Besitzungen zu mehren …«

»Das ist wahr, und ich bestreite es nicht. Wir alle haben getan, was wir tun mussten, um unserer Ehre und unseres guten Namens willen. Doch nun ist es an der Zeit, geeint nach vorn zu blicken. Wer auch immer Konrad als König nachfolgt, muss das Reich zusammenhalten und seine Grenzen hüten, sonst werden äußere Feinde es vernichten. Rom, Byzanz und die Normannen, sie alle warten nur darauf, sich die Lendenstücke aus dem Fleisch des Bären zu schneiden, während er betäubt am Boden liegt. Was wir brauchen, ist Einheit. Nicht Staufer oder Welfe sollte die Krone tragen, sondern jemand, der beiden Geschlechtern entstammt …«

Wie sein Oheim und sein Vetter auf diesen Vorschlag reagierten, mit dem mein Herr natürlich niemand anderen als sich selbst für die Königskrone empfahl, kann ich nicht berichten. Er hatte aufgehört, in dem Gemach umherzugehen. Wenn überhaupt, so wurde nur ganz leise gesprochen. Vielleicht schwiegen sie auch, ergriffen von der Wucht dieses Augenblicks, der alles verändern sollte.

Der Löwe war der Erste, der wieder zu deutlicher Sprache fand. »Und was bekommen wir dafür, Vetter?«

»Unterstützt du mich, so werde ich im Gegenzug auch dich unterstützen«, sagte Friedrich ihm zu. »Als dein Vater meinem Onkel Konrad im Streit um die Krone unterlag, wurde ihm das Herzogtum Bayern genommen – du sollst es zurückerhalten.«

»Herzog von Bayern und Sachsen«, überlegte der andere laut. »Daran könnte ich mich gewöhnen.«

»Und du, mein Oheim, wirst mit Gütern in Italien belohnt werden«, wandte sich Friedrich an Welf, »denn dort im Süden, jenseits dieser rauen Berge, liegen sowohl die Zukunft als auch der Wohlstand des Reiches, wie ich aus den Unterredungen weiß, die mein Onkel mit den päpstlichen Legaten führte.«

»Dennoch bist du des Königs Neffe«, wandte Heinrich ein, »und der König ist Staufer …«

»… so wie ich der Sohn meiner Mutter bin, einer Welfin«, räumte Friedrich ein. »Ich werde staufischer König sein, meine Hand jedoch nicht gegen das Haus Welf erheben. Ich werde seine Macht anerkennen und euch gewähren lassen, solange die Einheit des Reiches nicht bedroht ist und ihr mich bei meinen Unternehmungen unterstützt …«

Wieder kann ich nicht sagen, was danach gesprochen wurde. Ich nehme an, dass sich vor allem Heinrich noch nicht zufriedengab und erbittert feilschte, schließlich war er dafür bekannt, ein unnachgiebiger Verhandler zu sein. Doch schließlich fanden sie zu einer Übereinkunft. »Es sei«, hörte ich Heinrich sagen, und der Hausdiener, den sie nach Wein geschickt hatten, berichtete später, dass die jungen Herzöge ihre Absprache mit einem Handschlag besiegelt hätten, während der ältere Welfe seinen Segen gab.

»Ein Bündnis von Macht und Kühnheit«, hörte ich ihn sagen.

»Gemeinsam werden wir diesem Land Ruhe geben und ein Reich bekommen, das diesem Namen zur Ehre gereicht«, erwiderte Friedrich. »Ich habe Byzanz gesehen, seine Säulen aus Marmor und seine Kuppeln aus Gold – doch sein Glanz soll verblassen, wenn die Krone erst auf meinem Haupt sitzt.«

»Du bist ehrgeizig, Vetter«, stellte Heinrich fest.

»Du auch, mein Freund«, konterte Friedrich. »Das, so denke ich, ist der Grund, weshalb wir alle hier sind.«

Nur wenige Tage nach diesem Treffen, am ersten Freitag nach Anbruch der Fastenzeit, verstarb unser guter König Konrad an den Folgen des Fiebers, das ihn während der Wallfahrt ins Heilige Land ereilt hatte. Der Schöpfer rief ihn zu sich, ohne ihn je zum Kaiser erhoben zu haben und ohne einen mündigen männlichen Erben. Und so nahmen die Dinge ihren Lauf, viel eher, als mein Herr oder einer seiner Verbündeten es in jener Nacht vorausgesehen hatten.

12

Dom zu Aachen
9. März 1152

Die mächtigen Welfenherzöge hielten Wort, und nachdem sie sich offen auf die Seite Friedrichs gestellt hatten, gesellten sich weitere Reichsfürsten hinzu. Auch die mächtigen Bischöfe des Landes – namentlich Eberhard von Bamberg und Gebhard von Würzburg, aber auch Heinrich von Mainz und Arnold von Köln, denen bei der Wahl und Krönung des Königs wichtige Aufgaben zukamen – sorgten durch ihre Parteinahme, dass sich eine Mehrheit fand, die das Ansinnen meines Herrn unterstützte: Anstelle seines noch minderjährigen Vetters sollte Friedrich der Staufer den Thron besteigen – und so wurde er Anfang März zu Frankfurt zum König gewählt.

Anders als sein Vater, der Schwabenherzog, der einst erfolglos versucht hatte, die Krone zu erlangen, hatte sich mein kluger Herr bereits im Vorfeld Verbündete gesucht und sich ihrer Unterstützung versichert, und die Tatsache, dass das Blut beider mächtiger Adelshäuser in seinen Adern floss, hatte ihm dabei geholfen. Vielleicht war es das gewesen, was sein Pate Otto von Cappenberg einst in ihm gesehen hatte, der Ursprung seiner Vision.

Doch nicht nur Verwandtschaft und ein gewinnendes Wesen trugen meinem Herrn die Krone ein; ihm war auch klar, dass er rasch handeln musste, ehe sich Risse in den Bündnissen zeigten, die er mit Mühe geschmiedet hatte.

Entgegen seinem Wunsch, im Kloster zu Lorch begraben zu werden, wo auch sein Vater bestattet war, wurde König Konrad im nahen Dom zu Bamberg beigesetzt, und kein anderer als Friedrichs Verbündeter Bischof Eberhard las die Messe und stand dem Zeremoniell vor. Unmittelbar nach der feierlichen Beisetzung ritt Friedrich mit einigen Getreuen, zu denen auch ich gehörte, zur Arnsburg auf, wo er mit dem Löwen und weiteren Reichsfürsten zusammentraf, um sich abermals ihrer Unterstützung zu versichern.

Als Glücksfall erwies sich, dass die Termine zur Wahl und Krönung des neuen Königs bereits lange zuvor angesetzt worden waren – kein anderer als Konrad selbst hatte dies verfügt, um seinen kleinen Sohn auf den Schild heben zu lassen. So waren die Mächtigen des Reiches bereits versammelt – allerdings war es nicht der kleine Friedrich, der schließlich den Thron bestieg, sondern der große. Oder war es womöglich nicht nur günstiger Zufall, der sich hierin offenbarte, sondern höherer Wille, göttliches Walten?

Innerhalb weniger Tage erreichten wir Aachen, wo mein Herr am vierten Sonntag der Fastenzeit, *Laetare Ierusalem*, durch Bischof Arnold von Köln zum König gekrönt wurde.

Beides, Ort und Zeitpunkt, waren mit Bedacht gewählt, denn Aachen war die Kaiserpfalz von Karolus Magnus gewesen, der die Tradition der römischen Herrscher fortgeführt hatte und in dessen Nachfolge auch der römisch-deutsche König stand; an *laetare* jedoch war auch König Konrad selbst einst gekrönt worden, und so wie das Jahr an jenem Sonntag dem Winter den Rücken kehrte und der Wärme des Sommers entgegenging, sollte auch das Reich nun bessere und hellere Zeiten sehen.

Die Krönung selbst fand nach alter Tradition statt. Sieben Bischöfe und wichtige Fürsten des Reiches, unter ihnen die beiden Welfen, mit denen sich mein Herr noch im Monat zuvor getroffen hatte, waren zugegen, als Arnold von Köln Friedrich im Dom Sanctae Mariae zum neuen König des Reiches salbte, ihm die Krone aufs Haupt setzte und den Allmächtigen um Beistand für den neuen Herrscher anrief. In einer feierlichen Prozession zog man anschließend in jenen achteckigen Bereich des Domes ein, der uns als steinernes Denkmal aus den goldenen Tagen von Kaiser Karl geblieben ist. Die heiligsten Reliquien des Reiches, ein Nagel und ein Splitter vom Kreuz des Erlösers, wurden vor dem neuen König hergetragen, der ein schimmerndes Festgewand trug und den purpurnen Mantel. So bekleidet bestieg er den marmornen Thron Karls und ließ sich dort als unser neuer Herrscher nieder. Die weltlichen und geistlichen Fürsten versammelten sich um ihn, dann sprach er die uralten Worte, die der Bischof ihm vorgab und die alle großen Herrscher vor ihm gesprochen hatten: Dass er seinen Pflichten als König nachkommen, dass er die Heilige Kirche und ihre Vertreter schützen, dass er Gerechtigkeit gegen jedermann üben, Frieden schaffen und Recht und Gesetz zum Sieg verhelfen werde. All das gelobte mein Herr feierlich, Szepter und Reichsapfel in den Händen. Dann nahm er die Huldigung der anwesenden Fürsten entgegen, die ihn als neuen Herrscher des Reiches anriefen und ihm schließlich zujubelten, gemeinsam mit dem Volk zu Aachen, das sich vor dem Dom versammelt hatte.

Vor dem Portal nahm mein Herr den Beifall der Menge entgegen, als ein einzelner Mann den Kordon der Wachen durchbrach und sich noch auf den Kirchenstufen dem neuen König zu Füßen warf. Es war einer der Ministerialen, die durch ihre Treulosigkeit in Ungnade gefallen waren, und unter Tränen erflehte er die Wiederaufnahme in die königliche Huld.

Mein Herr wartete, bis der Jubel sich gelegt hatte und es wieder still wurde, und alle erwarteten, dass er dem Sünder seine flehentlich vorgetragene Bitte gewähren würde. Doch Friedrich erklärte, dass Recht und Gesetz unter seiner Herrschaft nicht länger von der Laune des Königs abhängig seien, sondern allgemeine, unvergängliche Gültigkeit besäßen. Und dass es daher nicht in seiner Macht läge, ein geschehenes Unrecht ungeschehen oder vergessen zu machen. Der Jubel der Noblen wie auch der Menge, der daraufhin einsetzte, war noch lauter als zuvor, denn alle konnten in diesem Moment fühlen, dass eine neue Zeit begonnen hatte unter diesem neuen König. Bei all diesen Vorgängen war ich zugegen, doch berichte ich mehr das, was andere mir erzählten, als was mir tatsächlich noch gegenwärtig ist. Wie der Schatten, zu dem man mich erkoren hatte, stand ich bei meinem Herrn und bildete mir ein, alles aufmerksam zu beobachten, doch sind meine Erinnerungen bis zum heutigen Tage nur bruchstückhaft. Vielleicht lag es an der Aufregung, die ich selbst empfand, als man Friedrich zum König krönte, vielleicht auch an dem unbändigen Stolz, den ich dabei verspürte.

Vielleicht aber auch an jener dunklen Empfindung, die sich aus dem hintersten Winkel meines Herzens schlich und von der ich zunächst nicht wusste, was es war. Ich verdrängte sie wieder, schickte sie zurück an jenen düsteren Ort, dem sie entsprang.

Erst sehr viel später fand ich den Mut, mir einzugestehen, dass es Neid gewesen war, der mich an jenem großen Tag für einen Augenblick befallen hatte.

13

Nördlich von Ulm
Juli 1152

Es mag verwundern, dass ich bei allem, was ich über Friedrich bereits berichtete, noch kaum auf die Frau an seiner Seite zu sprechen kam.

Adela war ihr Name, und sie war die Tochter des Markgrafen Diepold von Vohburg, eines ehrgeizigen Mannes, der nach größerem Einfluss schielte und bereit war, sich die Verbindung seiner Familie mit dem mächtigen Haus der Staufer eine üppige Mitgift kosten zu lassen. Die umfangreichen Ländereien sollten dazu beitragen, das staufische Herrschaftsgebiet zu sichern und die Einkünfte zu mehren, und so war die Ehe noch vor unserem Aufbruch ins Heilige Land geschlossen worden.

Es war keine Liebesheirat, Zweck war der einzige Grund, warum dieses Band geknüpft worden war, und sowohl Friedrich als auch Adela waren sich ihrer Verpflichtung gegenüber ihren Familien bewusst. Es war die Art und Weise, auf die die hohen Herren Politik zu machen pflegten – mit dem Schwert, wo es nötig war, durch Heirat, wo es möglich war. Bisweilen kam es vor, dass Eheleute, die auf diese Weise zueinandergefunden hatten, später tatsächlich Bande der Zuneigung entwickelten; in den meisten Fällen jedoch blieben die auf diese Weise Vermählten einander fremd, und nicht anders verhielt es sich bei meinem Herrn und Adela.

Weder hatten sie sich vor ihrer Ehe gekannt, noch lernten sie sich danach wirklich kennen. Schon bald nach der Hochzeit brach Friedrich zum Feldzug gegen die Heiden auf, und auch nach seiner Rückkehr ließen ihm die sich überstürzenden Ereignisse kaum Zeit, sich ihr zu widmen. Auch bei der Krönung meines Herrn war Adela nicht zugegen, obwohl sie dadurch Gemahlin des Königs wurde. Dass die Ehe bis zu jener Zeit kinderlos geblieben war, konnte niemanden ernstlich verwundern. Mit Friedrichs Krönung jedoch war gleichsam über Nacht die Frage nach einem Erben aufgekommen.

Zusammen mit den Rittern und Ministerialen, die er zu seinen Beratern bestimmt hatte – das Amt des königlichen Kapellans gab er an den Gelehrten Gottfried von Viterbo und erhob den sächsischen Grafen Sibodo von Groitzsch zum königlichen Kämmerer –, brach der neue König zu einem Umritt durch sein Reich auf, um sich von den Fürsten huldigen zu lassen. Der Weg, auf dem ihn sein gesamter Hofstaat begleitete, führte ihn von Aachen zunächst nach Utrecht und Köln, darauf in den Osten des Reiches bis Merseburg und Erfurt und schließlich nach Regensburg, von wo er über Augsburg schließlich Ulm erreichte. Inzwischen war es Sommer geworden, und zu dem Hoftag, den er an der Donau einberief, wollte Friedrich endlich auch seine Gemahlin bestellen, die er lange nicht gesehen hatte.

Zu jenem Zeitpunkt stand Adela im siebenundzwanzigsten Jahr ihres Lebens. Sie weilte auf Burg Staufen, nur rund zwei Tagesritte von Ulm entfernt, und kein anderer als ich sollte ausgesandt werden, um die königliche Gemahlin vom Sitz der Familie nach Ulm zu geleiten.

»Und du bist sicher, dass du das willst, Herr?«, fragte ich einigermaßen bestürzt. »Was für ein Schatten wäre ich, wenn ich von deiner Seite weichen würde?«

Friedrich, der über dem großen Eichenholztisch brütete, der in seinem Gemach aufgestellt worden war, damit er die Urkunden sichten konnte, die die Hofnotare aufgesetzt hatten, lächelte. »An meine Fersen kannst du dich wieder heften, wenn du zurück bist, mein Freund. Vergiss nicht, dass wir uns hier im Stammland meiner Familie befinden, hier droht keine Gefahr.«

»Und wer wird dir vorlesen, solange ich fort bin?« Ich deutete auf die Urkunden.

Das Lächeln dehnte sich, wurde zum schalkhaften Grinsen. »Ich bin sicher, dass sich jemand findet, der ähnlich gelehrig ist wie du – aber im Augenblick werden deine Dienste andernorts benötigt, denn ich brauche meine Gemahlin hier bei mir. Am Hof wird bereits geredet. Spitze Zungen behaupten, ich wäre nicht in der Lage, einen Erben zu zeugen. Andere sagen, ich wäre am männlichen Geschlecht wesentlich mehr interessiert als am weiblichen …«

»Das ist Unfug«, erwiderte ich in Erinnerung an die vielen Blumen, die mein Herr am Wegesrand gepflückt hatte. Auch dann noch, als er Adela längst das Jawort gegeben hatte – aber solange es keine Dame von Stand war, mit der er sein Vergnügen suchte, sah die Kirche bereitwillig darüber hinweg.

»Die Leute glauben, was sie glauben wollen – und ich will ihnen nicht noch mehr Anlass dazu geben. Suche dir also ein paar zuverlässige Männer, reite mit ihnen zum Sitz meiner Familie und hole meine Gemahlin hierher.«

»Aber … warum ich, Herr?«, fragte ich in ehrlichem Unverständnis. »Wäre ein Ritter der hohen Dame nicht eher angemessen?«

»Weil ich von allen meinen Vasallen keinem so vertraue wie dir«, erwiderte der König, und der Blick seiner blauen Augen durchbohrte mich dabei wie kalter Stahl. »Außerdem«, fügte er hinzu, jetzt wieder heiter, »ist es zu spät, denn ich habe meiner werten Gemahlin dein Eintreffen bereits angekündigt, und sie erwartet dich. Sei ihr ein so treuer Schatten, wie du es mir immer gewesen bist.«

Ich stand unbewegt, unschlüssig, was ich erwidern sollte. Nicht, dass ich eine Wahl gehabt hätte, wenn mein Herr und König mir einen Auftrag erteilte, aber es kam mir vor, als wollte er mich überreden, statt es mir einfach zu befehlen.

Ich erschrak beinahe, wie sehr es mir zur Natur geworden war, Friedrich auf Schritt und Tritt zu begleiten, sodass ich tiefen Widerwillen verspürte, nach Burg Staufen zu reiten. Aber ich konnte auch sehen, dass diese Mission meinem Herrn sehr am Herzen lag, also willigte ich ein – nicht ahnend, in welche Schwierigkeiten ich mich damit begeben würde.

Ich suchte acht zuverlässige Männer aus des Königs Leibwache, und schon am nächsten Morgen brachen wir auf. Da es Sommer war und das Wetter warm und trocken, brauchten wir für die Strecke weniger als die veranschlagten zwei Tage. Für den Weg zurück jedoch mussten wir sehr viel mehr Zeit einrechnen, denn Adela reiste nicht im Sattel wie ihre altjüngferliche Dienerin, sondern in einer Pferdesänfte – einem unförmigen, aus Eschenholz gefertigten Ungetüm mit zwei langen seitlichen Holmen, die mittels Tragegeschirr zwischen zwei hintereinandergehenden Pferden befestigt wurden; dazwischen befand sich die Sänfte, groß genug, um darin halb liegen und sitzen zu können. Darüber spannte sich ein Baldachin aus Glattleder, der Schatten spendete und vor Wind und Regen schützte.

Bei aller Annehmlichkeit, die die Sänfte für die Gemahlin des Königs bieten mochte, verfluchte ich das verdammte Ding. Nicht nur weil es uns langsam machte und das Vorwärtskommen erschwerte, sondern auch, weil es ungewolltes Aufsehen erregte, und auf die Gesellschaft von Wegelagerern wollte ich lieber verzichten. Während des gesamten Ritts ließ ich die Sänfte von den Wachen des Königs sichern und blieb stets an meiner Herrin Seite; noch vor Einbruch der Dämmerung suchten wir Unterschlupf und brachen stets erst auf, wenn sich der morgendliche Nebel im Flusstal gelichtet hatte.

Während ich selbst die Last der Verantwortung spürte und den Zeitpunkt herbeisehnte, da ich Friedrich seine Gemahlin unversehrt würde übergeben können, schien die hohe Dame es alles andere als eilig zu haben. Mit der Begründung, dass die Hitze unerträglich und die Sänfte schlecht gepolstert sei und ihr übel werde vom ständigen Geschaukel, ließ sie uns immer wieder Rast einlegen, geradeso als wollte sie das Zusammentreffen mit ihrem Gemahl absichtlich hinauszögern.

Da ich mich dem Willen meiner Herrin schlecht widersetzen konnte, gab ich willfährig nach, wann immer sie nach einer Rast verlangte. Einmal machten wir Halt in einem von Eichen beschatteten Hain, den ich von den Waffenknechten umgeben ließ. Adela schickte ihre Kammerdienerin zum nahen Fluss, leinene Binden zu befeuchten, die sie sich auf Stirn und Schläfe legen wollte, um sich von der Sommerhitze abzukühlen.

»Was ist?«, fragte die hohe Dame und sah mich herausfordernd an. »Wollt Ihr mir nicht aus der Sänfte helfen?«

»Gewiss, Herrin.« Aus irgendeinem Grund gefiel es mir nicht besonders, mit ihr allein auf der Lichtung zu sein. Vielleicht war es die Art, wie sie mich ansah, vielleicht auch der Ton, der in ihrer hellen und etwas brüchigen Stimme mitschwang.

Ich ging zur Sänfte, und sie legte ihre Hände auf meine Schultern und schwang die Beine aus der Sänfte. Ich fasste sie an den Hüften, doch statt sich einfach herabgleiten zu lassen, drehte sie sich dabei, sodass ich ihren Busen streifte.

»Was fällt dir ein?«, zischte sie, dabei blitzte es feindselig in ihren grauen Augen.

»Ver-verzeiht, Herrin«, stammelte ich, »es lag nicht in meiner Absicht …«

Ich unterbrach mich, als sie in helles Gelächter ausbrach. Sie hatte mich nur zum Narren gehalten, spielte mit der Tatsache, dass sie eine Frau war und ich ein Mann, sie eine hohe Dame und ich ein niederer Diener.

Adela von Vohburg war keine Schönheit im eigentlichen Sinn. Gewiss, es hatte dem Schöpfer gefallen, sie mit weiblichen Formen zu versehen, die sich unter dem schimmernden Stoff des Bliaut deutlich abzeichneten und von dem Gürtel um ihre Hüften noch hervorgehoben wurden (wobei solches festzustellen mir eigentlich nicht zukam). In ihren breiten Gesichtszügen mit der schmalen Nase und den weit auseinanderstehenden Augen spiegelte sich jedoch ihr Vater, der Markgraf, wider, ihre Wangen waren von der Hitze gerötet. Sie nahm das weiße Tuch ab, das von einem Reif um ihre Stirn gehalten worden war. Das blondgelockte Haar, das darunter zum Vorschein kam, fiel lose auf ihre Schultern herab. Als sie sich anschickte, es wieder zu ordnen, fielen die Ärmel des Kleides zurück und entblößten ihre Arme. Zugleich wurde die Schnürung des Bliaut sichtbar und das dünne weiße Untergewand, das sie darunter trug.

Mir wurde bewusst, dass ich sie angestarrt hatte, und ich wandte mich abrupt von ihr ab – was sie mit erneutem Gelächter quittierte, nicht wie eine reife Frau, sondern eher wie ein verwöhntes Mädchen.

»Gefällt dir nicht, was du siehst?«, fragte sie.

»Doch, Herrin«, beteuerte ich, in die entgegengesetzte Richtung zu den grasenden Pferden blickend. »Es ist nur …«

»Wie ist dein Name? Ich habe dich schon öfter im Gefolge meines Gemahls gesehen … wenn ich mich recht entsinne, habe ich ihn selten *ohne dich* gesehen.«

»Arndt, Herrin. Aus Cappenberg.«

»So bist du kein Ritter?«

»Nein, Herrin.«

»Was soll ich dazu sagen? Nachdem er meine Gesellschaft fast ein ganzes Jahr lang gemieden hat und ich über Monate überhaupt nichts von ihm erfuhr, schickt mir mein Gemahl der König einen einfachen Dienstmann, um mich zu sich zu holen.«

»Euer Gemahl vertraut mir, Hoheit«, drückte ich es anders aus. »Deshalb hat er mich geschickt.«

»Ich verstehe. Und verdienst du dieses Vertrauen, Arndt aus Cappenberg?«

»Ich denke, doch, Herrin. Euer Gemahl weiß, dass ich ihn niemals verlassen und wenn nötig für ihn sterben würde – und ebenso für Euch.«

»Das ist edelmütig von dir«, stellte sie fest, und es wunderte mich, dass ich keinen Spott in ihrer Stimme ausmachen konnte. »Und was würdest du noch für deine Herrin tun?«

Ich war in diesen Dingen weit weniger bewandert als mein Herr Friedrich, doch selbst mir war klar, dass eine Absicht hinter dieser Frage steckte. Wenn diese Absicht darin bestanden hatte, mich verlegen zu machen, so war es gelungen.

»Was immer Ihr wünscht, Herrin«, sagte ich leise. »Ich bin Euer Schatten, so, wie ich der Schatten meines Königs bin.«

»Dann haben wir etwas gemeinsam, denn auch ich bin wenig mehr als ein Schatten meines Gemahls. Manche bei Hof beginnen bereits daran zu zweifeln, dass es mich gibt.«

»Das ist nicht wahr, Herrin.«

»Nein? Dann dreh dich um und sieh mich an, wenn ich mit dir spreche. Zumindest das kann ich verlangen!«

»Verzeiht mir, Herrin«, sagte ich, während ich mich langsam wieder umwandte, »ich wollte nicht respektlos erscheinen, nur …«

Weiter kam ich nicht. Sie flog auf mich zu und schlang ihre Arme um meinen Nacken, wobei sie mich herausfordernd ansah.

»Herrin«, stieß ich entsetzt hervor. Ich wollte mich aus ihrer Umarmung lösen und wieder abwenden, doch sie hatte nicht vor, mich zu entlassen.

Verlangend drängte sie sich an mich. Durch den dünnen Stoff des Kleides konnte ich ihren Busen fühlen, und obwohl ich es nicht wollte, erwachte meine Männlichkeit. Sie bemerkte es und lachte triumphierend auf.

»Nicht, Herrin«, ächzte ich, während mir das Herz bis zum Hals schlug. »Das ist Hochverrat …«

»Und? Ist es dir das nicht wert, deine Königin zu besitzen? Ich dachte, du würdest dein Leben für mich geben?«

»Das würde ich, jederzeit …«

»Ich bin die Gemahlin eines Mannes, der mich aufbewahrt wie ein Stück Besitz, das er nur dann hervorholt, wenn es ihm dienlich erscheint. Ist das etwa recht?«

Gehetzt sah ich mich um. Wenn die Dienerin zurückkehrte oder eine der Wachen uns so sah, würde es um mich geschehen sein … doch im nächsten Moment wurde mir klar, dass diese Gefahr nicht bestand. Adela mochte gekränkt sein und tief verletzt, aber nicht dumm. Sicher hatte sie ihrer Dienerin aufgetragen, zu den Wachen zu gehen und ihnen auszurichten, dass ihre Herrin ungestört zu sein wünsche …

»Nimm mich«, säuselte sie mir ins Ohr.

»Wa-warum tut Ihr das, Herrin?«

»Wer weiß? Vielleicht, um den Gatten zu strafen, der mich mit Nichtbeachtung straft?« Ihre Hand fand meine Leibesmitte – und offenbar hatte sie einige Übung darin, die Begierde eines Mannes zu entfachen. »Kann dir das letztlich nicht gleichgültig sein?«

Adela sah mich an, ihr Gesicht schwebte dicht vor mir. Ihre Lippen öffneten sich, und ich verspürte den jähen Drang, die meinen daraufzupressen und mir zu nehmen, was so bereitwillig dargeboten wurde. Die Versuchung überkam mich, einen quälenden, endlos scheinenden Augenblick lang – doch sie behielt nicht die Oberhand.

»Nein«, sagte ich und trat zurück, löste mich energisch aus ihren Armen.

»Du weist mich zurück?« Verständnislos starrte sie mich an. Ihre Brust wogte in wilder Begierde.

»Ich … ich«, stammelte ich wie ein Idiot, während ich

meine wirren Gedanken zu ordnen suchte. »Ihr mögt Euren Gemahl hassen, Herrin, und ihn auf diese Weise strafen wollen«, stieß ich schließlich hervor, »aber ich liebe ihn aufrichtig, Gott ist mein Zeuge, und ich würde nichts tun, was ihn verletzt oder seine Ehre kränkt.«

»Denkst du, er würde dir dieselbe Loyalität erweisen?« Sie lachte verächtlich auf. »Friedrich ist letztlich nur für Friedrich. Wenn du ihn so gut kennst, wie du behauptest, solltest du das wissen.«

»I-ich weiß«, versicherte ich, während ich noch weiter vor ihr zurückwich. »Trotzdem ist er mein Fürst und König, und ich bin ihm treu ergeben.«

Der Blick, mit dem Adela mich bedachte, veränderte sich. Ihre Augen verengten sich, taxierten mich mit Hochmut und Verachtung. »Dann bist du ein Narr«, sagte sie.

»Vielleicht«, räumte ich ein. »Aber Ihr, hohe Frau, seid die Gemahlin des Königs.«

Sie wandte sich ab und straffte sich, strich ihr in Unordnung geratenes Kleid wieder glatt. Ich tat, als würde ich mich um die Pferde kümmern, und rief dann lauthals meine Leute zurück. Daraufhin setzten wir unsere Reise fort, und ich hoffte, die Angelegenheit rasch wieder vergessen zu können.

Aber so einfach war es nicht.

14

Trier
Weihnachten 1152

Der Friede, der sich nach Friedrichs Thronbesteigung wie heilender Balsam über das Land gelegt hatte und allgemein als glückbringendes Omen angesehen worden war, währte nicht allzu lange. Obwohl der neue Herrscher den Hoftag zu Ulm genutzt hatte, um Regeln zu erlassen, die die Konflikte der Reichsfürsten untereinander einschränken sollten, flammten sie schon bald wieder auf. Wann immer Fürsten ihre Rechte von ihresgleichen eingeschränkt sahen oder sich bedroht fühlten – und ich hatte inzwischen gelernt, dass es nicht sehr lange dauerte, bis sich die Mächtigen bedroht fühlten –, warfen sie einander den Fehdehandschuh hin und lieferten sich blutige Scharmützel.

Etwas jedoch war anders als noch unter König Konrad: Wer von den hohen Herren auch immer danach trachtete, Besitz und Einfluss auf Kosten eines Nachbarn zu mehren, konnte dabei nicht mehr auf den Zwist zählen, der Staufer und Welfen trennte.

Unermüdlich reiste Friedrich in dieser Zeit durch das Land und berief Hoftage ein, an denen er über die Streitigkeiten des Adels zu Gericht saß und den Frieden im Reich zu erhalten suchte. Der Löwe war dabei an seiner Seite und unterstützte ihn nach Kräften, und ich konnte sehen, wie die zupackende, machthungrige, mitunter auch ruchlose Art des Sachsenherzogs auf meinen Herrn Einfluss nahm. Etwas beim König erreichen, so hieß es bald, könne man nur gemeinsam mit dem Löwen, aber niemals gegen ihn.

Über die Bistümer Speyer, Worms und Würzburg zogen Friedrich und sein Hofstaat nach Nürnberg und von dort über Mainz bis nach Trier, wo der König auf Einladung von Erzbischof Hillin das Christfest verbrachte. Am Tag der Geburt des Herrn ließ er sich im Dom vor den versammelten weltlichen und geistlichen Fürsten noch einmal krönen, ein Akt, der aller Welt vor Augen führen sollte, dass kein anderer als mein Herr dazu ausersehen war, König von Gottes Gnaden zu sein.

Ich bin kein Gelehrter und verstehe nicht viel von Politik, aber so, wie ich es verstehe, dienten sowohl die neuerliche Krönung als auch der Ausgleich unter den Fürsten letztlich nur einem Ziel: die Kaiserkrone zu erlangen, die Friedrichs Onkel Konrad versagt geblieben war, und Oberhaupt nicht nur dieses, sondern aller Reiche der römischen Christenheit zu werden, der mächtigste Herrscher auf Erden, der weltliche Vollstrecker von Gottes Macht. In den Tagen von Trier musste ich oft an die Worte meines Mentors Otto von Cappenberg denken, der aufgrund seiner Vision stets überzeugt davon gewesen war, dass Friedrich zu Großem bestimmt sei: Wer beobachtete, mit welcher Wertschätzung, ja Verehrung viele der Fürsten meinem Herrn begegneten, und mit welcher Selbstverständlichkeit er ihre Huldigungen entgegennahm, ohne dabei jemals hochmütig oder unnahbar zu wirken, konnte dies nur bestätigen.

Anders als sein Onkel Konrad, der sein Heil oft glücklos im Kampf gesucht hatte, setzte Friedrich alles daran, mögliche Gegner durch kluge Politik an sich zu binden, ehe sie zu erklärten Feinden wurden.

Schon am Tag nach dem Christfest zeigte sich dies, als es unter den Reichsfürsten zu offenem Streit kam: Nikolaus, Bischof von Cambrai, beschwerte sich zusammen mit anderen geistlichen Würdenträgern bitter darüber, dass sein Bistum Rechte an Dietrich, den Grafen von Flandern, abtreten sollte. Nun war Dietrich ein enger Verbündeter des Königs – nicht nur dass er sein Schwager war, sie hatten auch gemeinsam im Heiligen Land gekämpft und geblutet. Ein anderer Herrscher hätte im Zorn der Bischöfe auf Dietrich einen Angriff auf sich selbst gesehen – nicht so Friedrich. Er lenkte ein und gab Nikolaus' Beschwerde nach, zuungunsten Dietrichs und seiner eigenen Familie. Das überzeugte auch jene, die dem König gegenüber noch misstrauisch gewesen waren, dass ein neuer, ein anderer Staufer auf dem Thron saß, der nicht so sehr das Wohl seiner Sippe, sondern das des ganzen Reiches im Blick hatte – und dieser Blick war nach Süden gerichtet …

»Italien also«, sagte Heinrich der Löwe während des abendlichen Banketts, das in der Halle des Bischofssitzes abgehalten wurde, sowohl um die Geburt des Herrn zu feiern als auch um die Wogen unter den Reichsfürsten wieder zu glätten. Der König hatte seinem mächtigen Vetter gegenüber Wort gehalten, seit Kurzem wurde Heinrich in den Urkunden als Herzog von Sachsen und Bayern geführt.

»Es ist das erklärte Ziel«, bestätigte Wiebald von Stablo, ein ebenso einflussreicher wie betagter Benediktinerabt, der schon unter Konrad gedient hatte und nun auch zu

Friedrichs Beratern gehörte. »Was seinem Vorgänger nicht gelang, soll König Friedrich gelingen – gen Rom zu ziehen und dort die Kaiserwürde zu erlangen.«

»Hört! Hört!« Am Tisch gab es Beifall, die hohen Herren nickten und verliehen ihrer Freude Ausdruck, indem sie mit der flachen Hand auf die massive, sich unter gesottenem Fleisch und frisch gebackenem Brot biegende Tischplatte schlugen.

»Aber dabei allein wollen wir es nicht bewenden lassen«, meinte Friedrich, der in der Mitte der Tafel saß, zur rechten Seite des Gastgebers Hillin. »Während unseres Zuges nach Rom wollen wir die italienischen Landstädte auch an ihre Pflichten der Krone gegenüber erinnern. Denn obwohl die Kassen dort reich gefüllt sind, sind viele Gemeinden säumig, was die Entrichtung ihrer Tribute angeht. Erst unlängst hat uns die Stadt Genua frech versichert, dass man keine Veranlassung sehe, Zahlungen an uns zu entrichten.«

»Dann sollten wir sie an ihre Pflichten erinnern«, rief Graf Dietrich zu aller Belustigung und gab damit zu verstehen, dass er dem König trotz der erlittenen Niederlage nichts nachtrug. Durch sein einnehmendes Wesen hatte Friedrich ihn getröstet und ihm Ausgleich versprochen, und Dietrich wusste, dass auf das Wort seines Schwagers und Kreuzfahrerbruders Verlass war.

»Nichts anderes haben wir vor«, bestätigte Friedrich, nachdem sich das Gelächter wieder gelegt hatte. »Und noch viel mehr: Jetzt muss es um die Kaiserkrone gehen! Mit den Bischöfen Anselm und Hermann habe ich bereits Gesandte nach Rom geschickt, die in unserem Namen alles vorbereiten werden.«

»Und wird seine Heiligkeit Papst Eugenius seine Zustimmung erteilen?« Es war nur eine beiläufig gestellte Frage, die jemand am anderen Ende der Tafel äußerte – Friedrich jedoch schoss die Zornesröte ins Gesicht. Wütend warf er den Schenkelknochen weg, an dem er genagt hatte, und hieb mit der Faust auf den Tisch.

»Was sollte der Papst wohl dagegen einzuwenden haben?«, blaffte er. »Ich bin König nach Gottes Willen, und Gottes Wille allein hat auch darüber zu bestimmen, auf wessen Haupt seine Heiligkeit die Kaiserkrone setzen soll. So ist es immer gewesen, und so wird es auch immer sein!«

Ich stand nahe genug bei meinem Herrn, um sehen zu können, wie Erzbischof Hillin neben ihm die Gesichtszüge entglitten.

»Natürlich«, beeilte sich Gottfried von Viterbo zu versichern, »ist seine Heiligkeit der *pontifex* und das Oberhaupt der lateinischen Kirche …«

»… und dieser Tatsache werden wir in all unseren Handlungen Rechnung tragen«, fügte Wiebald von Stablo hinzu, und die Blicke, die dem König sowohl von seinem Kapellan als auch von seinem obersten Berater geschickt wurden, bedeuteten ihm, dass es nun besser war zu schweigen.

Friedrich schnaubte wie ein Stier. Er war nicht ohne Weiteres in Unruhe zu versetzen, doch bisweilen brach die aufbrausende Art seines Vaters durch, vor allem dann, wenn er sich unwürdig behandelt fühlte.

Natürlich wusste Friedrich, dass er in der Frage der Kaiserkrönung vom Papst abhängig war. Niemand, der nur halbwegs bei Verstand war, hätte das geleugnet. Dennoch schien er sich nicht beruhigen zu wollen. Die fettglänzenden Hände zu Fäusten geballt, saß er da und schien auf eine geharnischte Erwiderung zu sinnen. Dass er sie nicht gleich fand, lag vermutlich am Wein, dem er genau wie alle anderen an der Tafel zugesprochen hatte – und das war gut so.

Hilfe kam von unerwarteter Seite.

»Und was ist mit den Römern?«, warf Heinrich der Löwe ein, mit einer Keule gestikulierend, und lenkte die Wut seines Cousins damit geschickt auf ein anderes Ziel.

»Was soll mit ihnen sein?«, murmelte Friedrich düster.

»Entspricht es nicht der Wahrheit, Vetter, dass der römische Senat dir bereits im Frühjahr angeboten hat, dich in Rom zum Kaiser zu krönen?«

Ein Raunen ging die Tafel entlang – ein solches Angebot hatte es tatsächlich gegeben, und es war ebenso anmaßend, wie es abwegig war.

»So war es«, stimmte Friedrich zu. »Wenn es nach diesen verdammten Römern ginge, wäre die Kaiserkrone etwas, das sich jeder hergelaufene Strolch bei ihnen kaufen kann.«

Im dem donnernden Gelächter, das folgte, waren alle wieder vereint, die geistlichen Würdenträger ebenso wie die weltlichen Fürsten. Ich konnte die Erleichterung in Gottfrieds und Wiebalds Zügen sehen – und das Grinsen in Heinrichs Gesicht, der seinen Vetter wohl sehr viel besser kannte, als er gemeinhin durchscheinen ließ.

»Eine solche Unternehmung wird nicht einfach, Vetter«, sagte er, »vermutlich wird es mehr Feldzug denn Triumphzug. Aber wir werden treu an deiner Seite stehen und dir erstreiten, was dir zusteht.«

»Indem wir geschickt verhandeln«, fügte Gottfried hinzu.

»Mit dem Schwert«, konterte Heinrich, und wieder gab es Beifall und Gelächter, von allem von den jungen Rittern, die darauf brannten, in blutigen Schlachten für ihren König Ruhm und Ehre zu erwerben.

»So ist es stets gewesen«, sagte Wiebald von Stablo, der den Regeln der Askese folgend dem Rebensaft ferngeblieben war. »Junge Männer wollen den Krieg, alte den Frieden.«

»Wie auch immer«, meinte Heinrich und hob den Becher, den sein Knappe gerade erst wieder gefüllt hatte. »Auf Friedrich, der heute unser König ist – und morgen mit Gottes Hilfe der Kaiser von Rom!«

»Mit Gottes Hilfe Kaiser von Rom!«, scholl es reihum, und die Becher wurden gehoben und bis auf den Grund geleert.

Und das nicht zum letzten Mal an diesem Abend.

Der Streit war überwunden, und über weitere Dinge, die dazu angetan waren, die hohen Herren zu entzweien, wurde an diesem Abend nicht mehr gesprochen. Man war sich darüber einig, dass dem Reich unter seinem neuen Herrscher eine große Zukunft bevorstand, und feierte dies ausgiebig.

Erst spät in der Nacht äußerste Friedrich den Wunsch sich zurückzuziehen, und ich brachte meinen Herrn zu Bett.

»Junge Männer wollen den Krieg, alte den Frieden«, murmelte er, die Zunge schwer vom Wein, während ich ihn in sein Gemach geleitete, seinen rechten Arm über der Schulter, um seinen schwankenden Gang zu stützen. »Denkst du … das auch?«

Ich brauchte einen Moment, um zu verstehen, was er meinte. »Du meinst, dass man alt ist, wenn man den Frieden herbeisehnt anstelle des Krieges?«

Der König sah mich mit trüben Augen an und nickte.

»Sehnst du dich denn nach Frieden, mein König?«

Trotz seines vom Wein schweren Kopfs schien Friedrich einen Moment nachzudenken. »Nein«, erwiderte er dann entschlossen.

»Dann bist du auch noch nicht alt«, erwiderte ich, und er lachte rau und kehlig, während ich ihn in seine Kammer schleppte und dem Kammerdiener dabei half, ihn zu entkleiden. Das war nicht gerade einfach – einerseits wegen der schieren Körpergröße des Königs, andererseits, weil er nicht unbedingt der Ansicht war, dass er genug getrunken hatte und sich nun niederlegen sollte. Doch sobald sein Haupt das Kissen berührte, sank er auch schon in ohnmachtsartigen Schlaf.

Ich empfahl mich und ging, um meine eigene Liege im Vorraum aufzusuchen, jedoch nicht ohne vorher noch meine Runde zu machen und nach dem Rechten zu sehen.

Mit einer Laterne in der Hand durchschritt ich den nächtlichen Bischofspalast, der dem König und seinem Hofstaat beinahe ganz überlassen wurde, während Reichsfürsten und Ritter in den umliegenden Häusern und Gehöften vor der Stadt Unterschlupf gefunden hatten – keinem der hohen Herren sollte zugemutet werden, angesichts der beißenden Kälte und des Schnees, der sich auf Mauern und Dächern ballte, in einem Zelt nächtigen zu müssen.

Ich hatte meine Runde gerade beendet und wollte wieder zurück zum Gemach meines Herrn, als ich einen Laut hörte, leise und spitz, wie ein unterdrückter Schrei.

Meine rechte Hand fuhr zum Schwertgriff, während die andere mit der Laterne in die betreffende Richtung leuchtete – aber da war nichts zu sehen, nur eine Treppe, die vom Gang abzweigte und steil nach unten führte. Ich leuchtete hinab, doch der Lichtschein der Kerze verlor sich schon nach wenigen Stufen in der Dunkelheit. Dafür ertönte aus der Tiefe erneut ein spitzer Laut – und mich überkam eine Ahnung, dass ich die Stimme, die solche Laute formte, nur zu gut kannte.

Leise schlich ich die Stufen hinab, das Licht der Lampe dämpfend. Je weiter ich gelangte, desto mehr ging mir auf, dass es nicht nur einzelne Laute waren, die ich da hörte, sondern auch heiseres, heftiges Atmen, das sich im immer selben Rhythmus wiederholte. Ich hätte mich lieber abgewandt und wäre zurückgegangen, aber meine Pflicht verlangte, dass ich nachsah, wer sich da zu so später Stunde schamlos vergnügte.

Am Ende der Treppe fand ich ein aus Natursteinen gemauertes Kellergewölbe. An seinem Ende befand sich eine Tür aus schwerem Eichenholz, die verschlossen war; jedoch war auf Augenhöhe ein Gitter eingelassen.

Von einer unheilvollen Ahnung erfüllt, stellte ich die Laterne ab. Dann näherte ich mich der Tür und spähte vorsichtig durch das Gitter.

Es handelte sich um den erzbischöflichen Weinkeller, der selbst für fürstliche Verhältnisse gut bestückt war. Zu beiden Seiten reihten sich große dunkle Fässer, ein süßlich bitterer Geruch tränkte die kalte Luft.

Am anderen Ende des Gewölbes befand sich ein vergittertes Oberlicht, durch das Mondlicht einfiel. In seinem fahlen Glanz sah ich zwei Menschen, einen Mann und eine Frau.

Von dem Kerl sah ich nur den Rücken, die Frau, die rücklings auf einem Holzschemel hockte, hatte ihr Kleid bis zu den Hüften hochgerafft und gab sich ihm hin. Das Blut gefror mir in den Adern, als ich erkannte, dass es niemand anders als Friedrichs Gemahlin Adela war.

Ich prallte vom Gitter zurück, weil es mir nicht zukam, meine Herrin so zu erblicken – doch noch weit weniger kam es jenem dreisten Frevler zu, das zu tun, was *er* gerade tat!

Mit pochendem Herzen wich ich zurück, dabei stieß ich gegen die Laterne am Boden. Das Geräusch unterbrach den Liebesakt, der sich im Weinkeller vollzog. Im nächsten Moment wurde die Tür von innen aufgerissen, und Adela stand vor mir, ihr blondes Haar und das Kleid in Unordnung, die Züge gerötet.

»Du!«, entfuhr es ihr, als sie mich erblickte.

»Verzeiht, Herrin«, erwiderte ich.

»Was wirst du nun tun?«, schnappte sie, noch atemlos vor Erregung. »Es meinem Gemahl berichten?«

»Das … ist meine Pflicht«, stammelte ich, weiter bis zur Treppe zurückweichend.

»Nur ein Wort von dir, und ich werde meinem Gemahl verraten, was du in jenem Hain mit mir getrieben hast!«

»Was, ich …?« Ich schüttelte den Kopf. »Aber Herrin, ich habe nicht …«

»So magst du dich erinnern«, räumte sie zischend ein, »aber ich erinnere mich anders daran«, erklärte sie und sah mich mit vor Wollust und Furcht gleichermaßen geweiteten Augen an. »Und wem, denkst du, wird der König wohl Glauben schenken?«

15

Hoftag zu Konstanz
März 1153

Jene Nacht ließ mich ratlos zurück.

Was sollte ich tun? Meinem Herrn berichten, was ich gesehen hatte? Auch auf die Gefahr hin, dass er mir womöglich keinen Glauben schenkte? Dass ich bei ihm in Ungnade fallen und meiner Aufgabe als seinem Schatten nicht mehr würde nachkommen können? Oder lieber schweigen, um ihm die Schmach und mir die Strafe zu ersparen, auch wenn es der Pflicht zur Wahrheit widersprach?

Ich hegte keinen Zweifel, dass Adela ihre Drohung wahrmachen und alles leugnen würde, und trotz allem, was wir Seite an Seite durchlebt und gemeinsam ausgestanden hatten, war ich mir nicht sicher, wem er letztlich glauben würde. Was die Gabe der Beeinflussung betraf, so war des Königs Gemahlin sehr viel geschickter als ich. Im Nachhinein bezweifelte ich nicht, dass das, was im Hain vorgefallen war, letztlich nur dem Ziel gedient hatte, mich als des Königs engsten Vertrauten zum Schweigen zu bringen. Hätte ich an jenem Tag angenommen, was sie mir so bereitwillig anbot, wäre ich selbst zum Verräter geworden und hätte um mein Leben fürchten müssen, sobald mein König davon erfuhr. So war ich immerhin auf der Seite des Rechts – was herzlich wenig nutzte, solange mein Wort gegen das ihre stand.

In den Tagen und Wochen nach meiner erschreckenden Entdeckung hielten die königliche Gemahlin und ihr Liebhaber – ein gewisser Dietho von Ravensburg, ein Ritter von vergleichsweise niedrigem Stand – sich immerhin zurück, was ihre nächtlichen Treffen betraf. Nicht aus Vorsicht, sondern weil Dietho einer Gesandtschaft angehörte, die zu Beginn des Jahres nach Italien geschickt wurde, um einerseits Verhandlungen mit päpstlichen Legaten zu führen, andererseits aber auch Marschwege und Versorgungsmöglichkeiten für den bevorstehenden Feldzug zu prüfen. Anfang März kehrten die Abgesandten zurück, mit guten Nachrichten im Gepäck: Man hatte sich mit den päpstlichen Legaten über einen Zeitpunkt für die Kaiserkrönung geeinigt. Beim für das Osterfest festgesetzten Hoftag zu Konstanz sollten die entsprechenden Vereinbarungen beschlossen und beurkundet werden.

So trafen sie im März des Jahres 1153 am Ufer des Bodmer Sees alle zusammen: der König selbst, der das Frühjahr weiter genutzt hatte, um den Frieden im Reich zu stärken; die mächtigen Fürsten des Reiches, unter ihnen auch der Löwe und Friedrichs Oheim Welf sowie der Erzbischof von Köln; die Bischöfe von Havelberg und Konstanz, die in des Königs Auftrag die Verhandlungen mit der päpstlichen Abordnung geführt hatten, dazu die Legaten aus Rom, die das Abkommen im Namen seiner Heiligkeit unterzeichnen sollten; einzelne italienische Städte, denen nicht verborgen geblieben war, dass des Königs Blick auf die Gebiete jenseits der Alpen gefallen war, hatten ebenfalls Abgeordnete nach Konstanz entsandt; ferner Adela, des Königs Gemahlin, sowie ihr dreister Liebhaber, der, kaum zurück aus Italien, nicht nur dem Herrscher seine Aufwartung machte, sondern erneut auch wieder dessen Ehefrau. Dabei verhielten sich beide derart geschickt, dass trotz der Tatsache, dass bei Hofe die Türen Augen und die Wände Ohren hatten, niemand etwas ahnte. Es gab keine Gerüchte und keine Zungen, die tuschelten. Nur ich wusste um die verbotene Verbindung, und dieses Wissen lastete schwer auf meinem Gewissen.

Ich erwog, das mir unerträgliche Schweigen zu brechen und Friedrich mit der Wahrheit zu konfrontieren, ganz gleich, welche Folgen das auch für mich haben mochte. Doch wann würde der geeignete Zeitpunkt für eine solche Enthüllung sein? An den Tagen, in denen des Todes und der Auferstehung unseres Herrn gedacht wurde, war der König nur selten allein, und wenn doch, verbrachte er seine Zeit in Kontemplation und im Gebet, das ich nicht stören wollte. Der Feier des Osterfestes wiederum schlossen sich die Sitzungen mit den päpstlichen Gesandten und das Unterzeichnen der Urkunden an, sodass mir auch dieser Zeitpunkt wenig geeignet schien.

Die Ereignisse überstürzten sich schließlich, und der Zufall nahm mir die Entscheidung ab. Oder vielleicht, so denke ich heute, ist es auch hier mehr als bloßer Zufall gewesen.

Am Sonntag wurde in einer feierlichen Messe, die Hermann von Konstanz in Anwesenheit der anderen Bischöfe des Reiches las, die Auferstehung des Herrn begangen; im Zuge der sich anschließenden Unterredungen traf Friedrich dann erstmals selbst mit den päpstlichen Gesandten zusammen, und da die Stolpersteine in den Vorverhandlungen bereits aus dem Weg geräumt worden waren, herrschte ein herzliches Einvernehmen. Papst und König brauchten einander: Der eine wollte die Kaiserkrone, um seine Macht zu festigen und seinem Wort auch jenseits der Alpen Geltung zu verschaffen; der andere sah sich von der Gier der süditalienischen Normannen bedroht und erhoffte sich Unterstützung. In einem festlichen Akt wurde die Urkunde unterzeichnet, in der der Papst Friedrich als den »liebsten Sohn des Heiligen Petrus« alsbald zum Kaiser krönen wollte und in der sich Friedrich verpflichtete, als »Vogt der Kirche« deren Interessen gegen jedweden Feind zu verteidigen.

Eine in der Hauskapelle gelesene Messe beschloss die Verhandlungen, im Anschluss wurde in der großen Halle all das genossen, was die Fastenzeit dem Gaumen versagt hatte.

Friedrichs Gemahlin, die an seiner Seite tafelte, und ihr dreister Verehrer, der fernab bei Rittern seines Standes saß, tauschten immer wieder Blicke, doch taten sie es so unauffällig, dass es außer mir wohl niemand bemerkte – jedenfalls war es das, was ich annahm.

Als sich die Gesellschaft schließlich zur Nachtruhe begab und die Tische und Bänke beiseitegeräumt wurden, damit die Bediensteten und niederen Ministerialen am Boden nächtigen konnten, begleitete ich Friedrich wie an jedem Abend zu seinem Gemach und übergab ihn dem Kammerdiener. Anschließend machte ich meine Runde. Ein Teil von mir hoffte wohl, dass ich Adela und ihren Verehrer erneut auf frischer Tat ertappen würde – doch weder die königliche Gemahlin noch ihr frecher Liebhaber ließen sich in dieser Nacht vernehmen. Die Geräusche, die ich plötzlich hörte, waren andere.

Hektische Schritte und ein erstickter Schrei, dann ein Krug, der zu Boden fiel und zerbrach! Und all das kam aus Richtung der Kammer, in der mein Herr und König schlief!

Hitze schoss mir ins Gesicht, mein Herz hämmerte in meiner Brust, während ich schon auf dem Weg zu Friedrichs Gemach war. Da es das Hochfest des Herrn war, trug ich kein Schwert, der kurze Dolch an meinem Gürtel war meine einzige Waffe. Mit der blanken Klinge in der Hand erreichte ich den Durchgang. Der Posten, der dort Wache halten sollte, war nicht da – in einer Nische, jenseits des Lichtscheins der Kerzen, machte ich dafür eine Gestalt aus, die reglos am Boden lag, unter ihr ein dunkelroter See, in dem sich die Flammen spiegelten.

Mit einer Verwünschung auf den Lippen hastete ich weiter zur Schlafkammer des Königs, platzte durch die Tür, die halb angelehnt war, und stürzte im Halbdunkel über ein paar Beine, die dort lagen und den Zugang versperrten. Ich schlug zu Boden und fuhr wieder hoch, nur um mich dem Besitzer der Beine gegenüberzusehen. Es war der Kammerdiener. Halb aufgerichtet an der Wand lehnend, starrte er mich mit ebenso leblosem wie ungläubigem Blick an. Die Kehle war ihm durchschnitten worden, das Leben aus ihm gewichen, zusammen mit dem Blut, das seinen Rock tränkte.

Ich raffte mich auf und hastete weiter, der Bettstatt meines Königs entgegen, die von einem hohen Baldachin überspannt wurde – und sah im spärlichen Licht plötzlich eine dunkle Gestalt! Vornüber gebeugt stand sie am Bett und war dabei, meinen Herrn zu meucheln. Das krampfhafte Zucken unter der Bettdecke ließ erkennen, dass er noch lebte, doch kam ich wohl im letzten Augenblick …

»Hundsfott!«, rief ich und setzte auf den Eindringling zu.

Der Mann erschrak und warf den Kopf herum, lockerte den Griff um die Kehle seines Opfers. Im nächsten Moment war ich bereits bei ihm. Mit dem ganzen Gewicht meines Körpers warf ich mich auf ihn und riss ihn zu Boden. Hart schlugen wir auf, und ein hektisches Handgemenge entbrannte. Im wenigen Licht, das vom Gang in die Kammer drang, sah ich blanken Stahl blitzen und handelte, indem ich meine eigene Klinge ins Ziel brachte. Der Mann stieß ein Würgen aus, als sich der Dolch in seinen Bauch bohrte. Jäh ließ er von mir ab. Seine Klinge landete klirrend auf dem Boden, und indem ich mich halb aufrichtete, bekam ich meinen Gegner zum ersten Mal wirklich zu sehen.

Er hatte kein Gesicht.

Ein schwarzes Tuch war um sein Haupt geschlungen, um ihn unkenntlich zu machen. Kurzerhand griff ich danach und riss die Maskerade herab. Die Züge, die darunter zum Vorschein kamen, kannte ich nicht. Sie waren schmerzverzerrt, die Augen schreckgeweitet. Es hatte den Anschein, als wollte der Mann etwas sagen, aber außer einem Blutschwall kam nichts über seine Lippen. Sein Blick wurde glasig und starr und sagte mir, dass von ihm keine Gefahr mehr ausging.

Ich erhob mich und eilte zu Friedrich, der sich im Bett aufgesetzt hatte und heiser nach Luft rang.

»Bist du in Ordnung, Herr?«, erkundigte ich mich, selbst noch ganz außer Atem.

Er bejahte röchelnd, und ich ging, um die Kerze im Leuchter zu entzünden. In ihrem flackernden Schein sah ich meinen Herrn, der puterrot im Gesicht war und dem der Schreck noch in den Augen stand, und den Attentäter, der nunmehr gekrümmt und reglos auf dem Boden lag.

»Ich werde nach einem Arzt schicken«, kündigte ich an.

»Nein, lass!« Friedrichs Rechte packte mich am Arm, noch immer bebend, aber kraftvoll. Ein schiefes Grinsen huschte über sein Gesicht. »Es geht mir gut, und das verdanke ich dir, meinem treuen Schatten.«

»Ich machte gerade meine Runde, als ich etwas hörte«, berichtete ich aufgeregt. »Wäre ich gar nicht erst von deiner Seite gewichen, dann …«

»Es ist nichts passiert«, machte Friedrich mir klar. Er räusperte sich und schüttelte den Kopf, als könne er so die Benommenheit loswerden, die sich seiner bemächtigt hatte. »Hilf mir auf«, verlangte er dann und streckte mir die rechte Hand entgegen.

»Wird es gehen?«, fragte ich zweifelnd.

»Heilige Einfalt! Ich bin am Leben, der Meuchelmann ist es, der dort am Boden liegt!«

Das leuchtete mir ein, also nahm ich seine Hand und zog ihn hoch, und nachdem er sich noch ein paarmal geräuspert hatte, nahm seine Stimme allmählich wieder den alten Klang an. »Wer ist der Kerl?«, wollte er wissen. »Wo ist er hergekommen?«

»Durch den Gang«, erwiderte ich, während ich bereits dabei war, den Leichnam zu durchsuchen. Doch außer seinen Kleidern, die aus einem rußgefärbten wollenen Rock und ebensolchen Beinlingen bestanden, hatte er nichts bei sich. Schon gar nichts, was auf seine Herkunft hätte schließen lassen. »Er hat die Wache überwältigt und dem Kammerdiener die Kehle durchschnitten.«

»Dann muss er sich hier verborgen gehalten haben.

Vermutlich ist er mit einer der Gesandtschaften an den Hof gekommen.«

»Vermutlich«, bestätigte ich, während zugleich ein übler Verdacht in mir aufstieg.

»Die Frage ist nur, mit welcher.« Friedrich sah mich an. Sein rotes Haar war in Unordnung, sein Brustkorb weitete sich unter noch immer tiefen Atemzügen. Trotzdem spielte ein Lächeln um seine Mundwinkel. »Wer könnte es sein, der auf mein vorzeitiges Ableben sinnt?«

»Herr«, begann ich vorsichtig, während ich mich respektvoll wieder erhob, »auch auf die Gefahr hin, dass Ihr meinen Worten keinen Glauben schenken und mich verstoßen werdet …«

»Wovon sprichst du?«

»Mein König«, fuhr ich fort, ehe ich es mir anders überlegen konnte, »ich habe Grund zu der Annahme, dass jemand aus Eurer allernächsten Nähe Euren Tod wünscht!«

»Und wer?« Friedrichs Blick wurde forschend.

»Eure Gemahlin«, hörte ich mich erwidern.

Einen quälenden Augenblick lang herrschte Schweigen.

Dann hob Friedrich eine rote Braue. »Du meinst, weil sie mich betrügt und das Bett mit einem anderen teilt?«

»Herr?«, war alles, was ich hervorbrachte. Ich stand nur da und machte ein Schafsgesicht.

»Was denn? Hast du gedacht, ich wüsste nicht, dass sie es bei jeder sich bietenden Gelegenheit mit diesem elenden Dietho treibt?«

»Nun … nein, Herr! Ich meine, ich …«

»Ein König sollte stets über das informiert sein, was an seinem Hof vor sich geht, oder etwa nicht?«, fragte Friedrich, der mir in diesem Augenblick nicht nur allmächtig, sondern auch allwissend vorkam.

»Ja, Herr«, bestätigte ich, unschlüssig, ob ich erleichtert oder bestürzt sein sollte. »Und ich dachte, Ihr würdet Eure Gemahlin nicht wirklich kennen …«

»Ich kenne sie und weiß um ihre Untreue und Ränke«, versicherte Friedrich schlicht. »Was denkst du, warum ich von allen, die mir zu Diensten stehen, ausgerechnet dich geschickt habe, um sie an meinen Hof zu holen?«

»Dein Vertrauen ehrt mich, Herr. Aber ich verdiene es nicht. Eure Gemahlin hat versucht, mich zu umgarnen …«

»Natürlich, um dich in ihrem Ränkespiel auf ihre Seite zu ziehen – aber ich weiß auch, dass du tugendhaft geblieben bist und ihrem Ansinnen nicht nachgegeben hast.«

»Du zweifelst kein bisschen?«, fragte ich erstaunt. »So weit geht dein Vertrauen in mich?«

Ein jungenhaftes Lächeln huschte über Friedrichs Züge. »Ich würde dir jederzeit mein Leben anvertrauen, und wie man erkennen kann«, er stieß den Leichnam des Attentäters mit dem Fuß an, »ist es bei dir in den besten Händen. Aber ich weiß aus eigener Erfahrung, wie überzeugend Adela sein kann, weiß Gott. Deshalb habe ich mich rückversichert.«

»Rückversichert, Herr? Durch wen?«

»Adelas Kammerdienerin. Sie ist ihrem König treuer ergeben, als meine Gemahlin es je gewesen ist. Sie hat mir alles berichtet, und deshalb weiß ich, dass an diesem Tag in jenem Hain nichts geschehen ist, dessen du dich schämen müsstest.«

Ich nickte und atmete innerlich auf, einerseits geschmeichelt vom Lob meines Herrn – während mir gleichzeitig klar wurde, dass er auch mir nicht bedingungslos vertraute. Vielleicht, dachte ich, war dies der Preis, den man bezahlte, wenn man eine Krone trug …

»Adela hat mich nie leiden mögen«, fuhr er mit entwaffnender Ehrlichkeit fort. »Sie verabscheut die Verbindung, die zwischen uns geschlossen wurde, doch würde sie keinen Mord begehen, um sie zu beenden.«

»Wie kannst du dir da so sicher sein?«

»Sehr einfach, weil sie mich nicht umbringen muss, um mich loszuwerden. Abt Wiebald und die päpstlichen Gesandten haben eine sehr viel weniger blutige Lösung gefunden – die Ehe wird aufgelöst.«

»Geht das denn?« Ich musste ziemlich dämlich dreinblicken, denn Friedrich lachte vergnügt auf.

»Der offizielle Grund wird sein, dass der Grad unserer Verwandtschaft zu nah ist, um den Vollzug der Ehe zu erlauben«, erklärte er. »Inoffiziell habe ich meine geschätzte Gemahlin darüber unterrichtet, dass ich von meinem Nebenbuhler weiß. Und dass ich sie, wie es bei Ehebrechern Brauch ist, nackt auf einen Esel setzen und durch die Straßen treiben und ihren galanten Verehrer an seinen Geschlechtsteilen aufhängen lassen werde, falls ihre Familie der Auflösung nicht zustimmen oder auch nur ein Sterbenswort darüber verlieren sollte. Denn als gehörnter Ehemann würde ich zum öffentlichen Gespött, und man würde mit Recht fragen, wie ich ein ganzes Reich hüten will, wenn es mir nicht einmal bei der eigenen Ehefrau gelingt.«

»Dann … hast du Adela gewähren lassen, weil du dich ihrer entledigen wolltest?«

Wieder lächelte Friedrich. »Wäre mir tatsächlich an ihr gelegen, hätte ich sicher nicht tatenlos zugesehen, wie sie mit einem anderen ihr Lager teilt. Aber indem sie sich von Dietho den Hof machen ließ, hat sie mir einen Gefallen getan – denn so werde ich sie auf einfache Weise los und kann nach einer Verbindung streben, die eines künftigen Kaisers würdig ist.«

»Ich verstehe.« Ich nickte und kam mir vor wie ein Narr. In all den Wochen, in denen ich mit mir gehadert und darüber nachgesonnen hatte, wie ich meinem Herrn und König die hässliche Wahrheit am besten beibringen sollte, war er schon zwei Schritte weiter gewesen …

»Und deshalb weiß ich, dass es nicht Adela gewesen ist, die mir diesen Todesboten geschickt hat«, fasste er zusammen.

»Wer aber ist es dann gewesen?«

»Wer weiß? Bedauerlicherweise hast du ihn ins Jenseits befördert, ehe er uns etwas verraten konnte. Seinem Aussehen nach würde ich jedoch urteilen, dass er von jenseits der Berge zu uns gekommen ist.«

»Italien?«, fragte ich.

Friedrich nickte. »Den reichen Städten ist nicht verborgen geblieben, dass sich im Norden eine neue Macht erhoben hat. Und sie zittern vor dem Augenblick, da die Kaiserkrone auf meinem Haupt sitzt.«

»Wer?«, wollte ich wissen.

»In der Hauptsache Mailand, das seine Nachbarn unterdrückt und sich gewaltsam immer neue Gebiete einverleibt – Abgesandte der königstreuen Stadt Lodi haben mir geschildert, wie sehr sie darunter zu leiden haben. Und auch die Römer und ihr Senat sind mir nicht wohlgesonnen, nun, da seine Heiligkeit der Krönung zugestimmt hat.«

»Warum nicht?«, fragte ich.

»Weil ein Aufrührer namens Arnold von Brescia ihnen eingeredet hat, dass die Heilige Kirche keine weltliche Macht besäße und daher nur das Volk und der Senat von

Rom über die Kaiserkrone verfügen dürften. Als ob es nicht allein der Allmächtige wäre, der auf Erden Macht verleiht! Wir werden also auf der Hut sein müssen, wenn wir im nächsten Jahr nach Italien ziehen, denn wir haben dort viele Feinde – und es werden noch mehr, wenn die Krone erst auf meinem Haupt sitzt.«

»Ich werde bei dir sein, mein König«, versicherte ich. »Als dein treuer Schatten.«

»Ich weiß.«

»Darf … ich dich noch etwas fragen?«

»Frage.« Er streifte den am Boden liegenden Leichnam mit einem Seitenblick. »Ich habe den Eindruck, du hast es dir verdient.«

»Die neue Gemahlin, die du dir suchen willst, die Gattin auf dem Kaiserthron … wer wird sie sein?«

Aus Friedrichs Lächeln wurde ein breites Grinsen. »Erinnerst du dich an Byzanz? An Maria Komnena, Manuels liebreizende Nichte?«

Ich nickte. »Du sagtest, du hättest niemals ein schöneres Wesen erblickt …«

»Inzwischen hat sie das sechzehnte Lebensjahr vollendet, und wie es heißt, soll ihr Liebreiz noch größer geworden sein«, erwiderte Friedrich. »Und wo steht geschrieben, dass eine Ehe, die zwischen zwei mächtigen Häusern geschlossen wird, nicht auch von Zuneigung erfüllt sein darf?«

»Nirgendwo«, bestätigte ich, und wir lachten beide, der tödlichen Gefahr zum Trotz, der mein Herr und König eben erst entronnen war.

Es war das letzte Mal, dass ich Friedrich so jugendlich und unbeschwert lachen hörte.

Indicium IV

Terra Infirma

16

Roncaglia, Norditalien
Ende November 1154

Das italienische Abenteuer hatte begonnen.

Eine ganze Reihe von Entwicklungen hatte den Aufbruch hinausgezögert – ein neuer Papst auf dem Heiligen Stuhl hatte es notwendig gemacht, dass einige der in Konstanz getroffenen Vereinbarungen neu verhandelt werden mussten, zudem war ein Unternehmen, wie Friedrich es plante, kein leichtes Unterfangen. Der Zwist zwischen den Städten Mailand und Lodi war zu offenem Krieg geworden, ein königlicher Gesandter, den Friedrich daraufhin nach Mailand geschickt hatte, war öffentlich verspottet und aus der Stadt gejagt worden. Von da an war klar gewesen, dass sich der Feldzug in erster Linie gegen Mailand und seine Verbündeten richten würde und nicht mehr nur gegen die Normannen im Süden; und schon im Vorfeld war abzusehen, dass dies vielen – und nicht zuletzt dem neu gewählten Papst Hadrian, dem vierten dieses Namens – nicht gefallen würde.

Im Oktober waren wir von Augsburg aus aufgebrochen, mit einem Heer von 1800 Reitern Stärke. Das Überqueren der Pässe gelang noch, bevor dort der Winter hereinbrach, und so erreichten wir schon wenige Wochen später die fruchtbare Ebene des Flusses Padus. In der Nähe der Stadt Piacenza, auf den Feldern von Roncaglia, schlug der König sein Lager auf und hielt seinen ersten Hoftag auf italienischem Boden, auch wenn dieser mehr einer Heerschau glich.

Der königliche Ruf zu den Waffen war ergangen, und viele waren ihm gefolgt: Von den deutschen Reichsfürsten hatten Otto von Wittelsbach und Berthold von Zähringen, vor allem aber Heinrich der Löwe ihre Ritter unter dem königlichen Banner versammelt – anders als etwa Erzbischof Hartwig von Bremen und Bischof Ulrich von Halberstadt, die dem Ruf keine Folge geleistet hatten. Friedrich zögerte nicht und bestrafte sie, indem er ihnen Lehen entzog.

Von den italienischen Edlen auf der Seite des Königs war an erster Stelle Wilhelm von Montferrat zu nennen, ein weiterer Onkel Friedrichs und bereits seit geraumer Zeit dessen Stimme in Italien. Von den oberitalienischen Gemeinden schickten unter anderem Pavia, Vercelli und Novara dem König Truppen – jene Städte, die zusammen mit Lodi am meisten unter der Unterdrückung durch die Mailänder zu leiden hatten. Sie alle versprachen sich Schutz vor dem mächtigen Feind und im Falle eines Sieges einen Anteil an der Beute. Diese Hoffnungen waren jedoch vergeblich, wie sich schon bald zeigen sollte.

Für uns, die wir von jenseits der Alpen kamen, ob nun Edle oder Gemeine, war es höchst verwirrend zu sehen, um wie vieles anders sich die Dinge im Süden verhielten.

Reichsfürsten, die über weitläufige Ländereien verfügten, waren hier in der Minderzahl – die wahre Macht lag bei den Konsuln und Magistraten der Städte. Nicht die

Herkunft, sondern Geld und Gold entschieden in Italien darüber, wie viel Einfluss jemand geltend machen konnte. Die Macht eines Einzelnen bedeutete wenig – die der Städte hingegen alles.

Mit diesen neuen, für uns so ungewohnten Gegebenheiten musste auch Friedrich sich auseinandersetzen, als er seinen Zug durch Oberitalien antrat. Von Beginn an stand fest, dass man ihm keine Rosen streuen würde. Zwar huldigten viele italienische Städte dem König und schickten Gesandtschaften mit Geschenken, darunter auch die Stadt Genua, die ihm zwei Löwen sendete, die man im fernen Afrika gefangen hatte; doch nicht allen Geschenken, die großen Aufhebens übergeben wurden, wohnte auch Wohlwollen inne. Ich musste an eine der Geschichten denken, die mir die Mönche erzählt hatten, als ich noch ein Junge gewesen war – von den Griechen und dem hölzernen Pferd, das sie als Geschenk dargebracht und das die Trojaner entgegen jeder Vorsicht in ihre Stadt geholt hatten.

Im Falle der Mailänder war es kein hölzernes Pferd, das sie dem Herrscher übergaben, sondern eine Goldschale, gefüllt mit Münzen aus Silber – doch anders als die törichten Trojaner wies Friedrich sie zurück. Selbst mir, der ich nur sein Schatten war und nicht zum Kreis seiner Berater gehörte, war klar, dass das Silber ein mailändischer Versuch war, den König zu bestechen; die Annahme des Silbers hätte bedeutet, die Umtriebe der Mailänder anzuerkennen und sie weiter gewähren zu lassen, und das kam für meinen Herrn nicht infrage.

Er schickte die verblüfften Konsuln zurück in ihre Stadt und ließ an jenem Abend im Kreis seiner Getreuen seinem Zorn freien Lauf.

»Diese verdammten Mailänder«, rief er und schleuderte seinen Weinbecher von sich, dass sich der Wein über die Teppiche im königlichen Zelt ergoss und sie wie mit dunklem Blut besudelte. »Zuerst jagen sie meinen Gesandten davon und zertreten mein königliches Siegel unter ihren Füßen, und nun schicken sie mir einen Tiegel Silber, damit ich das alles rasch vergesse! Nimmt es denn gar kein Ende mit ihren Unverschämtheiten?«

»Ich fürchte, so ist die mailändische Art«, meinte Wilhelm von Montferrat, der bei ihm saß, zusammen mit den anderen Großen des Heeres, während ich wie so oft meinen Platz hinter dem Sitz des Herrschers eingenommen hatte, verschwiegen und reglos wie der Schatten, der ich sein sollte. »Keine Stadt diesseits der Alpen kann es an Größe, Macht und Einfluss mit Mailand aufnehmen. Nicht von ungefähr zittern seine Nachbarn.«

»Umso eher sollte Mailand lernen, die Krone zu achten«, meinte Heinrich der Löwe, der seinen Platz auf Friedrichs anderer Seite hatte. So redeten Montferrat und er beständig auf meinen Herrn ein, der eine mäßigend, der andere voll von kriegerischem Tatendrang.

»Ich gebe zu bedenken, mein König, dass wir trotz aller Verhandlungen, die wir geführt haben und trotz der Vermittlungen unseres Freundes Montferrat die Verflechtungen der italienischen Politik noch nicht vollständig durchschauen«, wandte Gottfried von Viterbo ein. »Ich rate daher ab von vorschnellen …«

»Was gibt es denn da zu durchschauen?«, fiel Friedrich seinem Berater barsch ins Wort. »Mailand überfällt seine Nachbarn und bereichert sich an ihnen. Damit verstößt es gegen das königliche Gebot – und diese Schuld kann es nicht mit einer Schüssel Silber begleichen. Oder denken die Konsuln, dass man unsere Huld kaufen könnte wie die

Zuneigung einer Straßendirne? Ich habe genug von ihren ständigen Demütigungen!«

»Die Mailänder wissen das«, versicherte Gottfried. »Sie haben daher freiwillig angeboten, das königliche Heer im Umland der Stadt zu versorgen, um Euch wieder wohlwollend zu stimmen.«

»Daraus wird wohl nichts werden«, warf der Löwe mit breitem Grinsen ein. »Denn was ich bislang an Feldern gesehen habe, würde nicht einmal ausreichen, um ein paar halbwüchsige Knappen satt zu machen.«

»Dem kann ich nur zustimmen«, pflichtete Otto von Wittelsbach bei. Der Graf, dem der Ruf eines Draufgängers anhaftete, hatte als einer der ersten deutschen Noblen seine Zusage zur Teilnahme am Italienzug gegeben und sich damit Friedrichs Wohlwollen gesichert. »Das Ackerland ist verwüstet von den Fehden, mit denen Mailand die Gegend überzogen hat. Außerdem wurde mir zugetragen, dass es sich mit Einsetzen der winterlichen Regenfälle in ein stinkendes Schlammloch verwandeln soll.«

»Darin würden mich diese Strolche nur zu gerne versinken sehen«, knurrte Friedrich.

»Wir sollten sie Respekt lehren«, beharrte der Löwe. »Wenn du an der mächtigsten aller norditalienischen Gemeinden deinen königlichen Zorn demonstrierst, wird das allen, die weniger mächtig und wohlhabend sind, eine Lehre sein. Danach wird es niemand mehr wagen, dir Widerstand zu leisten, und du wirst dich der Huldigungen kaum noch erwehren können.«

»Das steht außer Frage«, stimmte Gottfried von Viterbo zu. »Und zugleich wird es heißen, ein Tyrann hätte den Thron des Reiches bestiegen.«

»Und?«, begehrte Heinrich auf. »Was geht es uns an,

was ein paar hergelaufene Handwerker und Kaufleute denken?«

»Bei allem Respekt, die Frage eines direkten Angriffs auf Mailand dürfte sich kaum stellen«, gab Gottfried zu bedenken. »Die Stadt ist durch starke Mauern und Türme befestigt und von einem breiten Wassergraben umgeben. Einer Belagerung könnte sie sehr viel länger standhalten, als wir Kräfte aufzubringen in der Lage sind.«

»Was schlagt ihr dann vor?«, fuhr Friedrich seinen Notar und Kapellan an. So gereizt hatte ich ihn lange nicht erlebt, zuletzt in den Jahren vor der Wallfahrt. Diesmal jedoch war es nicht jugendliche Bitterkeit, die an meinem Herrn nagte, sondern die Last der Verantwortung.

»Wir sollten weiter verhandeln«, meinte Gottfried überzeugt. »Statt mit Gewalt zu herrschen, solltet Ihr Euch als gnädiger Herrscher zeigen.«

»Nichts anderes hatte ich vor, doch man dankt es mir auf üble Weise. Dennoch will ich auf Euch hören, guter Gottfried, und Euch und Markgraf Wilhelm weiter verhandeln lassen – während ich zugleich den Druck auf Mailand erhöhen werde. In Monza werde ich mich erneut krönen lassen und allen Magistraten und Konsuln zeigen, wer der alte und neue Herr im Land ist – während du, mein guter Heinrich, ihnen gleichzeitig vor Augen führen wirst, was königliche Macht vermag.«

»Was genau schwebt dir vor, Cousin?«, wollte der Löwe wissen. Sein Raubtierblick machte seinem Beinamen dabei Ehre.

Friedrich überlegte einen Moment. »Wenn wir schon Mailands nicht habhaft werden können, dann doch seiner Verbündeten.«

»Mein König! Neffe!«, wandte Wilhelm von Montferrat

ein. »Ich bitte um Mäßigung! Welches Zeichen wollt Ihr als neuer Herrscher in Italien setzen?«

»Ein Zeichen der Macht, eines Kaisers würdig«, entgegnete Heinrich wie von der Sehne geschleudert – eine Erwiderung nach Friedrichs Geschmack.

»Manchmal erweist sich der Starke dann am mächtigsten, wenn er Zurückhaltung übt«, wandte Gottfried ein.

»Mailand gegenüber?« Friedrich schüttelte die rote Mähne, zu der sein Haar geworden war. »Das hätten sich diese hochmütigen Strolche überlegen müssen, ehe sie ihren Herrn und König gedemütigt haben.«

Er erhob sich von seinem Stuhl und beugte sich über das Pergament, das auf dem Tisch ausgerollt lag. Es stellte eine Karte Norditaliens dar, mit allen größeren Städten. Friedrich zückte seinen Dolch und stach damit zielsicher in die Namen jener Städte, die er für ihr Bündnis mit Mailand zu bestrafen gedachte.

Es waren die piemontesischen Städte Chieri und Asti.

Und das strategisch wichtige Tortona.

»Wir werden diese Städte belagern, erobern und bis auf die Grundmauern niederbrennen«, kündigte Friedrich mit bebender Stimme an. »Danach wird es niemand mehr wagen, sich gegen uns zu erheben.«

17

Tortona
März 1155

Noch im Winter setzte Friedrich seinen ehrgeizigen Plan in die Tat um, und der Erfolg gab ihm zunächst recht.

Nachdem seine Truppen das Umland von Chieri verheerten, kam die Stadt recht schnell zu der Einsicht, dass sie dem Zorn des Königs nichts entgegenzusetzen hatte, und ergab sich. Auch die Stadt Asti wurde mithilfe ihres Bischofs Anselmo, der sich treu zur Krone bekannte, zur Übergabe gezwungen und übergeben, ohne dass es zum Kampf gekommen wäre. Um zu vermeiden, dass die beiden Gemeinden sich wieder gegen ihn erhoben und mit Mailand verbündeten, ließ Friedrich ihre Befestigungsanlagen kurzerhand niederbrennen.

Dann jedoch wandte er sich mit dem Heer gegen Tortona, das wir im Februar erreichten – und hier endete das Kriegsglück meines Herrn.

Nicht nur dass die Stadt am Fluss Scrivia besser befestigt war als die beiden anderen; aufgrund ihrer Lage am Zugang gleich mehrerer fruchtbarer Täler war sie auch wohlhabender und mit mehr Mitteln ausgestattet, was die Verteidigung betraf. Die Obersten verweigerten eine

Übergabe, zumal sie gesehen hatten, wie Friedrich mit den anderen Städten verfahren war. Also ließ der König ein Feldlager aufschlagen und die auf einem Höhenzug gelegene Stadt mit einem Belagerungsring umgeben, hoffend, dass die schiere Anwesenheit und Größe des königlichen Heeres die Stadtväter zum Einlenken bewegen würden.

Doch diese Hoffnung war vergeblich, und auch die Hinrichtung von Spähern, die unsere Wachen am Rand des Lagers gefasst hatten und die Friedrich in Sichtweite des Haupttores an Galgen aufhängen ließ, änderte daran nichts.

Tortona blieb unnachgiebig.

Also befahl Friedrich den Angriff.

Mehrmals rannten wir gegen die Mauern an. Doch mit dem wenigen Belagerungsgerät, das uns zur Verfügung stand – im Wesentlichen ein paar bewegliche Sturmwände gegen Pfeilbeschuss und eine Reihe in aller Eile gezimmerter Leitern –, konnten wir nur die am Flussufer liegende Unterstadt attackieren, nicht jedoch die sich den Bergrücken hinauferstreckende Oberstadt; und die Verteidiger hatten entsprechend die Möglichkeit, all ihre Kräfte auf jene wenigen Mauerabschnitte zu konzentrieren.

Bereits im Ansturm wurden wir mit einem wahren Hagel an Pfeilen überschüttet, der viele von uns das Leben kostete; dann, als wir die Leitern anlegten, um die Mauern zu erklimmen, mit ganzen Ladungen von Steinen, die man auf uns kippte. Im Dutzend stürzten die Unseren von den Leitern und brachen sich beim Aufprall die Knochen. Der Graben am Fuß der Mauer füllte sich mit Verwundeten, und ihr Wehgeschrei übertönte schon bald das Kampfgebrüll, sodass schließlich nichts anders blieb als der Rückzug, begleitet vom schallenden Hohngelächter der Verteidiger.

Der König tobte.

In all den Jahren, die ich ihn nun schon kannte, habe ich ihn nicht so erlebt. Die jugendliche Unbekümmertheit, mit der er den Thron noch errungen hatte, war verschwunden. Nun, da er nach der Kaiserkrone greifen und zum ranghöchsten Herrscher des Abendlandes werden sollte, hatte sich bleierne Schwere meines Herrn bemächtigt. So breit seine Schultern auch sein mochten, nun drückte die Last der Verantwortung sie nieder. Und so bewusst er sich seiner Macht als König auch sein mochte – hier, vor den Mauern dieser Stadt, stieß sie an ihre Grenzen.

Friedrich wusste, dass es um mehr ging als um Tortona selbst; er war angetreten, um die Stadt anstelle des sehr viel größeren und mächtigeren Mailands zu bestrafen – was, wenn seine Kräfte nun nicht einmal ausreichten, um Tortona zur Rechenschaft zu ziehen? Welches Zeichen würde er damit setzen? Welches Signal an die anderen Städte Oberitaliens senden? Würde seine Heiligkeit in Rom sich noch der in Konstanz unterzeichneten Verträge entsinnen, wenn sie mit einem so schwachen Herrscher geschlossen wurden?

Tortona musste fallen, einen anderen Weg gab es nicht, und mit jedem Tag, den sich die Stadt länger behauptete und unseren Angriffen spottete, wuchs des Königs Unmut.

Einen feindlichen Ritter, dessen er habhaft wurde, ließ er ohne Federlesens hängen, just neben den Spähern, die noch immer vor dem Haupttor baumelten, den Krähen und dem Wetter ausgesetzt. Der Gestank, der von den grässlich zugerichteten Leibern ausging, sollte die Einwohner Tortonas daran erinnern, welches Ende auch ihnen drohte, wenn sie sich weiter widersetzten – tatsächlich aber drehte der Wind häufig und trug den Odem der Verwesung ins königliche Lager.

Entlastung kam immerhin, als die Stadt Pavia, von jeher ein scharfer Konkurrent Tortonas und auf der Seite des Königs stehend, frische Truppen schickte, außerdem Handwerker und Material, sodass nun auch größeres Belagerungsgerät gebaut werden konnte. Unter der Aufsicht Heinrichs des Löwen, den Friedrich mit der Eroberung der Unterstadt betraut hatte, errichteten die Zimmerleute innerhalb von Tagen eine Katze: einen Unterstand, der auf vier Holzrädern ruhte, sodass er sich bewegen ließ. Das Dach wurde mit Tierhäuten überzogen, die man zum Schutz vor Brandpfeilen mit Wasser übergoss; darunter fand, an schweren Ketten aufgehängt, der Stamm einer gefällten Eiche Platz, dessen vorderes Ende mit Äxten zugespitzt worden war.

Der Löwe bereitete die Seinen auf den Angriff vor, und Friedrich bat mich, ihn in die Schlacht zu begleiten.

»Wozu, Herr?«, fragte ich. »Ich bin dein Schatten und nicht der seine.«

»Ich weiß, mein Freund. Dennoch bitte ich dich, im Kampf ein Auge auf ihn zu haben und mir über jede seiner Entscheidungen und Handlungen zu berichten.«

Ich nickte nur und hütete mich zu fragen, ob sich Friedrich um das Wohlergehen seines Vetters sorgte oder ob er ihm misstraute. Schon zuvor hatte er Spione eingesetzt, wie ich inzwischen wusste, auch gegen mich, deshalb erschien es mir nicht abwegig. Aber welchen Grund hatte mein Herr, Heinrich zu misstrauen? Hatte sein Vetter ihm nicht von Beginn seiner Regentschaft an unterstützt und wagte er nicht Tag für Tag vor den Mauern Tortonas Leib und Leben?

Friedrich hatte wohl erkannt, dass ein Herrscher stets allein war und niemandem wirklich vertrauen sollte. Und zumindest im Hinblick auf den Löwen sollte sich diese Einschätzung auch als wahr erweisen, wenn auch erst viele Jahre später.

Es dröhnte dumpf, als der zugespitzte Stamm des Rammbocks gegen das eisenbeschlagene Stadttor krachte – Donnerschläge wie von einem Gewitter, die die Mauern in ihren Grundfesten erbeben ließen, während gleichzeitig das Dach der Katze von den Wagenladungen von Steinen erbebte, die von den hohen Zinnen auf uns gekippt wurden. Ein lärmendes Inferno, das das Gebrüll des Löwen scheinbar mühelos durchdrang, hart und scharf wie die Klinge eines Schwertes.

»Weiter, Männer! Vorwärts! Bringt diese verdammten Mauern zum Einsturz, die uns so lange getrotzt haben! Denkt an den König, dem ihr dient, und an die Freunde, die wir verloren haben! Stopft den Aufrührern das Hohngelächter zurück in ihre hässlichen Schandmäuler …!«

Ich weiß nicht, ob sich der Welfenherzog seine Worte überlegt hatte oder ob er nur einfach das hinausbrüllte, was er selbst in diesem Moment empfand, während wir uns in den Schutz der Katze duckten und die Ramme ein ums andere Mal gegen das Tor prallen ließen. Aber die Worte zeigten Wirkung, auch ich konnte mich ihnen nicht entziehen. Wir alle hatten Mitstreiter verloren, Kameraden, die mit zerschmetterten Gliedern oder von Pfeilen durchbohrt am Fuß der Mauer elend umgekommen waren, und uns allen klang noch das höhnische Gelächter der Feinde im Ohr.

Der Zeitpunkt war gekommen, es ihnen heimzuzahlen.

Wie eine Zecke, die sich im Körper ihres Wirts verbissen hat, waren wir nun nicht mehr ohne Weiteres abzuschütteln. Die Katze schützte uns, während wir die

Ramme bedienten, bis sich endlich Risse im umgebenden Mauerwerk zeigten.

Und schließlich gab die Pforte nach.

Die Balken des Fallgatters barsten, die Torflügel brachen aus den Angeln – und schon im nächsten Augenblick gaben wir den Schutz der Überdachung auf und stürmten über den Stamm der Ramme hinweg ins Innere des Torhauses.

Das Handgemenge, das dort herrschte, war unbeschreiblich.

Die Verteidiger, die vergeblich versucht hatten, das Tor zu stützen, prallten zurück, als die Trümmer auf sie stürzten, und noch ehe sie sich von ihrem Schrecken erholen konnten, fielen wir bereits über sie her. Der Löwe selbst führte den Angriff, und ich war bei ihm, wie mein Herr es mir aufgegeben hatte. Unter wütendem Gebrüll, das seinem Namen alle Ehre machte, ließ der Welfe sein Schwert kreisen und trieb eine blutige Schneise in den Haufen der Verteidiger, die furchtsam vor ihm zur Rückseite des Torhauses zurückwichen, wo sie auf nachdrängende Verteidiger trafen. Einen bangen Augenblick lang geriet der Angriff ins Stocken, und ein übles Hauen und Stechen entbrannte zwischen den Kämpfern beider Seiten, die im Torhaus eingekeilt waren. Dann jedoch sorgte die Masse der nachdrängenden Angreifer dafür, dass wir Oberhand behielten. Ich stach einen Gegner nieder, der mit hassverzerrtem Antlitz vor mir stand, und setzte taumelnd über seinen zusammensinkenden Körper hinweg – und einen Herzschlag später hatten wir das Torhaus passiert und waren im Freien.

Hier setzte sich der blutige Kampf fort, doch es war bereits abzusehen, wer den Sieg davontragen würde. Allenthalben konnte man Verteidiger sehen, die sich zur Flucht wandten. Wie Ameisen, in deren Bau man gestochert hatte, wuselten sie davon, verschwanden zu Dutzenden in den Nischen und Gassen, um sich in die Oberstadt zurückzuziehen. Wen die Unseren erwischten, dem bereiteten sie ein blutiges Ende, doch es waren zu wenige, als dass ihr Durst nach Rache dadurch gestillt worden wäre. Und immer mehr Angreifer drängten herein, nun auch über die Mauern, nachdem es dort keinen Widerstand mehr gab. Allenthalben wurde ein aus vollstem Halse schreiender Tortonese von den Zinnen gestürzt, zum Ausgleich für das, was so vielen unserer Leute an den Stadtmauern widerfahren war. Doch auch das vermochte den Zorn der Eroberer noch nicht zu besänftigen. Mit Fackeln bewaffnet stürmten sie die Gassen der Unterstadt, fielen plündernd in die Häuser ein und steckten sie in Brand, und schon kurz darauf standen die ersten Gebäude in Flammen, stieg dunkler Rauch zum Himmel.

Herzog Heinrich beteiligte sich nicht an der Plünderung, aber er hinderte die Kämpfer, die zum guten Teil aus seinen Sachsen bestanden, auch nicht daran. Vermutlich hätte nicht einmal die Autorität eines leibhaftigen Löwen ausgereicht, um den Männern zu verwehren, was ihnen nach ihrem Empfinden zustand. Stattdessen nahm er den Helm ab und trat an die halbrunde Brunnentränke, die an das Torhaus angebaut war. Die blutige Klinge seines Schwertes lehnte er an der kleinen Mauer an, dann tauchte er die Hände in das Wasser und wusch sie, benetzte anschließend auch sein Gesicht, ehe er einige Schlucke trank. Dann ließ er sich auf der Umrandung nieder und schöpfte keuchend Atem.

»Meinen Glückwunsch, Herr«, sagte ich in aufrichtiger Bewunderung. »Ihr habt den Widerstand gebrochen.«

»In der Tat, das habe ich.« Gedankenverloren ließ er den Blick über den Torplatz schweifen. Gefallene beider Seiten lagen kreuz und quer übereinander, Blut färbte den Boden. Aus den nahen Gassen zog Rauch heran und legte sich wie Nebel über die schaurige Szenerie. »Berichte das deinem Herrn und König.«

»Das werde ich, Herr«, versicherte ich, die leise Bitterkeit in seiner Stimme überhörend.

»Ich habe dies getan, um ihn meiner Treue zu versichern«, fügte der Löwe hinzu, auf die Flammen deutend, die inzwischen aus immer mehr Dachstühlen schlugen. »Ich habe die Unterstadt für ihn erobert und ein wahres Freudenfeuer entfacht, um seine Herrschaft zu rühmen!«

»Das habt ihr, Herr«, bestätigte ich, ungeachtet des Gestanks von Blut und verbranntem Fleisch, der sich in den heißen Atem des Feuers mischte. »Der Anfang ist gemacht – nun wird es nicht mehr lange dauern, bis auch die Oberstadt in unsere Hände fällt …«

18

Feldlager vor Tortona
Frühjahr 1155

Leider sollte ich mich irren.

Obschon Heinrich der Löwe die am Fluss errichtete Unterstadt an jenem Tag eroberte, zog sich die Belagerung weiter hin. Wer von den Verteidigern im Zuge des Kampfes und der anschließenden Plünderung nicht getötet worden war, der hatte sich hinter die Mauern der Oberstadt zurückgezogen, die allein schon aufgrund ihrer erhöhten Lage sehr viel schwieriger einzunehmen war.

Wer Leitern oder gar eine Ramme heranschaffen wollte, musste einen gefährlichen Aufstieg wagen, auf dem es keine Deckung gab und man den Geschossen der Verteidiger schutzlos ausgeliefert war. Fünf Ritter und mehrere Dutzend Waffenknechte hatten die erfolglosen Versuche bereits mit dem Leben bezahlt, und auch Herzog Heinrich konnte das Kriegsglück diesmal nicht wenden. Selbst Katapulte, die die Pavesen herbeibrachten, konnten den Widerstand nicht brechen.

Otto von Wittelsbach unterbreitete den Vorschlag, die Mauern auf der Ostseite zu untergraben, sodass sie zum Einsturz kommen würden, wenn man die Tragbalken entzündete und den Stollen in sich zusammenfallen ließ. Doch die Fundamente aus Naturgestein, auf denen die Stadt ruhte, machten auch das unmöglich.

Friedrich verlor die Geduld.

»Bin ich denn von Narren umgeben?«, herrschte er die Edlen an, die sich in seinem Zelt versammelt hatten. »Sind meine Lehnsleute nicht in der Lage, diese Stadt für mich einzunehmen?«

»Verzeiht, mein König«, wandte Graf Otto ein, »es liegt nicht am mangelnden Willen, noch an mangelnder Tapferkeit – unser Heer ist nicht gerüstet für eine Aufgabe wie diese!«

»Unfug!«, schrie Friedrich, dass es seinem Vater, dem aufbrausenden Schwabenherzog, alle Ehre gemacht hätte. »Diese Stadt hat sich dem königlichen Willen widersetzt! Sie muss fallen, als abschreckendes Beispiel für alle anderen – oder in Mailand werden sie sich mit Recht unbezwingbar wähnen! Ihr macht das Reich zum Gespött und mich zum Narren!«

»Eine Möglichkeit gäbe es, mein König«, wandte einer der Noblen ein, dessen Namen und Herkunft ich an dieser Stelle aus gutem Grund der Nachwelt verschweigen möchte. »Sie wird Euch den sicheren Sieg über den Feind eintragen – aber sie ist weder ehrenhaft noch ritterlich.«

In Friedrichs blauen Augen flackerte es, während er brütend auf seinem Scherenstuhl kauerte. »Was schert mich Ritterlichkeit?«, knurrte dann ausgerechnet der Mann, der mich einst so edelmütig vor dem ungerechten Zorn seiner Vettern bewahrt hatte. »Ich will diese Stadt am Boden sehen, alles andere interessiert mich nicht.«

»Mein König«, wandte Gottfried von Viterbo ein, »ich

gebe zu bedenken, dass in diesen Tagen vieler Augen auf Euch gerichtet sind. Die Kunde von dem, was hier geschieht, wird auch in die anderen Städte dringen …«

»… und das ist es, worauf ich hoffe«, bestätigte Friedrich grimmig. »All diese Konsuln und Magistrate, die sich auf ihren Reichtum so furchtbar viel einbilden, sollen wissen und anerkennen, dass es eine höhere Macht gibt als die ihre. Ihr Einfluss nämlich ist ihnen von ihresgleichen auf Zeit übertragen – meiner stammt vom Allerhöchsten selbst!«

»Daran wird niemand ernstlich zweifeln wollen, mein König«, versicherte Gottfried, bemüht, den Zorn des Herrschers zu mäßigen. »Doch frage ich mich, ob es sowohl Eurer Würde als auch der Krone, die Ihr tragt, nicht besser dienen würde, wenn Ihr Gnade walten ließet …«

»Gnade?«, begehrte Friedrich auf. »Nachdem diese Kerle mich dreist herausgefordert haben? Damit man in Mailand nur noch lauter über mich lacht?« Er hatte so laut geschrien, dass sich seine Stimme überschlug. Schließlich besann er sich und atmete tief ein und aus, um sich selbst zu beruhigen. »Gnade, alter Freund«, wandte er sich dann an seinen Kapellan, »kann nur aus einer Position der Stärke heraus gewährt werden, das hat mich mein Vater gelehrt. Ich habe diesen Streit nicht begonnen, aber beim Allmächtigen, ich muss ihn beenden. Denn Barmherzigkeit kann ich erst dann gewähren, wenn diese hochmütigen Narren sich vor mir in den Staub werfen und meinen Fuß in ihrem Nacken spüren.«

Niemand widersprach mehr.

Jeder im Zelt wusste, dass der König die Wahrheit sprach, jedenfalls aus seiner Sicht. Es war die Logik des Herrschens, das Gesetz des Stärkeren. Wenn es hier keine

Anwendung fand, drohte es nirgendwo in Italien mehr Anwendung zu finden …

»Tortona muss fallen«, erklärte Friedrich kategorisch und wandte sich wieder dem Ritter zu, dessen Namen ich verschweige, weil er kein Andenken verdient. »Was also schlagt Ihr vor?«

»Nun«, begann dieser, »wie Ihr sicher wisst, mein König, werden sämtliche Brunnen im Stadtgebiet Tortonas von jenem Fluss gespeist, der im Süden bis an die Mauern heranreicht – auch die Brunnen der Oberstadt.«

»Und?«

»Vergiften wir das Wasser. Wenn den Tortonesen erst der Durst im Rachen brennt und ein Teil von ihnen krank darniederliegt, wird ihr Widerstand nicht mehr lange andauern.«

»Das Wasser also«, sagte Friedrich in die Stille, die sich ausgebreitet hatte. Es war keineswegs ungewöhnlich, im Zuge einer Belagerung zu diesem Mittel zu greifen, allerdings galt es als Zeichen von besonderer Grausamkeit und Unbarmherzigkeit dem Feind gegenüber. Das schien meinen Herrn allerdings nicht sehr zu stören. »In Anatolien habe ich erlebt, was für ein schrecklicher Feind Hunger und Durst sein können – ihn als Verbündeten zu haben, wäre sicher von Vorteil.«

»Es wäre der Sieg«, verbesserte der Ritter.

Niemand widersprach, obwohl einigen – namentlich den königlichen Beratern Gottfried von Viterbo und Markgraf Wilhelm von Montferrat – das Unbehagen deutlich anzusehen war.

»Und wie wollt Ihr es bewerkstelligen?«

»Indem wir die Toten von den Galgen schneiden und sie in den Fluss werfen. Dazu werfen wir das Pech hinein, das wir in der Unterstadt in großer Menge gefunden haben. Es sollte uns beim Angriff auf die Köpfe geschüttet werden – doch nun wird es Tortona selbst zum Verhängnis.«

Friedrich grinste, der Gedanke gefiel ihm sichtlich.

Sein Zögern währte nur einen Augenblick.

»Tut es«, befahl er dann.

So geschah, was der Plan vorsah: Nicht nur die Gerichteten wurden von den Strängen geschnitten und in den Fluss geworfen, sondern auch jeder verwesende Leichnam, dessen man in der Unterstadt habhaft werden konnte. Dazu schüttete man flüssiges Pech in das kristallklare Wasser, bis es sich dunkel färbte. Der Gestank war schon für uns Belagerer kaum zu ertragen – wie musste es erst den Bewohnern von Tortona ergehen? Wie den Konsuln und dem Markgrafen Obizo Malaspina, der sich mit ihnen verbündet hatte und ebenfalls innerhalb der belagerten Mauern weilte? Ihnen musste klar sein, dass der Odem des Todes, der vom Flusstal aufstieg, ihr baldiges Ende bedeutete.

In den ersten Tagen leistete die Stadt noch weiter Widerstand, doch dann ließ dieser merklich nach.

Dem König aus deutschen Landen mochten die Tortonesen trotzen können, nicht jedoch der menschlichen Natur. Als man in den Nächten das Leuchten der Leichenfeuer über der Stadt erkennen konnte und der Wind das Wehklagen der Trauernden zum Lager heruntertrug, war klar, dass der Widerstand gebrochen war.

Eine Abordnung erschien, um über die Bedingungen einer Übergabe der Stadt zu verhandeln, aber Friedrich ließ sie nicht zu sich vor. Der König verweigerte den Tortonesen seine Huld, auch wenn dies weitere Tage Tod und Leid bedeutete, und schickte sie wieder fort.

Als die Konsuln das nächste Mal im Lager auftauchten, waren sie von Entbehrung und Krankheit gezeichnet und stellten kaum noch Bedingungen. Durch Vermittlung des Zisterzienserabts Bruno von Chiaravalle, der das Vertrauen beider Seiten genoss, wurde schließlich eine Vereinbarung getroffen: Unter der Voraussetzung, dass sowohl die Magistrate der Stadt als auch der abtrünnige Graf Malespina sich dem König unterwerfen und seine Oberhoheit anerkennen würden, sollten sie alle wieder in seine Gnade aufgenommen werden und der Oberstadt das traurige Los erspart bleiben, das den unteren Teil Tortonas ereilt hatte.

Am achtzehnten Tag des Monats April erschienen die Konsuln und weitere Würdenträger der Stadt im Lager, unter ihnen auch der verräterische Markgraf, und warfen sich dem König zu Füßen in den Staub. Friedrich saß auf seinem Scherenstuhl, der einem Thron gleich auf einem erhöhten Podest aufgestellt worden war, und nahm ihre Huldigung entgegen. Auch wenn seine Miene dabei gleichgültig und scheinbar unberührt blieb, konnte ich die tiefe Genugtuung spüren, die ihn dabei erfüllte.

Er hatte sein Ziel erreicht und Tortona bezwungen, hatte Mailand damit in die Schranken gewiesen und die ihm treuen Pavesen belohnt – doch der Preis dafür war hoch gewesen, und er sollte noch höher steigen.

Nachdem die Stadtoberen und Edlen um Vergebung für ihre Verfehlungen gefleht und ihre Treueschwüre gegenüber der Krone erneuert hatten, sicherte Friedrich ihnen großmütig die Rückkehr in das königliche Wohlwollen zu und versprach außerdem, dass Tortona von seinen Rittern weder geplündert noch zerstört werden solle.

Die Worte Heinrichs des Löwen, nachdem sich die Geläuterten unter überschwänglichem Dank und neuerlichen

Versicherungen von Treue aus dem Lager verabschiedet hatten, werde ich nie vergessen: »Warum, oh Vetter, versprichst du deinen Untergebenen Dinge, die du nicht halten kannst?«

Friedrich erwiderte nichts darauf, aber an seinem Blick war zu erkennen, dass er sehr genau wusste, wovon der Herzog sprach. Mir hingegen ging es erst auf, als sich früh am nächsten Morgen lautes Geschrei erhob und neuerlicher Brandgeruch ins Lager drang, schlimmer als an allen Tagen zuvor.

Ich fuhr von meinem Lager hoch und stürmte hinaus ins Freie – nur um zu sehen, wie die Oberstadt von Tortona lichterloh in Flammen stand. Und während Frauen, Kinder und Alte die Stadt fluchtartig verließen mit nichts bei sich außer dem, was sie am Leibe trugen, strömten aus dem königlichen Heerlager Scharen von Waffenknechten zur Stadt hinauf, um sie zu plündern und dem Erdboden gleichzumachen.

Friedrich kam aus dem Zelt und trat neben mich, einen wollenen Umhang um die Schultern und einen grimmigen Ausdruck im Gesicht. Er schien über das, was er sah, nicht sonderlich überrascht zu sein.

»Sieh doch, Herr, die Stadt wird geplündert!«, rief ich deshalb aufgebracht.

»Es hat den Anschein«, bestätigte er nur.

»Aber du hast versprochen, die Stadt zu schonen …«

»Habe ich das?« Der Blick, den er mir zuwarf, war unmöglich zu deuten. »Ich habe zugesagt, dass kein deutscher Ritter seinen Fuß in die Stadt setzen würde, und daran habe ich mich gehalten – aber was meine italienischen Untertanen betrifft, so habe ich nie etwas versprochen.«

Mein Blick glitt zum Bergrücken hinauf, wo inzwischen

auch die Türme und die Wehrgänge der Mauern in Flammen standen, und wieder zu Friedrich zurück. Er schien mir mein Entsetzen und meine Zweifel anzusehen, denn er sagte: »Gräme dich nicht, mein Freund. Nicht deine Entscheidung ist es gewesen, sondern meine.«

»Ich weiß, Herr. Aber ...«

»Tortona war verloren. Die Konsuln wussten das von dem Augenblick an, da sie dieses Lager betraten – und wenn nicht, sind sie Narren gewesen. Der König hat ihnen verziehen und seine Soldaten von den Mauern ferngehalten, aber dem Zorn der Pavesen, die lange Zeit von ihnen unterdrückt wurden, konnte auch er nicht Einhalt gebieten.«

Ich sah zu den Plünderern, die die Straße hinaufzogen, und konnte tatsächlich allenthalben das weiße Kreuz von Pavia entdecken. »Konntest du es nicht, Herr?«, fragte ich. »Oder wolltest du es nicht?«

Der Seitenblick, mit dem mich Friedrich bedachte, machte mir klar, dass ich mehr gesagt hatte, als einem Diener zukam. Er verzichtete jedoch darauf, mich zurechtzuweisen. »Wir sind Pilger in einem fremden Land, Arndt«, erklärte er stattdessen. »Vieles ist anders, als wir es gewohnt sind – all diese Städte mit ihren Magistraten, ihren Konsuln und Senatoren, deren Macht die eines Ritters bisweilen weit übersteigt ... Ich fange gerade erst an, all dies zu verstehen«, fügte er leiser hinzu, wobei er gedankenverloren auf das brennende Inferno starrte, »und manchmal frage ich mich, ob ich es je begreifen werde.«

»Deine Feinde werden es begreifen.« Heinrich der Löwe trat hinzu, in einen Umhang gehüllt wie Friedrich. Die brennende Stadt würdigte er keines Blickes. »Heute hast du ein Signal in die Welt entsandt, Vetter.«

»Und welches?« Friedrich lachte freudlos auf. »Dass der König sein Wort nicht hält?«

»Dass sich der König nicht hintergehen lässt«, verbesserte Heinrich. »Und dass jene, die sich Barbarossa widersetzen, in Rauch und Feuer untergehen.«

»Barbarossa?« Friedrich hob eine rote Braue.

»Weißt du es denn noch nicht?« Heinrich grinste schelmisch. »Das ist der Name, den man dir hier gegeben hat, deines roten Bartes wegen. Deine italienischen Gefolgsleute gebrauchen ihn voller Verehrung – bei deinen Feinden jedoch wird er schon bald gleichbedeutend sein mit Furcht und Schrecken.«

»Barbarossa«, wiederholte Friedrich nur.

Und an dem Lächeln, das sich zaghaft um seine Mundwinkel zeigte, konnte ich sehen, dass ihm der Name gefiel.

19

Campagnatico, Tuszien
Mai 1155

Es war heller Nachmittag.

Die Sonne hatte ihren höchsten Stand erreicht und brannte vom Himmel, und die schmalen Zypressen, die sich Lanzenspitzen gleich in das weite Blau zu bohren schienen, spendeten nur unzureichend Schatten. Mir war heiß in meiner Rüstung und unter der Haube aus Kettengeflecht, doch hätte ich sie nicht missen wollen. Ebenso wenig wie das halbe Dutzend Bogenschützen, das sich in meinem Rücken befand, um mir Deckung zu gewähren, falls es notwendig sein sollte.

»Vorwärts«, wies ich den Mann neben mir an.

Alberto, Vizegraf von Campagnatico, bot einen ziemlich elenden Anblick. Sein Wappenrock war zerschlissen, seine Hände auf den Rücken gefesselt, die Fußgelenke so gebunden, dass er noch kleine Schritte gehen konnte, an Flucht jedoch nicht zu denken war. Sein Bruder, der Graf von Campagnatico, hatte uns zu diesem Treffen bestellt, und noch immer war ich mir nicht sicher, ob es womöglich nur eine Falle war.

Knapp vier Wochen lag die Unterwerfung Tortonas zurück. Im Anschluss war Friedrich über Cremona, Parma und Bologna nach Tuszien marschiert, und da die Kunde dessen, was den Tortonesen widerfahren war, dem königlichen Heer vorauseilte, wagte es einstweilen niemand mehr, dem Herrscher den Einlass zu verwehren oder ihm gar die Gefolgschaft zu verweigern.

Ganz im Gegenteil.

Sobald die Stadtoberen erfuhren, dass sich der König näherte, schickten sie ihm Abordnungen mit Geschenken entgegen, um ihn freundlich zu stimmen und ihrer Treue zu versichern. Friedrichs Plan war also aufgegangen – aber mir entging nicht die Furcht in den Gesichtern der italienischen Magistrate und das feindselige Blitzen in ihren Augen, wann immer sie sich unbeobachtet wähnten.

In der Stadt San Quirico war Friedrich mit drei Kardinälen zusammengekommen, Legaten aus Rom, die über die Einzelheiten der Kaiserkrönung verhandeln sollten. Und wie sich zeigte, hatten sie eine Bedingung im Gepäck ...

»Ist dir der Name Arnold von Brescia ein Begriff?«, hatte Friedrich mich gefragt.

»Ist das nicht der Name dieses Aufrührers, der in Rom für Unruhe sorgt?« Ich glaubte mich zu erinnern.

»So ist es. Ein religiöser Eiferer, der dem Volk und dem Senat von Rom den Floh ins Ohr gesetzt hat, dass der Papst zwar der Nachfolger Petri auf Erden sei, jedoch keine weltliche Macht besäße. Aufstände sind die Folge, seine Heiligkeit musste bereits mehrfach fliehen – und nun verlangt er von mir die Übergabe Arnolds von Brescia als Gegenleistung dafür, dass er mich zum Kaiser krönt.«

»Nun«, erwiderte ich, »um ihn an die Kirche zu übergeben, müssten wir ihn zuerst einmal haben ...«

»Sehr klug geantwortet, mein Freund. Durch die päpstlichen Legaten wissen wir, dass sich Arnold derzeit ganz in der Nähe aufhält, auf der Burg der Grafen von Campagnatico, die ihm Zuflucht gewährt haben.«

»Und? Was planst du? Eine weitere Belagerung?«

»Kaum.« Friedrich schüttelte den Kopf. »Tortona steckt allen noch in den Gliedern. Meine Edlen würden murren, würde ich ihnen einer einzelnen Person wegen ein solches Unterfangen zumuten. Außerdem war Tortona dazu angetan, ein Exempel zu statuieren – dies hier sollte dagegen möglichst lautlos vonstattengehen. Weder möchte ich als Büttel des Papstes gelten noch den Eindruck erwecken, dass ich mir die Krönung zum Kaiser erkaufen musste.« Er bemerkte wohl meinen verblüfften Blick, denn mit einem unwilligen Schnauben fügte er hinzu: »Nicht einmal dann, wenn es so gewesen sein sollte.«

»Ich verstehe«, sagte ich nur. »Wie soll es dann geschehen?«

»Die päpstlichen Legaten erwähnten auch, dass sich Alberto, der Vizegraf von Campagnatico, derzeit außerhalb des Familiensitzes aufhält. Wenn es gelänge, ihn zu fangen, könnten wir ihn gegen Arnold austauschen und den Wunsch Papst Hadrians erfüllen. Und da all dies geschehen sollte, ohne dass ich selbst daran beteiligt bin, werde ich niemand anderen als dich damit beauftragen, meinen treuen Schatten.«

So war ich zu dieser Mission gekommen.

Es war das zweite Mal, dass Friedrich mich fortschickte, um einen Auftrag von besonderer Wichtigkeit zu erfüllen. Ich sah es als eine Bewährungsprobe an und hatte mir vorgenommen, sein Vertrauen nicht zu enttäuschen – zumal ich mir auch diesmal nicht sicher sein konnte, ob nicht einer der Waffenknechte den Befehl erhalten hatte, ein besonderes Auge auf mich zu haben.

In einem Hinterhalt hatten wir Graf Campagnatico aufgelauert und ihn in einem Scharmützel, das seine Wachen allesamt das Leben gekostet hatte, gefangen genommen. Nun, unter der stechenden Mittagssonne Tusziens, sollte der Austausch stattfinden. Vorausgesetzt, die andere Seite hielt sich an die vorab getroffenen Abmachungen …

»Ihr solltet wissen«, raunte ich dem Grafen zu, auf dessen beinahe kahlem Haupt Schweißperlen glänzten, »dass die königlichen Bogenschützen ihr Handwerk verstehen. Solltet Ihr oder Euer Bruder auch nur den Versuch unternehmen, uns zu hintergehen, so endet Ihr mit einem Pfeil im Rücken.«

Alberto erwiderte nichts, aber ich wusste inzwischen, dass er unsere Sprache zumindest so weit beherrschte, dass er mich verstand. Ein feindseliges Knurren war seine einzige Antwort.

Am anderen Ende der Straße, die noch aus alten Römertagen stammte, tauchten nun ebenfalls zwei Gestalten auf, die eine breit und bärtig und wie ich selbst in voller Kampfmontur, den Schwertgurt um die Hüften; die andere ziemlich groß und hager, in einem schlichten Umhang aus Leinen und mit einer Kapuze über dem Kopf. Das Wappen des Ritters wies ihn als einen der Grafen von Campagnatico aus. Der Kapuzenträger war mit etwas Glück Arnold von Brescia.

Wir gingen aufeinander zu, bis uns nur noch ein Steinwurf trennte. »Gebe der Allmächtige Euch einen guten Tag!«, rief ich hinüber.

Die Antwort, die der Graf mir gab, verstand ich nicht, deshalb hob ich die Hand und winkte einen meiner Bogenschützen heran. Der Mann, der auf den Namen Dazio hörte, war mir aus zwei Gründen mitgegeben worden. Erstens beherrschte er sowohl unsere Sprache als auch die Italienische, sodass er übersetzen konnte. Und zweitens kannte er anders als ich Arnold von Brescia von Angesicht.

Dazio übersetzte meinen Gruß, worauf der Graf mit rauer Stimme antwortete – und nichts davon war dazu angetan, es an dieser Stelle zu wiederholen. Es handelte sich um eine Reihe von Verwünschungen und eine recht bildliche Beschreibung dessen, was dem König widerfahren solle, wenn er das nächste Mal einem zutiefst menschlichen Bedürfnis nachgehe.

Ich überhörte die Beleidigungen.

Nach allem, was geschehen war, konnte ich es dem Grafen nicht verdenken, wenn er auf meinen Herrn nicht gut zu sprechen war. Nur die Erfüllung der Mission war von Wichtigkeit. Alles andere war in diesem Moment nicht von Belang.

»Er soll die Kapuze abnehmen«, raunte ich Dazio zu, der abermals laut übersetzte. Der Mann mit dem Umhang zog daraufhin den Stoff vom Kopf. Das Gesicht, das zum Vorschein kam, war schmal und hohlwangig. Es waren die Züge eines Menschen, der ein karges Dasein fristete, jedoch strahlten sie eine tiefe Zufriedenheit aus, der Gefangenschaft zum Trotz. Ich gestehe, dass ich überrascht war, hatte ich doch erwartet, in die von Hass verzerrte Miene eines Fanatikers zu blicken.

»Ist er das?«, erkundigte ich mich bei Dazio.

»Si, signore.«

Ich nickte und gab den Bogenschützen Zeichen, sich bereitzuhalten – dann stieß ich meinen Gefangenen im Rücken an und bedeutete ihm, den ersten Schritt zu tun.

Auch Arnold von Brescia setzte sich in Bewegung, und beide gingen aufeinander zu, ganz langsam, Schritt für Schritt, während wir den Atem anhielten und warteten. In der Mitte des Weges begegneten sie einander. Die beiden Männer nickten sich zu, und es sah so aus, als würden sie einfach aneinander vorbeigehen und jeder seinen Weg fortsetzen – als sich Graf Alberto plötzlich zu Boden warf und den Saum von Arnolds Umhang küsste. Dabei vergoss er bittere Tränen und sprach Worte, die bis zu uns herüberdrangen.

»Er sagt …«, wollte Dazio übersetzen, aber ich winkte ab. Ich konnte mir denken, was der Graf sagte, der der Auslieferung Arnolds seine Freiheit verdankte. Und ganz genau wollte ich es eigentlich gar nicht wissen.

Endlich raffte sich Alberto wieder auf die Beine und legte den Rest der Strecke zurück, und auch Arnold langte schließlich bei uns an. Aus der Nähe betrachtet, hatte der Mann aus Brescia noch viel weniger von einem Aufrührer, im Gegenteil. In seinen Zügen lag eine tiefe Ruhe, seine dunklen Augen sahen mich offen, beinahe neugierig an.

»Sicut carnifex«, sagte er leise.

Ich stutzte – meine Kenntnisse der lateinischen Sprache hatten Rost angesetzt, aber sie waren noch gut genug, um zu begreifen, dass mich dieser Mann gerade als seinen Henker bezeichnet hatte.

Ich schüttelte den Kopf und bemühte mich, in meinem Gedächtnis ein paar zusammenhängende Brocken Latein zu finden. »Ich bin nur ein Diener meines Herrn«, widersprach ich.

Arnold sah mich prüfend an, dann nickte er. »Wenn es so ist, dann trifft Euch keine Schuld«, sagte er. Dann ging er an Dazio und mir vorbei dem Wachtrupp entgegen.

Auch Graf Arnold hatte inzwischen seine Wegstrecke zurückgelegt. Mit einer Geste gab ich meinem Gegenüber zu verstehen, dass der Handel damit erfüllt sei. Dann wandten wir uns ab und gingen zurück zu unseren Pferden, wobei wir Arnold weiter in Schach hielten – nur für den Fall, dass die Gegenseite doch noch auf den Gedanken kommen sollte, uns zu hintergehen. Aber alles blieb ruhig, Campagnatico war wohl einfach nur froh, seinen Bruder lebend zurückzuhaben.

Bis San Quirico, wo das königliche Heer lagerte und die Verhandlungen mit den päpstlichen Legaten stattfanden, war es eine Reise von eineinhalb Tagen.

Wir ritten bis zum Einbruch der Nacht und dann den ganzen nächsten Tag hindurch, um unser Ziel noch im Hellen zu erreichen. Ich sorgte dafür, dass unser Gefangener stets gefesselt blieb und die Waffenknechte ihn zu keiner Zeit aus den Augen ließen – schließlich hatten die Schergen der Kardinäle mich mehrfach gewarnt, wie verschlagen und hinterhältig Arnold von Brescia sei und dass er sich schon oft seiner Gefangennahme entzogen hätte.

Die Sache war nur: Der Mann, der auf dem Pferd neben mir saß, die Hände auf den Rücken gefesselt, während ich sein Tier an der Leine führte, machte nicht den Eindruck eines verschlagenen Menschen. Streng genommen konnte ich noch nicht einmal Eigenschaften eines Häretikers an ihm erkennen, wobei ich mir nie wirklich Gedanken darüber gemacht hatte, woran ein Ketzer von rechtgläubigen Menschen zu unterscheiden sei …

»Was denkt Ihr, wenn Ihr mich auf diese Weise von der Seite anseht?«, fragte Arnold, wiederum auf Latein, das er sehr viel besser beherrschte als ich.

»Mir wurde gesagt«, erwiderte ich, »dass wir einen Aufrührer verhaften sollen.«

»Und ich bin nicht, was Ihr erwartet habt?«

»Nein.«

Der Prediger lachte auf, und auch in seinem Lachen konnte ich keine Falschheit erkennen. Anders als bei vielen, die an des Königs Hof lachten …

»Was genau habt Ihr getan, um den Zorn so vieler Mächtiger auf Euch zu ziehen?«, fragte ich.

»Die Wahrheit gesagt.«

»Welche Wahrheit?«

»Dass unser Herr Jesus nichts weiter besaß als das, was er am eigenen Leibe trug – und dass jene, die ihm auf Erden nachfolgen, es ihm gleichtun sollten.«

»Die Mönche, unter denen ich aufwuchs, haben es getan«, versicherte ich.

»Das ehrt sie, und es erklärt die Bescheidenheit und Demut, die ich in Euren Augen sehen kann. Aber es gibt auch viele, die die Armut unseres Herrn nicht schert. Oder könnt Ihr mir einen Unterschied nennen zwischen den weltlichen und den geistlichen Fürsten? Sie maßen sich nicht nur die Macht über den Himmel an, sondern auch über die Erde, und bereichern sich mit Gütern, die ihnen nicht zustehen.«

»Und Ihr seid der Meinung, dass man ihnen diese Güter wieder nehmen sollte?«

Arnold lächelte schwach. »Wenn sie an das glauben, was sie predigen, so werden sie auf materielle Güter keinen allzu großen Wert legen.«

Ich seufzte – von all den mächtigen Kirchenfürsten unter Friedrichs Edlen wäre mir nicht einer eingefallen, der sich seiner Habe freiwillig entledigt hätte. Allmählich wurde mir klar, warum die Predigten des Mannes aus Brescia bei den Mächtigen der Kirche solchen Zorn erregten, zumal sie beim einfachen Volk offenbar Gehör fanden.

»Es stimmt, Ihr predigt den Aufstand«, stellte ich fest.

»Keineswegs – ich bin nur ein Bote der Wahrheit.«

»Ich fürchte, aus Sicht der Mächtigen ist da kein Unterschied.«

Wieder lächelte Arnold. »Mein Henker scheint ein schlauer Kopf zu sein. Wie ist Euer Name?«

»Arndt. Von Cappenberg«, fügte ich hinzu. »Das ist sehr weit entfernt von hier, jenseits der hohen Berge«

»Ihr seid kein Ritter?«

»Nein.«

»Aber auch kein gewöhnlicher Waffenknecht, sonst hätte man Euch nicht mit dieser Aufgabe betraut.« Der Blick des Gefangenen wurde prüfend. »Wer bist du, Arndt von Cappenberg? Wen hat man geschickt, um mich zu fassen?«

»Ich bin nur ein einfacher Diener«, versicherte ich. »Nicht mehr als ein Schatten, den mein König wirft.«

»So hast du keinen eigenen Willen und tust, was immer dein Herr dir befiehlt?«

»Das ist die Natur eines Schattens, oder nicht?«

»Wie lange dienst du deinem König bereits, Arndt?«

»Solange ich denken kann«, erwiderte ich, auch wenn ich selbst nicht wusste, weshalb ich überhaupt antwortete. Dieser Mann war ein Ketzer, ein Gefangener des Königs und der Kirche. Ich hatte keine Veranlassung, ihm Rechenschaft abzulegen – und doch plätscherte mein Mund wie ein Brunnen. »Es ist das Leben, zu dem ich ausersehen wurde.«

»Von wem? Von Gott oder von den Menschen?«

»Von einem Prämonstratenser-Mönch, der mich zu sich genommen hatte – hätte er es nicht getan, wäre ich elend verhungert oder erfroren.«

»Also warst du in seiner Schuld?«

»Teilweise.«

»Welche Gründe gab es noch?«

Ich erwiderte nichts, sondern blickte geradeaus. Am liebsten wäre es mir gewesen, das Ziel unserer Reise wäre am Horizont aufgetaucht. Aber da waren nur endlos scheinende Felder und von Pinien und Zypressen bestandene Hügel. »Weil ich bin, was ich bin«, erwiderte ich schließlich.

»Dann bist du wohl auch ein Gefangener, genau wie ich«, entgegnete der Prediger.

»Sind wir das nicht alle?«

»Das kommt ganz darauf an. Hast du ein Weib, Arndt?«

Ich schüttelte den Kopf. »Nein.«

»Kinder, an denen du dich erfreuen kannst und die dein Erbe bewahren?«

»Ebenfalls nicht.«

»So fristest du für deinen Herrn das Dasein eines Mönchs, ohne jemals die Gelübde geleistet zu haben und ohne die Aussicht auf den ewigen Lohn?«

Er sah mich von der Seite an, aber ich sagte wieder nichts.

»Du musst deinen König sehr lieben, Arndt von Cappenberg«, sagte Arnold leise. »Die Frage ist, ob er dich ebenso liebt. Die Mächtigen pflegen wankelmütig zu sein. Heute gehört dir ihre Huld, morgen ihr ganzer Zorn.«

Ich schüttelte den Kopf. »Mein Herr ist anders.«

»Bist du dir sicher? Gibt es keine Zweifel, die dein Herz verdunkeln?«

»Nein«, behauptete ich – doch an der Art, wie er mich ansah, konnte ich sehen, dass er mich durchschaute. So als wüsste er von den Fragen, die ich mir bisweilen stellte, vom Neid, der mich wie Übelkeit befiel und von den Zweifeln, die mich manchmal nachts überkamen und mein Herz zerfraßen …

»Der Allmächtige will nicht, dass wir ein Leben im Schatten fristen, Arndt«, sagte der Mann aus Brescia. »Er will, dass wir helle Sterne am Firmament seines Himmels sind.«

Nun war ich es, der ihn forschend von der Seite ansah. »Und so etwas habt Ihr laut gesagt? Da wundert es mich nicht mehr, dass man Euch der Ketzerei bezichtigt!«

»Du kannst deinem Schicksal nicht entkommen, Arndt von Cappenberg«, erwiderte der andere nur. »Du bist viel mehr als ein Schatten, du weißt es nur noch nicht. Und es wird der Tag kommen, da du dich von deinem Herrn lösen wirst, um deine eigene Bestimmung zu finden.«

»Unfug«, knurrte ich. »Woher wollt Ihr das wissen?«

Der Ketzer grinste. »Wie ich schon erwähnte – ich sage stets die Wahrheit.«

Eine ganze Weile ritten wir schweigend nebeneinander her. Die Sonne hatte ihren höchsten Stand längst überschritten und begann sich golden zu färben, die Bäume warfen lange Schatten.

»Was ist der Preis?«, fragte Arnold unvermittelt.

»Was meint Ihr?«

»Wie viel bezahlen Hadrians Schergen eurem König, damit er mich an sie übergibt?«

»Nur eine Gefälligkeit«, erwiderte ich.

»Die Kaiserkrone?«, mutmaßte Arnold. »Ist das der Preis, zu dem ich verschachert werde?«

Ich blieb eine Antwort schuldig, widersprach aber auch nicht. Etwas in mir verlangte danach, diesem Mann zu sagen, dass es mir von Herzen leidtat, dass ich der Ansicht war, dass er nicht verdiente, was ihm wohl widerfahren würde, aber ich tat es nicht. Ich schwieg, und auch er sagte nichts mehr, und so blieb es, bis wir am Abend San Quirico erreichten.

Tags darauf übergaben wir Arnold von Brescia den Kardinälen, mit denen der König und seine Berater über die Einzelheiten der Krönung verhandelt hatten.

Die Kirchenvertreter nahmen Arnold in Empfang und brachten ihn an einen unbekannten Ort, wo er nur wenige Tage später am Halse erhängt wurde. Sein Leichnam wurde anschließend verbrannt und seine Asche in den Tiber gestreut, als abschreckendes Beispiel und auf dass nichts von ihm übrig bliebe, das der Verehrung durch seine Anhänger würdig wäre.

So bekam der Nachfolger Petri auf Erden seinen Willen.

Und mein Herr die Krone des Abendlands.

Indicium V

Roma Caput Mundi

20

Campo Grassano, Sutri
Juni 1155

Das Heer war weiter nach Süden marschiert.

Während seines Aufenthalts in Bologna war Friedrich mit Rechtsgelehrten zusammengetroffen, die ihn in seiner Auffassung der Rechte und Pflichten eines Herrschers bestätigt hatten. Und so zog er mit den Seinen Rom entgegen, davon überzeugt, spätestens mit der Übergabe Arnolds von Brescia alle Bedingungen erfüllt zu haben, die ihn noch von der Nachfolge Konstantins und Karls des Großen trennten.

Er sollte sich irren.

In der Nähe der Stadt Sutri, nur noch zwei Tagesmärsche von Rom entfernt, ließ der König auf freiem Feld lagern und sein Zelt errichten; hier sollte es, wie mit den Kardinälen vereinbart, zum ersten Aufeinandertreffen jener beiden Männer kommen, die einander bislang nur durch ihre Gesandten und Legaten begegnet waren und deren zwei Schwerter die Welt regierten: Papst und König.

Schon im Lauf der Verhandlungen hatte sich gezeigt, dass Friedrich und Papst Hadrian manches gemeinsam hatten: beide sahen sich als Vertreter einer alten und mächtigen Tradition, und beide waren sie bereit, alles zu wagen, um dieser Tradition zu Recht und Gültigkeit zu verhelfen.

Dass seine Heiligkeit zu jener Zeit nicht in Rom weilte, lag in den Unruhen begründet, die unter anderem durch Arnold von Brescia ausgelöst worden waren. Im Schutz des königlichen Heeres hoffte Papst Hadrian, nun unversehrt in die Ewige Stadt zurückkehren zu können, und Friedrich hatte zugesagt, ihm diesen Schutz zu gewähren.

Als das Herannahen des päpstlichen Zuges gemeldet wurde, brach eine Abordnung unter Bischof Arnold von Köln auf, die dem *pontifex* Geschenke überreichen und ihn zum König geleiten sollte. So ritten Papst Hadrian und sein Gefolge in das Feldlager ein, eskortiert von den Unseren, und wurden bis vor das Zelt des Königs geführt, wo Bischof Arnold selbst es übernahm, den hohen Besuch anzukündigen.

Es war ein heißer Frühsommertag.

Aus dem Schatten des Baldachins trat Friedrich ins Freie, begleitet von seinen engsten Beratern und seinem Schatten. Dann standen sich die beiden Männer, von deren Einvernehmen in diesen Tagen so viel abhing, zum ersten Mal von Angesicht zu Angesicht gegenüber.

Ich gestehe, dass ich Enttäuschung verspürte.

Nicht wegen meines Herrn, der in seinem Waffenrock, mit dem Schwert an der Seite und dem weißen Umhang um die breiten Schultern, welcher das Bekenntnis zur heiligen Mutter Kirche verbildlichen sollte, einen prächtigen Anblick bot, eines Kaisers wahrhaft würdig; sondern über das Erscheinungsbild des *pontifex*, der blass wirkte und zerbrechlich. Sein Gewand war schneeweiß, mit einer Mozetta aus rotem Samt um die Schultern und der phrygischen Mütze auf dem Haupt. Auf der Brust trug er das

Symbol unseres Glaubens und um die schmalen Hüften das Zingulum.

Friedrich trat vor, breitete in einer Geste, die zugleich bescheiden wirken und den Gast willkommen heißen sollte, die Arme aus und entbot seinen Gruß. Der Papst jedoch blieb weiter starr und unbewegt auf seinem Ross sitzen, flankiert von seinen Kardinälen. Und alle blickten sie meinen Herrn schweigend und, so schien es mir, voller Erwartung an.

»Bei allen Heiligen, worauf wartet er?«, murmelte der König in seinen roten Bart.

»Auf Euren Dienst als *strator*, Herr«, raunte Gottfried von Viterbo ihm leise zu.

Der König sah seinen Kapellan ungläubig an. »Ich soll für ihn den Sattelburschen spielen?«

»Das wird nicht nötig sein. Aber Ihr sollt ihm den Steigbügel halten, wenn er vom Pferd steigt.«

Friedrich schüttelte den Kopf. »Darüber wurde nicht gesprochen.«

»Es wurde nicht darüber gesprochen, weil es so Brauch ist, Herr. Von alters her.«

»So ist heute ein guter Tag, um damit aufzuhören«, knurrte der König, und an dem eisigen Glanz in seinen blauen Augen konnte ich erkennen, dass es ihm ernst war damit.

»Und damit alles aufs Spiel setzen, was Ihr erreicht habt? Alle Erfolge, die Ihr errungen habt?«

Der eisige Glanz ließ ein wenig nach, mein Herr schien zumindest zu erwägen, die verlangte Gefälligkeit zu erweisen.

»Willst du das wirklich tun, Vetter?«, raunte ihm der Löwe von der anderen Seite ins Ohr. »Bedenke, wer du bist und welche Krone du bereits trägst.«

Friedrich überlegte einen Moment, dann straffte sich seine eindrucksvolle Gestalt. »Fürwahr, du hast recht. Ich bin allzeit bereit, dem Nachfolger Petri auf Erden jeden gebührenden Respekt zu erweisen. Doch als König, der ich bin, werde ich mich nicht zum Stallburschen erniedrigen – vor ihm nicht und auch vor niemandem sonst.«

Einer der begleitenden Kardinäle mit Namen Octaviano erhob nun seine Stimme und rief etwas auf Latein herüber.

»Was sagt er?«, wollte Friedrich wissen.

»Er fordert Euch auf, Eurer Pflicht nachzukommen«, übersetzte Gottfried, worauf mir mein Herr einen fragenden Blick zuwarf. Ich nickte, auch ich hatte die Worte des Kardinals so verstanden.

Der König nickte daraufhin – und verschränkte demonstrativ die Arme vor der gepanzerten Brust. Eine Geste, die so eindeutig war, dass sie nicht übersetzt zu werden brauchte.

»Herr, haltet ein«, flüsterte Gottfried. »Ich beschwöre Euch, lasst ab von ...«

Mit einem Schnauben, das an einen wütenden Stier erinnerte, brachte Friedrich ihn zum Verstummen.

Die Kardinäle tauschten teils verwirrte, teils bestürzte Blicke, so als könnten sie sich keinen Reim auf das Verhalten des Königs machen. Papst Hadrian selbst saß weiter unbewegt im Sattel. Seine Gesichtszüge waren bleich und im Gegensatz zu denen meines Herrn filigran geschnitten. Ein unscheinbares Augenpaar blickte uns daraus an. Doch ein Gefühl sagte mir, dass diese kleinen grauen Augen niemals vergaßen, was sie einmal geschaut hatten.

Die Anspannung, die in der warmen Luft lag, war fast zu greifen, und sie verstärkte sich mit jedem Augenblick. Bis schließlich Kardinal Octaviano aus dem Sattel stieg, zu seinem Herrn trat und ihm an des Königs statt den Steigbügel hielt, sodass er ohne Mühe vom Pferd steigen konnte.

»Sieh an, es geht auch ohne königliche Hilfe«, bemerkte mein Herr trocken.

»Der Kardinal hat mehr getan, als das Seine ist«, entgegnete Gottfried. »Nun beschwöre ich Euch um der Nächstenliebe willen, geht und tut das Eure!«

Friedrich erwiderte nichts. Stattdessen trat er vor und ging Papst Hadrian entgegen – um schließlich vor ihm auf die Knie zu sinken und das Haupt zu beugen.

Seine Heiligkeit nahm die Respektbezeugung entgegen und reichte dem König die Hand, um ihm wieder auf die Beine zu helfen – dabei blieb es jedoch.

»Er ... hat unserem Herrscher den Friedenskuss verweigert«, stieß Wilhelm von Monferrat atemlos hervor.

»Wer Wind sät, erntet Sturm«, flüsterte Abt Gottfried. »Das ist kein gutes Zeichen.«

Die päpstliche Delegation wurde mit allen Ehren empfangen und mit weiteren Geschenken versehen, doch war deutlich zu bemerken, dass der Vorfall altes Misstrauen von Neuem geweckt hatte. Die Unseren argwöhnten, dass der Heilige Stuhl den König zu seinem Lehnsmann machen wolle; die Vertreter der Kirche hingegen hielten uns für ungebildete, kriegerische Barbaren, die sich keinen Deut um althergebrachte Traditionen scherten. So beschränkte sich der Disput keineswegs auf Friedrich und den Papst. Auch die Fürsten des Reiches, weltliche wie geistliche, lieferten sich mit den Würdenträgern aus Rom einen heftigen Streit darüber, was im Verhältnis der Krone zum Papsttum angemessen sei und was nicht – durfte ein König, der ja das gesamte Reich und damit auch sie selbst repräsentierte, zum Steigbügelhalter erniedrigt werden?

Als Schatten, der ich war, kam es mir nicht zu, mich an den Gesprächen zu beteiligen. Aber auch mir war klar, welche Sorge den Papst und die Kardinäle umtrieb: dass die Verletzung alter Traditionen womöglich nur der Anfang sein und der künftige Kaiser dem *pontifex* auch andere Rechte streitig machen würde. Und zumindest jene, die dem König nahestanden und ihn so gut kannten wie ich – allen voran Abt Gottfried und Markgraf Wilhelm –, wussten, dass diese Sorge nicht unberechtigt war.

Immerhin wurde am nächsten Tag eine Lösung gefunden: Indem ausdrücklich betont wurde, dass der König den verlangten Steigbügeldienst freiwillig leistete und nicht etwa, weil es so Brauch war und von ihm erwartet wurde, wiederholte man den Einritt des Papstes in das Lager – und diesmal gemäß den Traditionen.

So war es diesmal nicht Bischof Arnold, der seiner Heiligkeit entgegenzog, sondern Friedrich, und nicht Kardinal Octaviano half dem hohen Besucher aus dem Sattel, sondern der König selbst. Dafür wurde mein Herr von Papst Hadrian mit dem Kuss des Friedens belohnt. In dem Beifall, der daraufhin sowohl aufseiten der Päpstlichen wie auch unter den Fürsten des Reiches aufbrandete, brach sich Erleichterung Bahn, nachdem zwei Tage und Nächte lang alles auf dem Spiel gestanden hatte.

Nun stand der Krönung nichts mehr im Wege, und schon am nächsten Tag brach man gemeinsam nach Rom auf. Doch Friedrich, der sich am Ziel seiner Träume wähnte, hatte seine Rechnung ohne jene gemacht, die ihn in Rom bereits erwarteten, eifersüchtig und zornentbrannt, weil er die Kaiserkrone aus ihrer Hand verschmäht hatte.

21

Neronische Wiesen, Rom
Nacht zum 18. Juni 1155

Das königliche Heer hatte sein Lager auf den weiten Wiesen aufgeschlagen, die sich westlich des Tiber erstrecken und nach Kaiser Nero benannt wurden, einem römischen Herrscher der alten Zeit. Während Papst Hadrian und sein Gefolge bereits in die Leostadt gezogen waren, die so heißt, weil die sie umgebende Mauer einst von Papst Leo, dem vierten seines Namens, errichtet wurde, blieben der König und seine Edlen noch vor den Mauern. Erst im Zuge der für den Sonntag angesetzten Krönung hätten sie in einer feierlichen Prozession in die Stadt einziehen sollen.

Als am Abend jedoch Späher berichteten, dass die Stadt einem brodelnden Vulkan gleiche und die Stadtrömer bereits die Messer wetzten, um sich auf den künftigen Kaiser zu stürzen, änderte Friedrich seine Pläne.

Mit Kardinal Octaviano kam man überein, dass die Krönung nicht erst am Tag des Herrn, sondern bereits tags zuvor in aller Frühe abgehalten werden solle; und dass noch in der Nacht eintausend Bewaffnete unter dem Oberbefehl Heinrichs des Löwen heimlich in die Leostadt einrücken und die Wehrgänge und Wachtürme besetzen sollten. Ich selbst erhielt einmal mehr den Auftrag, den Löwen zu begleiten und meinem Herrn Augen und Ohr zu sein – auch wenn ich deutlich sehen konnte, dass dies dem Sachsenherzog nicht gefiel.

Der Himmel jedenfalls schien seine Wahl darüber getroffen zu haben, auf wessen Seite er sich in dem bevorstehenden Kampf stellen wollte, denn der Mond hüllte sich in jener Nacht in dichte Wolken und hielt sein blaues Licht zurück, sodass wir die Mauern ungesehen erreichten. Durch ein kleines Tor an der Südseite des Walls gelangten wir hinein. Die Reiter hatten die Hufe ihrer Pferde mit Ballen aus Stoff umwickelt, die Fußkämpfer das Metall ihrer Spieße, Hämmer und Äxte mit Ruß geschwärzt, damit es das spärliche Licht nicht spiegelte und uns verriet. Trupp für Trupp gelangte so hinein und besetzte vor allem jene Mauerabschnitte, die dem vom Feind kontrollierten Stadtteil zugewandt waren. Auf einem der runden Türme stehend, blickten der Löwe und ich auf das blaugraue Häusermeer, das sich vor uns erstreckte, auf die unzähligen verwinkelten Dächer und die dunklen Gassen, die sich dazwischen erstreckten – und aus denen sich immer wieder dunkel und eindrucksvoll die Ruinen einer längst vergangenen Zeit erhoben.

Es mochte tief in der Nacht sein, aber die Stadt schlief nicht. Allenthalben war der gelbe Widerschein von Fackeln über den Gassen zu erkennen. Und wenn man lauschte, konnte man die Stimmen hören, die der Wind zu uns herübertrug.

»Man versteht nicht, was sie sagen, aber sie scheinen es nicht sehr freundlich zu meinen«, stellte der Löwe fest.

»Kaum, Herr«, stimmte ich zu. »Nach ihrem Verständnis wurden die Römer um ihr Recht betrogen, den Kaiser zu krönen.«

Der Löwe schnaubte verächtlich. »Als ob sie dieses Recht je besessen hätten. Die Reichsfürsten bestimmen, wer zum König erhoben wird und wer nicht – und der Papst allein krönt ihn zum Kaiser, so ist es immer gewesen.«

»Nicht immer, Herr«, wandte ich ein. Über die steinernen Zinnen der Mauer deutete ich in die Nacht hinaus. »Diese alten Ruinen dort draußen zeugen davon.«

»Wenn schon, das ist lange her. Das alte Rom liegt in Trümmern, und falls diese aufrührerischen Verräter dort unten versuchen sollten, die morgige Krönung zu stören, wird es ihnen nicht besser ergehen.«

»Wie ich schon sagte, Herr – in ihren Augen sind wir die Verräter.«

»Ist das auch deine Meinung?« Der Blick, den mir der Löwe von unter seinen dunklen Brauen zuwarf, enthielt eine unausgesprochene Warnung.

»Wie Ihr wisst, bin ich nur ein Schatten, Herr«, entgegnete ich. »Und Schatten haben keine Meinung.«

»Sieh an.« Des Herzogs Blick blieb auf mir haften. »Mein Vetter hatte erwähnt, dass du mitunter zum Eigensinn neigst. Offenbar hat er untertrieben.«

»Ich weiß nicht, was Ihr meint, Herr.«

»Dennoch scheint er dir bedingungslos zu vertrauen – so sehr, dass er dich stets an meine Fersen heftet, um mich zu überwachen.«

»Es ist sein Recht als König, Herr«, entgegnete ich. »Ihr solltet nicht ...«

Ich stutzte plötzlich.

»Was hast du?« Als der geübte Kämpfer, der er war, griff Heinrich sofort nach dem Schwert.

Ich antwortete nicht, sondern blickte an ihm vorbei in das Halbdunkel, wo ich jenseits des Zinnenkranzes des Turmes eine Bewegung wahrgenommen hatte. Oder war es nur eine Täuschung gewe …?

»In Deckung, Herr!«, rief ich aus und warf mich nach vorn, wobei ich Heinrich zur Seite stieß.

Der Löwe gab eine Verwünschung von sich, als er niederging. Beinahe im selben Augenblick zuckte etwas aus der Dunkelheit und verfehlte den Herzog nur um Haaresbreite, ehe wir krachend auf die hölzerne Turmplattform schlugen.

»Ein Pfeil«, entfuhr es Heinrich atemlos. »Woher …?«

Ich war bereits wieder auf den Beinen. Das Schwert schon in der Hand, stürzte ich zu der Zinnenscharte, hinter der ich den feindlichen Schützen gewahrt hatte – nur um zu sehen, wie er sich nun eine Mannslänge tiefer über den Wehrgang davonmachen wollte, ein zur Unkenntlichkeit vermummter Kerl mit einem kurzen Hornbogen und einem Köcher voller Pfeile.

Ich überlegte nicht lange und setzte hinab, um die Verfolgung aufzunehmen. Im Laufen wandte sich der Schütze um und ließ einen weiteren Pfeil von der Sehne schnellen, aber er war hastig geschossen und ungenau gezielt, sodass er in der Dunkelheit verlorenging. Als der Mann einen dritten Pfeil auf Reisen schicken wollte, hatte ich zu ihm aufgeschlossen und kam ihm zuvor. Der Hieb meines Schwertes zerschlug den Bogen und machte ihn unbrauchbar, und im nächsten Moment waren der Vermummte und ich in ein wildes Handgemenge verstrickt, das uns gefährlich nah an die Kante des Wehrgangs brachte, wo es mehrere Mannslängen in die Tiefe ging.

Das Schwert war auf diese Distanz nutzlos geworden,

also ließ ich es fallen und setzte stattdessen meine Fäuste ein, doch es zeigte sich, dass mein Gegner auf diesem Feld sehr viel mehr Erfahrung hatte. Seine behandschuhte Rechte traf mich mehrmals hintereinander. Ich fühlte Schmerz und Benommenheit und wankte am Abgrund zwischen Tod und Leben.

»La morte!«, drang es unter dem Gesichtstuch des Vermummten hervor. *»Morte al falso imperatore!«*

Meine Kenntnisse des Lateinischen halfen mir, die Worte des Mannes zu verstehen – aber schon seine hasserfüllten Augen hätten genügt, um zu begreifen, dass er dem falschen Kaiser, der gekrönt werden sollte, den Tod wünschte.

Wir rangen weiter, und indem ich mich dem Griff meines Widersachers entwand, versetzte ich ihm gleichzeitig einen harten Stoß. Der Mann ruderte noch mit den Armen, dann fiel er rücklings vom Wehrgang. Sein spitzer Schrei endete jäh, als er unten auf dem Straßenpflaster aufschlug.

Mein Triumph währte nicht lange – ich hätte ebenfalls das Gleichgewicht verloren und wäre dem Vermummten auf seinem Weg in die Tiefe gefolgt, hätte mich nicht eine starke Hand gepackt und zurückgerissen.

»Vorsicht«, schärfte Herzog Heinrich mir ein und bedachte mich mit einem warnenden Blick. »Du magst nur ein Schatten sein, aber unsterblich bist du nicht.«

»Habt Dank, Herr«, sagte ich und las das Schwert wieder vom Boden auf. Dann spähte ich hinab, wo der Angreifer in grotesker Verrenkung lag, während sich unter ihm dunkles Blut in der Straßenrinne sammelte.

»Dieser Spion«, stellte der Löwe ungerührt fest, »wird unseren Gegnern nichts mehr verraten.«

»Nein«, gab ich zu, noch immer knapp bei Atem. »Dennoch wünschte ich, er wäre noch am Leben. Er hätte uns etwas über die Stärke und die Pläne der Römer verraten können.«

»Wozu?« Der Herzog verzog geringschätzig das Gesicht. »Wir wissen doch bereits alles, was wir wissen müssen.«

»Und das wäre, Herr?«

»Dass bei Sonnenaufgang die Krönung unseres neuen Kaisers stattfinden wird«, entgegnete der Löwe grimmig. »Und dass wir in dieser Stadt von Feinden umgeben sind.«

22

Mons Vaticanus, Rom
18. Juni 1155

Die Voraussage Heinrichs des Löwen sollte sich bewahrheiten – wenn auch zunächst noch alles ruhig blieb.

Beim ersten Sonnenstrahl verließ der Krönungszug das Lager und bewegte sich in Richtung der Stadt. Die römischen Senatoren und Magistrate, die beharrlich versucht hatten, Friedrich die Kaiserkrone anzutragen, zuletzt sogar, indem sie ihm eine Zahlung von fünftausend Silbermark in Aussicht stellten, waren gar nicht erst in Kenntnis gesetzt worden. Durch das Goldene Tor zogen der König und seine Reichsfürsten in die Leostadt ein, und weitere Kämpfer gesellten sich zu jenen Bewaffneten, die bereits seit der Nacht die Türme und Wehrgänge besetzten.

Es erfüllte mich mit großem Stolz, meinen Herrn in die Stadt einreiten und ihn am Ziel seiner Pläne zu sehen; aber auch mit einiger Sorge, denn inmitten all des Zeremoniells, das von alters her für die Krönung des *Romanorum imperator* erforderlich war, würde kein Platz sein für einen Schatten, der sich an die Fersen seines Herrn heftete und ein Auge auf ihn hatte. Gemeinsam mit Heinrich dem Löwen und einigen seiner Ritter erwartete ich Friedrich unterhalb der

Stufen zur Kirche Sankt Peter, zur Untätigkeit verurteilt, ein Zuschauer wie alle anderen.

Was der Löwe und ich zur Sicherheit beitragen konnten, das hatten wir getan, zumal nach der Erfahrung der vergangenen Nacht. Die Wachen an den Toren waren verdreifacht worden, Otto von Wittelsbach, der die königliche Leibwache befehligte, hatte Späher auf den umliegenden Dächern postiert, die Alarm schlagen würden, sobald der Feind sich regte.

Alles Weitere lag in der Hand des Allmächtigen.

Am Fuß der Freitreppe hielt der Zug des Königs an. Mein Herr und seine Edlen stiegen von ihren Rössern, und Friedrich legte vor aller Augen Schwert und Rüstung ab, worauf man ihm das goldverbrämte Krönungsgewand überstreifte. Ich fragte mich, was er in diesem Augenblick wohl empfinden mochte, da er im Begriff war zu tun, was seinem Onkel versagt geblieben war. Die Kaiserkrone war Friedrichs Traum gewesen, solange ich denken konnte, seine Vision von Herrschaft; alles, was er je getan, jede Entscheidung, die er jemals getroffen hatte, hatte ihn hierhergeführt. Ich musste an Otto von Cappenberg denken und an seine Vision. Ein vor langer Zeit gegebenes Versprechen schien sich in diesem Augenblick zu erfüllen, Vergangenheit und Zukunft eins zu werden.

In Begleitung der drei Kardinalbischöfe von Ostia, Porto und Albano stieg mein Herr die Stufen empor, wandte sich jedoch zunächst zur rechten Seite, wo sich die Kirche Santa Maria in Turri erhob und Papst Hadrian ihn bereits erwartete. Der *pontifex* nahm den König feierlich in Empfang, worauf Friedrich das Knie beugte, seine Hand in die des Papstes legte und mit lauter Stimme versprach, mit Gottes Hilfe der Beschützer und Verteidiger der römischen Kirche sein zu wollen. Daraufhin begab sich der Papst in die Peterskirche, jenen langgestreckten, von einem gewaltigen Mittelschiff beherrschten Bau, der sich am Ende der Freitreppe erhob. Dort sprach er ein Gebet, um die Zustimmung des Allmächtigen zu erbitten; dann folgte Friedrich ihm nach, wie zuvor von den Kardinalbischöfen begleitet. In ihrem Gefolge schlossen sich zuerst die geistlichen und schließlich auch die weltlichen Reichsfürsten der Prozession an.

Noch an der silbernen Pforte, die die Vorhalle der Kirche vom Hauptschiff trennt, sprach der Kardinalbischof von Albano das erste Gebet, in dem er den Allmächtigen um göttliche Erleuchtung für den zukünftigen Kaiser ersuchte. Auf halbem Wege zum Hauptaltar, auf einer kreisrunden Platte aus Porphyrstein, die meinen Herrn an die Paläste von Byzanz erinnern musste, verharrte der Zug ein zweites Mal. Diesmal war es der Kardinalbischof von Porto, der das Wort ergriff und um himmlischen Beistand für Friedrich und seine Streiter flehte; und schließlich, vor dem Hauptaltar, unter dem die Gebeine des heiligen Apostels Petrus ruhen, warf sich Friedrich selbst demütig zu Boden, worauf der Kardinalbischof von Ostia ihm Nacken und Schwertarm salbte und den Herrn im Himmel um ein glückliches Kaisertum in Gerechtigkeit und Gottesfurcht ersuchte.

Damit begann die Heilige Messe. Der Apostelbrief wurde gelesen und ein froher Gesang angestimmt. Und schließlich folgte der Moment, den wir alle, aber wohl niemand so sehr wie Friedrich selbst, herbeigesehnt hatten: Aus den Händen Papst Hadrians erhielt er Reichsschwert und Szepter, und schließlich setzte seine Heiligkeit ihm vor aller Augen die Kaiserkrone aufs Haupt und sprach dazu folgende Worte in lateinischer Sprache: »Möge der Herr dich segnen, auf dass du Recht und Gerechtigkeit lieben und in Gnaden leben mögest, um dereinst auch die Krone des ewigen Lebens zu erlangen.«

Der Jubel, der sich daraufhin in der Kirche erhob, war im Zeremoniell wohl nicht vorgesehen; aber er war so gewaltig wie Donnerhall, und ich habe, zumal nach den Entbehrungen des zurückliegenden Feldzugs und der erbitterten Kämpfe, viele Edle des Reiches, hartgesottene Kämpen, heiße Tränen der Rührung dabei vergießen sehen.

Den Gesichtern der kirchlichen Würdenträger war anzumerken, dass sie unseren Jubel als wenig passend, wenn nicht sogar als barbarisch empfanden. Sie waren erkennbar erleichtert, als er sich in den Kaiserlaudes verlor, die im Anschluss gesungen wurden, dann wurde der Gottesdienst fortgesetzt. Friedrich übergab dem Papst Gold, das er als Opfergabe brachte, und leistete Messdienste bei der Bereitung der Gaben. Und indem er den Leib Christi empfing und vom *pontifex* mit dem Friedenskuss und dem göttlichen Segen versehen wurde, vollzog sich vor aller Augen seine Wandlung: Als König des Reiches hatte er die Kirche von Sankt Peter betreten – als Kaiser des christlichen Abendlands würde er sie verlassen.

Nach dem Schlussgesang erhob sich erneut lauter Beifall, in dem sich unser aller Begeisterung Bahn brach und in den sich das Läuten der Glocken mischte, so als wollten sie unseren Jubel bis hinauf zum Himmel tragen. Doch das Glockengeläut war noch nicht verklungen, als ein einzelner Mann den Mittelgang des Hauptschiffs heraufstürmte, in voller Rüstung und mit dem Schwert an seiner Seite.

Es war Otto von Wittelsbach.

Und er brachte schlechte Nachricht.

»Es sind die Römer, Herr!«, rief er mit lauter Stimme, die den Jubel jäh verstummen ließ. »Sie haben von der Krönung erfahren und zu den Waffen gegriffen! Die ersten rennen bereits gegen das Osttor an!«

In der Stille, die für einen Moment im Hause Gottes eintrat, richteten sich aller Augen auf meinen Herrn. Unbewegt, noch im vollen Krönungsornat, stand er am Fuß des päpstlichen Stuhls, und nicht einmal ich, sein Schatten, maße mir an zu erahnen, was in diesem Moment in ihm vorgehen musste.

Er hatte alles erreicht, trug die Krone des Abendlands auf seiner Stirn – und mit ihr auch das Gewicht der Verantwortung auf seinen Schultern. Das Zeremoniell hatte vorgesehen, dass man nach der Heiligen Messe auf die neronischen Wiesen zurückkehren und in den königlichen Zelten ein Festmahl abhalten würde – doch daraus würde nichts werden.

In Kaiser Friedrich Barbarossas Augen lag eiserne Entschlossenheit, als er die Reichinsignien ablegte und sich wieder Schwert und Rüstung reichen ließ. »Fürwahr«, sagte er dazu. »Wenn die Römer es so eilig haben, ihrem neuen Kaiser zu huldigen, so wollen wir sie nicht warten lassen.«

23

Engelsbrücke, Rom
Nachmittag des 18. Juni 1155

Die Römer hatten die Zitadelle »Engelsburg« getauft. Ursprünglich als letzte Ruhestätte des römischen Kaisers Hadrian erbaut und später in eine Festung umgewandelt, hatte sie ihren Namen erhalten, als der Erzengel Michael dort erschien, um im Auftrag des Allmächtigen die Seuche zu beenden, die über die Tiberstadt gekommen war und unzählige Leben gefordert hatte. Doch womöglich hatte sie den Namen an keinem anderen Tag in ihrer Geschichte so wenig verdient wie an diesem Nachmittag der Kaiserkrönung.

Es war ein blutiger Kampf.

Über die steinerne Brücke, die am Fuß des kreisrunden Turmbaus über den Tiber setzte, fluteten die römischen Truppen – nicht nur reguläre Waffenknechte, sondern auch Edle und Kaufleute, aufgebrachte Bürger, die sich mit allem bewaffnet hatten, was ihnen zu Gebote stand. Einzeln stellten sie keine Gefahr für einen gepanzerten Kämpfer dar. Doch in der schieren Masse, in der sie über die Brücke drängten und gegen die Tore der Leostadt anrannten, wurden sie zur Bedrohung. Vom fanatischen

Glanz, der in den Augen der Aufständischen loderte, ganz zu schweigen.

Ich hatte Arnold von Brescia kennengelernt und seither viel über das nachgedacht, was er mir am Tag unseres Ritts nach San Quirico gesagt hatte, und ich hatte mich wiederholt gefragt, warum die Mächtigen um jeden Preis den Tod dieses doch so einfachen und besonnen wirkenden Mannes gewollt hatten. Hier und heute erlebte ich nun, was Worte wie die seinen in den Köpfen der Menschen anrichten konnten.

Die Männer, die dort über die Brücke kamen, mit Klingen, Spießen und Hämmern bewaffnet und ihre Kampflust lauthals in den Nachmittag brüllend, waren überzeugt, dass ihnen dasselbe Recht zustand, das der Allmächtige dem Oberhaupt der Christenheit verliehen hatte, nämlich den Herrscher des Abendlands zu krönen. Aus schierem Machthunger beanspruchten sie dieses Recht für sich selbst und waren bereit, ihre Forderung mit Gewalt durchzusetzen, selbst wenn es bedeutete, sich damit nicht nur gegen das geistliche, sondern auch gegen das weltliche Schwert zu erheben und Papst und Kaiser gleichermaßen herauszufordern.

Ein solcher Frevel gegen Kirche und Reich durfte nicht ungesühnt bleiben, und genau wie mein Herr war auch ich der Überzeugung, dass der Aufstand niedergeschlagen und die Römer bestraft werden müssten … zumindest dachte ich, dass das Friedrichs Ansinnen wäre, als ich an jenem Tag mehr Gegner fällte als in jeder anderen Schlacht, die ich je für ihn geschlagen habe.

Ich war nicht der Erste, der sich in den Zielen der Mächtigen irrte.

In Reaktion auf die Stadtrömischen, die gegen das dem

Fluss zugewandte Tor anrannten, hatte Friedrich einen Ausfall befohlen. Ob die Angreifer wussten, dass sich rund zweitausend Bewaffnete innerhalb der Leostadt aufhielten, stand zu bezweifeln. Ganz sicher aber rechneten sie nicht damit, dass sowohl der Kaiser als auch seine Edlen nicht im Festgewand zur Krönung erschienen waren, sondern in Kettenhemd und Waffenrock, den Schwertgurt um die Hüften und die Schilde an den Armen – und dass es deshalb weder viel Zeit kostete noch großer Mühe bedurfte, aus der Krönungsgesellschaft eine schlagkräftige Armee zu formen.

Das Tor wurde geöffnet, doch wenn der Feind geglaubt hatte, nun ungehindert hindurchstürmen zu können, täuschte er sich gründlich. Die Ersten, die es versuchten, wurden von Pfeilen durchbohrt, und der Kaiser gab Befehl, über ihre niedersinkenden Leiber hinweg vorzurücken.

Einen Wall aus Schilden bildend, an dem die Steine und Wurfgeschosse, mit denen der wütende Pöbel warf, wirkungslos abprallten, drängten die deutschen Ritter die Angreifer zurück. Heinrich der Löwe kämpfte in vorderster Reihe. Befehle brüllend wie sein Namenstier hielt er die Schildreihe zusammen. Ich selbst stand Seite an Seite mit meinem Herrn, der es sich nicht nehmen ließ, selbst am Kampf teilzunehmen.

Nachdem sie ihren ersten Schreck überwunden hatten, kamen die Römer zurück, warfen sich mit der Macht der Verzweiflung gegen den Schildwall, der daraufhin ins Wanken geriet. Für einige bange Augenblicke drohte die Mauer aus Körpern und Schilden einzureißen, die den Papst und seine Kardinäle, die noch in der Leostadt waren, vor dem Zorn der Römer schützte. Doch je mehr von unseren Kämpen in unserem Rücken nachdrängten, desto stärker wurde unser Wall.

»Zum Angriff!«, befahl der eben erst gekrönte Kaiser mit lauter Stimme und warf sich selbst mit aller Kraft nach vorn, dem Feind entgegen. Der Ruck, der daraufhin durch die Reihen der Ritter ging, warf die Angreifer abermals zurück und sprengte ihre Front.

Nun ließ auch der Löwe die Formation aufbrechen, und indem sie ihre Schwerter wie Sensen schwangen, hielten der Herzog und die Seinen blutige Ernte unter den Aufständischen. Da viele von ihnen weder über Helm noch Rüstung verfügten, fielen sie Dutzendweise unter den Schwerthieben, wurden von Klingen durchbohrt oder büßten Gliedmaßen ein. Wir anderen drängten von hinten nach, sodass, wann immer ein kaiserlicher Kämpfer ermüdete, ein anderer zur Stelle war, um seinen Platz einzunehmen. Und schon bald war der Boden, über den wir schritten, von Blut gefärbt und mit herrenlosen Gliedern, zerschmetterten Häuptern und durchbohrten Körpern übersät.

Auch in den anderen Straßen und Gassen diesseits des Tibers wurde erbittert gefochten. Otto von Wittelsbach und andere waren dort dabei, den Römern statt des Goldes, das sie sich wohl vom neuen Kaiser erhofft hatten, deutsches Eisen zu reichen. Die Hauptlast des Angriffs trug jedoch nach wie vor jener Wall aus Stahl und Schilden, in dem auch mein Herr und ich standen. Und obwohl wir die Römer inzwischen bis in die Mitte der Engelsbrücke zurückgedrängt hatten, leisteten sie noch immer erbitterten Widerstand.

Ob es Überzeugung war, die sie so verbissen kämpfen ließ, der feste Glaube daran, auf der richtigen Seite zu stehen, ob schiere Verzweiflung oder hilflose Wut – auch nach all den Jahren kann ich es nicht beurteilen. Was ich hingegen weiß, ist, dass unsere Schwerter an diesem Tag vielen Leben ein Ende setzten. Insgesamt waren es fast eintausend, die von des Kaisers Rittern niedergestreckt wurden, während von den Unseren nur vergleichsweise wenige zu Schaden kamen.

Als der Abend schließlich heraufdämmerte und der Himmel im Westen sich färbte, als würde er das Blut in den Straßen spiegeln, ließen die Kämpfe nach.

Inzwischen hatten wir das andere Ufer erreicht und die Brücke unter Kontrolle gebracht, nur noch vereinzelt kam es in den Straßen zu Gefechten. Wer von den Aufständischen noch laufen konnte, der ergriff nun die Flucht, der Rest geriet entweder in Gefangenschaft oder lag mit zerschmetterten oder verstümmelten Gliedern in den Gossen. Wehgeschrei klang durch die Straßen und wurde von den Häuserwänden zurückgeworfen, ehe es sich in dunklen Nischen und engen Gassen schaurig verlor.

Mönche kamen, Benediktiner aus San Paolo und anderen Klöstern, um dem Gebot der Nächstenliebe folgend nach den Verwundeten zu sehen, und schließlich wagten sich auch Frauen und Kinder aus den Häusern, um unter all den Toten und Verstümmelten nach ihren Ehemännern, Brüdern und Vätern zu suchen; und mit Einbruch der Dunkelheit kamen schließlich auch jene, auf die man auf keinem Schlachtfeld lange warten muss: Krähen und Leichenfledderer.

Der Kaiser hatte sich zu diesem Zeitpunkt längst zurückgezogen, in Begleitung seiner Noblen und seines Schattens. Von den Zinnen der Leostadt blickte er nach Süden auf Rom, das in langen Schatten versank, während Fackelschein in den Gassen irrlichterte. Noch immer waren heisere Schreie zu hören, und der beißende Gestank des Todes kroch an den Mauern empor und in unsere Nasen.

»Wir haben gesiegt, Herr«, stellte Otto von Wittelsbach mit unverblümtem Stolz fest. Das Gesicht hatte er sich flüchtig abgewischt, sein Waffenrock war mit römischem Blut besudelt. »Ein großer Sieg für einen großen Kaiser.«

»Gesiegt, ja.« Friedrich lehnte an einer der großen Zinnen, als müsse er sich stützen, um nicht niederzusinken. Das Licht von außerhalb der Mauern spiegelte sich in seinen Augen, deren strahlendes Blau sich schwarz gefärbt zu haben schien. »Aber es ist ein eitler Sieg. Zu nichts nutze als dazu, Furcht zu verbreiten.«

»Und so muss es sein«, beharrte der Wittelsbacher, auf die Häuser jenseits der Zinnen deutend. »Jene dort haben sowohl Euch als auch Seine Heiligkeit den Papst herausgefordert, und das an ein und demselben Tag! Auf einen solchen Frevel konnte es nur eine Antwort geben.«

»Ich weiß«, erwiderte Friedrich nur, von Grauen geschüttelt. Der Traum vom Kaisertum, den er genau wie sein Onkel sein Leben lang verfolgt und der sich am Morgen dieses Tages erfüllt hatte, schien angesichts der Toten und des erbärmlichen Gestanks an Glanz verloren zu haben. »Aber ein einzelner Sieg ändert nichts an dem Krieg, der geführt werden muss.«

»Was meint Ihr, Herr?«

»Diese Römer, diese Häretiker, diese Senatoren mit all ihren aufrührerischen Gedanken …« Er legte die Hand auf den Schwertgriff an seinem Gürtel. »Dieses Italien scheint voller Ideen zu sein, voller Rechtsgelehrter und Kirchenmänner, die seltsame Ansichten vertreten, so als wären sie die Vorboten einer neuen Zeit. Man mag mit dem Stahl gegen sie kämpfen und ihre Münder zum Schweigen bringen können – doch wie will man eine Idee bekämpfen?«

»Mit Feuer und Schwert, Herr«, entgegnete der Wittelsbacher unbeirrt. »Von diesem Tag an seid Ihr Kaiser von Gottes Gnaden, der Herrscher des Abendlands. Wer wenn nicht Ihr könnte diese törichten Vorstellungen besiegen und sie als die ketzerischen Lügen entlarven, die sie sind?«

Friedrich wandte den Blick und sah den Grafen düster an. »Ist Euch klar, mein Freund, wie viele Kämpfer dazu nötig wären? Wie viele Ritter und wie viel Blut?«

»Meine Klinge ist die Eure, Herr, das wisst Ihr«, versicherte der Wittelsbacher.

»Dennoch«, ließ sich Herzog Heinrich von der anderen Seite vernehmen, »könnte es den ein oder anderen Reichsfürsten geben, der seine Kräfte nicht in langwierigen Feldzügen aufreiben will. Der zurück will in seine Heimat, um dort nach dem Rechten zu sehen …«

»Der ein oder andere Reichsfürst?« Friedrich sah prüfend in die düsteren, blutverschmierten Züge des Löwen. »Gehörst auch du dazu, Vetter?«

Heinrich der Löwe hielt dem Blick meines Herrn stand. »Die Kaiserkrone steht dir gut zu Gesicht, Vetter«, entgegnete er schließlich. »Aber ich bitte dich, niemals zu vergessen, wer sie hier und heute für dich verteidigt hat.«

24

Heerlager bei Ancona
August 1155

»Italien verlassen?«

Der Blick, mit dem Kardinal Guido von San Callisto meinen Herrn bedachte, verriet Bestürzung, wenn nicht gar Zweifel - und das, obwohl ihm die Mitteilung nicht neu sein konnte.

Im Interesse seines päpstlichen Herrn hatte er wohl gehofft, dass der neu gekrönte Kaiser seine Versprechungen der Kirche gegenüber in jedem Fall erfüllen würde, doch diese Hoffnung war trügerisch. Die Wochen und Monate, die der Krönung folgten, waren anders verlaufen als Friedrich Rotbart es sich gewünscht hatte. Und wenn es etwas gab, das unseren König und Kaiser von seinem Onkel unterschied, dann war es der Sinn für die Wirklichkeit: König Konrad war, jedenfalls gegen Ende seiner Regentschaft, Träumen nachgejagt, die sich allesamt zerschlagen hatten, von der Rückeroberung des Morgenlands aus den Händen der Heiden bis hin zur Kaiserkrone auf seinem Haupt. Friedrich hingegen war nur aus einem Grund Kaiser geworden: Weil er bei allem, was er erreichen wollte, niemals das aus den Augen verlor, was er erreichen *konnte*!

»Das … könnt Ihr nicht tun!«, stammelte der Kardinal wider sein besseres Wissen. »Seine Heiligkeit verlässt sich auf Euch! Er hat Euch als Verteidiger der Kirche angenommen und vertraut auf Eure Hilfe!«

»Und ich würde sie geben, wäre ich in der Lage dazu«, entgegnete Friedrich. »Dies ist nicht die Zeit, um einen neuen Feldzug zu beginnen.« Er saß auf dem Schemel, der ihm in den vergangenen Monaten zum Thron geworden war, im geräumigen Vorraum seines Zeltes. Und obschon seit der Krönung in Rom nur zwei Monde verstrichen waren, machte mein Herr den Eindruck eines um Jahre gealterten Mannes.

Die offiziellen Beratungen der päpstlichen Legaten mit den kaiserlichen Ministerialen waren ohne greifbares Ergebnis zu Ende gegangen; daraufhin hatte Kardinal Guido um eine persönliche Unterredung mit dem Kaiser gebeten, und Friedrich hatte sie ihm gewährt. Außer mir, dem Schatten, waren nur die beiden Zeltwachen zugegen und der persönliche Diener des Kardinals, der taubstumm war und alleine deshalb schon nichts über den Inhalt dieses Gesprächs verlauten lassen würde; nichts von dem, was hier verhandelt würde, sollte jemals nach außen dringen.

»Warum nicht?«, wollte der Kardinal wissen, der dem Kaiser gegenübersaß, auf der anderen Seite des Tisches, auf dem lange Auflistungen und Entwürfe von Urkunden ausgebreitet waren. »Was hat sich geändert, seit Euch die Krone aufs Haupt gesetzt wurde?«

»Das will ich Euch verraten.« Mein Herr beugte sich vor, wirkte träge und müde dabei. »Seit ich die Kaiserkrone empfangen habe, habe ich unablässig Krieg geführt. Zuerst gegen Eure aufständischen Römer …«

»… die Ihr bei aller Härte, mit der Ihr gegen sie vorgegangen seid, nicht zur Kapitulation zwingen konntet«, brachte Guido unbarmherzig in Erinnerung. Aus seinen dunklen Augen, die aus einem kantigen Gesicht blickten, sprach unverhohlener Vorwurf. Und da er im Auftrag des obersten Hirten handelte, war es wohl auch der Vorwurf Papst Hadrians.

»Natürlich nicht, was habt Ihr erwartet?« Friedrich lachte freudlos auf. »Dass ich mit einem Heer von nicht einmal zweitausend Mann die Ewige Stadt zu Fall bringen würde? Unsere Kräfte waren ausreichend, um dem Senat eine blutige Lektion zu erteilen – danach jedoch blieb mir keine andere Wahl, als wieder abzuziehen.«

»Und seine Heiligkeit schutzlos zurückzulassen.«

»So ist es nicht gewesen, das wisst Ihr, denn Ihr seid selbst dabei gewesen. Nach der Krönung und den Kämpfen in der Stadt hat sich der *pontifex* entschlossen, die Stadt gemeinsam mit mir zu verlassen. Ich habe ihm den Schutz meiner kaiserlichen Macht und meines Heeres gewährt, bis er lieber auf seine eigenen Besitzungen zurückkehren wollte.«

»Weil Ihr weiter Krieg geführt und im Umland der Stadt mehrere Burgen zerstört habt«, konterte der Kardinal mit einem Tonfall, den Friedrich bei seinen Reichsfürsten, ob nun geistlicher oder weltlicher Zugehörigkeit, sicher nicht geduldet hätte. Gegenüber dem päpstlichen Legaten ließ er Nachsicht walten – oder vielleicht war er auch einfach nur müde und hatte das unablässige Reden und Verhandeln satt.

»Die Herren dieser Burgen haben sich geweigert, die Hoheit ihres neuen Kaisers anzuerkennen und ihren Tribut zur Versorgung meines Heeres zu entrichten. Mir blieb keine andere Wahl, als sie dafür zur Rechenschaft zu ziehen, sie tragen selbst schuld daran. Ebenso wie Spoleto.«

»Ihr habt die Stadt bis auf die Grundmauern zerstört«, erwiderte Guido, und wieder lag Vorwurf in seiner Stimme. »Der Gestank der Leichen, heißt es, sei so entsetzlich gewesen, dass er Euch selbst in die Flucht geschlagen habe …«

»Die Magistrate der Stadt hatten versucht, sich ihrer Zahlung zu entziehen, indem sie mich mit falschen Münzen betrogen«, erklärte Friedrich. »Und als wäre das noch nicht dreist genug, haben sie auch noch meinen Gesandten gefangengesetzt und als Geisel missbraucht. Hätte ich da untätig bleiben sollen? Einen solchen Frevel dulden?« Schweißperlen hatten sich auf seiner Stirn gebildet, das rote Haar hing in nassen Strähnen. Infolge der Mittagshitze war es stickig und beinahe unerträglich heiß im Zelt. Die italienische Sonne brannte unbarmherzig auf die Wiesen und Felder, die sich westlich der Stadt Ancona erstreckten und auf denen das kaiserliche Heer sich niedergelassen hatte.

»Aber Ihr wollt dulden, dass sich die Normannen im Süden Italiens weiter ausbreiten und das Oberhaupt der römischen Kirche bedrohen?«, fragte der Kardinal dagegen.

»Nein.« Friedrich schüttelte den Kopf. »Ich weiß, was ich dem Heiligen Stuhl einst zu Konstanz versprochen habe, und ich bin bereit, der Kirche Schutz und Beistand zu gewähren – jedoch nicht zu diesem Zeitpunkt. Ich muss in mein Reich nördlich der Alpen zurückkehren. Doch es wird nicht mein letzter Feldzug nach Italien gewesen sein, das versichere ich Euch.«

»Warum? Was hat Eure Meinung plötzlich geändert?«

»Auch ein Kaiser hat Verpflichtungen«, erwiderte Friedrich leise. »Bündnisse, die sein Handeln bestimmen. Regeln, denen er sich beugen muss.«

»Das verstehe ich – doch keines Eurer Bündnisse sollte Euch so heilig sein wie jenes mit der Kirche. Ihr habt Ihr es zu verdanken, dass die Krone auf Eurem Haupt sitzt …«

»… und Ihr erinnert mich bei jeder Gelegenheit daran«, konterte Friedrich, nun doch mit leisem Groll in der Stimme. »Aber kann die Kirche mir aushelfen mit Rittern und Waffenknechten? Mit Pferden und Belagerungsmaschinen? Nein, Kardinal – das können nur die Fürsten meines Reiches, und sie sind des Kämpfens müde. Mein Onkel hat nie unterschieden zwischen dem, was ein Herrscher tun will, und dem, was er tun kann. Und ich habe nicht vor, diesen Fehler zu wiederholen.«

Kardinal Guido nickte, und etwas an der Haltung, mit der er auf seinem Schemel saß, veränderte sich. Er schien sich innerlich zu straffen, wirkte plötzlich nicht mehr wie ein Bittsteller, sondern wie ein Ankläger vor Gericht. »Und Euer Entschluss hat nichts damit zu tun, dass in den vergangenen Tagen eine byzantinische Gesandtschaft in diesem Zelt gewesen ist?«

Auch Friedrichs Haltung änderte sich, und seine Miene verzog sich, als würde sich etwas in ihm verkrampfen. »Was wollt Ihr damit sagen?«

»Nun«, antwortete der Kardinal in klug gewähltem Zögern und ließ erahnen, weshalb er die Rolle des obersten Verhandlers innehatte, »wie mir zugetragen wurde, strebt Ihr eine Verbindung mit dem Kaiserhaus an.«

»Ihr seid außerordentlich gut informiert«, knurrte Friedrich.

»Und warum auch nicht?«, fuhr der Legat unbeirrt fort.

»Die Schönheit Maria Komnenas wird weithin gerühmt, und da die Kaiserkrone nun auch auf Eurem Haupte ruht, wäre eine Verbindung der beiden Häuser …«

»Was immer Ihr zu wissen glaubt, es trifft nicht zu.«

»Nein? Auch nicht, dass Ihr mit Kaiser Manuel geheime Absprachen getroffen habt, denen zufolge Byzanz behalten darf, was es den Normannen entreißt, selbst wenn es sich eigentlich um Besitzungen der römischen Kirche handelt?«

»Ich habe nichts dergleichen getan«, entgegnete Friedrich, und der Blick, mit dem er den Kardinal dabei bedachte, enthielt eine deutliche Warnung. »Ich würde Euch raten, Eminenz, eine solch dreiste Behauptung nie wieder in meiner Gegenwart auszusprechen. Richtet Seiner Heiligkeit aus, dass er sich des kaiserlichen Schutzes stets gewiss sein kann. Doch über Ort und Zeitpunkt meiner Hilfe werde ich allein entscheiden und niemand sonst.«

»Ich verstehe.« Der Kardinal senkte das Haupt.

»Ihr dürft jetzt gehen.«

Guido erhob sich und erwies dem Kaiser flüchtig die Ehre. »Ich werde dem *pontifex* alles berichten«, erwiderte er dann. »Und ich versichere Euch, er wird es nicht vergessen.«

Damit entfernte er sich und verließ das Zelt, und sein taubstummer Diener mit ihm.

»Da geht er«, knurrte Friedrich. »Was weiß er von den Zwängen, die mich halten? Von den Sorgen, die eines Kaisers Stirn bedrücken?«

Er schloss die Augen und rieb sich die Schläfen. Dabei ließ er ein leises Stöhnen vernehmen.

»Herr?«, erkundigte ich mich. »Geht es dir gut?«

Es sollte wohl ein Lachen werden, aber mehr als ein

Keuchen brachte Friedrich nicht zustande. »Ich bin es leid«, entgegnete er. »Erst seit wenigen Wochen sitzt diese Krone auf meinem Haupt, und schon bin ich sie leid, ebenso wie dieses verdammte Land. Was hat es mir eingetragen?«

»Du bist der Nachfolger des großen Karolus«, erwiderte ich in der irrigen Annahme, er würde Wert auf meine Meinung legen. »Der Herrscher aller christlichen Königreiche und …«

»Nur noch mehr Krieg und Zwietracht«, gab er sich selbst die Antwort. »Und noch mehr Gegner und Verbündete, Verräter und Speichellecker, die ihren Anteil der Beute wollen. Gier und Begehrlichkeit, wohin man auch blickt! Der Papst, Byzanz, die Fürsten des Reiches, allen voran der Löwe – sie alle wollen immer mehr, und ich soll es ihnen geben!«

Ich stand unentschlossen, wusste nicht, was ich tun oder erwidern sollte. So niedergeschlagen und kraftlos hatte ich meinen Herrn noch selten erlebt. Vielleicht, sagte ich mir, lag es auch nur an der mittäglichen Hitze.

»Bring mir Wein, verdünnt mit Wasser«, wies er mich endlich an, »und dann lass meine Berater rufen!«

»Ja, Herr.«

»Mein Entschluss steht fest. Ich werde das Heer auflösen und die Fürsten aus ihrem Waffendienst entlassen. Ich habe bekommen, was ich wollte, nun sollen sie auch ihren Willen haben. Jedenfalls dieses Mal.«

Bei dieser Entscheidung blieb es.

Die italienische Unternehmung meines Herrn, die ihn ans Ziel seines Traumes geführt und ihm die Kaiserkrone eingebracht hatte, endete in jenem Spätsommer des Jahres 1155.

Doch noch während unserer Rückkehr in die Heimat sollte sich noch einmal zeigen, wie unsicher und gefährlich der Süden des Reiches war – und wie zahlreich Kaiser Friedrichs Feinde.

25

Veroneser Klause
September 1155

Nachdem der Kaiser seiner Ankündigung gemäß das Heer aufgelöst hatte, zerstreute es sich in alle Winde.

Die italienischen Verbündeten kehrten in ihre Städte zurück, die deutschen Fürsten wählten unterschiedliche Wege, um über die Alpen in ihre angestammten Gebiete zu gelangen. Einige wandten sich in nordwestliche Richtung, andere bestiegen Schiffe nach Venedig, um von dort aus den Marsch in die Heimat anzutreten. Mein Herr selbst hingegen beschloss, zunächst die Meeresküste hinauf zur alten Kaiserstadt Ravenna zu ziehen und dann gen Verona, über die ehrwürdige *via Aemilia*, über die einst schon die römischen Legionen gezogen waren.

Verona selbst war davon ausgenommen worden, ihren Teil zur Versorgung des kaiserlichen Heeres beizutragen, dafür sollte sie für eine sichere Passage über die reißenden Wasser des Flusses Etsch sorgen. Doch die Brücke, die die Veroneser eilig aus flüchtig aneinander gebundenen Schiffen errichteten, erwies sich für die Vorhut des Heeres beinahe als tödliche Falle. Uns blieb nicht die Zeit, um zu klären, ob es sich lediglich um eine Nachlässigkeit der veronesischen Zimmerleute handelte oder um einen Anschlag auf des Kaisers Ritter, hinter dem letztendlich wohl der Magistrat von Verona gestanden hätte; die Zeit drängte, wenn wir die Alpenpässe noch vor dem ersten Schnee überwinden wollten, und so ließ der Kaiser Gnade vor Recht ergehen und weitermarschieren, ohne nach den Schuldigen zu suchen – doch sein Großmut wurde ihm schlecht gedankt. Denn nur einen halben Tagesmarsch nördlich der Stadt, wo die eisig kalten, türkisfarbenen Fluten der Etsch aus dem grauen Fels der Berge brechen und eine enge Schlucht geformt haben, die man die »Klause von Verona« nennt, geriet das kaiserliche Heer in einen Hinterhalt.

Die Vorhut ließ der Feind noch passieren. Als sich jedoch die Hauptstreitmacht näherte, in deren Mitte der Kaiser selbst ritt, umgeben von seiner Leibwache und begleitet von seinem treuen Schatten, tauchten hoch oben auf den Felsen, die sich über dem schmalen, sich am Fluss entlangwindenden Pfad erheben, plötzlich veronesische Ritter und Waffenknechte auf, die Steine und Felsbrocken in die Schlucht warfen.

Ein Ritter, den ein Gesteinsbrocken direkt auf den Kopf traf, stürzte blutüberströmt und mit zerschmettertem Schädel aus dem Sattel, weitere wurden verletzt. Ein Teil der Männer versuchte, sich mit den Schilden zu schirmen, andere wichen zurück und gerieten mit den Nachfolgenden aneinander. Verwirrung brach aus, Pferde scheuten und warfen ihre Reiter ab und in den reißenden Fluss, während weiter todbringendes Gestein auf uns herabhagelte und immer neue Opfer forderte.

»Zurück! Zurück!«, ließ mein Herr befehlen – doch von der Nachhut des Verbands traf die Botschaft ein, dass der südliche Eingang der Schlucht ebenfalls von den Veronesern blockiert werde und es also kein Entkommen gebe.

Wir saßen in der Falle.

Friedrich ließ absitzen und seine Ritter so gut es ging unter Bäumen und Felsvorsprüngen Zuflucht suchen, aber der Ort des Hinterhalts war klug gewählt, sodass es kaum Deckung gab. Mit den Schilden an unseren Armen versuchten wir, sowohl unseren Herrn als auch uns selbst zu schützen, aber wann immer ein Schild von einem Felsbrocken direkt getroffen wurde, zerbarst er, als wäre er aus morschem Holz gefertigt. Zwar befahl der Kaiser in seinem Zorn die Gegenwehr, aber Lanzen und Schwerter waren nutzlos gegen einen Feind, der hundert Mannslängen über unseren Köpfen aus sicherer Entfernung kämpfte. Den Bogenschützen immerhin gelang es, den einen oder anderen Veroneser niederzustrecken, was von unseren Leuten mit lautem Jubel belohnt wurde – doch es war nichts im Vergleich zu den Verlusten, die wir zu erleiden hatten. Allenthalben schrien Männer, denen Knochen gebrochen und deren Gliedmaßen zerschmettert wurden, gequält auf.

Gegen Mittag, nachdem sie uns eine endlos scheinende Zeit lang mit ihren Wurfgeschossen traktiert hatten, schickten die Veroneser einen Gesandten: Man wäre, so hieß es, bereit, das kaiserliche Heer passieren zu lassen, wenn es für seine Passage mit Gold, Pferden und blanken Rüstungen bezahle.

Es war einer jener Augenblicke, in denen ich meinen Herrn in einem Ausbruch heiligen Zorns erlebte. Seine Züge schienen anzuschwellen, Blitze aus seinen Augen zu schlagen, sein rotes Haar in Flammen zu stehen, während er dem Boten unmissverständlich klarmachte, dass der Kaiser des römischen Reiches niemandem tributpflichtig sei, am wenigstens einer Bande hergelaufener Wegelagerer.

Dass er damit nicht nur sein eigenes, sondern auch unser aller Schicksal besiegelte, schien ihm gleichgültig zu sein – oder setzte er seine ganze Hoffnung auf den verzweifelten Plan, den wir gefasst hatten? Ein Ritter mit Namen Garzabano, der selbst aus der Gegend um Verona stammte, jedoch treu auf der Seite des Kaisers stand, wusste von einem verborgenen Aufstieg, der auf verschlungenen, vom Tal aus nicht sichtbaren Pfaden hinauf zu den Höhen führte, von denen uns die Veroneser attackierten.

»Ich bin der Anführer Eurer Leibwache und der Träger Eures Banners«, sagte Otto von Wittelsbach, »deshalb bitte ich Euch, lasst mich hinaufsteigen und die vernichten, die Euch so dreist und feige trotzen!«

Mein Herr schien über seine Antwort nicht lange nachdenken zu müssen, vielleicht hatte er ohnehin vorgehabt, den Wittelsbacher mit der Aufgabe zu betrauen, der in den vergangenen Wochen immer mehr zu seinem Vertrauten geworden war. »Geh, mein guter Otto«, trug er ihm auf. »Und du begleite ihn«, wandte er sich dann an mich.

»Aber Herr! Mein Platz ist hier an Eurer Seite!«

»Willst du mich beschützen, so dienst du mir dort oben am besten«, stellte der Kaiser klar und hatte wohl recht damit.

Schon kurz darauf brachen wir auf, knapp vierzig Mann, zum Äußersten entschlossen. Lanzen und schweres Rüstzeug ließen wir zurück, die Schilde nahmen wir auf den Rücken, um beim Klettern beide Arme frei zu haben. Seile und Äxte führten wir als Werkzeuge mit. Sodann ging es unter Garzabanos Führung hinauf – zunächst noch über schmale, von welkem Laub bedeckte Pfade, die unter Überhängen aus Moos und Farn unsichtbar dahinführten, schließlich über nackten Fels.

Da es in der Nacht geregnet hatte und kaum je ein Sonnenstrahl in die Schlucht drang, war das Gestein noch immer feucht und glitschig, vom nassen Moos ganz zu schweigen. Die Sohlen unserer Stiefel, obschon zur besseren Griffigkeit genagelt, fanden kaum Halt auf dem glatten Grund, sodass wir unsere Hände zu Hilfe nehmen mussten. Durch enge Klüfte und über schmale Vorsprünge arbeiteten wir uns hinauf, bis der Fels so steil und glatt wurde, dass es auch hier kein Weiterkommen gab. Indem wir schmale Tannen fällten und Tritte in ihre Stämme schlugen, überwanden wir schließlich auch dieses Hindernis. Nun konnten wir die Talsohle und das festgesetzte kaiserliche Heer weit unter uns sehen – und das triumphierende Gelächter des Feindes hören, der jetzt nur noch einen Steinwurf entfernt war.

Von der Wut beflügelt, die trotz des anstrengenden Aufstiegs kraftvoll durch unsere Adern pumpte, legten wir auch noch den letzten Rest des Weges zurück, über hohe Felsvorsprünge, hinter denen der alles verschlingende Abgrund klaffte. Noch vor unserem Aufbruch hatte Ritter Garzabano uns eingeschärft, dass es sich als tödlicher Fehler erweisen mochte, in die bodenlose Tiefe zu blicken. Als ich es trotzdem wagte, wusste ich, was er meinte. Mein Herz schlug plötzlich schneller, und heftiger Schwindel befiel mich – hätte der Waffenknecht, der in der Kolonne hinter mir marschierte, mich nicht an der Schulter gepackt und auf dem Pfad gehalten, wäre ich wohl in den Abgrund gestürzt.

Doch schon im nächsten Moment war die drohende

Tiefe nur noch ein ferner Gedanke. Wir langten auf der Felsplattform an, von der die Veroneser ihre Steine auf das Heer des Kaisers warfen. Der Kampf begann.

Otto von Wittelsbach stürmte voraus, so schnell und behände, dass ich ihm kaum auf den Fersen bleiben konnte. Sein Ziel war der Bannerträger der Veroneser, der auf einem erhöhten Felsen stand und dort die Farben seiner Stadt aufgepflanzt hatte. Mit wenigen Schritten war der Wittelsbacher bei ihm und fällte ihn mit einem einzigen Hieb seines Schwertes. Die Lanze nahm der Wittelsbacher an sich und riss das blaugelbe Banner Veronas herab, um jenes des Kaisers daran zu befestigen – und einen Herzschlag später wehte der rote Adler des Reiches über der Schlucht.

Gleichzeitig war auf dem Felsen ein heftiger Kampf entbrannt. Die Veroneser, die von unserer Ankunft völlig überrumpelt waren, begingen den Fehler, zum äußersten Rand der Plattform zurückzuweichen, von wo wir sie mit unseren Schilden leicht hinunterdrängen konnten. Gleich mehrere feindliche Waffenknechte stürzten schreiend in die Tiefe und endeten mit zerschmetterten Gliedern, die anderen rotteten sich, von ihren Anführern zur Vernunft gerufen, zu kleinen Haufen, um sich zu verteidigen.

Das Kriegsglück war auf unserer Seite. Zwar waren wir erschöpft und außer Atem, der Aufstieg steckte uns in den Knochen, doch brauchten wir nur an unsere Kameraden zu denken, die bei der feigen Attacke ihr Leben verloren hatten, um von wilder Kampfeswut erfüllt zu werden. Die Veroneser im Gegenzug waren erschrocken über die unerwartete Attacke, und ihre Arme waren so schwer vom Werfen der Steine, dass sie ihre Waffen kaum noch heben konnten. Einer, der sich mir in den Weg stellte, schwang seine Axt so tief, dass sie mir die Beine zerschmettert hätte, wäre ich nicht rechtzeitig zurückgewichen. Ein Stoß mit der Schildspitze brachte den Mann ins Wanken, dann fuhr die Spitze meiner Klinge in seinen ungeschützten Hals.

So drangen wir weiter vor, Klippe für Klippe. Und je mehr der veronesischen Waffenknechte in die Tiefe stürzten oder unter unseren Schwertstreichen fielen, desto mehr verging ihnen die Lust am Kämpfen – bis ihre Edlen ihnen schließlich befahlen, die Waffen zu strecken. So endete der Hinterhalt, den die Stadt Verona ihrem Kaiser bereitet hatte.

Den mehr als zwanzig Gefangenen, die wir an jenem Nachmittag machten, banden wir die Hände auf den Rücken und führten sie auf jenem Pfad hinab, über den die Veroneser heraufgekommen waren und der sehr viel leichter zu passieren war als der verborgene Weg, den wir erklommen hatten. Die veronesischen Ritter verlangten daraufhin, zum Kaiser vorgelassen zu werden, wo sie gegen die Zahlung eines üppigen Lösegelds um ihre Freilassung ersuchten. Das Schicksal ihrer Waffenknechte schien ihnen gleichgültig zu sein, wie es oft bei den Mächtigen der Fall ist.

Mein Herr jedoch ging nicht auf ihren Vorschlag ein, verzichtete auf das Geld und ließ die fünf Ritter an fünf Bäumen entlang des Flusses hängen. Ihre Untergebenen ließ er am Leben, sorgte jedoch dafür, dass sie sich ein Leben lang an ihre Untat und an den Frevel an ihrem Kaiser erinnern würden, indem er ihnen ein Auge ausstechen oder ihre Nasen abschneiden ließ. Die zerschmetterten Körper all jener aber, die während des Kampfes vom Felsen gestürzt waren, ließ er entlang des Weges auf einen Haufen werfen, zur Labsal für die Krähen und als *exemplum* für all jene, die es wagten, ihre Hand gegen den Kaiser zu erheben.

Auf dem Weg durch die Alpen, den wir im Anschluss antraten, schien mein Herr nicht mehr derselbe zu sein. Schon in Rom hatte ich die Schwermut bemerkt, die auf ihm lastete, doch in der Klause von Verona schien sie sich seiner endgültig bemächtig zu haben. Fort war das jungenhafte Lächeln, vergangen das Draufgängertum der frühen Jahre.

Die Kaiserkrone wog schwerer als vermutet.

Und sie veränderte meinen Herrn.

Indicium VI

Imperatrix

26

Münster
Frühjahr 1156

Nach einem langen und dunklen Winter, der die Seele meines Herrn zu spiegeln schien, war endlich das Frühjahr gekommen, und es war, als würde mit den ersten wärmenden Sonnenstrahlen und den Vögeln, die aus dem Süden zurückkehrten, Friedrich wieder an Zuversicht gewinnen.

Das Osterfest hatte er in Münster verbracht und wegen der kurzen Distanz auch dem Prämonstratenserstift zu Cappenberg einen Besuch abgestattet. Bruder Otto war längst kein einfacher *frater* mehr, sondern zum Propst des Klosters aufgestiegen. Die Freude, seinen Patensohn nach all den Jahren wiederzusehen, stand ihm ins Gesicht geschrieben, zumal sich erfüllt zu haben schien, was der Cappenberger einst in seiner Vision gesehen hatte. Auch mich nahm mein einstiger Mentor in großer Freude auf und segnete mich; den Blick, mit dem er mich dabei bedachte, werde ich niemals vergessen. Eine stumme Frage schien darin zu liegen, die Otto jedoch niemals aussprach; stattdessen vertrieben wir uns die Zeit damit, gemeinsam Andacht zu halten und uns über vergangene Tage zu unterhalten. Und es spricht für den ausgleichenden Einfluss, den Propst Otto auf seinen Patensohn hatte, dass dieser in den Tagen, die wir im Klosterstift verbrachten, von Furcht und Sorge befreit schien. In wenigen, seltenen Momenten war wieder der mutige Junge zu erkennen, als den ich ihn vor so vielen Jahren kennengelernt hatte.

Friedrich verließ Cappenberg nicht, ohne seinem Paten ein wertvolles Geschenk zu machen, eine in Silber gearbeitete Abbildung seines Hauptes, die ihn als römischen *imperator* zeigte, mit dem Herrscherdiadem auf der Stirn und auf den Zinnen von Rom und Jerusalem ruhend. Otto vergoss Tränen der Rührung über das Geschenk und versprach, es stets in Ehren bewahren zu wollen.

Schon wenige Tage später mutete der Aufenthalt im Kloster wie ein ferner Traum an, wie etwas, das nicht wirklich geschehen war. Das Tagesgeschäft der Politik holte meinen Herrn wieder ein, mit all dem Streit und den Zwistigkeiten, die es im Reich auch diesseits der Alpen zu schlichten gab.

Die Auflösung der Ehe mit Adela von Vohburg war inzwischen wirksam geworden. Genau wie Friedrich angekündigt hatte, war als Grund dafür der zu enge Verwandtschaftsgrad zwischen den Eheleuten genannt worden, und wie zu hören war, hatte Adela nach kurzem, womöglich weniger der Seelenreinigung als der Wahrung des Anscheins dienendem Klosteraufenthalt ihren Dietho geehelicht.

Die Pläne meines Herrn hingegen, eine Verbindung mit dem Haus Komnenos einzugehen und sich mit Kaiser Manuels Nichte Maria zu vermählen, deren Schönheit ihn einst so in Bann geschlagen hatte, waren nicht vorangekommen. Zwar hatte es Verhandlungen mit Byzanz gegeben, doch hatte der *basileus* sie vor allem dazu genutzt, bei Friedrich Wohlwollen für seine Eroberungspläne in Süditalien zu erzeugen. Und da dies wiederum dem Heiligen Stuhl nicht gefallen konnte, mit dem mein Herr seit dem jäh beendeten Italienfeldzug ohnehin nicht in bestem Einvernehmen stand, hatten sich die Beziehungen zwischen ihm und Konstantinopel über den Winter merklich abgekühlt. Einen guten Anteil daran hatte auch ein Mann, der seit einigen Monden regelmäßig am kaiserlichen Hof verkehrte und den Friedrich dazu erkoren hatte, der neue Kanzler des Reiches zu werden: Rainald von Dassel.

Aus dem sächsischen Adelsgeschlecht derer von Dassel stammend, hatte Rainald früh den Weg eingeschlagen, von dem ich in jungen Jahren geträumt hatte. Er war bei großen Kirchenmeistern und Rechtsgelehrten in Ausbildung gewesen, hatte seine Studien an der berühmten Schule zu Hildesheim und im fernen Paris verfeinert; er beherrschte eine Reihe von Sprachen, neben der lateinischen und der griechischen auch die französische und italienische, und galt als überaus gebildet und belesen. Und er war ein wahrer Meister, wenn es darum ging, die rechten Worte zur rechten Zeit zu finden – und sie notfalls auch gegen ihren Sinn zu verdrehen, bis nichts mehr davon übrig war.

Schon die Art und Weise seines Aufstiegs legte nahe, dass er in der hohen Kunst der Schmeichelei ebenso beschlagen war wie in den geheimen Schlichen der Intrige: In der Vergangenheit hatte man ihn nur selten bei Hofe gesehen, wie ein Nebelgeist war er aus der Kälte des Winters aufgetaucht und seither nicht mehr verschwunden. Mehr noch, es war ihm gelungen, des Kaisers Kapellan Gottfried von Viterbo von dessen Stellung als erstem Berater des Herrschers zu verdrängen und sich selbst an diese Stelle zu setzen. Und mein Herr reagierte, wie er es schon öfter getan hatte.

Im Lauf der Jahre, die ich zu diesem Zeitpunkt bereits an seiner Seite weilte, hatte ich es immer wieder erlebt, dass Friedrich sich durch Menschen in seinem engsten Kreis verändert hatte: Einst waren es seine rabiaten Vettern gewesen, die großen Einfluss auf ihn übten, später der Heißsporn Sven von Dänemark oder auch sein Vetter der Löwe in seiner ganzen machtversessenen Düsternis.

Was nun von Dassel betraf, so fügte er sich, von meiner geringen Warte aus betrachtet, nahtlos in diese Runde. Es kam mir vor, als wäre der neue Kanzler des Reiches, obschon dem geistlichen Stande zugehörig, mehr an den schönen Dingen des Lebens interessiert als an der Wahrhaftigkeit und als lägen ihm die Interessen von Kaiser und Reich vor allem dort am Herzen, wo sie auch seinen eigenen Zwecken dienten.

Aber was weiß ich schon?

Der neue *cancellarius* war mir nicht wohlgesonnen. Die Blicke, die er mir aus seinem runden Gesicht und den ein wenig hervorspringenden Augen zu schicken pflegte, waren jene, mit denen man eine Ratte in seinem Schlafgemach entdeckt. Er setzte durch, dass ich aus dem Raum geschickt wurde, wenn er sich mit dem Kaiser beriet, und hätte ich es nicht besser gewusst, hätte ich vermutet, dass nicht Misstrauen, sondern Eifersucht der Grund dafür war. Nur ein einziges Mal hatte es den Anschein, dass ich für ihn mehr war als nur ein niederer Diener und ein notwendiges Übel. Denn ohne mein Wissen hatte er mich dazu ausersehen, eine Rolle in den Plänen zu spielen, die Friedrich und er schmiedeten. Und bis zum heutigen Tag bin ich ihm dankbar dafür …

»Ihr habt mich rufen lassen, Herr?«

Gesenkten Hauptes trat ich in das geräumige Gemach

im bischöflichen *palas* von Münster, einem ehrwürdigen Bau mit von Säulen und Bogen getragenen Hallen und umgeben von starken Mauern. Der Kaiser saß dort an einem breiten Tisch, auf dem Urkunden ausgebreitet lagen. Rainald von Dassel stand vor dem Kamin, den die Hausdiener des Bischofs angeschürt hatten, und wärmte sich am Feuer.

»Ich werde wieder heiraten, mein Freund!«, verkündete mein Herr mit einer Vertraulichkeit, die ich nicht erwartet hatte, zumal wir seit unserem Aufenthalt in Cappenberg kaum ein Wort gewechselt hatten.

»Meinen Glückwunsch, Herr«, erwiderte ich. »So sind die Verhandlungen mit Byzanz doch noch von Erfolg gekrönt gewesen?«

»Was weiß ein einfacher Soldat von den Schlichen der Politik?« Nicht Friedrich antwortete, sondern der *cancellarius.* Mit gönnerhaftem Gelächter wandte von Dassel sich vom Feuer ab und mir zu. Sein Rock und sein Mantel waren von allerfeinster Qualität und wären auch eines Königs würdig gewesen, die Bünde pelzverbrämt, die Nähte von Goldfäden durchwirkt. Der Kaiser selbst nahm sich daneben beinahe schlicht aus in seiner Erscheinung.

»Arndt ist weit mehr als ein Kämpfer in meinen Diensten«, stellte er klar. »Von frühester Jugend an war er mein treuer Begleiter, gleich einem Schatten.«

»Mit den Schatten hat es so seine Bewandtnis«, entgegnete von Dassel, dessen Stimme etwas von Honig hatte, süß und klebrig. »Sie pflegen länger zu werden in den Stunden der Dämmerung und über ihren Besitzer hinauszuwachsen – bis sie im Dunkel der Nacht verschwinden.«

»Herr?« Ich sah den Kanzler fragend an. »Ich fürchte, ich kann Euch nicht folgen …«

»Ein Scherz! Nur ein Scherz, Cappenberg«, versicherte Kanzler Rainald und lachte erneut – doch der Blick, den er mir zuwarf, enthielt zugleich auch eine Warnung. »Die Pläne mit Konstantinopel sind vom Tisch«, erklärte er, als wäre es sein persönliches Verdienst. »Der Kaiser wird stattdessen Beatrix heiraten, die junge Erbin der Grafschaft Burgund.«

»Burgund, Herr?« Ich wandte mich Friedrich zu. »Ich mag mich irren, denn ich bin nur ein einfacher Soldat, wie der Kanzler sagt – aber hat Abt Wiebald nicht immer wieder betont, dass eine Verbindung mit dem Hause Komnenos von unschätzbarem Vorteil wäre? Dass ...«

»Sprich nicht von Dingen, von denen du nichts verstehst«, fiel Friedrich mir barsch ins Wort. »Manuel hat wiederholt gezeigt, dass ihm nicht zu trauen ist – schon damals auf der großen Wallfahrt, als er uns schmählich im Stich gelassen hat, und auch nun wieder! Seine Truppen sind dabei, sich in Süditalien große Stücke aus dem Fleisch meines Reiches zu schneiden! Soll ich dreisten Diebstahl belohnen, indem ich ihn durch eine Hochzeit legalisiere?«

»Die Zukunft des Kaisers – und damit auch jene des Reiches – liegt im Südwesten«, fasste Rainald die neue Politik des Reiches zusammen, für die Friedrich künftig eintreten würde, vermutlich auf sein Anraten hin. »Beatrix ist beinahe im selben Alter wie Maria Komnena und von nicht weniger strahlender Schönheit. Vor allem aber ist sie durch den Tod ihres Vaters Rainald Erbin der Grafschaft Burgund geworden, die sie samt ihrer fünftausend Ritter als Mitgift in die Ehe mit einbringt.«

»Ihr seid gut unterrichtet, Herr«, meinte ich.

»Die erforderlichen Schritte wurden bereits eingeleitet«,

ergänzte Friedrich. »Gesandtschaften wurden ausgetauscht und eine Übereinkunft zur Hochzeit getroffen, schon im Sommer soll sie stattfinden.«

»Ich gratuliere«, sagte ich abermals, während ich mich zugleich fragte, warum ich als Friedrichs nächster Diener zum ersten Mal von diesen Dingen erfuhr. Die Antwort lag auf der Hand – weil Rainald von Dassel es so verfügt hatte. Warum aber ließen der Kaiser und sein Kanzler mich jetzt zu sich rufen und berichteten mir all dies so überaus bereitwillig?

Ich verhehle nicht, dass mein Misstrauen erwachte. Nicht gegen meinen Herrn, aber gegen den Kanzler an seiner Seite, der ihn neuerdings beriet.

»Die Vereinbarung sieht vor, dass ich selbst nach Burgund ziehen soll, um meine Braut in Empfang zu nehmen«, eröffnete Friedrich. »Doch nach allem, was in den vergangenen Monaten geschehen ist, kann ich nicht ausschließen, dass es sich hierbei um eine Falle handelt.«

»Wie das, Herr?«, fragte ich.

»Wir wissen, dass Beatrix' Onkel Wilhelm selbst Ansprüche auf ihr Erbe erhebt«, erklärte Rainald. »Er hat seine Nichte zu sich auf seine Burg geholt – als seinen geschätzten Gast, wie er behauptet. Jedoch hütet er sie dort so eifersüchtig wie einen wertvollen Schatz.«

»Er gebraucht sie als Köder«, folgerte ich.

»Davon müssen wir ausgehen«, räumte der Kanzler ein, »und das bringt uns in eine missliche Lage. Denn weder kann der Kaiser selbst nach Burgund ziehen noch einen seiner Reichsfürsten entsenden, da dies unter den burgundischen Noblen als feindseliger Akt verstanden werden und womöglich alles gefährden könnte, woran wir so lange und sorgfältig gesponnen haben.«

Ich nickte, da mir nun langsam dämmerte, wie ich in dieses Spiel finden sollte …

»Du bist mein treuster Diener, Arndt«, sagte Friedrich, nun direkt an mich gewandt. »Ohne Zögern würde ich dir mein Leben anvertrauen – und nun vertraue ich dir auch das meiner zukünftigen Gemahlin an. Reite statt meiner nach Burgund und löse sie aus der Gefangenschaft aus. Gib Wilhelm, wonach er verlangt – Gold, wenn möglich, Stahl, wenn nötig.«

»Ich verstehe, Herr.«

»So gerne ich es selbst tun würde, als Kaiser sind mir die Hände gebunden. Doch es wird mein Banner sein, unter dem du reitest, und du wirst es in meinem Namen tun.«

»Die Nachwelt wird nichts davon erfahren«, fügte Rainald von Dassel einschränkend hinzu. »Wenn du erfolgreich bist, so wird es in den Annalen heißen, der Kaiser selbst wäre in Burgund erschienen.«

»Und wenn nicht?«, wollte ich wissen.

»So wird dieser Schatten des Kaisers verblassen – und schon bei Sonnenaufgang wird seine Hoheit einen neuen werfen«, entgegnete der Kanzler schlicht.

»Ich verstehe.«

»Wirst du das für mich tun?« Friedrich hatte sich von seinem Platz erhoben. Um den mächtigen Tisch herum kam er auf mich zu, und ich hatte das Gefühl, dass es weniger der Kaiser war, der sich mir näherte, sondern der Freund von Kindesbeinen an.

»Ich bin dein ergebener Diener, Herr«, versicherte ich. Hatte ich eine andere Wahl?

Der Kaiser legte mir die Hände auf die Schultern und lächelte über sein ganzes rotbärtiges Gesicht. »Nichts anderes wollte ich von dir hören. Doch wisse auch, dass dies kein Spiel ist«, fügte er warnend hinzu. »Du stehst mir mit deinem Leben für Beatrix' Unversehrtheit ein.«

Der Blick seiner blauen Augen wurde prüfend, beinahe stechend, doch ich hielt ihm stand.

»Dessen bin ich mir bewusst, Herr«, versicherte ich.

27

Grafschaft Burgund
April 1156

Es geschah, wie der Kaiser und sein Kanzler es vorgesehen hatten, und ich werde von diesen Ereignissen so berichten, wie ich sie in Erinnerung habe und nicht wie Otto, Bischof von Freising und ein Halbbruder meines Herrn, sie später in seinen *gesta Frederici* niedergeschrieben hat.

An der Spitze eines Trupps von Waffenknechten und Gefolgsleuten niederen Ranges war ich von Münster aufgebrochen, und über Straßburg und Colmar hatten wir die Grafschaft Burgund erreicht. Im Süden grenzte sie an das Königreich gleichen Namens, deren Krone mein Herr ebenfalls trug, auch wenn er dort wohl nur dem Namen nach bekannt war. Seine Heirat mit Beatrix würde den Kaiser auch dort wieder gegenwärtiger machen – vermutlich war auch das ein Grund, weshalb Rainald von Dassel die Verbindung so nachdrücklich angebahnt hatte.

Dass ich den roten Waffenrock trug, sorgte unter meinen Leuten für wilde Spekulationen. Die einen hielten mich für einen Betrüger, wagten jedoch nicht, mich zur Rede zu stellen, die anderen argwöhnten, ich wäre der Kaiser selbst, der sich Haar und Bart gefärbt hatte, um unerkannt zu reisen; wieder andere, die der Wahrheit am nächsten kamen, gingen wohl davon aus, dass ich ein Bediensteter sei, der einen wichtigen Auftrag erhalten habe. Ich unternahm nichts, um das eine zu widerlegen oder das andere zu bestätigen. Gerüchte, so hatte ich gelernt, waren der beste Weg, die Wahrheit zu verschleiern.

Die beiden Hofbeamten, die mich begleiteten, waren Prämonstratenser-Mönche, Brüder im Geiste, mit denen ich unterwegs regen Austausch pflegte, zumal sie außer mir die Einzigen waren, die über die wahre Natur unserer Mission unterrichtet waren. Wir beteten gemeinsam und hielten früh morgens Andacht – Erinnerungen an eine Zeit, die mir viel bedeutete, jedoch unendlich lange zurückzuliegen schien.

Schließlich gelangten wir an eine Burg. Die genaue Lage ist mir nicht mehr gegenwärtig, doch befand sie sich im nördlichen Umland der Stadt Besançon. Es war ein trutziger Bau mit hohen Mauern, in deren Mitte ein hölzerner Turm aufragte und darüber die Flagge der Herren von Maçon.

Wir schickten einen Boten, der dem Burgherrn ein Schreiben überbrachte. Es trug das kaiserliche Siegel und verlangte die Herausgabe Beatrix' als der zukünftigen Gemahlin Friedrich Barbarossas, des Kaisers des Römischen Reiches. Sodann tauchte ich vor dem Haupttor auf, und obwohl der Schild an meinem Arm kein Wappen trug, sondern weiß überzogen war zum Zeichen der Buße und Friedfertigkeit, hegte man wohl keinen Zweifel daran, dass es der Kaiser selbst war, der auf dem Rappen saß.

Die Antwort des Onkels ließ nicht lange auf sich warten.

Er verwehre sich, so ließ er verlauten, gegen die Forderungen der Krone und erkenne die Absprachen zur Hochzeit seiner Nichte Beatrix mit dem Staufer Friedrich nicht an; vielmehr erhalte er seine eigenen Ansprüche auf das Erbe der freien Grafschaft aufrecht und wolle diese für sich geltend machen.

Da Wilhelm auf eine Antwort drängte und mein Herr auf seine Braut wartete, blieb mir nicht die Zeit, ausgefeilte Pläne zu schmieden. Um gewaltsam in die Burg einzudringen und die Grafentochter zu befreien, war es zu spät, nun, nachdem der Feind gewarnt war; daran, die Burg zu belagern, war mit den knapp sechzig Mann, die mir zu Gebote standen, nicht zu denken. Also tat ich, wie Friedrich mir geheißen hatte, und unterbreitete zunächst eine Zahlung von Gold, die der machthungrige Onkel jedoch ablehnte; daraufhin ließ ich ihm durch die beiden Mönche eine Herausforderung zum ritterlichen Zweikampf übergeben. Der Gewinner, so ließ ich ausrichten, werde über Beatrix' Schicksal frei verfügen, der Verlierer wenigstens Gelegenheit erhalten, sein Ansehen und seine Ehre zu bewahren.

Die Worte waren so wohlgewählt, wie sie giftig waren.

Denn natürlich würde Wilhelm hoffen, auf diese Weise nicht nur die Grafschaft zu erringen, sondern auch den Kaiser zu bezwingen, den er in meiner Rüstung wähnte, und dadurch Macht und Ansehen zu erwerben. Eine solche Gelegenheit konnte ein Mann von seinem Stand und Ehrgeiz nicht ungenutzt verstreichen lassen – und deshalb war ich auch nicht besonders überrascht, als noch vor Sonnenuntergang die Annahme der Herausforderung eintraf.

Das Kräftemessen fand bei Sonnenaufgang statt, vor dem Haupttor der Burg und unter dem hohen Turm. Stand die hohe Dame jetzt dort oben am Fenster und sah zu uns herab? Und wenn, was mochte Beatrix empfinden, da ihr zukünftiges Schicksal nun auf den Spitzen zweier Lanzen balanciert wurde? Wem mochte ihr Herz eher zugeneigt sein? Dem Verwandten, der sie wie eine Gefangene hielt und um ihr rechtmäßiges Erbe bringen wollte? Oder dem fremden Herrscher, der sie zu seiner Frau machen wollte? Ich wusste es nicht, und es war auch nicht an mir, darüber zu entscheiden. Der Allmächtige allein hatte es jetzt in seiner Hand.

Die Zugbrücke senkte sich, und Wilhelm erschien in Begleitung seiner Oberen. Auf der Brust führte er die drei silbernen Ringe, das Banner seines Hauses wehte über ihm. Die Art und Weise, wie er im Sattel saß und Schild und Lanze führte, ließ erkennen, dass er Übung darin hatte. Sein Pferd war ein gewaltiger Destrier, der nicht weniger kampferprobt zu sein schien als sein streitlustiger Herr.

Auch ich saß bereits im Sattel, in voller Rüstung und für den Kampf gewappnet. Am Arm trug ich den wappenlosen Schild. Das Kettengeflecht der Halsberge war rings am Helm befestigt und ließ nur die Augen frei, sodass weder mein Antlitz noch die Farbe meines Haars zu erkennen waren.

Bruder Wendelin reichte mir die Lanze. »Du wagst viel«, meinte er. »Du musst deinen Herrn und Kaiser lieben.«

»Denkst du?« Ich neigte das vom Helm beschwerte Haupt. »Wenn ich gewinne, wird der Kaiser seinen Willen haben – wenn ich verliere, habe ich mein Leben ohnehin verwirkt.«

Der Mönch blickte mir tief in die Augen. Dann hob er die Rechte und segnete mich. »Gott mit dir, Arndt.«

Ich nickte und richtete mich im Sattel wieder auf. Dabei musste ich an all die Übungen denken, die ich zusammen mit Friedrich absolviert hatte, an die ungezählten Stunden, die wir im Sattel verbracht hatten, im ständigen Versuch, dem Sandsack zu entgehen, den die Stechpuppe nach uns schwang, nachdem wir sie mit der Lanze getroffen hatten.

Damals war es nur um ein paar blaue Flecke gegangen, womöglich um einen gebrochenen Arm. Heute ging es für meinen Herrn um seine zukünftige Gemahlin und die Pläne, die er mit der Heirat verband. Und für mich, seinen Schatten, ging es um Leben oder Tod.

Auf der anderen Seite der Wiese, die zum Kampfplatz erkoren worden war, trieb Wilhelm seinen Rappen an, noch ehe das Signal dazu gegeben worden war. Ich hätte die Hand heben und Einspruch einlegen können, doch wenn mein Gegner seinen Ansturm nicht zügelte und ich mit zerschmetterten Knochen am Boden lag, würde mir das herzlich wenig nutzen.

Also gebe ich meinem Hengst ebenfalls die Sporen.

Das Tier wiehert erschrocken und bäumt sich auf, und ich verliere wertvolle Augenblicke. Dann jedoch wirft er sich mit gewaltiger Sprungkraft nach vorn, dem Feind entgegen.

Auf donnernden Hufen jage ich dahin, während ich die Lanze einlege und auf meinen Gegner richte. Mit atemberaubender Geschwindigkeit rasen wir aufeinander zu, die mörderischen Lanzenspitzen vor uns tragend, bereit, sie in die Brust des jeweils anderen zu treiben.

Ich beiße die Zähne zusammen, meine Augen sind zu Schlitzen verengt. Ich versuche, mit der Lanze zu zielen und den Schild oben zu behalten, im hohen Sattel nach vorn gelehnt und das Pferd mit den Schenkeln dirigierend.

Ich kann mein eigenes Keuchen hören, das Rauschen meines Blutes in meinem Kopf.

Mein Gegner stürmt heran, seine Lanze fliegt mir entgegen – und ich sehe, wie sich der Griff hinter seinem Schild ein wenig lockert. Im letzten Moment versuche ich zu korrigieren, den eigenen Schildarm zu stählen und die Lanze ins Ziel zu lenken … dann der Zusammenstoß.

Getöse, als wolle die Welt untergehen.

Schmerz, als würde mir der Arm aus der Schulter gerissen, als die Lanze des Gegners am Schild zersplittert.

Zugleich trifft meine eigene Lanze auf Widerstand, doch statt abzugleiten, bohrt sie sich tief hinein, durchstößt die Brust des anderen, ehe sie der Wucht des Aufpralls nachgibt und ebenfalls zerbirst.

Das alles geschieht in einem Augenblick, dann sind wir schon aneinander vorbei. Ich keuche immer noch und habe Schweiß auf der Stirn. Ich zügle mein Ross und drehe es herum, um zu sehen, wie die Untergebenen zu meinem am Boden liegenden Gegner eilen. In seiner Brust steckt noch die abgebrochene Spitze meiner Lanze.

Ich beobachte, wie er sich aufrichten will, aber er sinkt wieder nieder, Gesicht und Hände voller Blut. Ich weiß, dass er sich nicht mehr erheben wird, so, wie es auch seine Leute wissen – und vermutlich auch er selbst.

Der Kampf ist zu Ende, und ich habe ihn gewonnen, zu Ehren meines Herrn und der Krone. Wendelin kommt über die Wiese auf mich zugelaufen, ebenso meine beiden Unterführer – doch kann ich kein Lächeln in ihren Gesichtern erkennen, keine Erleichterung und keinen Siegerstolz, stattdessen nur Besorgnis … In diesem Moment fühle ich den stechenden Schmerz in meinem rechten Arm.

Ich blicke an mir herab, sehe den Holzsplitter, der in der Schulter steckt … ein Bruchstück der geborstenen Lanze, das durch das Kettengeflecht gedrungen ist. Blut tritt hervor und färbt meinen Waffenrock dunkel.

Erschrocken sehe ich zu den Meinen, während ich bereits merke, wie mein Blick verschwimmt. Ich sehe zum Turm empor, und in einer Geste, die ich mir nicht erklären kann, hebe ich die Hand wie zum Gruß.

In diesem Moment fällt der Mantel der Ohnmacht über mich, und ich stürzte rücklings aus dem Sattel.

Der Rest war Dunkelheit.

28

Als ich meinen Engel zum ersten Mal erblickte, zeigte er sich mir nur kurz.

Die Schleier meiner Benommenheit hoben sich und gewährten mir einen Blick auf das schönste Antlitz, das ich je gesehen habe.

Liebreizende Züge, die Wangen leicht gerötet.

Gelocktes Haar wie mit Gold gesponnen.

Gütig schauende, leuchtende Augen.

Ein freundliches Lächeln, das weiße Zähne sehen ließ.

In diesem Moment war ich fest überzeugt, den Weg alles Sterblichen gegangen zu sein und an der Pforte zur Ewigkeit zu stehen – dann holten mich die Fänge des Wundfiebers wieder ein und zogen mich hinab in das dunkle, grausige Loch der Ohnmacht, das mich mit Haut und Haaren verschlang.

Als mir das engelsgleiche Wesen das nächste Mal begegnete, blieb es etwas länger. Es trug ein strahlend helles Gewand, und die Locken fielen lose auf seine schmalen Schultern. Mit einem hölzernen Löffel fütterte es mich, gab Getreidebrei in meinen Mund, den ich gierig verschlang.

Ich wollte danken, aber mehr als ein heiseres Krächzen kam nicht aus meinem Mund hervor.

»Nicht sprechen«, beschied mir der Engel und legte seine sanfte weiße Hand auf meine Lippen.

Die Berührung ließ einen wohligen Schauer durch mich rieseln, und während ich wieder zurück in meinen Dämmerschlaf sank, kam mir fern der Gedanke, dass das Wesen womöglich kein Engel, sondern ein Mensch, ein Wesen aus Fleisch und Blut sein mochte, ein junges, liebreizendes Mädchen.

War ich womöglich doch nicht gestorben? Hatte es dem Allmächtigen gefallen, mich am Leben zu erhalten, allem Anschein zum Trotz?

Es war der klarste Gedanke, den ich in diesen Tagen hatte, denn das Fieber kehrte zurück und quälte mich, noch schlimmer als zuvor. Mehrere Tage und Nächte lang rang ich, wie man mir später berichtete, mit dem Tod. Der Lanzensplitter war tief in die Schulter eingedrungen und ließ sie schwären, sodass sie sich nicht schloss und das Fieber stärker wurde. Vermutlich hätte ich in jenen Tagen mein Leben verloren, wäre es nicht um Bruder Wendelin gewesen, der in der Kräuterkunde bewandert war – und um meinen Engel, der mir in all der Zeit nicht von der Seite wich.

Wann immer ich die Augen aufschlug, war sie bei mir.

Sie wusch meine Wunde und legte mir frische Verbände an.

Gab mir zu trinken, wann immer ich durstig war.

Tupfte mir den Schweiß von der Stirn.

Sprach mir Mut zu, wenn die Verzweiflung des nahen Endes mich einzuholen drohte.

Wer immer das Mädchen war, das man an mein Bett geschickt hatte, um bei mir zu wachen, es hatte wahrhaftig nicht nur das Aussehen, sondern auch das Herz eines Engels, der sich der Bedürftigen erbarmte.

Irgendwann – und ich war nicht in der Lage, den Zeitraum zu benennen – besserte sich mein Zustand.

Mein Engel jedoch blieb weiter bei mir.

Auch jetzt, als sich das Fieber wieder legte und die Abschnitte, in denen ich bei Bewusstsein war, allmählich länger wurden, leistete sie mir Gesellschaft, saß an meinem Lager und las mir aus Büchern vor. Es hätte mir eigenartig erscheinen müssen, dass eine Magd des Lesens mächtig war, doch darüber dachte ich nicht nach, sei es, weil mich der Tod, dem ich nur mühsam entronnen war, noch immer nicht ganz aus seinen Fängen entlassen hatte und ich zu keinem klaren Gedanken fähig war, oder weil mich ihre Gegenwart einfach nur so beglückte, dass ich über nichts anderes nachdenken wollte.

Ich verstand kaum etwas von dem, was sie mir vorlas und bisweilen auch sang. Hin und wieder war ein Gebet dabei oder ein lateinischer Hymnus. Die meiste Zeit jedoch bediente sie sich ihrer französischen Muttersprache, und wenn sie etwas auf Deutsch sagte, so war es gebrochen und mit einem starken Akzent behaftet.

Doch eigentlich brauchte ich sie nicht zu verstehen.

Ihre Haltung, wie sie an meinem Bett saß; der melodiöse Klang ihrer Stimme, ihr sanftes Augenspiel – all das war Sprache genug. Und irrte ich mich, oder ruhte ihr Blick bisweilen länger auf mir, als es notwendig gewesen wäre?

Dann, eines Tages, tauchte ein anderes Gesicht an meinem Lager auf. Es war bleich und schmal und von einer Tonsur bekränzt und gehörte Bruder Wendelin, der mir den Segen gab und sich herzlich über meine Genesung freute.

Inzwischen hatte ich begriffen, dass sich mein Lager in einer Kammer befand, im Inneren der Burg, vor deren Tor wir die Lanzen gekreuzt hatten. An den Kampf selbst hatte ich kaum Erinnerungen. Ich entsann mich des Zusammenpralls und der berstenden Lanzen; danach herrschte dunkle Leere in meinem Kopf, die sich erst nach und nach wieder füllte, je mehr der Bruder mir von dem erzählte, was sich zugetragen hatte.

»Der Graf ist also tot?«, hakte ich nach. Das Sprechen fiel mir noch immer schwer und schmerzte, aber immerhin konnte ich mich wieder äußern.

»Er starb noch am Abend desselben Tages und wurde in Besançon beigesetzt«, bestätigte Wendelin.

»Und seine Nichte?«

»Ist auf freiem Fuß und dankbar für ihre Rettung.«

Ich nickte, einigermaßen beruhigt. »Es war nicht meine Absicht, ihren Onkel zu töten …«

»Der Allmächtige hat entschieden, und das weiß sie«, entgegnete der Mönch, zum Himmel weisend. »Außerdem war es ein ehrenvoller Kampf – den auch du beinahe mit dem Leben bezahlt hättest.«

»Wie lange war ich …?«

»Fast zwei Wochen, und es stand nicht gut um dich. Wir haben Boten zum Kaiser geschickt mit der Bitte um Hilfe, doch sie sind noch nicht eingetroffen.«

»Dennoch bin ich am Leben«, knurrte ich, »und das verdanke ich deiner Heilkunst.«

»Ich habe nur Kräuter gesammelt und Tinkturen daraus zubereitet«, wehrte Wendelin in klösterlicher Bescheidenheit ab. »Deine Wunden damit versorgt hat jemand anders.«

»Ich weiß.« Ich nickte. »Wo ist dieses engelsgleiche Wesen, das die ganze Zeit bei mir war? Ich habe sie den ganzen Tag noch nicht gesehen …«

»Sie lässt dir Grüße bestellen.«

»Sie lässt …?« Ich zog die Stirn kraus. »Eine Magd lässt mir Grüße bestellen?«

»Eine Magd?« Bruder Wendelin sah mich an, als würde er an meinem Verstand zweifeln. Dann schien ihm etwas klar zu werden. »Ich fürchte, mein Freund, dass du in deinem Fieber etwas sehr Wesentliches nicht verstanden hast. Dein Engel, der an deinem Lager weilte und dich pflegte, und die zukünftige Gemahlin des Kaisers … sind ein und dieselbe Person.«

Ich musste wohl ziemlich einfältig dreinschauen, denn der Prämonstratenser grinste über sein ganzes Gesicht.

»Du-du meinst …?«, stammelte ich.

»Beatrix selbst ist es gewesen, die bei dir ausgeharrt hat. Ihr hast du es zu verdanken, dass du noch unter den Lebenden weilst.«

»I-ich verstehe«, stieß ich hervor, obwohl mein Verstand weit davon entfernt war, mit dieser Entwicklung Schritt zu halten. Dieses junge, wunderschöne Mädchen war die Frau, die Friedrich zu seiner Gemahlin machen wollte? Die Erbin der Grafschaft Burgund und Herrin über fünftausend gepanzerte Reiter? Es wollte mir nicht recht in den Kopf. Und dass die grazile Gestalt mit dem goldenen Haar im nächsten Moment auch noch in die Kammer trat, machte es nicht besser.

Nun, da ich sie nicht mehr durch die Schleier des Fiebers betrachtete, trat ihre Schönheit noch deutlicher hervor, ihre Anmut, die aus jeder ihrer Bewegungen sprach, und die Sanftheit ihrer Stimme. Sie trat hinzu und bedachte mich mit einem freundlichen Lächeln, ehe sie sich an Bruder Wendelin wandte und sich leise mit ihm unterhielt. Da er eine Zeit im französischen Stammhaus seines Ordens gelebt hatte, war er beider Sprachen mächtig.

»Ihre Hoheit erkundigt sich nach deinem Befinden«, übersetzte er im Anschluss.

»Bitte sag ihr, dass es mir gut geht«, erwiderte ich und nickte ihr dabei zu, »und dass ich weiß, dass ich das ihr verdanke. Sag ihr, dass ich ihr von Herzen dankbar bin.«

Wendelin übersetzte, und Beatrix hauchte lächelnd eine Erwiderung.

»Sie sagt, sie hätte dir zu danken, denn du hast sie aus den Klauen ihres habsüchtigen Onkels befreit. Und sie sagt auch«, fügte der Mönch hinzu, »dass du nicht der bist, den sie zu ihrer Rettung erwartet hat.«

»Das ist mir klar«, versicherte ich. »Aber sie möchte meinem Herrn dem Kaiser bitte nicht zürnen, denn er hat nur zum Besten des Reichs gehandelt.«

Wendelin übersetzte wieder, worauf sie kurz zögerte. Und für einen Moment blitzte es schalkhaft in ihren dunklen Rehaugen.

»Ihre Hoheit weiß nicht, weshalb sie dem Kaiser zürnen sollte, hat er ihr doch ihren Retter geschickt«, übersetzte Wendelin ihre Antwort, und einmal mehr blickte sie mich auf jene Weise an, die mir mehr zu enthalten schien als bloße Dankbarkeit – oder irrte ich mich?

Was maßte ich mir an?

Bildete ich mir tatsächlich ein, dass eine junge Frau von vornehmem Geblüt, die Erbin einer Grafschaft, eines Kaisers würdig, in mir etwas anderes sehen konnte als einen Diener, einen gestaltlosen Schatten?

Bruder Wendelins Blick war unmöglich zu deuten, doch hatte ich das Gefühl, der Mönch würde mich geradewegs durchschauen. Aus Sorge, dass es bei Beatrix genauso sein könnte, gab ich vor, noch immer heftige Schmerzen in der Schulter zu haben und deshalb ruhen zu müssen. Daraufhin ließen sie mich allein und kehrten an diesem Tag nicht mehr zurück. Doch schon am nächsten Morgen war Beatrix wieder an meinem Lager, und auch an den darauffolgenden Tagen besuchte sie mich.

Schließlich war ich so weit genesen, dass ich aufstehen konnte. Die Schulter schmerzte, wenn ich den rechten Arm bewegte, und es würde wohl noch eine Weile dauern, bis ich damit eine Klinge führen konnte. Aber meine Beine leisteten mir inzwischen wieder zuverlässige Dienste und erlaubten es mir, zum ersten Mal nach Wochen die Kammer zu verlassen und in den Hof der Burg zu gehen.

Inzwischen war es Mitte Mai.

Ein blauer, mit weißen Wolken gesprenkelter Himmel spannte sich über den Mauern der Burg, und ich hatte das Gefühl, dass die wärmenden Strahlen der Sonne mir an jedem Tag ein wenig mehr von meiner alten Kraft zurückbrachten.

Guten Anteil an meiner raschen Genesung hatte Beatrix, die es sich nicht nehmen ließ, sich jeden Tag persönlich nach meinem Befinden zu erkundigen. Oft blieb sie dann bei mir, und wir unternahmen Spaziergänge, die sich zunächst nur bis zum Rübengarten der Burg erstreckten, schon bald jedoch auch auf das nahe Umfeld der Burg. Bruder Wendelin und ein Vasall des Hauses Maçon folgten uns dabei stets in respektvollem Abstand, sodass die gute Sitte gewahrt blieb, wir aber dennoch Gelegenheit erhielten, ungestört zu sprechen.

Vom ersten Tag an hatte meine zukünftige Herrin einen besonderen Ehrgeiz darin entwickelt, mich ihre Muttersprache lehren zu wollen. Zwar hatte sich herausgestellt, dass sie auch des Lateinischen mächtig war und einige Brocken Deutsch beherrschte, sodass wir uns auch ohne Übersetzer einigermaßen verständigen konnten, doch schien sie eine geradezu kindliche Freude daran zu haben, mir die französischen Worte vorzusagen und sie mir beizubringen.

Ich merkte rasch, dass es ebenso wie bei der Sprache der Italiener auch bei jener der Franzosen manche Ähnlichkeit zum Lateinischen gab, die es mir erleichterte, mir die Bedeutungen der einzelnen Wörter zu merken. An ihrer Aussprache allerdings scheiterte meine plumpe deutsche Zunge. Beatrix pflegte dann wohlwollend zu lachen und mich zu ermutigen, es erneut zu versuchen. Niemals war sie herablassend, niemals verlor sie die Geduld mit ihrem Schüler, und so machte ich im Verlauf nur weniger Wochen brauchbare Fortschritte.

»Du sprichst gut«, lobte sie mich, während wir auf einem unserer Spaziergänge der östlichen Burgmauer bis zu dem kleinen Weiher folgten, der dort eingebettet zwischen Wald und Hügeln lag.

»Und Ihr seid sehr gütig mit mir«, erwiderte ich und blieb stehen. »Darf ich Euch etwas fragen, Herrin?«

»Natürlich.«

»Warum seid Ihr nicht längst abgereist? Euer zukünftiger Gemahl erwartet Euch voller Sehnsucht …«

»Mein lieber Aren«, entgegnete sie, wie immer mit der für sie so schwierigen Aussprache meines Namens kämpfend, »wäre es so, wie du sagst, so wäre mein zukünftiger Gemahl persönlich erschienen, um mich in seine Burg heimzuführen. So ist es bei uns Brauch und Sitte.«

»Auch bei uns ist es so Sitte«, versicherte ich. »Dennoch

bitte ich Euch, mir zu glauben …« Ich stockte, die Worte fehlten mir für das, was ich sagen wollte. Aber wollte ich es überhaupt sagen? Wollte ich, dass sie Friedrich verzieh? Oder kam es mir ganz gelegen, wenn sie in ihrem Herzen heimlichen Groll gegen ihn hegte …?

»Du bist kein Ritter, nein?«

Ich schüttelte den Kopf.

»Sondern nur ein Ministerialer, ein Diener … des Kaisers Schatten.«

»So ist es.« Sie hatte nach meiner Herkunft gefragt, nach meiner Mutter und meiner Heimat, und ich hatte ihr geantwortet, soweit es mir erlaubt war. Es war das erste Mal, dass mich eine hohe Dame – oder überhaupt jemand aus Adelsrängen – nach derlei Dingen fragte.

»Sein Leibwächter?«, hakte sie weiter nach.

»Auch das.« Ich nickte wieder.

»Aber es genügt, wenn du ihn mit dem Schwert verteidigst – du musst es nicht auch noch mit Worten tun«, beschied sie mir und ging einfach weiter.

»Verzeiht, Herrin, ich wollte nicht …«

Aber sie lachte nur, wie sie es oft tat, wenn sie sich nicht auf einen Wortwechsel einlassen wollte. Es lag keine Unreife darin und auch keine Albernheit. Im Gegenteil schien sie trotz der Jugend ihrer Jahre verstanden zu haben, dass das Leben zu kurz war, um sich unentwegt zu grämen. Wie, so fragte ich mich unwillkürlich, würde es ihr wohl ergehen in der Gesellschaft meines doch oft so grüblerischen und von Sorgen bedrückten Friedrich?

Bisweilen, wenn wir uns unterhielten, begegneten sich unsere Blicke. In solchen Momenten hatte ich das Gefühl, dass wir einander nahe waren, auf eine Art und Weise verbunden, die anderen verschlossen war. Gleich, was sie sagte oder tat – ihre Bediensteten, die Waffenknechte der Burg, die kaiserlichen Gefolgsleute und selbst die beiden Mönche würden in ihr stets nur die Hoheit sehen, die Erbin Burgunds, die zukünftige Gemahlin unseres Herrschers. Ich jedoch, der ich sie unter Einsatz meines Lebens befreit hatte, sah in ihr auch die junge Frau, und Beatrix wusste, dass es so war.

Anfangs war ich mir nicht sicher, ob sie nicht vielleicht nur spielte, ob sie nach einem Weg suchte, sich an ihrem zukünftigen Gemahl zu rächen, wie Adela es einst getan hatte … doch Beatrix war anders. Ihren Worten wie ihren Blicken wohnte Wahrhaftigkeit inne, und wenn sie sich mit mir unterhielt, mich ihre Sprache lehrte oder sich nach meiner Vergangenheit erkundigte, dann nicht, weil sie sich einen Vorteil davon versprach, sondern weil sie ein offenes Auge und Ohr hatte. Anders als die meisten Noblen, denen ich im Lauf meines Lebens begegnet war, schien der Dienst an ihrem Nächsten für sie kein leeres Wort zu sein; sie betrachtete sich nicht als den Nabel ihrer Welt, sondern ging wachen Sinnes und mit offenen Augen durch das Leben, und ich will und kann bis heute nicht glauben, dass dies nur an der Unbekümmertheit ihrer sechzehn Lenze lag. Beatrix' Anmut war nicht nur äußerlich. Sie war ein guter und rechtschaffener Mensch, und so sehr ich mich für Friedrich freute, dass er eine solche Gefährtin zur Seite bekommen würde, so sehr fürchtete ich auch um sie …

»Du sprichst wenig heute«, stellte sie während eines anderen Spaziergangs fest.

»Der Tag der Abreise naht«, erwiderte ich.

»Und du freust dich nicht, dass du zurückkehren kannst? Zu deinem Herrn und Kaiser?«

Ich spürte ihren Blick auf mir ruhen, sah jedoch weiter geradeaus. »Seit meiner frühen Jugend war ich noch niemals länger als ein paar Tage von ihm getrennt. Andere werden meinen Platz eingenommen haben. Besonders einer …«

»Jeder Mensch hat nur einen Schatten«, sagte sie.

»Und nur ein Herz.« Ich blieb stehen, konnte nicht anders, als sie direkt anzusehen. Wie schön sie war in ihrem Bliaut aus grünem Linnen, das goldene Haar züchtig unter einem weißen Schleier versteckt, den sie in ihrer Sprache *voile* nannte. Sonnenlicht fiel durch das Blätterdach der Birken und beleuchtete ihre ebenmäßigen Züge.

»Herrin«, begann ich, unterbrach mich jedoch schon nach dem einen Wort, da ich selbst nicht mehr wusste, was ich hatte sagen wollen. »Ihr müsst Euch vorsehen«, stieß ich schließlich hervor. »Der kaiserliche Hof ist nicht, was er zu sein scheint. Viele dort werden Euch ein Lächeln schenken – und das Gegenteil damit meinen.«

»Du sorgst dich um mich, Aren?«

»Ich wurde geschickt, um Euch zu beschützen«, entgegnete ich. »Mit meinem Leben.«

»Und das hast du«, versicherte sie. »Aber denke nicht, dass ich töricht wäre, mein Freund. Ich weiß um die Schliche der Intrige, kenne sie von Kindesbeinen an. Und mir ist immer klar gewesen, dass ich mein Leben an der Seite eines Mannes verbringen würde, den ich nicht kenne.«

»Und … Liebe?«, fragte ich leise.

Sie sah mich an, erwiderte jedoch nichts. Dafür konnte ich sehen, wie sich ihre braunen Augen mit Tränen füllten.

»Gehen wir weiter«, sagte sie und wischte sie energisch fort. »Ich habe ein neues Gedicht geschrieben, willst du es hören?«

»Natürlich«, versicherte ich. Die Dichtkunst war ihre

geheime Leidenschaft. Genau wie ich einst liebte auch sie es, sich in Büchern zu verlieren und den Worten der Vergangenheit zu lauschen. Sie kannte die alten Geschichten, die auch ich in meiner Jugend mit großer Neugier aufgenommen hatte. Und sie hatte große Freude daran, all diese Dinge in neue Worte zu fassen und sie mir vorzutragen.

Nicht, dass ich viel davon verstanden hätte – in gesungener Form pflegte die Sprache der Franzosen zu einem einzigen Fluss zu verschmelzen, dem ich keine Worte mehr entnehmen konnte. Aber ich erfreute mich am Wohlklang ihrer Stimme und teilte die Freude, die sie selbst dabei empfand. Eine beinahe kindliche, unschuldige Freude, die wohl schon bald der Vergangenheit angehören würde.

Der Tag der Abreise kam, so unaufhaltsam wie die Nacht nach dem Tag. Meine Wunde war geheilt, und ich war wieder so weit bei Kräften, dass ich auf einem Pferd sitzen und einen längeren Ritt durchhalten konnte. Die Vorbereitungen waren getroffen worden, bei Tagesanbruch würden wir aufbrechen und Burgund verlassen. Zu meiner Genesung wäre es nicht mehr nötig gewesen, aber Beatrix bestand auf einen letzten gemeinsamen Spaziergang, und ich erfüllte ihr diesen Wunsch gerne. Es waren nur ein paar Schritte im goldenen Licht des späten Nachmittags, was sollte daran falsch sein? Und doch zerriss es mir fast das Herz, als sie neben mir ging, ich ihre sanfte Gegenwart spürte und mir klar wurde, dass etwas zu Ende ging, dass uns etwas entglitt, das wir niemals wieder haben würden.

Beatrix hatte mehr von meinem Herzen erobert, als ich mir hatte eingestehen wollen, sodass ich nun das Gefühl hatte, etwas Wertvolles zu verlieren, einen Schatz, den ich gehütet hatte, eifersüchtig wie zuvor ihr Onkel. Und wann immer sich unsere Blicke trafen, fragte ich mich, ob es ihr genauso gehen mochte. Natürlich schwieg ich, sagte nichts davon. Es hätte sie nur in Verlegenheit gebracht und uns beide in Gefahr. Stattdessen zog ich meine Klinge und kniete vor meiner zukünftigen Herrin nieder.

»Was … tust du?«, fragte sie verwundert.

»Ich bin kein Ritter«, sagte ich auf Latein, »aber ich leiste hiermit den feierlichen Eid, Euch stets zu beschützen und Euch beizustehen, als meine Herrin … und als zukünftige Gemahlin meines Kaisers.«

Beatrix stand vor mir, so jung und zerbrechlich wirkend in ihrem Kleid, jedoch voller Klugheit und innerer Stärke. »Und ich«, entgegnete sie leise, »nehme diese Ehre gerne an, magst du ein Ritter sein oder nicht.«

Ich küsste meine Klinge, um den Eid zu besiegeln, dann erhob ich mich, und wir kehrten zur Burg zurück.

Im Hof trennten sich unsere Wege, und ich ging, um nach den Pferden zu sehen. Auf halbem Weg holte Bruder Wendelin mich ein, unverhohlene Sorge in seinem blassen Gesicht.

»Sieh dich vor, Arndt«, sagte er. »Meine Ohren haben nicht gehört, was zwischen euch gesprochen wurde, aber meinen Augen gefällt nicht, was sie sehen.«

»Keine Sorge, mein Freund«, versicherte ich. »Beatrix gehört meine Liebe, aber dem Kaiser meine Treue. Ich werde niemals haben, was ihn und sie schon bald verbinden wird – so wie er niemals haben wird, was sie und mich verbindet.«

29

Würzburg
Juni 1156

Am Tag von Sankt Barnabas trafen wir in Würzburg ein, wo aus gutem Grund die kaiserliche Hochzeit stattfinden sollte. Gebhard von Henneberg, der Bischof der Stadt, war einer der glühendsten Unterstützer bei Friedrichs Wahl zum König gewesen und ein enger Vertrauter. Ihm würde die ehrenvolle Aufgabe zuteilwerden, das kaiserliche Paar zu trauen.

In den vielen Jahren, die ich an seiner Seite verbrachte, habe ich Friedrich in vielen Stimmungslagen erlebt – selten jedoch in so ausgelassenem Überschwang wie an jenem Tag, als ich ihm seine Braut zuführte.

Wir waren noch nicht ganz in den Innenhof des bischöflichen Palasts eingeritten, als uns der Kaiser bereits entgegenkam, in ein festliches Gewand gehüllt und mit einer silbernen Halskette geschmückt. Das Grußwort des Bischofs, mit dem dieser Beatrix als Erbin der Grafschaft Burgund sowie als zukünftige Gemahlin unseres Kaisers willkommen hieß und sie segnete, wartete Friedrich eben noch ab, dann gab es für ihn kein Halten mehr. Er trat auf mich zu und begrüßte mich aufs Herzlichste, schloss mich in die mächtigen Arme und küsste mich auf die Stirn wie einen verloren geglaubten Bruder, der nach langer Irrfahrt endlich heimgekehrt war.

»Verzeiht, Herr«, sagte ich. »Ich komme spät.«

»In der Tat«, versicherte er, doch es lag keine Strenge in seinen rotbärtigen Zügen. Stattdessen sah ich Tränen in seinen Augen glänzen. »Und indem du getan hast, was meine Pflicht gewesen wäre, hast du dein Leben beinahe verloren.«

Erneut zog er mich an sich und küsste mich, dann nahm er die Kette ab und legte sie mir um den Hals. »Als Zeichen meiner Dankbarkeit«, sagte er nur.

»Das … ist nicht nötig, Herr«, versicherte ich und errötete. Einerseits des immensen Wertes des Geschenks wegen. Anderseits, weil ich das Gefühl hatte, es nicht zu verdienen. »Meiner zukünftigen Königin zu dienen, war mir Belohnung genug.«

Friedrich nickte und legte mir beide Hände auf die Schultern, während er mich durchdringend ansah. Das Wasser lief ihm jetzt ungehemmt über die Wangen, was einige Hofschranzen zum Anlass nahmen, ebenfalls heiße Tränen zu vergießen. »Nie hatte jemand einen treueren Dienstmann als dich«, stellte er fest, um leiser hinzuzufügen: »Behalte die Kette trotzdem. Wer weiß, wann du mich wieder in solcher Großzügigkeit antreffen wirst.«

Damit wandte er sich von mir ab und Beatrix zu, die noch immer auf ihrem grauen Schecken saß. Um die weite Reise von Burgund nach Würzburg schneller bewältigen zu können, hatte sie auf eine Sänfte verzichtet und die Strecke im Damensattel zurückgelegt. Ich mochte mir nicht ausmalen, was es bedeuten musste, eine solche Distanz auf diesem Folterinstrument zu bewältigen, doch Beatrix hatte nicht ein einziges Mal geklagt oder zusätzliche Pausen verlangt.

Die Erscheinung der jungen Erbin von Burgund schlug alle in Bann, die sich im Innenhof versammelt hatten. Selbst nach den vielen Stunden anstrengenden Ritts, die wir seit dem frühen Morgen hinter uns hatten, saß sie noch immer aufrecht im Sattel. Ihr Übermantel und ihr Schleier mochten voller Staub sein, ihr Antlitz war jedoch so ebenmäßig und schön wie immer, gekrönt vom silbernen Reif des Schapels auf ihrer Stirn. Obschon ihr die Erschöpfung in den Gliedern stecken musste, war der Blick ihrer dunklen Augen wach und aufmerksam, und obwohl sie den Mann, der ihr Gemahl werden und dem sie möglichst zahlreiche Erben gebären sollte, in diesem Augenblick zum ersten Mal erblickte, verriet ihr Mienenspiel weder Einschüchterung noch Furcht, sondern Zuversicht und eine Weisheit weit jenseits ihrer Jahre. Ein jeder von uns konnte sehen, dass Beatrix von Burgund eines Kaisers würdig war – und auch Friedrich erkannte es im ersten Augenblick.

Die beiden Knechte, die ihr beim Abstieg zur Hand gehen wollten, verscheuchte er, stattdessen trat er selbst zu ihr und half ihr in einer Geste, die es weder an Stärke noch an Galanterie fehlen ließ, vom Pferd. Sie wirkte zart und zierlich vor seiner großen, breitschultrigen Gestalt, jedoch nicht klein oder gar schutzbedürftig. Mit vollendeter Höflichkeit, die ihre hohe Herkunft und gute Erziehung verriet, neigte sie das Haupt und küsste die Hand ihres Monarchen. Dann jedoch sah sie ihrem zukünftigen Gemahl fest und unverwandt ist Gesicht, und Friedrich erwiderte ihren Blick. In all der Zeit, die er mit Adela von Vohburg vermählt gewesen war, hatte er sie nicht ein einziges Mal auf diese Weise angesehen. Die beiden wechselten leise Worte – Friedrich in seiner Muttersprache, die er als einzige beherrschte, Beatrix mit ihrem wenigen Deutsch.

Keiner von uns war nahe genug, um zu verstehen, was die beiden einander zuraunten, aber jeder konnte sehen, dass es der zarte Anfang von etwas war, das mächtige Wurzeln schlagen würde. Ein unsichtbares Band schien die beiden vom ersten Augenblick an zu verbinden – und so sehr ich mich für meinen Herrn darüber freute und so große Erleichterung ich auch für Beatrix verspürte, so tief und heftig war der Stich, den ich in meinem eigenen Herzen verspürte.

Dann trennten sich unsere Wege.

Beatrix wurde von Friedrich in den bischöflichen Palast geführt, wo sie von einem Heer von Ministerialen und Dienerinnen auf ihre zukünftigen Pflichten vorbereitet werden würde; ich selbst entließ die Gefolgsleute, die mir unterstellt worden waren, und sah zu, dass die Pferde versorgt wurden. Und schon am nächsten Tag kehrte der Alltag zurück, der mich wieder an der Seite meines Kaisers sah, als sein treuer Diener und Schatten.

Die Verhältnisse bei Hof fand ich so vor, wie ich es vermutet hatte. Der Einfluss Rainalds von Dassel auf den Kaiser hatte in den vergangenen Wochen noch zugenommen, und so waren Pläne für weitere Feldzüge gediehen.

Eine erste militärische Unternehmung sollte bereits im nächsten Jahr nach Polen führen, wo es seit dem Tod von Herzog Boleslaw zwischen dessen vier Söhnen zum Streit um die Herrschaft gekommen war. Der Kaiser plante, zugunsten seines Schwagers Wladyslaw, des ältesten der vier, in den seit Jahren schwelenden Konflikt einzugreifen und ihn so endgültig zu schlichten. Ein weiterer Feldzug sollte danach wieder nach Italien führen, wo Mailand erneut sein freches Haupt erhoben hatte und den Weisungen des Kaisers trotzte. Hoftage sollten einberufen werden, um die Fürsten des Reiches auf diese neue große Unternehmung vorzubereiten, die Friedrichs Politik auf Jahre hinaus bestimmen würde.

Doch zunächst wurde Hochzeit gefeiert.

Am Tag des Herrn, dem siebzehnten Juni 1156, wurden Friedrich der Staufer und Beatrix von Burgund im Dom des heiligen Andreas zu Würzburg getraut. Bischof Gebhard selbst nahm ihnen das Eheversprechen ab und segnete das Paar, auf dass die Verbindung fruchtbar sein und dem Reich gesunde Erben schenken mochte. Vor Gott und der Welt erklärte er sie zu Mann und Frau, und die Adeligen des Hofes gaben ihren Beifall.

Der Heiligen Messe im Dom schloss sich eine zweitägige Feier an, die nicht nur im bischöflichen *palas*, sondern in der ganzen Stadt gehalten wurde. Von der Absicht geleitet, dass seine Untertanen sich mit ihm freuen sollten, hatte Friedrich großzügige Spenden an die Armen geleistet und mehrere Ochsen und zwei Dutzend Fässer Bier gestiftet, um alle am Glück des Herrschers und seiner neuen Gemahlin teilhaben zu lassen. Das Volk dankte es, indem es das frisch vermählte Paar hochleben ließ und ihm zujubelte, und ich hatte den Eindruck, dass nach all den Streitigkeiten und Querelen die Zuneigung, die ihm aus der Menge entgegenschlug, meinen Herrn mit großer Zufriedenheit erfüllte. Er wirkte glücklich in diesen Tagen des Friedens, selbst die Dunkelheit, die seinen *cancellarius* stets zu umgeben schien, konnte nichts daran ändern. Oder vielleicht war es auch der Einfluss der so zierlichen und doch so strahlenden jungen Frau an seiner Seite, die mit ihrer Güte und ihrer Zuneigung Friedrichs Sorgen vertrieb.

Auch im *palas* herrschte ungewohnt heitere Stimmung. Nicht nur dass Bischof Gebhard zu Ehren seiner hohen Gäste vom besten Wein und feinsten Wildbret auftragen ließ – da ich Friedrich vorab in mehreren Briefen über die Vorlieben seiner Braut in Kenntnis gesetzt hatte, hatte er, um ihr eine Freude zu bereiten, Dichter und Sänger aus französischen Landen nach Würzburg holen lassen, die die ehrwürdigen Gewölbe mit ungewohnten Klängen füllten.

Beatrix freute sich von ganzem Herzen darüber, zumal sie einen der Dichter, einen Franzosen mit Namen Gautier von Arras, von Angesicht kannte. Auch wenn ich in diesen Tagen kein Wort mit ihr sprach, machte es mich glücklich, sie so zu sehen, und ich war dankbar dafür, dass mein Platz an der Seite des Kaisers es mir erlaubte, zugleich auch nahe bei ihr zu sein.

Elend waren die Nächte, da ich vor der Kammer meines Herrn Wache hielt, während jenseits der geschlossenen Tür die Ehe vollzogen wurde – jedenfalls nahm ich das an. So sehr ich meinem Herrn das Glück gönnte, so sehr tobte Eifersucht in meinem Herzen, und ohne dass ich es wollte, ging meine Erinnerung viele Jahre zurück, an jene Nacht im Kloster zu Cappenberg, da er mir geraten hatte, auf anderen Wiesen Blumen zu pflücken denn auf den seinen. Warum nur, fragte ich mich, ließ es der Herr stets so geschehen, dass uns dieselben Blüten ins Auge fielen? Und warum hatte ich stets derjenige zu sein, der das Nachsehen hatte? Friedrich war mein Herr und Kaiser, gewiss, und ich hätte ohne Zögern mein Leben für ihn gegeben. Aber der Gedanke, dass dieses engelsgleiche Wesen sich ihm hingab, brachte mich an den Rand der Verzweiflung, und obwohl ich einen Eid darauf geschworen hatte, meine Herrin zu beschützen und sie nur aus der Ferne zu begehren, ertappte ich mich bei dem Gedanken, dass ich es sein wollte, der in diesen Nächten das Lager mit ihr teilte.

Immerhin, niemals hörte ich von Beatrix einen Laut der Klage oder des Schmerzes, und sie erweckte nicht den Eindruck einer unglücklichen Frau. Nicht nur dass Friedrich sie sorgsam und liebevoll zu behandeln schien, er gewann auch mit jedem Tag, den sie zusammen waren, ein wenig mehr von ihrem Herzen. Schon nach kurzer Zeit hatte ich das Gefühl, das das Lächeln, das sie ihm schenkte, nicht mehr nur ihren vollendeten Umgangsformen geschuldet, sondern ihr ein ehrliches Bedürfnis war. Darüber verspürte ich Erleichterung, die stärker war als meine Eifersucht, und fand so einstweilen meinen Frieden, darauf hoffend, dass die Zeit die Wunde heilen möge.

An einem Abend, an dem ich allein beim Nachtmahl in der Halle saß, trug ein weiterer französischer Dichter, Chrétien mit Namen und aus der Stadt Troyes stammend, ein Lied vor. Es hatte eine eingängige, melancholische Melodie, die mich zum Zuhören zwang. Und obwohl ich nicht alles verstand, was der Franzose sang, begriff ich doch, dass das Lied von jenem König Artus handelte, von dem ich schon einmal gehört hatte, vor langer Zeit, als ich noch ein Kind gewesen war.

Begeistert lauschte ich und erfuhr, dass Artus einst das Königreich Britannien geeint und es in eine Zeit der Blüte und des Wohlstands geführt hatte – bis er eine Frau namens Gwenivar traf, die von ausnehmender Schönheit war und die er zu seiner Königin machte. Denn Artus hatte einen Gefolgsmann mit Namen Lanzelet, der kein gewöhnlicher Ritter war und sein ergebenster Kämpe. Lanzelet aber entbrannte in heftiger Liebe zu Gwenivar, und auch sie fühlte sich ihm auf eine unerklärliche, untrennbare Weise verbunden. Die beiden gaben schließlich der Versuchung nach und betrogen Artus – und mit ihm das ganze Reich, das in Verrat und Krieg versank. In einer blutigen Schlacht gegen seine Feinde ließ Artus sein Leben, doch nach seinem Tod enteilte er in die ferne Welt von Avalon, wo er bis zum heutigen Tage lebt und seiner Rückkehr harrt …

Der letzte Ton von Chrétiens Lied war kaum verklungen, als mich die Erkenntnis wie ein Schwertstreich traf.

Artus, der Herrscher, der das Reich einte und es in eine neue Zeit führte, war kein anderer als Friedrich.

Beatrix war seine holde Gemahlin Gwenivar.

Und ich, sein Schatten, der eidbrüchige Lanzelet.

30

Besançon, Burgund
Oktober 1157

Es war der Herbst eines ereignisreichen Jahres.

Der Feldzug in den Osten war ein Erfolg gewesen und hatte Wladyslaw zwar nicht auf den Thron gebracht, die Verhältnisse in Polen jedoch zu Friedrichs Gunsten geordnet. Der Klang seines Namens ließ die Mächtigen inzwischen auch weit jenseits der Grenzen des Reiches aufhorchen, und als er im September erneut nach Würzburg gezogen war, um die Fürsten des Reiches um sich zu sammeln, hatten sich dort auch Abgesandte aus anderen Reichen eingefunden, von Dänemark bis Ungarn, von Frankreich bis Kastilien und Aragon. Selbst der *basileus* im fernen Byzanz hatte Vertreter geschickt, und Heinrich Plantagenet von England ließ dem Kaiser durch seine Gesandten ein prunkvolles Zelt als Geschenk überbringen, über das der ruhelose Herrscher sich erkennbar freute.

Anfang Oktober verließen wir Würzburg und brachen nach Burgund auf, wohin Beatrix ihrem Gemahl bereits vorausgezogen war. Und nicht nur Friedrich freute sich darauf, sie in Besançon wiederzusehen – auch mein Herz war voller Freude darüber, meiner Herrin wieder zu begegnen. Noch im Herbst des vergangenen Jahres war sie in Trier zur Königin gekrönt worden, und da ihre Verbindung noch kinderlos geblieben war, hatte sie wohl beschlossen, ihrem Gemahl auf andere Weise zu dienen. Den Strapazen zum Trotz, die das Reisen zu Pferd bedeutete, hatte sie ihn während des vergangenen Jahres häufig begleitet, und man hatte beobachten können, wie die beiden einander immer vertrauter geworden waren. Und obwohl Beatrix noch nicht zur Kaiserin gekrönt war, hatte Friedrich bei Wiebald von Stablo ein Siegel in Auftrag gegeben, das die Königin mit Kreuz und Szepter zeigte und das die Inschrift *Dei gratia Romanorum imperatrix augusta trug*: »Von Gottes Gnaden erhabene Kaiserin der Römer«.

In Besançon nun, dem hellen Zentrum der Grafschaft Burgund, hatte Friedrich zum zweiten Mal innerhalb kurzer Zeit eine Zusammenkunft seiner Fürsten einberufen, und ich kannte meinen Herrn gut genug, um zu wissen, dass der Ort nicht aus Zufall gewählt war. Zum einen war es die Heimat seiner Gemahlin, der er somit die Ehre erwies, zum anderen zeigte er damit Präsenz in einem Teil des Reiches, den er bislang eher vernachlässigt hatte. Denn die Kaiserkrone, die er trug, beinhaltete auch das Königreich Burgund von den Grenzen der Grafschaft bis hinab zum *mare mediterraneum.*

Der Aufforderung Barbarossas, sich in Besançon einzufinden, folgten abermals viele Noble des Reiches und darüber hinaus auch zahlreiche Abgesandte aus allen Teilen der christlichen Welt. Engländer, Franzosen und Kastilier schickten Vertreter, vor allem aber waren es Gesandtschaften der italienischen Städte, die in Besançon vor den Thron zogen, um dem Kaiser zu huldigen, Beschwerden vorzubringen oder Streitigkeiten schlichten zu lassen. Ganz offenbar ging es Friedrich darum, seine nächste große Unternehmung vorzubereiten, die ihn und seine Noblen über die Alpen nach Süden führen sollte, um all das zu Ende zu bringen, was beim letzten Zug nach Italien unerledigt geblieben war. Die Beschwerden, die kaisertreue Städte wie Lodi, Cremona und Pavia gegen das noch immer aufrührerische Mailand vorbrachten, gaben dazu Anlass genug.

Auch Papst Hadrian schickte Legaten, von denen besonders einer – der Kanzler Rolando Bandinelli – meinem Herrn noch wohlbekannt werden sollte, wenn auch unter einem anderen Titel und Namen. Doch schon bei ihrem ersten Aufeinandertreffen in Besançon zeigte sich, dass sich die beiden in herzlicher Ablehnung zugetan waren.

Wie hätte es auch anders sein sollen?

Das Verhältnis zwischen dem Heiligen Stuhl und meinem Herrn hatte sich seit dessen überstürztem Aufbruch in Ancona keineswegs verbessert. Im Gegenteil hatte Papst Hadrian in Ermangelung kaiserlicher Unterstützung seinen Frieden mit Wilhelm von Sizilien gemacht und ihn als Gefolgsmann der Kirche angenommen, mit allen Pflichten, die sich daraus ergaben. Dass er ihm dabei auch Gebiete zu Lehen gegeben hatte, auf die der Kaiser selbst Besitzansprüche erhob, hatte meinen Herrn erzürnt, ebenso wie der Streit zwischen dem kaisertreuen Erzbischof Hartwig von Bremen und dem von der Kurie unterstützten Erzbischof Eskil von Lund. Der Hoftag sollte eigentlich dazu dienen, all diese Differenzen auszuräumen – doch es sollte anders kommen.

Denn aus dem Streit, der schon tags darauf ausbrach, entwickelte sich ein Konflikt, der über viele Jahre brennen und die christliche Welt entzweien sollte …

Die Obersten des Reiches hatten sich in der großen

Halle versammelt, unter ihnen weltliche Fürsten wie Otto von Wittelsbach, der nach wie vor der Leibwache des Kaisers vorstand, und geistliche wie der mächtige Erzbischof von Mainz. Vor all diesen Noblen, die sich zu beiden Seiten des langen, von Säulen gestützten Gewölbes versammelt hatten, an dessen Ende Friedrich und seine Gemahlin thronten, traten die päpstlichen Gesandten auf: der bereits erwähnte Kanzler Bandinelli, der ihn begleitende Kardinal Bernardo von San Clemente sowie eine Reihe weiterer, jedoch geringerer kirchlicher Würdenträger.

Missmutig blickte mein Herr den Legaten entgegen. Friedrich war nie gut darin gewesen, seine eigentlichen Absichten und Meinungen zu verbergen. Sein Mienenspiel und die düster zusammengezogenen roten Brauen sprachen Bände.

Weder Bandinelli noch der Kardinal waren der deutschen Sprache mächtig. Kein anderer als Rainald von Dassel übernahm es deshalb in seiner Eigenschaft als Kanzler des Reiches, die lateinischen Worte zu übersetzen, die Papst Hadrian ihnen in Form eines Briefes mitgegeben hatte.

»Seine Heiligkeit Hadrian, vierter seines Namens und Nachfolger Petri auf Erden, entbietet Friedrich, dem Kaiser der Römer und frommen Sohn der Kirche, seinen Gruß und den Segen des Allmächtigen«, hieß es darin. »Und er fragt zugleich, wie es sein kann, dass der Kaiser als oberster Richter seines Reiches das frevlerische Unrecht duldet, das unserem geliebten Glaubensbruder Eskil von Lund durch dessen Gefangennahme zugefügt wurde. Übersieht er ein Verbrechen, das nicht nur der heiligen Kirche, sondern auch seinem ganzen Reich zur Schande gereicht?«

Ein Raunen ging durch die Halle, mein Herr zuckte

zusammen wie unter einer Ohrfeige. Es war schwer zu sagen, ob es tatsächlich die Worte des Papstes waren, die der eine Kanzler vorlas und die der andere Kanzler übersetzte. Vielmehr hatte ich den Eindruck, dass zwei gleichermaßen ehrgeizige wie redegewandte Männer Gefallen daran fanden, die Schritte der Mächtigen in ihrem Sinn zu lenken …

»Kanzler«, ließ sich Friedrich prompt vernehmen. »Wirft Seine Heiligkeit der Papst dem römischen Kaiser etwa vor, dass er nicht wüsste, was rechtens ist? Dass das Gesetz in seinem Reich keine Gültigkeit besäße?«

Rainald von Dassel übersetzte die Frage, und der päpstliche Legat antwortete auf Latein, das er wie die meisten Angehörigen des Klerus fließend beherrschte. Die Worte kamen so schnell über seine Lippen, dass auch ich Mühe hatte, ihnen zu folgen, und lieber auf die Übersetzung wartete.

Der *pontifex*, so hieß es, sei weit davon entfernt, dem Kaiser Vorhaltungen zu machen. Doch müsse die Wahrheit stets offen ausgesprochen werden.

Es war eine weitere Unverschämtheit, die meinem Herrn die Zornesröte ins Gesicht trieb und viele seiner Fürsten erregt Einspruch erheben ließ – dass der Papst und sein neuer Kanzler derart harsche und deutliche Worte wählen würden, hatte niemand erwartet. Friedrich jedoch hob die Hand und gebot den Seinen Einhalt. Der Legat durfte mit dem Verlesen des Briefes fortfahren, doch besser wurde es dadurch nicht.

Denn als es weiter hieß, dass sich der Papst dem Kaiser gegenüber stets wohlwollend und großzügig gezeigt und ihm gerne noch weitere Lehen verliehen hätte, war dies der Tropfen, der das Fass zum Überlaufen brachte.

»Was?«, brüllte Friedrich wie ein Stier und so laut, dass

seine arme Gattin neben ihm in erkennbarem Schrecken zusammenfuhr. »Ist Hadrian denn der Ansicht, dass ich sein Vasall sei? Dass er mich, den Kaiser, mit Lehen versehen könnte wie ein Grundherr seinen Gefolgsmann?«

Die Übersetzung, die Rainald von Dassel den Legaten gab, ging im Tumult der Fürsten unter. Wütend schrien sie auf, einige ballten empört die Fäuste und überzogen die päpstliche Abordnung mit Bezeichnungen, die wenig schmeichelhaft waren und in einer Weise unpassend für Vertreter der Kirche, dass es mir die Schamesröte ins Gesicht trieb. Leider zeigte sich nun, dass zumindest einige der geringeren Kirchendiener nur zu gut verstanden, was ihren Herren da entgegengeschleudert wurde, und es prompt übersetzten – worauf nun auch Bandinelli und Bernardo in heftige Erregung gerieten, bis die Farben ihrer Gesichter der ihrer purpurnen Kardinalsmäntel ähnelte.

»Von wem, wenn nicht von Seiner Heiligkeit hat euer Friedrich denn das Kaisertum?«, schrie einer ihrer Begleiter den Fürsten erbost entgegen – und die Ereignisse überstürzten sich.

Kein anderer als Otto von Wittelsbach stürmte nach vorn, die Hand am Griff seines Schwertes. Schon hatte er die Klinge halb aus der Scheide, um zuerst den vorlauten Kleriker und sodann Bandinelli selbst für immer verstummen zu lassen. Dass es nicht dazu kam, lag an meinem Eingreifen. Warum ich es tat, wusste ich selbst nicht, aber ein innerer Drang ließ mich vorspringen und dem Wittelsbacher in den Waffenarm fallen.

»Tut das nicht, Herr!«

»Und warum nicht? Der Frevler hat es verdient, weiß Gott!«

Wir rangen um den Besitz der Waffe, inmitten des lärmenden, schreienden Durcheinanders, das in der Halle ausgebrochen war und von der hohen Decke widerhallte. Und über dem wogenden Chaos saß Friedrich auf seinem Thron, heiße Zornesröte im Gesicht und die Hände in die Armlehnen verkrallt; sein Brustkorb hob und senkte sich unter heftigen Atemzügen, Herz und Verstand schienen sich einen erbitterten Streit zu liefern. Beatrix neben ihm schien seinen inneren Aufruhr zu fühlen und Anteil daran zu nehmen. Beschwichtigend legte sie eine zarte Hand auf die ihres Gemahls – der auf die Berührung hin tatsächlich wieder Fassung gewann.

In einem jähen Entschluss stand er auf und hob beide Arme, nicht länger von Zorn und Wut getrieben, sondern wieder Herr seiner selbst. »Haltet ein, Ihr Herren!«, rief er so laut, dass er selbst das zornige Gebrüll des Wittelsbachers damit übertönte. »Haltet ein und hört mich an!«

Das Wort des Kaisers fand Gehör.

Ein Edler nach dem anderen verstummte, auch die Italiener unterbrachen ihr Lamento. Kanzler Bandinelli und Rainald von Dassel waren die Letzten, die in ihrer Streitrede innehielten. Wie alle anderen blickten auch sie auf den Kaiser, der auf dem Thronpodest stand, in seinem goldverbrämten Rock und dem weiten Umhang, Haar und Bart so feuerrot, als würden sie in Flammen stehen. Jetzt erst ließ er die Arme sinken, die er beschwörend erhoben hatte. Funken schienen aus seinen blauen Augen zu schlagen, während er auf die jetzt schweigende Menge blickte.

»Wir haben gehört«, ergriff er dann das Wort, »was die päpstlichen Gesandten uns vorgetragen haben, und wissen jetzt, wie Papst Hadrian von uns denkt und in welchem Verhältnis er den Heiligen Stuhl zu dem Thron sieht, auf dem ich sitze. Nun wollen wir eine Antwort finden.«

»Mit blutiger Klinge!«, rief Otto von Wittelsbach. Zwar hatte ich ihn dazu gebracht, sein Schwert in der Scheide zu lassen, doch bebte er noch immer vor Kampfeslust.

»Damit man uns für ungebildete Barbaren hält?«, fragte Friedrich. »Ihr Gelehrten«, wandte er sich an die Äbte und Kleriker unter seinen Leuten, »ich will, dass ihr die alten Schriften befragt. Sucht die Bibliotheken der Klöster auf, forscht bei jenen, die die Abschriften der alten Bücher erstellt haben, und findet heraus, ob in der Vergangenheit jemals davon die Rede war, dass das römische Reich vom Papst als Lehen gegeben wurde, wie der vom Irrsinn befallene Hadrian uns wissen lässt – oder«, fügte er mit einem vernichtenden Blick in Bandinellis Richtung hinzu, »ob es sich um eine Neuerung handelt, die sich ein findiger Berater in seiner Überheblichkeit ausgedacht hat.«

Beifall wurde laut. Nicht nur der Wittelsbacher, auch andere Edle bekundeten lautstark ihre Zustimmung, und jeder einzelne ihrer Rufe ließ die päpstliche Gesandtschaft furchtsam zusammenzucken.

»Mein Vater der einäugige Herzog«, fuhr Friedrich in seiner Rede fort, »hat mir jedenfalls nichts davon erzählt, und mein Onkel ebenfalls nicht. Ist das der Grund, dass ihm die Kaiserkrone versagt blieb? Weil man ihn in Rom als nicht würdig erachtet hat, mit dem Reich belehnt zu werden?«

Es gab bitteres Gelächter. Die Wut der Edlen sprach jetzt mit einer Stimme …

»Der einzige Grund, warum ich nach Rom gezogen bin, um dort die päpstliche Salbung zu empfangen, ist die Verehrung des heiligen Petrus, dessen Würde wir jederzeit anerkennen«, stellte Friedrich klar. »Gegeben wird das Königtum jedoch durch die Wahl der Fürsten – und das

Kaisertum durch Gott allein«, fügte er hinzu, zum hohen Gewölbe deutend.

Erneut brandete Beifall auf, Friedrichs Name und Titel wurden mehrfach gerufen, als wollte der Adel ihn abermals bestätigen – während die Gruppe der päpstlichen Legaten zu einem elenden Häufchen geschrumpft war, das sich eingeschüchtert unter dem Getöse duckte.

In Kanzler Bandinellis Zügen stand nackte Furcht zu lesen, und es war klar, dass er diesen Augenblick und die Schmach, die ihm und den Seinen angetan wurde, niemals vergessen oder verzeihen würde.

»*Cancellarius*«, wandte sich Friedrich sodann an Rainald von Dassel. »Lasst alles übersetzen, was ich gesagt habe. Gebt es ihnen schriftlich, damit ihr dem Größenwahn verfallener Herr es nachlesen kann, Wort für Wort – und dann werft sie hinaus!«

»Ja, mein Kaiser!«, bestätigte Rainald, und mir entging nicht das zufriedene Lächeln, das dabei seine Mundwinkel dehnte. Friedrich jedoch machte auf dem Absatz kehrt und verließ die Versammlung, während hinter ihm der Tumult und das Geschrei weitergingen.

Als sein Schatten blieb ich ihm auf den Fersen, ebenso wie Otto und die kaiserliche Leibwache, die meinem Herrn zugeteilt war, der Rest blieb zurück, um die Königin zu beschützen. Die Schritte, mit denen sich Friedrich einen Weg durch den Kordon seiner Bediensteten bahnte und dann den von Fackelschein beleuchteten Gang hinab, waren so ausgreifend, dass ich Mühe hatte, ihn einzuholen.

»Herr!«, rief ich hinterher. »Mein Kaiser!«

»Was?«, rief er über die Schulter zurück.

»Bitte haltet ein, Herr. Da ist etwas, das du erfahren musst …«

Friedrich ging noch einige Schritte, dann blieb er schnaubend stehen und fuhr zu mir herum. Seine Miene war unbewegt, eine Maske der Entschlossenheit. »Nun?«

»Der Kanzler, von Dassel …«, stieß ich hervor.

»Was ist mit ihm?«

»Er hat das päpstliche Schreiben für dich und die anwesenden Fürsten übersetzt.«

»Und?«

»In seiner Übersetzung sprach er von ›Lehen‹, die der Kaiser vom Papst empfangen hätte …«

»Ich weiß, ich habe Ohren«, knurrte Friedrich unwirsch.

»… aber in dem Brief seiner Heiligkeit war von *beneficia* die Rede«, fuhr ich mit vor Aufregung bebender Stimme fort, »was ebenso gut auch mit ›Wohltaten‹ oder ›Vorrecht‹ in unsere Sprache übertragen werden könnte, als eine Gunst also, die der Papst Euch als Sohn der Kirche erwiesen hat.«

Friedrich sah mich durchdringend an, doch sein Blick war nicht zu deuten. War er mir dankbar für den Hinweis? Oder zweifelte er an meinem Verstand?

»Was denn?«, fragte er dann mit unverhohlenem Spott. »Bist du jetzt unter die Gelehrten gegangen? Die Feder ist dir ja schon immer näher gewesen als das Schwert, auch früher schon.«

»Herr«, begann ich noch einmal, »ich will damit sagen, dass Kanzler von Dassel die betreffende Stelle absichtlich falsch übersetzt hat, weil er wollte, dass die Fürsten sich empören.«

»Nein«, widersprach Friedrich entschieden. »Weil er stets nur das Wohl des Reiches im Blick hat und ebenso das meine. Vielleicht, mein treuer Schatten, solltest du lieber darüber nachdenken, ob das auch bei dir der Fall ist.«

»Das Wohl des Reiches?«, wiederholte ich – und in diesem Moment wurde mir klar, wie töricht ich gewesen war.

Die betreffende Stelle des Briefes in dem einen Sinn zu übersetzen und damit für Empörung unter den Reichsfürsten zu sorgen, war nicht allein Rainald von Dassels Plan gewesen. Der Kanzler mochte ihn ausgearbeitet haben, das Vorgehen trug seine Handschrift, aber Friedrich war eingeweiht.

Er hatte gewollt, dass es so kommt, und der Grund dafür lag auf der Hand. Noch immer drang das zornige Geschrei der Fürsten das Gewölbe herauf. Es würde lange dauern, bis sich die Edlen des Reiches wieder beruhigten. Und wenn es so weit war, würden sie nur allzu bereit sein, des Kaisers Pläne für einen neuen Feldzug nach Italien zu unterstützen …

»Du … hast es gewusst«, flüsterte ich.

»Und warum auch nicht?«, zischte Friedrich, ehe er sich umwandte und den Gang hinab davonstampfte. »Ich bin Kaiser von Gottes Gnaden – und von Gottes Gnaden ganz allein.«

Indicium VII

Furor Imperatoris

31

Lombardei
September 1158

Friedrichs Plan war aufgegangen.

Der Zwischenfall von Besançon hatte selbst dem zauderndsten Fürsten deutlich vor Augen geführt, dass die Ehre des Reiches auch südlich der Alpen verteidigt werden musste, zumal sie nicht nur vom Papsttum, sondern auch von den Mailändern wieder und wieder herausgefordert wurde.

Schon zu Beginn des Jahres waren deshalb Kanzler von Dassel und Otto von Wittelsbach an der Spitze einer schlagkräftigen Streitmacht in den Süden geschickt worden, um die große Unternehmung vorzubereiten: Mit Nachdruck forderten sie die Zahlungen der norditalienischen Städte ein und erinnerten sie an ihre Dienstpflicht gegenüber dem Kaiser. Und indem sie die Burg Rivoli eroberten, sicherten sie zugleich auch den Marschweg, den das kaiserliche Heer auf seinem Weg nach Mailand nehmen würde.

Im Frühsommer schließlich war mein Herr selbst mit dem Hauptheer aufgebrochen, dem auch ich angehörte. Beatrix blieb in der Heimat zurück, was einerseits ihrer

Sicherheit dienen sollte; andererseits hatte Friedrich sie damit beauftragt, die burgundischen Ritter zu den Fahnen zu rufen, die ihm einst als Mitgift versprochen worden waren.

Schon das Heer, das sich in den späten Junitagen über die Alpenpässe wälzte, war größer als jenes, das Friedrich bei seinem letzten Zug nach Italien angeführt hatte. Viele Große des Reiches, unter ihnen die Erzbischöfe Arnold von Mainz und Friedrich von Köln sowie des Kaisers Halbbruder Heinrich Jasomirgott von Österreich, gehörten ihm an.

Jenseits der Berge jedoch schwoll die kaiserliche Streitmacht auf eine gewaltige Stärke von rund fünfzehntausend Rittern an, da nicht weniger als fünfzig italienische Städte gepanzerte Reiter und Fußvolk schickten. Dazu schlossen sich auch viele Angehörige des italienischen Adels dem Zug gegen Mailand an, unter ihnen jener Graf Obizo Malaspina, der beim Kampf um Tortona noch auf der Gegenseite gestanden hatte. Der Ruf des Staufers hatte auch diesseits der Alpen an Kraft gewonnen, und der Name Barbarossa wurde wohl nicht immer mit bloßer Zuneigung, dafür aber stets mit Respekt und bisweilen auch mit Furcht ausgesprochen.

Anteil daran hatten auch die böhmischen Ritter, die mein Herr als Vorhut vorausschickte. Ihnen oblag es, dem nachfolgenden Tross den Weg zu bereiten, der sich wie eine gewaltige Schlange durch die Täler wälzte und täglich nach Wasser und Proviant für Mensch und Tier verlangte, ein schier unersättliches Monstrum, vor dem die Bevölkerung schreiend die Flucht ergriff. Aufgabe der Böhmen war es, die Versorgung zu sichern, ehe die Einheimischen sie davonschleppen konnten, und so besetzten sie Felder, rissen Obstbäume aus und verheerten ganze Landstriche von Verona bis hinab nach Brescia. Letztere Stadt war mit

Mailand verbündet, gab ihren Widerstand in Anbetracht des herannahenden Heeres jedoch auf und schickte ihrerseits Truppen zur Unterstützung des Kaisers.

Am Fluss Adda, der die Grenze zum Gebiet der Mailänder bildet, war es Ende Juli zu ersten Gefechten gekommen, als die Mailänder ihre Brücken einrissen, um uns den Weg zu verwehren. Erneut waren es die böhmischen Ritter, die die Lanzenspitze unseres Angriffs bildeten und den angreifenden Feind zurückschlugen. Nachdem sich die Brücken in kaiserlicher Hand befanden, konnte sich die von den Mailändern kontrollierte Burg Trezzo nicht mehr halten und fiel innerhalb von Tagen. Von da an lag die Straße zwischen Brescia und Mailand in der Hand des Kaisers, und das Heer konnte zügig gen Westen marschieren. Noch einmal gab mein Herr den Mailändern Gelegenheit, sich seinem Gesetz und Schiedsspruch zu unterwerfen; die hochmütigen Milanesen jedoch verweigerten dies abermals. Anfang August, nur wenige Tage später, hatten wir die Stadt erreicht und belagerten sie in einem weiten Halbkreis von Osten her.

Die darauffolgenden Tage waren unerquicklich.

Da sich die Mailänder nicht aus ihrer von hohen Mauern umgebenen Stadt herauswagten, um die Entscheidung auf offenem Feld zu suchen, blieb den Unseren nichts anderes übrig, als die nach Osten gewandten Tore zu bestürmen. Infolge des vorgelagerten Schutzwalls und des Wassergrabens erwies sich dies jedoch als schwierig, auch ein von Otto von Wittelsbach unternommener Vorstoß, an dem ich selbst teilnahm, brachte nicht den gewünschten Erfolg. Also änderte Friedrich sein Vorgehen und verlegte sich darauf, das Umland der Stadt zu verwüsten.

Nicht nur die Böhmen zeichneten sich hier durch besondere Wildheit aus, auch die Kämpfer jener Städte, die unter der Knute Mailands gelitten hatten – besonders die Pavesen und die Bewohner von Lodi, deren Stadt erst im Frühjahr von den Mailändern in Schutt und Asche gelegt worden war –, beteiligten sich mit großem Eifer daran, Felder zu verwüsten und Obsthaine niederzubrennen. Das Wehklagen der Frauen, die aus den umliegenden Dörfern verschleppt wurden, um ihren Häschern zu Diensten zu sein, war tagelang im Lager zu hören.

Mein Herr empörte sich gegen solche Barbarei, hatte er doch ein entsprechendes Verbot erlassen. Aber wie einst unsere Wallfahrt ins Heilige Land hatte auch dieser Feldzug seine eigenen Gesetze, und ein Kaiser, der siegen wollte, hatte sich ihnen zu beugen.

Immerhin, die Belagerung währte nicht lange.

Nach einem Monat fortwährender Scharmützel und weiterer Verwüstung sahen die stolzen Mailänder ein, dass sie das kaiserliche Heer nicht würden zurückschlagen können – und dass, wenn die Belagerung noch länger andauerte, nicht mehr viel übrig bleiben würde, das die Stadt ernährte.

Gesandtschaften wurden geschickt und bereits Anfang September eine Vereinbarung getroffen, die die Stadt zwar zwang, sich dem Kaiser zu unterwerfen, ihre Vorherrschaft über das Umland abzugeben und eine Strafe von neuntausend Silbermark zu entrichten; doch weder wurden die Mauern geschliffen noch die Häuser gebrandschatzt. Wäre es nach den Eiferern in unseren Reihen gegangen, zu denen neben dem Wittelsbacher auch der Kanzler gehörte, so wäre dort kein Stein auf dem anderen geblieben, aber Markgraf Wilhelm von Montferrat und andere wirkten mäßigend auf Friedrich ein und machten ihm klar, dass ein gnädiger Friede auf lange Sicht dauerhafter sein würde als einer, der mit Feuer und Schwert erlassen wurde.

So geschah es.

Barfuß und mit blanken Klingen im Genick erschienen die Konsuln der Stadt beim Kaiser und leisteten vor den Augen des versammelten Heeres Abbitte. Einhellig baten sie um Vergebung für ihre Verfehlungen und boten Friedrich ihre Schwerter dar, die er ihnen zum Zeichen dafür, dass er sie wieder in seine Gnade aufnehmen wollte, abnahm. Im Anschluss ließ er den Erzbischof der unterworfenen Stadt eine Messe feiern, an der wir alle teilnahmen und die uns zum Teil recht eigenartig vorkam: Ein Vorsänger, der einen roten Stab führte, vollzog allerhand Sprünge und sonstige Bewegungen, was bei den Mailändern jedoch so Sitte zu sein schien. Erst später erfuhr ich, dass die Messe dort nach dem Ritus des heiligen Ambrosius vollzogen wird, des Schutzpatrons der Stadt.

Der Vertrag, der im Anschluss aufgesetzt und von beiden Seiten unterzeichnet wurde, regelte die künftige Rolle Mailands und das Verhältnis der Stadt zu ihren Nachbarn. Am Ende jenes Tages wehte am höchsten Turm des Mailänder Doms weithin sichtbar das Adlerbanner. Und um nicht nur den Mailändern, sondern aller Welt zu demonstrieren, dass er König und Kaiser war, ließ sich Friedrich im benachbarten Monza noch einmal feierlich krönen.

Danach belohnte er die deutschen und böhmischen Edlen für die Unterstützung an der erfolgreichen Heerfahrt und entließ sie zurück in ihre Heimat. Der Feldzug war beendet und ein Triumph für unseren Herrscher.

Zumindest war es das, was wir dachten.

Doch der eigentliche Kampf, das Blutvergießen und die Finsternis sollten erst beginnen.

32

Lodi
Juni 1159

Im November, zu Sancto Martino, hatte der Kaiser zum Hoftag gerufen – nicht im Schutz einer befestigten Stadt oder eines Bischofssitzes, sondern erneut auf den roncalischen Feldern vor Piacenza, wohin er nicht nur die Fürsten, Konsuln und Magistrate Oberitaliens bestellte, sondern auch die Rechtsgelehrten aus Bologna, mit denen er sich schon auf dem ersten Italienzug ausgetauscht hatte.

Als der einfache Diener, der ich war, verstand ich nicht viel von den Dingen, die an jenen Tagen zwischen Friedrich und den Vertretern des italienischen Adels und der Städte verhandelt wurden. Es ging wohl darum, das Verhältnis zwischen dem Herrscher und seinen Untertanen, das durch die lange Abwesenheit eines Königs diesseits der Alpen in arge Unordnung geraten war, auf der Grundlage des alten römischen Rechts neu zu ordnen. Zu diesem Zweck scharte mein Herr, der in erster Linie Krieger war und über die Juristerei kaum mehr wusste als ich, die vier größten Rechtsgelehrten unserer Zeit um sich. Ihre Namen waren Bulgarus, Martinus Gosia, Jacobus und Ugo de Porta Ravennata.

Die Gesetze, die Friedrich noch im selben Monat erließ, waren dazu angetan, die Verhältnisse in Italien gründlich zu regeln; Abgaben wurden festgelegt und Städten, die dem Kaiser in der Vergangenheit feindlich gegenübergestanden hatten, wurde befohlen, ihre Bollwerke einzureißen; Bevollmächtigte wurden entsandt, die die Einhaltung der neuen Gesetze überwachen sollten, und Statthalter bestimmt, um die Position des Reiches in den Städten zu vertreten. Doch wenn mein Herr geglaubt hatte, auf diese Weise wie zuvor in deutschen Landen Ausgleich und dauerhaften Frieden zu schaffen, so wurde dieser Glaube bereits in den darauffolgenden Wochen wieder zerstört.

Die Seestadt Genua war die erste, die sich den kaiserlichen Forderungen widersetzte, als nächste weigerte sich die Stadt Crema, ihr Schanzwerk abzutragen. Und schon im Januar gesellte sich eine alte Bekannte dem Kreis der Aufrührer und Rebellen hinzu.

Mailand ...

Mein Herr war außer sich, ausgerechnet die Stadt, die er erst im Jahr zuvor so großzügig verschont und wieder in seine Huld aufgenommen hatte, auf der Seite seiner Gegner zu finden. Dennoch zügelte er seinen Zorn und schickte stattdessen eine Gesandtschaft unter der Führung Otto von Wittelsbachs und Rainald van Dassels. Es war ein Versuch, Feuer mit Feuer zu bekämpfen, doch er schlug fehl. Nur wenige Tage, nachdem sie ausgesandt worden waren, kehrten die kaiserlichen Legaten in das Feldlager zurück, das Friedrich bei der Kleinstadt Occimiano aufgeschlagen hatte, die Gesichter schreckensbleich und dem Tod nur knapp entronnen.

»Wir können von Glück sagen, mit dem nackten Leben

davongekommen zu sein«, erstattete der Wittelsbacher Bericht.

»In treuer Ausübung unserer Pflicht überbrachten wir den versammelten Mailändern Eure Botschaft«, fügte Kanzler von Dassel hinzu. »Doch als wir darauf bestanden, dass der neue Statthalter von Mailand in unserer Gegenwart gewählt werden möge, erhob sich fürchterliches Geschrei unter den Bürgern. Nur mit Mühe konnten wir uns ins Haus des Erzbischofs flüchten, während wir mit Kehricht und Steinen beworfen wurden wie verurteilte Diebe!«

»Einzelne Konsuln versuchten, das Volk zu beschwichtigen, aber eine fürchterliche Raserei hatte die Mailänder erfasst«, fuhr Pfalzgraf Otto fort. »Lauthals schreiend verlangten sie unseren Tod!«

»Doch nur, weil die übrigen Konsuln sie aufgewiegelt haben!«, erklärte von Dassel. »Die aufgebrachte Menge versuchte, in den Palast des Bischofs einzudringen. Mit Mühe konnten wir uns ihrer erwehren – und schließlich bei Nacht und Nebel heimlich davonschleichen.«

Friedrich, auf seinem Scherenstuhl in jenem prunkvollen Zelt sitzend, das Heinrich von England ihm geschenkt hatte, hatte dem Bericht seiner Gesandten wortlos gelauscht.

Doch an der Art, wie sich seine Mundwinkel verzerrten und es in seinen Augen funkelte, konnte ich erkennen, dass dies nur die Ruhe vor dem Sturm war und mein Herr einem brodelnden Vulkan kurz vor dem Ausbruch glich.

Kaum hatten von Dassel und der Wittelsbacher geendet, brüllte der Kaiser prompt auf wie ein waidwundes Tier und fuhr von seinem Sitz hoch, die Züge zorngerötet. »Wer«, herrschte er uns alle an, »glauben diese elenden Mailänder zu sein? Ist es nicht genug, dass sie mein Gesetz missachten? Dass sie den Eid brechen, den sie mir feierlich geleistet haben? Dass sie die Ehre des Reiches mit ihren schmutzigen Füßen treten? Hören ihre Beleidigungen denn niemals auf?«

Betretenes Schweigen herrschte.

Keiner der Noblen ergriff das Wort. Die meisten der anwesenden Fürsten waren nicht weniger wütend als Friedrich selbst. Die übrigen wagten es nicht, dem Zorn des Kaisers zu widersprechen. Die besonnene Stimme Abt Wiebalds, der im vergangenen Sommer auf dem Rückweg von Byzanz vom Allmächtigen abberufen worden war, wurde schmerzlich vermisst. Von Dassel goss dafür noch eifrig Öl ins Feuer.

»Vielleicht, mein Kaiser«, säuselte er, »war es ein Fehler, sich Mailand gegenüber als gnädig zu erweisen …«

»Ein wahres Wort«, stimmte Friedrich donnernd zu. »Wenn ich das nächste Mal über diese elende Stadt zu Gericht sitze, wird sie in Schutt und Asche liegen!«

Auch wenn die Voraussetzungen für einen weiteren Feldzug ungünstig waren – schließlich hatte der Kaiser einen guten Teil seines Heeres in die Heimat entlassen, und der Rest war weit verstreut –, zweifelte keiner von uns daran, dass er diese Drohung bitterernst meinte und sie wahrmachen würde. Zu finster war sein Blick, zu entschlossen seine Miene.

Dass sich mein Herr dennoch dazu herbeiließ, mit Mailand zu verhandeln und eine Frist zur Wiedergutmachung zu setzen, war dem Gesetz geschuldet, das er selbst noch im vorherigen Jahr erlassen hatte. Als die Mailänder auch diese letzte Möglichkeit zur Unterwerfung ungenutzt verstreichen ließen, rief Friedrich im Frühjahr erneut zu den Waffen. Die Boten, die er in den Norden schickte, forderten nicht nur bei seinem Vetter Heinrich dem Löwen, sondern auch bei seiner Gemahlin in Burgund Unterstützung an sowie bei vielen weiteren Fürsten des Reiches. Mailand hatte es zu weit getrieben in seinem Hochmut – nun sollte dieser ein für alle Mal gebrochen werden.

Uns allen, die wir uns im Feldlager des Kaisers aufhielten, war in diesen Tagen klar, dass ein neuer Krieg entbrennen würde, ein Krieg, der diesmal womöglich sehr viel länger dauern würde als die vorangegangenen. Gedrückte Stimmung breitete sich unter den Rittern wie im Fußvolk aus, Gerüchte von düsteren Vorzeichen machten die Runde, die der eine oder andere gesehen oder von denen er gehört haben wollte.

Unterdessen hatten die Kämpfe bereits begonnen.

In einem Handstreich eroberten die Mailänder die am Fluss Adda gelegene Burg Trezzo zurück, die wir ihnen erst im Vorjahr entrissen hatten. Friedrich ließ die Milanesen daraufhin zu Feinden des Reichs erklären, was nicht mehr und nicht weniger bedeutete, als dass sie, wenn sie erst besiegt waren, nicht nur Heim und Habe, sondern auch ihre Freiheit verlieren würden.

Als Friedrich von mailändischen Plänen erfuhr, das kaisertreue Lodi anzugreifen, brach er sein Lager ab und setzte die wenigen Streiter, die ihm verblieben waren, eilig in Marsch. In einem Gewaltritt erreichten wir die Stadt, die die Mailänder im vergangenen Frühjahr niedergebrannt hatten und die nun aus wenig mehr als Trümmern, Zelten und eilig zusammengezimmerten Hütten bestand.

Friedrich schlug hier dennoch sein Lager auf und ließ das Reichsbanner auf die höchste Ruine pflanzen. Aus Furcht vor einem direkten Zusammentreffen mit den kaiserlichen Rittern zogen sich die Mailänder wieder zurück, und Lodi blieb bis auf Weiteres der Sitz des Kaisers, so als wollte er aller Welt zu verstehen geben, dass es nicht Mauern und Türme seien, die seine Untertanen schützten, sondern ganz allein sein Gesetz.

Die Wirklichkeit sah allerdings anders aus …

Es geschah im Juni.

Die Sommerhitze hatte bereits Einzug gehalten und kühlte auch nachts kaum noch ab, schwüle Feuchte stieg vom nahen Flussbett auf. In solchen Nächten lag auch nach einem Jahr noch bitterer Brandgeruch über der Stadt, und der Schlaf war unruhig und von Nachtmahren gepeinigt.

Entsprechend ruhelos warf ich mich in jener Nacht auf meinem Lager aus Stroh hin und her, das ich wie meist im Vorzelt meines Herrn aufgeschlagen hatte. Vieles ging mir im Kopf herum, von den bevorstehenden Kämpfen bis zum sich stetig verfinsternden Gemüt meines Herrn, und all das fand Niederschlag in wirren Träumen, die mich verfolgten … bis ein Geräusch mich hochfahren ließ.

Augenblicke lang wusste ich nicht zu sagen, ob es der dunklen Welt meiner Träume entstammte oder ob ich es wirklich gehört hatte. Dann wiederholte es sich und zerstreute alle Zweifel.

Lautlos wälzte ich mich von meinem Lager und tastete im Dunkeln nach meiner Klinge. Die Bahnen des Zeltes waren dicht gewoben und die Nähte mehrfach verstärkt, sodass der Schein der das Zelt umgebenden Fackeln kaum hindurchdrang und es einen Moment dauerte, bis sich meine Augen an das spärliche Licht gewöhnt hatten. Dann erhob ich mich und schlich, nur mit der Bruche angetan, ins Hauptzelt, wo sich auch Friedrichs Schlafkammer befand. Was ich auf halber Strecke sah, ließ mir die Lebenssäfte in den Adern gerinnen.

Ein Schlitz war in die Außenwand des Zeltes geschnitten worden, nicht breit, aber groß genug, um jemanden hindurchschlüpfen zu lassen!

Die Erkenntnis traf mich mit der Wucht eines Schmiedehammers. Ich sog scharf nach Luft, wollte zu meinem Herrn, um ihn zu schützen – als sich jemand auf mich warf. Es war der Eindringling, und die Attacke erfolgte so unerwartet und mit derartiger Wucht, dass sie mich von den Beinen riss.

Mit einem dumpfen Aufschrei ging ich zu Boden, das Schwert entrang sich meinem Griff. Im nächsten Moment hatte ich schon den Würgestrick des Mannes um den Hals, dessen Atem ich heiß und stinkend in meinem Nacken spürte.

»Mora! Mora!«, zischte er mir hasserfüllt ins Ohr, sodass mir auch ohne meine Kenntnis des Lateinischen klar gewesen wäre, dass er mir einen baldigen Tod wünschte.

Und er war nahe daran, sein Ziel zu erreichen!

Vergeblich versuchte ich, meine Finger zwischen den Strick und meinen Hals zu bekommen – die Kraft, mit der mir der andere die Kehle zuschnürte, war unwiderstehlich. Vermutlich benutzte er einen Knebel, und er schien einige Übung darin zu haben, ihn einzusetzen.

Schon merkte ich, wie mir der Atem knapp wurde. Die Dunkelheit um mich herum verwandelte sich in helle Flecken, die vor meinen Augen auf und ab tanzten, während mein Brustkorb wie Feuer zu brennen begann. Der verzweifelte Hilferuf, den ich ausstoßen wollte, endete als heiseres Keuchen, und ich merkte, wie mir die Sinne vergingen.

»Mora! Mora!«

Das Letzte, was mein ermattender Verstand wahrnahm, war der hölzerne Ständer mit der Rüstung meines Herrn. Der Kronenhelm thronte darüber, der Schild war angelehnt – und in einem letzten Ausbruch verzweifelter Kraft warf ich mich nach vorn. Der Strick schnitt dadurch nur noch tiefer in mein Fleisch, Blut sickerte unter dem rauen Sisal hervor – doch es gelang mir, meinen Peiniger mit mir zu zerren.

Gemeinsam stürzten wir gegen den Ständer, der umfiel und dabei einigen Lärm machte. Der Griff des Meuchelmörders um meine Kehle jedoch blieb bestehen. Mit wütender Kraft riss er mich auf die Knie und presste das Leben weiter aus mir heraus.

Mein Brustkorb schien zu bersten, meine Glieder wurden taub. In einem letzten, müden Gedanken empfahl ich meine unsterbliche Seele dem Allmächtigen …

… und konnte plötzlich wieder atmen!

Gleichzeitig – oder war es kurz vorher gewesen? – hörte ich neben mir ein dumpfes Geräusch, und etwas fiel zu Boden.

Es war der Kopf des Attentäters, dessen Antlitz ich nun zum ersten Mal erblickte. Eine dunkle, bärtige Miene, die mich mit leblosen Augen anstarrte.

Mit fahrigen Bewegungen riss ich den Strick von meinem Hals und rang keuchend nach Luft, während hinter mir der verbliebene Rest des Mannes zu Boden ging. Die ersten Atemzüge schmerzten, doch mit jedem davon kehrte ein wenig mehr Leben zu mir zurück. Eine Hand erschien vor mir, die ich dankbar ergriff und die mich auf die Beine zog. Wankend kam ich zum Stehen, um mich meinem Retter gegenüberzusehen.

Es war der Kaiser.

Wie ich selbst nur mit seiner Bruche bekleidet, jedoch blutbesudelt. Seine blauen Augen glänzten im Halbdunkel.

»Was«, fuhr er mich an, »machst du für Radau? Wie soll man da ein Auge schließen?«

Das alarmierte die beiden Leibwachen vor dem Zelt. Mit blanken Klingen stürmten sie herein, um ihrem Kaiser zu Hilfe zu kommen – mussten jedoch erkennen, dass die Arbeit bereits getan war. Entsprechend groß war ihr Erstaunen.

»Da-danke, Herr«, stieß ich hervor.

»Ich habe zu danken«, widersprach Friedrich kopfschüttelnd. »Denn dieser Anschlag hat fraglos mir gegolten. Nur einer glücklichen Fügung haben wir es zu verdanken, dass er dich mit mir verwechselt hat.«

»In der Tat«, bestätigte ich, meinen blutigen Hals befühlend. Mein Kopf hämmerte wie eine Glocke, mein Herz galoppierte in meiner Brust.

Weitere Wächter kamen. Sie fanden die Stelle, wo der Attentäter eingedrungen war, und untersuchten den kopflosen Körper. Wie ich vermutet hatte, hatte er Strick und Knebel verwendet. Mit Abscheu blickte ich auf die Werkzeuge, die mich um ein Haar ins Jenseits befördert hätten.

»Herr«, sagte einer der Wächter und zog einen ledernen Beutel vom Gürtel des Toten, den er dem Kaiser zuwarf.

Friedrich fing ihn auf, öffnete ihn und schüttete den Inhalt in die geöffnete Hand.

Fünf Silbermünzen schimmerten im matten Licht.

Auf jede von ihnen war ein Tatzenkreuz geprägt.

»Mailand«, sagte Friedrich nur.

33

Crema
Juli 1159

Die Zeichen standen auf Krieg, und nach dem fehlgeschlagenen Attentat auf das Leben meines Herrn stand auch fest, gegen wen sich dieser Krieg richten sollte.

Nicht nur dass sich Mailand weigerte, seinen Pflichten gegenüber der Krone nachzukommen; dass es gedungene Mörder aussandte, die dem Kaiser nach dem Leben trachteten. Nein, es hatte, wie Friedrich niemals müde wurde zu betonen, auch die Ehre des Reiches beschmutzt. Obwohl auch seine Berater, seine Notare und Rechtsgelehrten stets dieses Wort im Munde führten und gerne und viel von *honor imperii* sprachen, ist es mir in all den Jahren, die ich meinem Herrn diente, nie gelungen herauszufinden, was genau damit gemeint war. War es seine Ehre, die er damit besudelt wähnte? Die Tradition der Krone bis zurück zum großen Karolus und den Cäsaren der Römer? Doch eines war mir immer klar: dass Ehre nicht nur ein leerer Begriff für Friedrich den Staufer war, sondern eine Angelegenheit auf Leben und Tod.

Mit dem vergleichsweise kleinen Heer, das er in diesen Tagen unterhielt, war an einen Angriff auf Mailand nicht zu denken, geschweige denn an eine Belagerung der Stadt. Wie immer, wenn seine Kräfte für einen großen Streich nicht ausreichten, verlegte er sich auf eine Taktik der Nadelstiche, die er dem Feind versetzte: Über Wochen und Monate ließ er seine Reiterei rasche Vorstöße in das Umland der Stadt unternehmen und alles vernichten, dessen sie habhaft werden konnte: Gehöfte wurden niedergebrannt, Tiere geraubt, Felder verwüstet. Obst- und Olivenbäume ließ er entwurzeln und Vorratslager plündern. Den Bewohnern jener Landstriche mag es vorgekommen sein, als wären die biblischen Plagen über sie gekommen, denn wohin auch immer des Kaisers Ritter kamen, hinterließen sie nichts als Asche, Tod und Leid. Und es dauerte nicht lange, da machte unter den Einheimischen das Wort vom *furor imperatoris* die Runde – vom rasenden Zorn des Kaisers.

Die Liebe seiner oberitalienischen Untertanen gewann er auf diese Weise nicht, wohl aber ihre Furcht und ihren Hass. Anders verhielt es sich mit jenen Städten, die von jeher in Konkurrenz zu Mailand gestanden und nun endlich einen machtvollen Verbündeten gefunden hatten – die leidgeprüften Lodesen vor allen anderen, aber auch die Bürger von Pavia und Cremona. Letztere waren es, die meinem Herrn ein anderes, lohnendes Ziel vor Augen stellten und seine Aufmerksamkeit auf die Landstadt Crema lenkten. Trotz der Ähnlichkeit ihrer Namen waren die beiden Städte nämlich erbitterte Rivalen.

Als enger Verbündeter der mailändischen Politik sollten die Bewohner von Crema, die Cremasken, den Zorn des Kaisers als Erste zu spüren bekommen, zumal die kleine Stadt, die aus wenig mehr als einer Burg, darum siedelnden Häusern und einer Mauer bestand, ein leichteres Ziel darstellte als das große Mailand und auch mit weniger starken Truppen eingenommen werden konnte.

Ein tragischer Irrtum, wie sich herausstellen sollte.

Ob Friedrich den Versprechungen der Cremonesen und ihres Oberhaupts, des Bischofs Oberto von Dovara, erlag oder seinem eigenen heiligen Zorn, weiß ich nicht zu beurteilen – doch was folgte, war eine Zeit der Dunkelheit, eine lange Nacht in der Regentschaft meines Herrn. Und nicht nur ich vertrete bis zum heutigen Tag die Ansicht, dass unser Herrscher damals nicht nur mit den Feinden des Reiches kämpfte, sondern auch mit dunklen, inneren Dämonen, die von seinem Herzen Besitz ergriffen hatten und es verfinsterten.

Dass er Crema zunächst kaum Bedeutung beimaß und die Eroberung der Stadt für eine Formalität hielt, die schon bald erledigt sein würde, mag man daraus ersehen, dass er selbst sich zunächst noch wesentlich mehr für die Verwüstung des Mailänder Umlands interessierte und sie weiter persönlich befehligte, während er die Belagerung von Crema anderen überließ. Erst im Juli, als der Ring um die Stadt geschlossen war und die Kämpfe begonnen hatten, beschloss auch der Kaiser, nach Crema zu ziehen und dort sein Lager aufzuschlagen, freilich nicht ahnend, wie lange er dort bleiben würde.

Vor den Mauern der Stadt, vornehmlich am gen Westen gewandten Haupttor, gab es zunächst das übliche Schauspiel, das Kämpfer beider Seiten wenn schon nicht mit dem Leben so doch mit gebrochenen Knochen und verstümmelten Gliedmaßen bezahlten. Die Unseren versuchten, die Mauern mit Leitern zu überwinden, und für jeden zurückgeschlagenen Angriff wurden sie vonseiten der Verteidiger mit Häme und Spott überschüttet.

Verglichen mit dem, was folgen sollte, war dies nur Geplänkel, die Ruhe vor dem Sturm. Ehe ich allerdings berichte, was sich dann zutrug, wollen wir nicht vergessen, dass es die Bewohner von Mailand und Crema waren, die Schuld auf sich luden, indem sie die Macht des Kaisers herausforderten – doch wer möchte bei all dem Blut, das danach fließen sollte, tatsächlich noch Schuld zuweisen?

Die nächsten Tage brachten zunächst noch einen Lichtblick. Ende Juli traf die ersehnte Verstärkung aus der Heimat ein – Heinrich der Löwe, des Kaisers Oheim Welf sowie sein Stiefbruder Konrad, Pfalzgraf bei Rhein, führten ihre Kämpfer von Norden heran. Den stolzen Zug der Kämpen mit ihren wehenden Bannern zu sehen, gefolgt von Tross und Fußvolk, erfüllte uns alle mit der Hoffnung, dass sich das Kampfesglück nun wenden und es mit Crema ein ähnliches Ende nehmen könnte wie einst mit dem widerspenstigen Tortona.

Doch all die Ritter, die die Mauern bestürmten, die Armbrust- und Bogenschützen, die Katapulte, Sturmwände und Leitern, die man zu Dutzenden zimmern ließ – sie brachten nicht den erwünschten Erfolg. Immer länger zogen sich die Kämpfe hin, die nun immer heftiger und blutiger wurden, und immer höher schienen die Mauern der Stadt vor uns Angreifern emporzuwachsen. Des Kaisers italienische Verbündete verfielen auf den Gedanken, einen *helepolis* zu errichten, einen riesigen hölzernen Turm, beweglich genug, um an die Mauern herangeführt zu werden, und dabei hoch genug, um die Zinnen zu überragen.

»Was soll das sein?«, fragte der Kaiser, als er die Baupläne für das Monstrum begutachtete.

»Eine Kriegsmaschine der neuesten Bauart«, beeilte sich der Erfinder zu versichern, ein aus Jerusalem stammender Grieche, der sich seine Dienste teuer entlohnen ließ. »Eure Feinde werden zittern, wenn sie vor ihren Mauern auftaucht.«

»Oder vor Lachen von den Wehrgängen fallen«, konterte Friedrich, dem das Misstrauen gegen das fremdländische Konstrukt deutlich anzumerken war.

»In beiden Fällen hätten wir gewonnen«, bemerkte Otto von Wittelsbach mit der ihm eigenen Unbekümmertheit.

»Mein Kaiser«, entgegnete Oberto, der ebenso kaisertreue wie kampferfahrene Bischof von Cremona, »ohne Maschinen wie diese werden wir Crema nicht bezwingen.«

»Ich werde eine weitere Katze bauen lassen, um eine Bresche in die verdammte Mauer zu schlagen«, kündigte Friedrich an.

»Und wie zuvor scheitern, da die Mauern von Crema auf natürlichen Fundamenten ruhen – ein solcher Turm jedoch könnte helfen, sie zu überwinden.«

»Die Feinde des Reichs werden durch Mut und blankes Eisen bezwungen, nicht durch wirre Ideen«, konterte der Kaiser. »Soll der Feind vielleicht noch lauter über mich lachen, als er es ohnehin schon tut?«

»Auf ein Wort, Vetter«, sagte Heinrich der Löwe, der bislang stumm dabeigestanden hatte, und zog seinen kaiserlichen Cousin zur Seite. Ich war der Einzige, der nah genug stand, um zu verstehen, was der Löwe meinem Herrn zuraunte – dass es letztlich nicht schaden könne, eine weitere Kampfmaschine zu Gebote zu haben, und dass es schließlich die Italiener sein würden, die das Geld dafür aufbrachten. Das schien meinen Herrn zu überzeugen, denn er erteilte seine Zustimmung, und schon am nächsten Tag wurden Wagenladungen von Holz herangeführt, und der Bau des Belagerungsturmes begann.

Der Grieche und seine Handwerker leisteten Erstaunliches. Innerhalb weniger Tage wuchs der Turm in die Höhe, und anders, als Friedrich befürchtet hatte, lachte niemand beim Anblick des hölzernen Kolosses: Acht Mannslängen ragte er schließlich empor, im obersten Stockwerk mit einer Plattform für Bogenschützen versehen, darunter eine Fallbrücke, hoch und lang genug, um auf ihr die Kluft zwischen Turm und Mauer überbrücken und die feindlichen Zinnen erstürmen zu können. Davon, dass er das Gebilde noch vor wenigen Tagen für ein Hirngespinst gehalten hatte, wollte mein Herr jetzt nichts mehr wissen; den Griechen lud er in sein Zelt zum Gastmahl ein und bedachte ihn mit reichen Geschenken.

Abermals regte sich Hoffnung im Lager, dass sich das Schlachtenglück nun wenden werde. Den Turm zu errichten war freilich eine Sache – ihn an die feindlichen Mauern heranzuführen noch einmal eine andere.

Unter hohen Verlusten, die vor allem die Lodesen zu tragen hatten, war Erde herangebracht und der die Stadt umgebende Graben an einer Stelle zugeschüttet worden, die für den Angriff günstig erschien – das Gelände war hier leicht abschüssig und würde es leichter machen, den Turm zu bewegen.

Als der *helepolis* vor den Mauern Cremas auftauchte, war die Wirkung groß: Entsetztes Geschrei erhob sich auf den Mauern, das nach all dem Spott, den wir ertragen mussten, ein Wohlklang in unseren Ohren war. Auch Friedrich war voller Euphorie und befahl den Angriff – doch der erwartete Triumph blieb aus.

Nicht nur dass sich die Verteidiger rasch von ihrem Schrecken erholten und ihre Bogen- und Armbrustschützen uns mit allem eindeckten, was die Sehnen hergaben –

das Heranführen des Turmes wurde so zu einem blutigen Unterfangen, das viele Dutzend Waffenknechte mit dem Leben bezahlten; nein, wie sich herausstellte, hatten auch die Bewohner von Crema einen klugen Kopf in ihren Diensten, einen Mann namens Marchese, dessen Erfindergabe und Einfallsreichtum die unseres Griechen noch übertrafen.

Die Katapulte, die er für die Verteidiger erbaut hatte, waren nicht einfache Steinschleudern wie die unseren, sondern ausgefeilte Maschinen, deren Zielgenauigkeit alles in den Schatten stellte, was ich bis dahin gesehen hatte. Aus dem Schutz ihrer Mauern heraus nahmen die Cremasken unseren Turm unter Beschuss – mit gewaltigen Brocken, die mit derartiger Wucht geschleudert wurden, dass sie die Front des Turmes bei einem direkten Treffer glatt zerschmettern würden.

Vom Pferderücken aus verfolgte Friedrich den Angriff, außer Reichweite der feindlichen Bogenschützen und Katapulte, aber doch nah genug, um alles genau zu beobachten. Und so hörte er nicht nur das anfängliche Angstgeschrei der Einwohner von Crema, sondern auch das entsetzliche Bersten und Krachen, als die ersten Geschosse in den Kriegsturm einschlugen. Und das fürchterliche Kreischen unserer Bogenschützen, die von den heranfliegenden Brocken zerschmettert oder von der Plattform gefegt wurden. Zappelnd stürzten sie in die Tiefe, zum Entsetzen des Kaisers und zur Erbauung seiner Feinde.

»Der Beschuss ist überaus stark, Neffe«, merkte Herzog Welf an, der neben meinem Herrn im Sattel saß, wie dieser voll gerüstet und bereit zum Kampf. Zwei Heerscharen, die eine unter dem Kommando des Herzogs, die andere unter dem Heinrichs des Löwen, hielten sich bereit für den Fall, dass es der Turmbesatzung gelang, die Mauer einzunehmen und das Stadttor zu öffnen. »Erwägst du, den Angriff abzubrechen?«

»Damit sie noch mehr über mich lachen?« Friedrich schickte ihm einen düsteren Blick. »Dieses Ding wurde erbaut, um Crema zu bezwingen – nun möge es seine Pflicht tun.«

Er hatte den Satz kaum beendet, als der Turm einen weiteren Treffer abbekam. Holz barst und Splitter stoben nach allen Seiten, verletzten weitere Kämpfer der Besatzung.

»Wenn es so weitergeht, wird nachher nichts übrig bleiben, das seine Pflicht erfüllen könnte«, merkte Herzog Heinrich an. Der Löwe, wie immer gleichmütig wirkend in seiner Rüstung und auf seinem riesigen Kriegsross sitzend, war sicher der Einzige, der angesichts einer derartigen Lage in einem solchen Tonfall sprechen durfte. Wie so oft schwang leiser Spott in seiner Stimme mit, und wie so oft hörte Friedrich bei ihm gnädig darüber hinweg.

Der nächste Treffer streifte den Turm nur, brachte ihn jedoch sichtbar ins Wanken. »Was für ein Geschoss ist das gewesen?«, wollte Otto von Wittelsbach wissen. Seine eigene Aufregung hatte sich auf sein Pferd übertragen, es tänzelte unruhig, sein Knappe hatte Mühe, es zu halten. »Werfen sie jetzt mit Mühlsteinen?«

Der Kaiser erwiderte nichts, aber seine Miene war dabei, sich zu verfärben und mehr und mehr die Tönung von Haar und Bart anzunehmen. Seine Gesichtszüge verhärteten sich, wie sich seine ganze Gestalt auf dem Pferd zu verkrampfen schien, so als würde er sich vor unseren Augen in kalten Stein verwandeln. Vermutlich konnte er in diesem Moment bereits den Spott hören, das Gelächter seiner Feinde, wie es ihm von den Mauern entgegenschlug. Nicht nur ihn würden sie mit Verachtung und Häme überziehen, sondern auch die Krone, die er trug, und das ganze Reich, für das niemand anderer Verantwortung hatte als er selbst.

Nicht dem Löwen würde man die Schmach anlasten.

Nicht den Italienern, die den Turm hatten bauen lassen.

Nicht dem Griechen, der ihn erfunden hatte.

Er ganz allein würde dafür geradestehen, sein Misserfolg würde es sein, den man auf Cremas Mauern feierte, sein Versagen, das andere Städte ermutigen würde, sich gegen ihn zu erheben und auf die Seite der Aufrührer zu schlagen. Sein Ruhm und seine Ehre, die mit der Krone standen und fielen …

Oder verspürte mein Herr in diesem Moment einfach nur dieselbe ohnmächtige Wut, die auch ein Bauer empfand, dem eine Springflut das Feld überschwemmte oder der Frost die Ernte raubte? Ich weiß es nicht zu sagen.

Doch als der nächste Einschlag kam und der neu erbaute Turm unter der Wucht des Beschusses zerstört zu werden drohte, ging in seinem Inneren etwas vor sich, als würde ein Licht verlöschen und eine lange Nacht anbrechen.

»Also gut«, befahl er über das Geschrei der Verwundeten hinweg, das bis zu uns herüberdrang, »in Christi Namen, befehlt den Rückzug!«

»Eine gute Entscheidung, Herr«, bestätigte der Grieche, der auf einem Maultier hockte, sodass er zum Kaiser aufsehen musste. »Ich werde sogleich darangehen, Maßnahmen zum Schutz des Turmes zu planen – Tierfelle und Matten aus Schilf könnten dafür sorgen, dass …«

Er verstummte, als Friedrich ihn direkt ansah. Im selben Moment erklang das Trommelsignal zum Rückzug, quittiert von lautem Triumphgeschrei auf Cremas Mauern.

Mein Herr zuckte zusammen wie unter Peitschenhieben. Seine Gesichtszüge verzerrten sich auf geradezu unmenschliche Weise, sodass ein jeder von uns erkennen konnte, dass es nicht Mitleid mit den Waffenknechten gewesen war, die ihn zum Abbruch des Angriffs bewogen hatte. »Der Turm muss besser geschützt werden«, bestätigte er, »doch Tierfelle und Schilf werden Steine nicht aufhalten.«

»Was dann, Herr?«, fragte der Grieche verblüfft. »Was habt Ihr im Sinn? Befehlt, und ich werde alles daransetzen, Eure Pläne auszuführen …«

»Jeder einzelne Stein, den Crema heute auf uns geworfen hat, soll vergolten werden«, erwiderte mein Herr leise. Das Funkeln, das er dabei in den Augen hatte, war von feuriger Glut, und ich hatte es zuvor nur ein einziges Mal bei ihm gesehen. Damals wie heute ließ es mich erschaudern.

Und es hätte mich warnen sollen.

34

Der Katapultbeschuss hatte dem Angriffsturm schwer zugesetzt – ganze fünf Tage nahmen die Reparaturen in Anspruch, und der Kaiser selbst übernahm es, mehrmals täglich nach den Fortschritten zu sehen.

Immer wieder rief er den Griechen in sein Zelt, der gegenüber der ersten Ausführung entscheidende Veränderungen an dem Turm vornehmen ließ: An der Vorderseite wurden hölzerne Keile angebracht, bis hinauf in luftige Höhe, dazu schmiedeeiserne Ösen, durch die sich Ketten und Seile ziehen ließen. Welchem Zweck all dies dienen sollte, darüber rätselte nicht nur ich, sondern das ganze Lager; nur wenige weihte mein Herr in seine Pläne ein, und ich gehörte nicht dazu.

Er war verschlossen und finster in diesen Tagen, nur darauf bedacht, den frechen Feind hinter den Mauern zu bezwingen und die beschmutzte Ehre des Reiches reinzuwaschen. Dieser Wunsch war so bedeutend, dass er alles andere übertraf, selbst die christliche Barmherzigkeit, die meinem Herrn stets so viel bedeutet und die er als eine der wichtigsten Tugenden eines Herrschers angesehen hatte.

Am Abend des fünften Tages – die Dämmerung war

bereits hereingebrochen – offenbarte sich uns allen, was der Kaiser im Geheimen geplant hatte, um den Turm vor feindlichem Beschuss zu schützen. Über den Anstieg wurde die Maschine wieder herangeführt – und uns allen war es, als würde eine Pforte zur Hölle geöffnet.

Der Anblick war entsetzlich.

Denn anstelle der Felle toter Tiere, die den Turm vor Beschuss hätten schützen sollen, hatte sich Friedrich für lebende Menschen entschieden!

Schon seit Beginn der Kämpfe weilten Geiseln im Lager – Männer aus Mailand und Crema, die im Zuge von Verhandlungen gegen deutsche Kämpfer ausgetauscht worden waren; zudem waren in den letzten Tagen zwei feindliche Spähtrupps von uns überrascht und gefangengenommen worden – all diese Leute, einundzwanzig an der Zahl, hatte der Kaiser auf die Keile stellen und am Turm festbinden lassen. So hingen sie nun dort oben wie Prometheus am Fels des Kaukasus, an ihren Fesseln zerrend und lauthals schreiend. Damit sie schon von Weitem gesehen werden konnten, hielten einige von ihnen Fackeln in den Händen, die sie schwenkten und die flüchtigen Schein auf ihre Gesichter warfen – gehetzte, in Todesangst verzerrte Mienen, deren bloßer Anblick mein Herz mit Entsetzen erfüllte.

Was die hohen Herren dachten, entzieht sich meiner Kenntnis. Der Löwe blickte finster drein wie immer, die bärtigen Züge unbewegt, der Wittelsbacher stand wie stets treu zu seinem Herrn, wandte allerdings den Blick ab, als der Turm sich näherte. Nicht wenige bekreuzigten sich, und jemand rief die Gnade des Allmächtigen herab.

Und Friedrich?

Man mag mir vergeben, wenn ich in dieser Nacht nichts

Menschliches an meinem Herrn finden konnte. Aufrecht thronte er auf seinem Schlachtross, einen Ausdruck von Genugtuung in den roten Zügen. Wie er dort im Sattel saß und mit Glut in den Augen das Geschehen beobachtete, erinnerte er an einen Reiter der Apokalypse, umrahmt vom Feuer der Fackeln und dem Wehgeschrei der Gefangenen, die heiser um Gnade brüllten.

»Bei der Gnade des Allmächtigen, was hast du getan, Herr?«, entfuhr es mir in ehrlichem Entsetzen.

»Was ich tun musste, um meiner Ehre und der des Reiches willen«, kam es zurück. Wenn er das Geschrei der Männer am Turm hörte, so schien es ihn nicht zu kümmern.

Crema hatte den Kaiser herausgefordert.

Dies war seine Antwort.

Stück für Stück wurde das schaurige Bauwerk an die Stadtmauer herangeführt.

»Miserere! Miserere!«, schrien die Gefangenen ihren eigenen Leuten entgegen, die hinter den Zinnen lauerten, im verzweifelten Bemühen, sie vom Beschuss abzuhalten. Grausig schollen ihre Rufe durch die Nacht.

»Wo«, knurrte Friedrich auf seinem Ross, während wir dem schaurigen Spektakel beiwohnten, »ist nun euer Spott? Wo euer Triumphgeschrei, nun, da ihr erkennt, wen ihr vor aller Welt herausgefordert habt?«

Der Angriff ging weiter.

Immer näher wurde der Turm an die Mauern herangeführt, Zugochsen und eine Hundertschaft von Knechten sorgten dafür, dass er sich bewegte, während sich ein ganzer Kriegstrupp unter der Führung des Pfalzgrafen bei Rhein im Schatten des Kolosses duckte, bereit, ihn zu bemannen und die Zinnen des Feindes todesmutig zu erstürmen, unterstützt von Bogenschützen aus Lodi und Pavia, die darauf brannten, es ihren Peinigern heimzuzahlen.

Im Rhythmus des Trommelschlags wälzte sich der Turm der Stadt entgegen, das Geschrei der Gefangenen bildete dazu einen schaurigen Gesang. Und anders als beim letzten Angriff geriet der Vormarsch diesmal nicht ins Stocken …

»Dein Plan scheint aufzugehen, Vetter«, stellte der Löwe in unverhohlener Bewunderung fest. »Es gibt keinen Beschuss durch Bogenschützen oder Katapulte.«

»Natürlich nicht«, entgegnete Friedrich ungerührt. »Sollen sie auf ihre eigenen Leute schießen? Crema ist eine kleine Stadt, die Menschen dort kennen sich von Angesicht zu Angesicht.«

»Es wird gelingen«, war Otto von Wittelsbach überzeugt. »Diesmal, mein Kaiser, werdet Ihr es sein, der triumphiert.«

Mein Herr nickte nur und straffte sich im Sattel, dem erbärmlichen Geschrei zum Trotz. Es widersprach allen Regeln der Ritterlichkeit, und doch kannte er in diesem Moment kein Erbarmen. Nicht weil es ihm Vergnügen bereitete, diese Menschen um ihr Leben flehen zu hören. Sondern weil es notwendig war, um die Ehre des Reiches wiederherzustellen. Und die Ehre überwog alles andere …

»Was ist das?«, rief Otto plötzlich.

»Fackeln auf den Mauern«, sagte Heinrich. »Sie bereiten sich auf den Angriff vor!«

»Sollen sie«, knurrte der Kaiser. »Wenn der Turm erst heran ist, wird es zu spät dafür sein.«

»Pfeilbeschuss!«, rief der Wittelsbacher – und tatsächlich: Das hässliche Zischen todbringender Geschosse erfüllte plötzlich die Nachtluft, überlagerte für einen Moment das ferne Geschrei. Im nächsten Moment prasselten Hunderte gefiederter Geschosse auf die Angreifer nieder.

»Bei allen Heiligen! Haben sie den Verstand verloren?« Friedrich brüllte so laut, dass sein Destrier unruhig zu tänzeln begann.

In diesem Moment geschah etwas, womit keiner von uns, am allerwenigsten der Kaiser selbst, gerechnet hatte: Der harte Schlag von Katapulten war zu hören, und von jenseits der Mauern wurden Gesteinsbrocken auf den herannahenden Turm geschleudert. Sie waren schlecht gezielt und gingen fehl – doch die Cremasken hatten bei anderen Gelegenheiten bewiesen, dass sie rasch dazulernten, und ihre Katapulte waren Maschinen von höchster Präzision.

»Das … das ist nicht möglich!«, rief Friedrich entgeistert. »Sie werden nicht Steine auf ihre eigenen Leute werfen! Diesen ärgsten aller Frevel werden sie nicht begehen!«

»Offenbar doch«, kommentierte der Löwe gelassen, während erneut Geschosse über die Mauer flogen – und diesmal schon sehr viel näher am Ziel einschlugen.

»Diese Teufel«, ereiferte sich der Kaiser. »Ist ihnen denn nichts heilig?«

»Sie sind verzweifelt, Herr«, sagte ich leise. »Verzweifelten Menschen ist nichts heilig.«

Mein Herr warf das behelmte Haupt herum und blitzte mich wütend an. Sein Blick enthielt eine deutliche Warnung. Erst jetzt ging mir auf, dass er meine Worte sehr wohl auch auf sich beziehen konnte. Ich sah zu Boden und schwieg – und in diesem Augenblick schlug das erste Geschoss im Turm ein.

Nicht, dass wir von unserer Position aus viel hätten sehen können. Aber was wir hörten, ließ uns das Blut in den Adern gefrieren. Die Gefangenen hatten bis zuletzt wie von Sinnen geschrien und um Gnade gefleht. Dann kam der Einschlag, hässlich und berstend, und ihr Gebrüll verstummte jäh. Einen Herzschlag lang herrschte bleiernes Schweigen, ehe das Geschrei erneut losbrach, noch lauter und verzweifelter als zuvor.

Ein zweiter Treffer folgte und machte deutlich, dass Friedrichs Plan fehlgeschlagen war. Der Kaiser hatte darauf gesetzt, dass der Anblick ihrer zum Untergang verurteilten Mitbürger die Cremasken davon abhalten würde, den Turm erneut zu beschießen. Doch trotz ihres namenlosen Entsetzens war den Verteidigern wohl klar geworden, dass sie sich entweder gegen ihresgleichen versündigen mussten – oder das Schicksal ihrer Stadt besiegelt war.

Der Beschuss ging weiter, doch wie zuvor befahl der Staufer nicht sofort den Rückzug. Das Wissen, näher am Sieg zu sein als jemals zuvor in den vergangenen Wochen, ließ ihn an seinem Ziel festhalten und den Angriff fortsetzen.

Pfeile flogen hin und her, und auch von unserer Seite schickten Katapulte Gesteinsbrocken zum Feind, doch sie richteten kaum Schaden an, wohingegen die Verteidiger immer wieder Treffer landeten. Erneut stand zu befürchten, dass der Turm dauerhaften Schaden nehmen oder gar einstürzen könnte, und so beorderte mein Herr ihn schließlich doch zurück, zähneknirschend und unter wüsten Verwünschungen für den erbarmungslosen Feind.

Dann zog er sich in sein Zelt zurück, ersparte seinen kaiserlichen Augen den Anblick des Turms, der ins Lager zurückgeschleppt wurde.

Nicht eine einzige der Geiseln, die wir als lebende Schilde verwendet hatten, war unverletzt geblieben. Einige hatten Pfeile in Armen oder Beinen stecken, einer war in den Hals getroffen worden und daran verblutet; schlaff hing sein Körper in den Seilen, sein Arm schien auf groteske Weise zu uns herabzuwinken. Andere schrien aus Leibeskräften, jetzt nicht mehr vor Furcht, sondern vor Schmerz, weil Geschosse ihnen Glieder zerschmettert oder schwere Wunden zugefügt hatten. Mehrere von ihnen waren blutüberströmt, einem war der Brustkorb zerschlagen worden, einem anderen der Schädel, sodass Blut und Hirn die Front des Turmes besudelt hatten.

Selbst hartgesottene Kämpen wandten sich ab, als die grausige Staffage an ihnen vorüberzog. Nicht des bloßen Anblicks wegen, denn wir alle hatten auf den Schlachtfeldern Vergleichbares gesehen und Schlimmeres, sondern aus Scham.

Ich fand keine Ruhe in dieser Nacht, und ich weiß, dass es meinem Herrn ebenso erging. Ich konnte hören, wie er sich ruhelos auf seinem Lager umherwarf, und als ihn gegen Morgen endlich der Schlaf übermannte, schien er von dunklen Träumen verfolgt zu werden, denn er sprach leise vor sich hin, fast wie im Fieber. Ich konnte nicht alles verstehen, was er sagte, aber immer wieder hörte ich das Wort »Vater« – ob es sich auf seinen Vater, den gestrengen Friedrich, bezog oder auf unseren allmächtigen Vater im Himmel, vermag ich nicht zu sagen.

Friedrichs unruhiger Schlaf endete, als eine der Wachen im Zelt erschien. Ein Bote aus Crema war mit einer Nachricht eingetroffen. Darin wurde der Kaiser aufgefordert, sich bei Sonnenaufgang in Sichtweite der Stadtmauer einzufinden.

Friedrich verspürte kein Verlangen danach, sich von seinen Feinden bestellen zu lassen wie ein Knappe zu seinem Herrn; die Neugier trieb ihn dennoch dazu, jene sanfte Erhöhung zu besteigen, von der aus wir den Angriff beobachtet hatten, wenn auch mit Mantel und Kapuze bekleidet und nicht als Herrscher zu erkennen. Es war das erste Mal, dass er sich diesseits der Alpen solcher Maskerade bediente, um von seinen Gegnern nicht erkannt zu werden – es sollte nicht das letzte Mal bleiben.

Als die Sonne über den Horizont stieg und die Türme von Crema sich trutzig im Gegenlicht abzeichneten, gab es auf den Mauern Bewegung. Mehrere Männer, die Arme auf den Rücken gefesselt, wurden mit vorgehaltenen Klingen genötigt, auf die Zinnen zu steigen.

»Das sind welche der Unseren«, stellte Otto von Wittelsbach mit angestrengt verengten Augen fest. »Die Geiseln, die wir zu Beginn der Verhandlungen gestellt haben.«

»Das werden sie nicht wagen«, entgegnete Friedrich, die Augen mit der Hand gegen das gleißende Licht schirmend. »Diese Männer unterstehen meinem Gesetz und Schutz. Sollten sie ihnen auch nur ein Haar krümmen, so …«

Wir alle horchten auf, als die Männer auf den Zinnen plötzlich in lautes Angstgeschrei verfielen. Sie alle, wie sie dort standen, brüllten sich die Seelen aus den Hälsen – nur um jäh zu verstummen. Noch einen Augenblick hielten sie sich auf ihren hohen Posten, vollführten dort eigenartige Bewegungen und kippten nach vorn in die Leere, Pfeile im Rücken.

»Nein!«, rief Friedrich entsetzt und hob die Hand, als könne er dem Irrsinn so Einhalt gebieten – doch die Geiseln, acht an der Zahl, stürzten in die Tiefe. Einen schrecklichen, endlos scheinenden Augenblick lang fielen sie und schlugen schließlich am Fuß der Mauer auf. Einige von ihnen lebten noch und schrien weiter, aber natürlich gab es keine Möglichkeit, an sie heranzukommen und ihnen zu helfen – und wäre es nur gewesen, um ihr Leiden zu beenden.

Die Züge des Kaisers hatten sich gerötet, heiße Tränen rannen über seine Wangen und versickerten in seinem Bart. Wie machtlos musste der Herrscher des Abendlands sich in diesem Augenblick fühlen? Vorgeführt von einer kleinen Stadt in Oberitalien, einem Stachel im Fleisch des Reiches …

»Dafür werden sie bezahlen«, sagte er. Dann wandte er sich um und ging wortlos in sein Zelt zurück.

Bei der Versammlung, die er anschließend einberufen ließ und bei der alle Großen des Feldzugs zugegen waren, wurde beschlossen, dass die Einwohner Cremas mit der Ermordung der Geiseln todeswürdige Verbrechen begangen und ihr Leben verwirkt hatten. Dieses Urteil ließ Friedrich ihnen durch einen Boten mitteilen, den er vor das Haupttor schickte.

Die Mächtigen von Crema antworteten auf ihre Weise – indem sie ankündigten, weitere Geiseln zu töten, sollte der Kaiser weiter auf seinem Recht beharren.

Mein Herr geriet daraufhin in unbändige Wut, Zorn von einer Art, die jede menschliche Empfindung vermissen ließ. Zwei feindliche Späher, die erst am Tag zuvor hinter unseren Linien aufgegriffen worden waren, ließ er vor die Stadtmauer schleppen und vor den Augen der Cremasken an hastig aufgerichteten Gestellen erhängen.

Die Antwort erfolgte noch am Abend desselben Tages: Zwei weitere Geiseln aus dem kaiserlichen Lager wurden auf die Mauerkrone geführt. Doch statt sie erneut mit Pfeilen zu durchbohren, legte man ihnen diesmal Stricke um den Hals, ehe man die Armen von den Zinnen stieß. So zappelten sie elend vor der Mauer, bis sie schließlich zu Tode kamen und unter den Augen ihres Kaisers ein unrühmliches Ende fanden.

Unter den Reichsfürsten – vornehmlich unter den Vertretern des geistlichen Standes – erhoben sich nun erste Stimmen, die ein Ende des unseligen Wettstreits forderten, der immer weitere Unschuldige das Leben kosten würde. Doch wie hätte mein Herr auf eine solche Schmach antworten sollen? Wäre ihm Barmherzigkeit von seinen Feinden nicht als Schwäche ausgelegt worden? Ein Einlenken nicht als Niederlage? Mussten nicht die Feinde des Reiches das Haupt vor dem Herrscher beugen?

Friedrich Rotbart mochte Kaiser sein, doch er war nicht Herr seiner selbst. Nicht nur unbändige Wut hielt ihn gefangen, sondern auch all jene, die vor ihm die Krone des Reiches getragen hatten und in deren Schuld und Tradition er sich sah. Wie anders hätte ein Konstantin auf solche Provokation reagiert als mit Unnachgiebigkeit und Stärke?

Wie ein Karolus Magnus?

Bei Sonnenuntergang ließ mein Herr paarweise Astgabeln in den Boden rammen und ein Querholz darüberlegen. Auf diese Weise entstanden im Handumdrehen vierzig weitere Galgen in Sichtweite der Stadt, und aus allen Winkeln des Lagers ließ er neue Geiseln und Gefangene zusammentreiben, Leute aus Crema, aber auch Mailänder und andere. Als nun die vierzig Männer im Schein lodernder Fackeln unter den Galgen standen, die Stricke um die Hälse und bereit, hinaufgezogen zu werden, da erhob sich auf den Mauern von Crema ein fürchterliches Geschrei. Furcht, Fassungslosigkeit und ohnmächtiger Zorn, von allem mochte etwas darin schwingen – Friedrich vernahm es mit grimmiger Freude.

»So scheint es«, knurrte er, während er die Galerie der Galgen vom Pferderücken aus überblickte, »dass wir ihre verwundbare Stelle doch noch gefunden haben.«

»Haltet ein, ich bitte Euch«, bat Oberto von Dovara. »Um der Liebe Christi willen, lasst ab von Eurem Zorn, so gerechtfertigt er auch sein mag.«

Der Kaiser wandte sich dem Bischof zu, einen Ausdruck schieren Unglaubens im Gesicht. »Und das sagt ausgerechnet Ihr mir? Ihr, der Ihr jenen Turm um jeden Preis bauen wolltet, um Eure Feinde zu bezwingen?«

»Um jeden Preis, der sich mit Geld bezahlen lässt, jedoch nicht auf Kosten unserer unsterblichen Seelen«, konterte Oberto, der unserer Sprache fließend mächtig war.

Doch Friedrich schüttelte den Kopf, lauernd wie ein hungriger Wolf. »Was wisst Ihr schon?«, erwiderte er. »Was von den Zwängen, denen ich folgen, von den Tributen, die ich entrichten muss?«

»Ihr seid der Kaiser, oder nicht?«, fragte der Bischof und brachte es fertig, dabei wie ein unschuldiges Kind auszusehen – auch wenn er durchaus das Seine zum Konflikt beigetragen hatte.

»Das bin ich«, bestätigte Friedrich, die Kälte seiner Worte ein Spiegel seines Herzens. »Und deshalb werde ich diese Männer nunmehr hängen lassen, als Mittel der Vergeltung und um die Ehre des Reiches wiederherzustellen. Wer anders als ich könnte dazu in der Lage sein?«

Damit hob er die rechte Hand, um sie herabfahren zu lassen und den Befehl zur Hinrichtung zu geben. Mein Blick ging zu den anderen Fürsten des Reiches, die dabei waren, doch sie saßen nur schweigend in ihren Sätteln. Weder der Löwe noch Herzog Welf wagte ein Widerwort, auch von den Vertrauten um Otto von Wittelsbach kam kein Einwand. Hatten sie Angst, dem Kaiser zu widersprechen? Ließ ihr Verständnis von Treue es nicht zu? Oder teilten sie seine Haltung und waren ebenfalls der Ansicht, dass all diese Unschuldigen sterben sollten?

»Auf ein Wort, Herr«, hörte ich mich raunen, noch ehe ich recht begriff, was ich da tat.

Friedrich fuhr im Sattel herum. Sein Blick war vernichtend, seine Hand noch immer oben.

»Was?«, fragte er unwirsch.

»Verzeih, Herr«, stieß ich hervor. »Ich … wollte dich nur an etwas erinnern.«

»In der Tat.« Spott verzog seine bärtigen Mundwinkel. »Und woran willst du mich erinnern?«

»An eine andere Nacht, vor vielen Jahren«, erwiderte ich nur. »Damals sah ich denselben Zorn in deinen Augen.«

»Was du nicht sagst. Und was für eine Nacht sollte das gewesen sein?«

»Jene Nacht, in der wir in Thrakien weilten. Bei einem Kloster in der Nähe von Adrianopel …«

Hätte meinen Herrn ein Schwerthieb am Helm getroffen, hätte er wohl kaum anders reagiert. Er wankte im Sattel, seinen Arm nahm er wieder herunter.

»Mein Kaiser!«, rief Otto als Anführer seiner Leibwache. »Ist alles in Ordnung?«

Friedrich winkte ab. Er sah mich an, aber an seinem Blick konnte ich erkennen, dass er nicht wirklich mich ansah, sondern andere Dinge, die vor seinem inneren Auge aufgetaucht waren, Schatten der Vergangenheit.

Ein Klostervorsteher, der von deutschen Rittern niedergemacht wurde.

Byzantinische Mönche, die von Mauern und aus Fenstern in die Tiefe stürzten.

Ein Kloster, das in hellen Flammen stand.

Ich weiß nicht, ob diese Bilder meinen Herrn in all den Jahren so verfolgt hatten wie mich. Doch in diesem Augenblick, in dieser Nacht, schienen sie mit Macht zu ihm zurückzukehren. Seine Gesichtszüge verzerrten sich daraufhin, und er hob abermals die Hand – diesmal allerdings nicht, um den Befehl zur Hinrichtung zu geben, sondern um mich zu schlagen.

»Elender Wicht!«, fuhr er mich an. »Wie kannst du es wagen, mich daran zu erinnern? Wie das eine mit dem anderen vergleichen?«

Er lenkte sein Tier, das ein gutes Stück größer war als das meine, nahe an mich heran, und ich erwartete schon, die eiserne Faust meines Herrn zu spüren zu bekommen.

»Dein Vater«, hauchte ich in letzter Not, eingedenk seiner dunklen Träume aus der vergangenen Nacht.

»Was?« Er hielt inne.

»Dein Vater«, wiederholte ich. »Er wollte nicht, dass du deinem Onkel auf dem Pilgerzug folgst – vielleicht, weil er wusste, was es aus dir machen würde. Der alte Herzog mag nur ein Auge besessen haben, aber genau wie Otto von Cappenberg konnte auch er sehen, dass der Herr Großes mit dir vorhat, und er wollte nicht, dass du dich auf einen dunklen Pfad begibst, damals wie heute!«

Friedrich starrte mich an.

Die brennenden Klostermauern schien er nicht mehr zu sehen, sein Blick kehrte ins Hier und Jetzt zurück. Und irrte ich mich, oder löste sich auch die eiserne Starre aus seinen Zügen?

Langsam und beinahe zögernd ließ er die Faust wieder sinken. Für einen Moment hatte es den Anschein, als wollte er etwas erwidern. Dann jedoch zog er sein Pferd am Zügel und drehte es herum, lenkte es wortlos ins Lager zurück.

»Lasst zehn von ihnen hinrichten«, rief er über die Schulter zurück. »Den Rest setzt auf freien Fuß. Sagt ihnen, dass der Schatten des Kaisers auf sie gefallen ist – und sie gerettet hat.«

35

Crema
August 1159

In die dunklen Tage der Belagerung fiel Anfang August ein wenig Licht: Boten kamen und kündigten die Ankunft der burgundischen Verstärkung an – und keine andere als Königin Beatrix selbst ritt an der Spitze der Heerschar, die sich aus Rittern und Fußvolk ihrer Heimat zusammensetzte.

Es war, als würde ein greller Sonnenstrahl durch Nacht und Nebel schneiden, nicht nur der Königin wegen, die ihren Mannen vorausritt, in blendender Schönheit, einen Umhang aus goldfarbener Seide um die Schultern. Sondern auch wegen der burgundischen Ritter, die unverdrossen und voller Kampfeslust waren und darauf brannten, sich im Kampf für den Kaiser zu bewähren. Der Trommelklang und die Fanfaren, die ihren Weg ins Lager begleiteten, schienen die Düsternis der zurückliegenden Tage beiseitezuschmettern, und nicht nur ich verspürte die vage Hoffnung, dass nach der grässlichen Nacht des Mordens eine neue Zeit anbrechen würde.

Das ganze Lager schien an jenem Nachmittag aufzuatmen, hartgesottene Kämpfer beugten bereitwillig Haupt und Knie, um der Königin die Ehre zu erweisen. Beatrix nahm die Huldigungen freundlich entgegen, verschenkte hier und dort ein Lächeln, das wie frischer Regen auf ausgedörrten Boden fiel.

Der Tross und die übrigen Truppenteile zerstreuten sich und wurden ihren Lagerplätzen zugewiesen, lediglich die Königin selbst sowie ihre Leibgarde und die nobelsten burgundischen Edlen ritten bis vor das Zelt des Kaisers. Nicht nur Friedrich erwartete sie dort voller Ungeduld, auch ich brannte darauf, endlich wieder meiner Herrin zu begegnen und mich am Anblick ihrer ruhigen Schönheit zu weiden.

Die Miene unseres Herrschers hellte sich auf, als er seine Gemahlin erblickte. Bereitwillig ging er ihr entgegen und kam dem Knappen zuvor, der ihr beim Absteigen behilflich sein wollte. Da er ihrer Sprache nicht mächtig war, begrüßte er sie in seiner eigenen, und als sie vor ihm das Haupt beugte und er sie sanft auf den Scheitel küsste, schien ein wenig von der Düsternis abzufallen, die ihn seit dem vereitelten Attentat überkommen hatte. Der Kaiser lächelte, ein seltener Anblick in diesen Tagen, und führte seine Gemahlin in sein Zelt, wo für sie und ihre burgundischen Ritter sowie für die Obersten unter den deutschen und italienischen Noblen ein Gastmahl bereitet worden war.

Ich stand bei den Wächtern, die den Eingang säumten. Als Beatrix an mir vorbeiging, streifte mich ihr Blick – und irrte ich mich, oder schenkte sie auch mir ein Lächeln? Einen zarten Rest von jener Vertrautheit, die wir einst gepflegt hatten?

Ein Teil von mir hatte gezweifelt, ob sie mich nach all den Monaten überhaupt noch erkennen würde; nun machte mein Herz vor Freude Sprünge. Am Gastmahl teilzunehmen, war mir verwehrt, doch ich nahm dankbar meinen Platz hinter dem Sitz des Kaisers ein, war ich meiner Herrin dort doch näher als jeder ihrer Ritter und Vertrauten.

Es war, als wären die Kälte und die Grausamkeit des Krieges ausgesperrt worden; hier, im Zelt des Herrschers, schien es sie nicht zu geben. Seltener Frohsinn herrschte, und auch wenn allen Anwesenden klar war, dass es nur ein kurzes Innehalten war im großen Sturm, genossen Fürsten wie Ritter es in vollen Zügen. Entgegen der Rationierung, die sonst im Lager herrschte, wurde großzügig aufgetragen, und der Bischof von Cremona hatte ein Fass von seinem besten Wein gestiftet.

Schon am nächsten Tag jedoch holte die Wirklichkeit den Kaiser und die Seinen wieder ein. Mit Unterstützung der Burgunder wurde ein neuer Angriff auf die Stadt vorgetragen, zudem trieb man unter der Aufsicht des Löwen einen Stollen voran, mit dem man die feindlichen Mauern unterminieren und zum Einsturz bringen wollte. Beatrix, so schien es, hatte ihre Schuldigkeit getan, verspürte jedoch offenbar kein Verlangen danach, im kaiserlichen Zelt zu bleiben, wie ihr Gemahl es angeordnet hatte. Es war am Abend des dritten Tages nach ihrer Ankunft, als Friedrich mich zu sich bestellte.

»Herr?«, fragte ich.

»Arndt«, sagte er, und ich wunderte mich, denn bei meinem Namen nannte er mich nur selten, wie wir überhaupt seit jener dunklen Nacht nur wenig gesprochen hatten, »es hat dem Allmächtigen gefallen, mir ein Weib zu schenken, das alles hat, was ein Mann nur begehren kann: Klugheit und Schönheit im Übermaß, dazu eine Mitgift, die aus einer ganzen Grafschaft besteht – jedoch auch einen unbeugsamen Geist.«

»Und das ist nichts Gutes, Herr?«

Der Blick, mit dem er mich bedachte, war schwer zu deuten. »Ein solcher Geist«, erklärte er mir, »ist wie ein guter Jagdfalke, den man zu Hause lässt – er verkümmert in der Gefangenschaft, seine Sinne ermatten. Genauso ist es mit der Königin. Ihr wacher Geist strebt nach Freiheit, alles in ihr sträubt sich dagegen, hier im Lager zu bleiben, während es dort draußen ein ganzes Königreich zu erkunden gibt.«

»Ein von Unruhen erschüttertes Königreich«, fügte ich hinzu, Ungemach ahnend. »Die Königin darf das Lager nicht verlassen, Herr. Es wäre zu gefährlich …«

»Das ist es, was auch ich ihr sage – aber weder hört sie auf ihren Gemahl noch auf den Kaiser«, fügte er hinzu, und das Lächeln um seine Mundwinkel ließ vermuten, dass ihm die Unbeugsamkeit seiner jungen Frau insgeheim auch gefiel. »Sie will hinaus und das Umland sehen, und ich möchte ihr diesen Wunsch gerne erfüllen. Allerdings kann ich ihr zum Schutz nicht meine Leibwache mitgeben, das würde die Aufmerksamkeit des Feindes erst recht erregen. Und würde die Königin gefangen, würde man versuchen, mich zu Zugeständnissen zu zwingen, die der Ehemann wohl gerne machen würde, die der Kaiser jedoch nicht gewähren kann.«

»Ich verstehe, Herr«, erwiderte ich.

»Ich habe daher entschieden, dass es besser ist, wenn ihr nur ein einzelner Kämpe zur Seite steht – und zwar derjenige, dem ich am meisten vertraue. Du, mein Freund.«

»Ich, Herr?«, fragte ich, während ich zugleich merkte, wie sich mein Herzschlag beschleunigte. Die Aussicht, in der Nähe meiner Königin zu sein, so wie damals in Burgund, noch dazu mit ihr allein, versetzte mich gleichermaßen in Hochstimmung, wie sie mich in Panik versetzte. »Aber weder bin ich der beste noch der edelste deiner Mannen …«

»… doch haben sie alle geschwiegen, als ich neulich nachts drauf und dran war, all diese Männer hinrichten zu lassen. Nur du hast widersprochen.«

»Um dich zu schützen, Herr.«

»Und nun sollst du Beatrix beschützen.«

»Aber mein Platz ist an deiner Seite«, widersprach ich noch einmal, meinem Wollen und Sehnen zum Trotz.

»Da ist kein Unterschied«, beschied mir Friedrich kopfschüttelnd. »Wachst du über das Leben meiner Gemahlin, so ist es, als würdest du mein eigenes Leben schützen, gemäß dem Eid, den du geleistet hast.«

Ich widersprach nicht länger, was Friedrich als Zustimmung nahm, und schon am nächsten Tag brachen wir auf.

Es war ein heißer Sommertag, und während vor den Mauern Cremas das Morden andauerte, wandten wir uns in die andere Richtung und ritten gen Südosten Richtung Lodi, in befreundetes Gebiet. Beatrix genoss es sichtlich, der Enge des Lagers zu entkommen und dem Gestank von Blut, Schweiß und Dung, der in der heißen Sommerluft zäh und klebrig über den Zelten hing. Dennoch sprach sie kaum ein Wort, während wir über sonnenbeschienene Felder und von Olivenbäumen gesäumte Pfade ritten, ich selbst in einem unauffälligen Jagdrock aus braunem Leder, die Königin in einem waldgrünen Mantel, die Kapuze über dem blonden Haar.

Als die Sonne gegen Mittag ihrem Zenit entgegenstieg, wurde es beinahe unerträglich heiß, und wir suchten Zuflucht im Schatten eines alten Wachturmes, der noch aus römischer Zeit zu stammen schien und von dem nur noch eine Ruine übrig war. Hier legten wir Rast ein, ehe wir dem Saum eines Pinienwaldes nach Südosten folgten. Die weit ausladenden Kronen spendeten Schatten, ohne dass wir den Wald betreten mussten, nur hier und dort sickerte Sonnenlicht bis zum Boden und tauchte meine Königin in warmen, fast goldenen Schein.

Die Zeit in ihrer Heimat war ihr gut bekommen.

Ihre Schönheit war noch gereift, das Mädchenhafte aus ihren Zügen gewichen. Vor allem jedoch schien sie sich ihres hohen Standes und der damit verbundenen Verantwortung bewusster zu sein, als sie es zuvor gewesen war – die Lehren der Berater und Ministerialen, die ihr Gemahl ihr in die Heimat mitgegeben hatte, schienen auf gelehrige Ohren getroffen zu sein.

»Du sprichst nur wenig«, stellte sie nach einer Weile fest, nicht in ihrer Sprache, sondern auf Deutsch. Unter Anleitung der kaiserlichen Lehrer schien sie große Fortschritte gemacht zu haben, jedenfalls sehr viel mehr als ich mit meinem Französisch, das nach wie vor unbeholfen und tölpelhaft klang.

»Was sollte ich sagen, Herrin?«, fragte ich.

»Ich hatte gehofft, dass du mir berichten würdest.«

»Worüber, Herrin?«

»Darüber, wie es euch ergangen ist, seit mein Gemahl der Kaiser die Heimat verlassen hat.«

Ich sah sie fragend von der Seite an. »Hat Euch niemand berichtet? Hat er es Euch nicht selbst erzählt?«

Sie schüttelte den Kopf. »Mein Gemahl spricht nicht mit mir über derlei Dinge. Entweder denkt er, dass eine Frau nicht klug genug sei, um Politik zu verstehen …«

»Das glaube ich nicht«, wandte ich ein.

»... oder er will die Wahrheit vor mir verbergen, um mich zu schonen«, fuhr sie ungerührt fort.

Ich wollte nicht eingestehen, dass sie den Nagel damit wohl auf den Kopf getroffen hatte, aber das Schweigen, in das ich verfiel, genügte ihr als Antwort.

»So stimmt es also«, folgerte sie. »Es steht nicht gut um die Sache des Reiches.«

»Doch, Herrin«, beteuerte ich. »Es gibt Probleme, natürlich, einige Städte erweisen sich als überaus rebellisch. Aber da ist nichts, womit Euer Gemahl der Kaiser nicht fertig werden würde ...«

Beatrix lachte, freundlich, aber auch mit einem Hauch von Spott. »Du magst viele Qualitäten besitzen, Aren von Cappenberg – die Kunst der Lüge gehört jedoch nicht dazu. Wie steht es also in Italien? Und wie um die Belagerung?«

»Nun«, begann ich, geradeaus auf den Pfad blickend, der sich an den Bäumen entlangwand, »sie zieht sich hin, Herrin. Die Vorteile, die errungen wurden, gingen ebenso schnell wieder verloren.«

»Wie das?« Ihr Blick war forschend, und ich beschloss, bei der Wahrheit zu bleiben. Sie hatte es nicht verdient, belogen zu werden wie ein unmündiges Kind.

»Die Einwohner von Crema sind zähe Kämpfer, Herrin«, erklärte ich deshalb offen, »und sie hassen Euren Gemahl aus tiefstem Seelengrund, das verleiht ihnen zusätzliche Kraft.«

»Und – Friedrich?«

»Was meint Ihr?«

»Mein Gemahl scheint mir ... seltsam verändert«, versuchte Beatrix zu erklären und bewies damit einmal mehr, wie klug und einfühlsam sie tatsächlich war.

»Das ist Euch aufgefallen?«

»Ich wäre eine schlechte Gefährtin, würde es mir nicht auffallen.«

Ich nickte und überlegte, wie ich in Worte fassen sollte, was ich selbst nur mit Mühe begreifen konnte. »Ich glaube, es ist dieses Land«, sagte ich dann. »Es verändert ihn, je länger er hier ist. In unserer Heimat, jenseits der Berge, ist der Kaiser von allen geachtet. Sein Name hat Klang, und sein Wort hat Gewicht, selbst bei seinen Gegnern. Hier jedoch …« Ich schüttelte den Kopf, die Worte fehlten mir, die Lage zu beschreiben, selbst in meiner Muttersprache.

»Hier ist alles anders«, sagte ich schließlich. »Städte und nicht Fürsten kontrollieren das Land, und mancher Konsul ist mächtiger als jeder Ritter. Entsprechend achten viele von ihnen nicht das kaiserliche Gesetz. Gold und Silber sind ihre Götzen. Und als wäre das alles noch nicht genug, sitzt auf dem Stuhle Petri ein Papst, der mit den Feinden des Reiches paktiert und die Normannen im Süden mit Ländereien belehnt, die des Kaisers sind.«

»Du weißt viel über diese Dinge«, stellte Beatrix anerkennend fest.

»Eigentlich nicht. Ich bin nur ein einfacher Diener und verstehe nichts von Politik, und offen gestanden ist sie mir auch gleichgültig. Aber ich habe festgestellt, dass sie meinen Herrn verändert. Eine Düsternis hat ihn befallen, wie ich sie nur selten bei ihm gesehen habe. Es ist gut, dass Ihr jetzt hier seid«, fügte ich hinzu.

Sie lachte auf, es klang gequält. »Wenn alles so ist, wie du sagst, und jene Düsternis das Herz meines Gemahls befallen hat, wie könnte ich da helfen?«

»Ihr habt, was sonst niemand hat«, erwiderte ich. »Den Schlüssel zu seinem Herzen.«

»Woher willst du das wissen?«

Es mochte ihrer Gegenwart geschuldet sein oder der italienischen Sonne, in der ich zu lange gesessen hatte – jedenfalls antwortete ich nicht mit einer Floskel, wie es wohl angemessen gewesen wäre, sondern sagte die Wahrheit frei heraus: »Weil Ihr auch den Schlüssel zu meinem Herzen habt«, erwiderte ich – und hätte schon im nächsten Moment am liebsten meinen Dolch gezückt und mir die Zunge abgeschnitten.

Ich merkte, wie mich Beatrix von der Seite ansah, aber ich mied ihren Blick und sah weiter stur geradeaus.

»Wer sagt das?«, wollte sie wissen. »Der Schatten des Kaisers oder der Leibwächter der Königin?«

»Beide, Herrin«, erwiderte ich ohne Zögern.

»Das ist gut«, sagte sie und lächelte, und mit einem Mal herrschte zwischen uns wieder dieselbe Verbundenheit wie damals, als ich verwundet darniederlag und sie mich pflegte.

Wir unterhielten uns, teils auf Deutsch, dann aber auch auf Französisch, das sie mir weiter beibringen wollte, und beinahe war es wie früher. Sie berichtete mir von Dichtern und Sängern, die den Hof von Besançon besucht und ihr ihre Künste vorgetragen hatten, und ich lauschte aufmerksam ihrer engelsgleichen Stimme, dankbar dafür, etwas anderes zu hören als das Klirren von Schwertern und das Geschrei der Verwundeten. Durch Beatrix kam es mir vor, als wären der Krieg und die Feindseligkeit dieses uns in vieler Hinsicht so fremden Landes weit entfernt. Selbst der dunkle Zorn des Kaisers war in diesen Stunden nicht zu spüren.

Wir stießen auf einen Bach, an dem wir die Pferde tränkten, und folgten ihm, bis er in einen von hohem

Schilf umgebenen Weiher mündete. Still und geheimnisvoll lag das Gewässer im Halbschatten der Bäume, das Zirpen der Grillen erfüllte die warme Sommerluft.

»Mir ist heiß«, erklärte die Königin. »Ich verspüre das Bedürfnis, mich ein wenig abzukühlen.«

»Ihr … wollt ein Bad nehmen, Herrin?«

Der Ausdruck in meinem Gesicht muss derart bestürzt gewesen sein, dass sie laut lachte. »Ist der Gedanke denn so abwegig? Pflegt man nicht zu baden in deutschen Landen?«

»Nun, nein … doch«, erwiderte ich, stammelnd wie ein Narr. »Aber …«

Sie lachte wieder, der Schalk blitzte in ihren dunklen Augen. »Eigentlich hatte ich nur daran gedacht, Arme und Beine abzukühlen. Aber da du davon sprichst …«

»Nein«, sagte ich schnell. »Bitte nicht, Herrin.«

»Warum nicht?« Ihr Blick war so fragend wie herausfordernd.

»Weil … es hier nicht sicher ist«, stieß ich ein wenig hilflos hervor.

»So? Sagtest du nicht, dass wir uns auf befreundetem Gebiet befinden?«

»Gewiss, Herrin … aber ich sagte auch, dass dies ein fremdes Land ist. Fremd und gefährlich.«

Beatrix richtete sich im Sattel auf und sah sich demonstrativ nach allen Seiten um. »Ich sehe hier nichts, was gefährlich wäre – und ich weiß von Herzen, dass mir in deiner Nähe keine Gefahr droht, mein tapferer Ritter.«

»Ich bin kein …«, wollte ich sagen, als mir klar wurde, dass sie sich nur einen weiteren Scherz mit mir erlaubte.

»Nur eine rasche Abkühlung«, versicherte sie und ließ sich bereits aus dem Sattel gleiten, noch ehe ich ihr beim

Absteigen behilflich sein konnte. Dann war sie schon auf dem Weg zum Ufer, schlug sich ins Schilf.

Mit einem Seufzen stieg ich aus dem Sattel.

Ich wollte nicht weithin sichtbar am Waldrand verweilen, also führte ich die Pferde in einen kleinen Hain, den das Schilf am Ufer formte. Die Halme waren mannshoch und boten nicht nur Sichtschutz für die Pferde, sondern würden mich auch davor bewahren, Dinge zu erblicken, die nicht für meine Augen bestimmt waren.

»Herrin?«, fragte ich. »Ist alles in Ordnung?«

»Sei unbesorgt, mein edler Kämpe«, kam es mit leisem, freundlichem Spott zurück.

Eine Weile blieb es still, dann konnte ich hören, wie sie ins seichte Wasser stieg, und auch wenn ich mich mit aller Macht dagegen wappnete, konnte ich nicht verhindern, dass mein Verstand auf Reisen ging und sich vorzustellen versuchte, was sich dort, nur wenige Schritte entfernt jenseits der Wand aus Schilfrohr abspielte.

Ich lauschte dem Summen der Insekten und dem leisen Plätschern des Wassers, hoffte, dass dieser Augenblick möglichst rasch zu Ende gehen möge. Aber er zog sich in die Länge, klebrig und zäh wie alter Honig, und je länger er dauerte, desto größer wurde die Versuchung, nach dem Rechten zu sehen. Hatte ich nicht feierlich geschworen, meine Herrin zu beschützen? War es nicht meine heilige Pflicht?

Mit aller Kraft hielt ich der Verlockung stand – als ich plötzlich noch ein anderes Geräusch vernahm.

Den gedämpften Hufschlaf eines Pferdes, das vom Galopp in langsamen Trab verfiel.

Jemand näherte sich!

Froh darüber, im dichten Schilf Zuflucht gesucht zu haben, griff ich zum Schwert, während ich zwischen den Halmen hindurch zum Pfad blickte. Wer immer der fremde Reiter sein mochte – wenn er vom Rücken seines Pferdes aus eine Maid erblickte, die scheinbar allein und schutzlos im Wasser watete, mochte ihn das auf böse Gedanken bringen …

Der Hufschlag des Pferdes verlangsamte sich noch einmal und verharrte schließlich ganz. Ich konnte hören, wie der Fremde aus dem Sattel stieg. Hatte er die Königin bereits erblickt?

Ich wollte das Schwert ziehen, entschied mich jedoch anders und zückte den Dolch, der mir in dieser Lage vermutlich nützlichere Dienste leisten würde. In meinem Jagdrock war ich auf den ersten Blick im Schilf nicht zu erkennen. Diesen Vorteil musste ich nutzen, wenn es darauf ankam …

Ein Schatten war draußen auf dem Pfad zu erkennen, dann noch ein zweiter. Der Fremde führte sein Pferd jetzt am Zügel, doch seine Aufmerksamkeit schien weder dem Weiher noch meiner Königin zu gelten, die er noch nicht entdeckt zu haben schien. Stattdessen untersuchte er die Spuren, die die Hufe unserer Tiere auf dem Weg hinterlassen hatten. Mein Gesicht wurde heiß, mein Herz begann in meiner Brust zu hämmern – denn mir war klar, dass wir es mit einem feindlichen Kundschafter zu tun hatten!

Im nächsten Moment konnte ich einen Blick auf den Mann erheischen. Es war ein Waffenknecht, der einen Panzer aus ledernen Schuppen trug und einen Kragen aus Kettengeflecht, jedoch keinerlei Farben – dennoch sprach viel dafür, dass er zur Gegenseite gehörte. Kleider, Gesicht und Hände waren schmutzig, er schien sich schon eine ganze Weile hier draußen rumzutreiben. Auf dem Rücken trug er Pfeil und Bogen, am Gürtel ein langes Jagdmesser.

Ein Kundschafter, wie ich vermutet hatte – und wo einer war, waren vermutlich noch mehr.

Alles in mir drängte danach, mich durch das Schilf zum Ufer zu schlagen, um die Königin zu warnen, doch damit hätte ich die Aufmerksamkeit des Spähers erst recht auf uns gezogen und womöglich auch die seiner Spießgesellen.

Ich verharrte also reglos und behielt den Kerl im Auge, hoffte nur, dass Beatrix keinen Laut von sich geben und unser Versteck dadurch preisgeben würde. In der Tat war es nicht die Königin, die unser Versteck verriet, sondern ihr Pferd, das eine Wespe verscheuchen wollte und dabei unwillig schnaubte.

Der Kopf des Spähers flog herum.

Ich hielt den Atem an, wagte keinen Laut – doch es war zu spät. Der Mann erhob sich, dann setzte er seine hagere Gestalt in Bewegung und kam direkt auf den Schilfhain zu. Dabei griff er bereits nach dem Bogen auf seinem Rücken und nahm ihn herab, zog einen Pfeil aus dem Köcher. Ich besann mich der Klinge in meinen Händen und machte mich bereit zum Sprung.

Der Kerl kam näher.

Sein sonnengebräuntes, bärtiges Gesicht war dreckverschmiert, und er stank wie ein Koben Schweine. Im nächsten Moment erreichte er den Hain – und ich handelte. Mit einem Satz sprang ich vor, das Knacken der Halme ließ den Mann herumfahren. Seine Augen weiteten sich, sein Mund öffnete sich zu einem Schrei, der seine Kehle jedoch nie verließ. Denn meine Rechte mit dem Dolch zuckte vor und bohrte sich genau oberhalb des Kragens aus Kettengeflecht in seinen ungeschützten Hals.

Die Augen des Fremden weiteten sich noch mehr, während er mich mit einer Mischung aus Schrecken und

Vorwurf anstarrte. Pfeil und Bogen ließ er fallen und versuchte, die Klinge aus seinem Hals zu ziehen, aber seine Bewegungen waren fahrig und kraftlos. Mit einem Ruck riss ich die Klinge zurück, während ich den Mann gleichzeitig wegstieß. In einer Blutfontäne ging er zu Boden, wo er sich keuchend wand, während das Leben aus ihm sickerte. Ich fuhr herum, brach durch das Schilf zum Ufer, voller Furcht um Beatrix.

»Herrin«, stieß ich hervor, »wir …«

Ich verstummte, als ich meine Königin erblickte.

Bis zu den Knien stand Beatrix im Wasser. Ihren Umhang hatte sie am Ufer abgelegt, ebenso wie den seidenen Bliaut, und trug nur noch das weiße Untergewand. Damit der Saum nicht nass wurde, hatte sie ihn weit emporgerafft, sodass ihre Beine unbedeckt waren. Und weil der Stoff des Kleides dünn und durchsichtig war, ließ er ihre Brüste sehen, die rund und fest waren, kleinen Äpfeln gleich.

Obwohl ich wusste, dass mir dieser Anblick nicht zukam, konnte ich nicht davon lassen, betrachtete meine Herrin wie die Aphrodite von Knidos, die ich nie mit eigenen Augen gesehen hatte, wohl aber in einer Skizze, die ein Mönch einst mit vor Aufregung bebender Hand in ein Buch über Bildhauerei gemalt hatte.

Ich weiß nicht, wie lange ich so stand und starrte, von der Wucht des Augenblicks gefangen. Unsere Blicke begegneten einander, und ich verspürte Begierde, die mich die drohende Gefahr für einen Moment vergessen ließ – ehe das Pflichtbewusstsein wieder Oberhand gewann.

»Herrin«, wiederholte ich, »es sind feindliche Späher in der Nähe! Wir müssen rasch fort!«

Beatrix sagte nichts. Weder widersprach sie noch beschwerte sie sich, machte mir keine Vorwürfe. Sich nicht um ihre Blöße scherend, kam sie an Land. Ihr Kleid nahm sie an sich, warf sich jedoch nur rasch den Umhang über und folgte mir zu den Pferden. Als sie den leblosen Späher im umgeknickten Schilf erblickte, der Boden rings um ihn blutig rot verfärbt, schickte sie mir einen seltsamen Blick. Entsetzen über die Bluttat lag darin, aber auch Dankbarkeit.

Rasch half ich ihr in den Sattel, und wir verließen den Hain und den Weiher. Statt weiter dem Pfad zu folgen, ritten wir ein Stück durch den Wald und dann über eine Reihe von Feldern. Weiteren Spähern begegneten wir nicht, dennoch schlugen wir den Rückweg zum Lager ein.

Eine lange Zeit sagte Beatrix nichts. Erst als wir eine Rast einlegten, damit sie ihr Kleid wieder anlegen und ihr Äußeres ein wenig ordnen konnte, brach sie ihr Schweigen.

»Es darf niemals wieder geschehen«, sagte sie eindringlich und in der Sprache ihrer Heimat, während sie ihren Bliaut unter den Armen schnürte. Ihr Blick suchte mich, nahm einen fast flehenden Ausdruck an.

»Niemals, Herrin«, versicherte ich, »und ich bitte Euch von Herzen, mir zu vergeben. Meine Augen werden vergessen, was sie gesehen haben …«

»Das meine ich nicht.« Sie schüttelte den Kopf und sah zu Boden. »Es … hat mich nicht gestört, als du mich vorhin angesehen hast. Im Gegenteil – es hat mir gefallen.«

»Herrin«, sagte ich leise.

»Es ist wahr«, versicherte sie. Sie hob den Blick und sah mir direkt ins Gesicht. Zuneigung stand in ihrer Miene zu lesen. Und Bedauern … »Aber es darf nicht geschehen. Mein Gemahl würde es bemerken.«

»Es bemerken?« Ich brauchte einen Moment, um zu begreifen, was sie meinte. »Das heißt …«

Sie nickte. »Obwohl wir drei Jahre vermählt sind, hat er mir noch niemals beigewohnt. Er sagte, dass er mir Zeit lassen wolle. Ich solle entscheiden, wann ich so weit wäre …«

»I-ich verstehe, Herrin«, sagte ich leise – und fühlte mich elend dabei. Denn in diesem Moment wurde mir klar, was mein Verstand längst erkannt hatte, mein Herz jedoch nicht hatte wahrhaben wollen: Beatrix war für Friedrich nicht eine der vielen Blumen, die er am Rand seines Weges gefunden und allesamt gepflückt hatte. Sie war seine Gefährtin und Königin, die er aus aufrichtigem Herzen achtete und ehrte, vielleicht sogar liebte. Und doch hatte es vorhin einen Moment gegeben, da ich bereit gewesen war, das alles um eines flüchtigen Augenblicks willen zu entweihen, ein zweiter Lanzelet …

Von Scham ergriffen, sah ich zu Boden. Ich half meiner Königin, ihr Ross zu besteigen, ihren Blick mied ich jedoch. Dann ritten wir schweigend zurück ins Lager, ein jeder in seine Gedanken versunken.

36

Feldlager vor Crema
Oktober 1159

Die Kämpfe um die Stadt Crema dauerten an, und mit jedem Mond, der verstrich, gewannen sie noch an Bitterkeit.

Wann immer die Unseren eine neue Taktik anwandten, reagierte die andere Seite, indem sie entsprechende Gegenmaßnahmen ergriff. Der Plan, einen unterirdischen Stollen zu graben und die feindlichen Mauern zum Einsturz zu bringen, schlug ebenfalls fehl – zu mächtig waren die Fundamente, zu heftig die Gegenwehr der Verteidiger. Wäre es nicht um den hohen Blutzoll gewesen, den wir entrichteten, und um den Kaiser selbst, der immer mehr in Schwermut verfiel, je länger die Belagerung andauerte, hätte man den Cremasken für ihre Tapferkeit und Ausdauer wohl Anerkennung zollen müssen. Vor allem aber dem Erfinder Marchese dafür, dass er mit immer neuen Einfällen unsere Angriffe abzuwehren wusste.

Hoffnung kam erneut mit frischen Truppen, die von jenseits der Alpen eintrafen, diesmal unter der Führung Rainald von Dassels. Dieser war inzwischen nicht mehr nur *cancellarius* des Reiches, sondern auch in den Stand des neuen Erzbischofs von Köln erhoben worden. Als

Vorsteher eines der wohlhabendsten Erzbistümer des Reiches verfügte er über gewaltige Mittel, und zu seiner Ehre möchte ich anführen, dass er nicht zögerte, sie für den Kaiser einzusetzen. Was nicht bedeutete, dass von Dassel nicht auch weiterhin sein persönliches Wohl und Weiterkommen fest im Blick gehabt hätte.

Aber ließ sich das mit einiger Berechtigung nicht von allen Edlen sagen, die mein Herr vor Crema versammelt hatte? Auch seine italienischen Verbündeten, namentlich die Städte Cremona und Pavia, standen ihm letztlich nur zur Seite, weil sie sich einen dauerhaften Sieg über ihren schärfsten Konkurrenten erhofften; und auch seinen eigenen Verwandten – dem Löwen, dem Pfalzgrafen bei Rhein und sogar seinem Oheim Welf hatte Friedrich reiche Beute versprechen müssen, damit sie blieben und ihn im Kampf gegen die Feinde der Krone unterstützten.

Mit dem Eintreffen Rainald von Dassels und seiner Truppen hatten sich nunmehr rund fünfzehntausend Mann unter dem Banner des Reiches versammelt, fünftausend gepanzerte Reiter und zehntausend Mann Fußvolk. Und wenn diese gewaltige Zahl auch noch keinen erkennbaren Eindruck auf die Verteidiger machen mochte – zumindest einer wurde davon doch eingeschüchtert, nämlich der Erfinder Marchese.

Bei Nacht und Nebel schlich sich der Mann, dessen Einfallsreichtum und Erfindergabe meinem Herrn solches Kopfzerbrechen bereitet und so viele unserer Kämpfer das Leben gekostet hatte, aus der belagerten Stadt und wurde im kaiserlichen Lager vorstellig. Statt ihn jedoch abzuurteilen und an den nächsten Baum zu hängen, wie er es wohl hätte tun können, empfing Friedrich ihn freundlich und überhäufte ihn mit Geschenken – und so wechselte der

Ideenreiche die Seiten und stellte seine geniale *inventio* von da an in den Dienst des kaiserlichen Heeres.

Das Ergebnis war ein weiterer, neuer Belagerungsturm, der den ersten an Größe und Raffiniertheit noch weit übertraf; nicht nur dass er beweglicher war und besser gepanzert, er verfügte im obersten Stockwerk auch über eine Brücke, die wie eine Kinderschaukel gebaut war und es ermöglichte, in rascher Folge Kämpfer über die feindlichen Zinnen zu bringen. Innerhalb kurzer Zeit stand der neue Kriegskoloss bereit und sollte nun endlich den erwünschten Erfolg bringen, zumal die Cremasken nach der Flucht ihres Waffenbaumeisters keine neuen Möglichkeiten zur Verteidigung mehr hatten. Die bestehenden Katapulte wurden nicht mehr nachjustiert, wodurch sie an Zielgenauigkeit verloren; wurden sie durch unseren Beschuss zerstört, so war niemand mehr da, sie zu erneuern.

Beim großen Kriegsrat, der unter den Noblen einberufen wurde, trat Pfalzgraf Konrad vor und erbot sich, mit den Seinen den neu errichteten Turm zu besetzen und die Speerspitze des Angriffs zu führen – zum einen, argumentierte er, sei er in jener Art der Kriegführung bereits bewandert, zum anderen wolle er sich und seinem Namen Ruhm erwerben, indem er dem Kaiser den lange ersehnten Sieg eintrug.

Friedrich, der selbst nie einen Kampf gescheut hatte und Mut und Tapferkeit über alles schätzte, war sichtlich beeindruckt über den Vorstoß seines Stiefbruders, zumal andere Große des Reiches wie der Löwe oder Kanzler von Dassel sich vornehm zurückhielten.

Ich nutzte die Gunst des Augenblicks und trat selbst vor, ging vor meinem Herrn auf die Knie. »Mein Kaiser«, sagte ich und beugte das Haupt, »erweist mir die Gunst, an Graf Konrads Seite zu kämpfen und Euch als Euer Auge und Ohr vom Sieg über Eure Feinde zu berichten!«

Die Überraschung in Friedrichs roten Zügen war ehrlich – ebenso ehrlich wie das Entsetzen im Gesicht der Königin, die im Rat an seiner Seite saß. Es war unüblich, Gemahlinnen an Beratungen wie diesen teilhaben zu lassen. Der Kaiser hatte es dennoch getan, ein weiteres Zeichen seiner Wertschätzung.

»Warum willst du das tun?«, fragte er mich.

»Mein Herr«, gab ich zur Antwort, was ich mir zuvor genau überlegt hatte, »viele Jahre habe ich dir gedient, als dein Diener und dein Schatten, und in dieser Eigenschaft möchte ich noch mehr für dich tun. Ich möchte deinen Namen reinwaschen von dem Spott, den deine Feinde mit ihm getrieben haben, und das Meine dazu beitragen, den Sieg zu erringen, zu deinem Ruhm und zu dem des Reiches.«

Mir war klar, dass solche Worte, zumal vor den Fürsten des Reiches ausgesprochen, wie Pfeile treffen würden. Mein Herr konnte mir den Wunsch nicht verwehren, es wäre ihm als hartherzig ausgelegt worden. Anders jedoch die Königin …

»Wir bewundern deinen Mut und deine Treue«, sagte Beatrix, »jedoch bringst du deinen Herrn und Kaiser damit in eine schwierige Lage. Denn solltest du im Kampf fallen, so wirst du den Eid nicht mehr erfüllen können, den du einst gegeben hast, deinen Herrn stets und überall zu beschützen …«

Ich erwiderte nichts darauf, weiter auf die Kraft meiner Rede vertrauend, während Friedrichs Blick von mir zu seiner Gemahlin und wieder zurück ging. Was er dabei dachte, blieb mir verborgen. Erst später sollte ich es erfahren.

»Es ist wahr«, sagte er schließlich, an Beatrix gewandt, »Arndt hat mir lange und treu gedient, und gerade deshalb kann ich ihm diese Gunst nicht verwehren. Arndt von Cappenberg«, wandte er sich dann direkt an mich, »gehe und kämpfe für deinen Kaiser – auf dass sein Schatten auf Crema fallen und die Feinde des Reiches vernichten möge.«

Damit war es beschlossen.

Die Tage bis zum Angriff nutzte ich, wann immer es möglich war, zum Gebet und zur inneren Einkehr. Mit der Königin sprach ich kein Wort und vermied es, mit ihr allein zu sein. Versuchung war wie ein alter, schwacher Wolf, der erst dann angriff, wenn eine Beute sich wehrlos und verwundbar zeigte.

Ich hatte nicht vor, dies zu tun.

Wie so viele aus unserem Heer suchte ich einen Pater auf und ließ mir von ihm die Beichte abnehmen. Der Mann, ein Benediktinermönch, fragte nach und wollte erfahren, wer die hohe Dame sei, die ich heimlich begehrte, doch ich schwieg, auch wenn es womöglich bedeutete, dass der Allmächtige mir diese Sünde nicht vergeben und ich dafür im Fegefeuer brennen würde. Die Gefahr, dass der Pater sein Schweigen brach, und wäre es nur aus Unachtsamkeit, war zu groß. Niemand durfte von meiner Leidenschaft erfahren, schon nicht um Beatrix' willen. Die Königin hatte nichts Falsches getan und verdiente das ganze Vertrauen ihres Gemahls – ich jedoch verdiente es nicht länger, sein Schatten zu sein.

Der Angriff begann im Morgengrauen.

Mit der Kraft von fünfzig Ochsen, die durch hölzerne Schilde vor feindlichem Beschuss geschützt waren, wurde der Turm an Cremas Mauern herangebracht, und uns allen, die wir den Koloss bestiegen, war bewusst, dass es womöglich der letzte Kampf sein würde, den wir fochten. Die Konstruktion, obschon genial erdacht und solide gebaut, bebte und schwankte unter uns, und mehr als einmal hatte es den Anschein, als wollte der hölzerne Riese taumeln und fallen, noch ehe er die feindlichen Mauern erreicht hatte. Beschuss setzte ein, Pfeile und Bolzen flogen, und dann auch wieder Brocken von hartem, kantigem Gestein, das die Verteidiger offenbar aus den Häusern brachen, um es uns entgegenzuschleudern.

Die meisten Geschosse prallten an der verstärkten und mit Matten aus Bast und Tierfell versehenen Vorderseite des Turmes ab. Einige jedoch fanden ihr Ziel, und der junge Ritter, der neben mir kauerte und dessen Namen ich noch nicht einmal kannte, sank keuchend nieder, als das Geschoss einer Armbrust seinen Hals durchbohrte. Er war das erste Opfer, das der Krieg an diesem Tag von uns forderte, doch es sollte nicht das letzte bleiben.

Irgendwann hatte das scheußliche Wackeln und Rumpeln ein Ende. Der Turm kam zum Stillstand, die Falltür brach herab – und unter ohrenbetäubendem Gebrüll, das unsere eigene Furcht vertreiben und dem Feind Angst einjagen sollte, schwenkten wir die Brücke aus, die an den Ketten mächtiger Ausleger hing. Schon überragte das andere Ende die steinernen Zinnen – und der Sturm begann!

Pfalzgraf Konrad gehörte zu den Ersten, die das schmale Konstrukt aus hölzernen Planken und Beschlägen aus rostigem Eisen bestiegen. Ihm folgte Bertolf von Urach, sein Bannerträger, die rote Fahne des Reiches in den Händen, und mit den Nächsten setzte auch ich auf die Brücke, die unter unseren Tritten erbebte und schwankte.

An den tödlichen Abgrund, der unter uns klaffte, dachte in diesem Augenblick keiner von uns, selbst dann nicht, als ein Waffenknecht Konrads ausglitt und schreiend in die Tiefe fiel; heißes Kampfesfieber hatte von uns Besitz ergriffen, ließ uns handeln, ohne nachzudenken. Und nur Herzschläge später hatten wir die andere Seite erreicht.

Unter wildem Gebrüll sprangen wir auf den Wehrgang, wo bereits ein wüstes Hauen und Stechen im Gange war. Die Bogenschützen, die bis zuletzt versucht hatten, den Angriff abzuwehren, waren bereits niedergemacht worden und lagen in ihrem Blut. Die Fußkämpfer jedoch, die von beiden Seiten des Wehrgangs herandrängten und über eine breite Treppe Verstärkung von unten erhielten, würden nur sehr viel mühsamer zu überwinden sein.

Die anfängliche Bestürzung der Cremasken hatte sich bereits gelegt, und sie begannen sich zu organisieren. Kaum ein Ritter war unter ihnen, der sie befehligte, dennoch schienen sie genau zu wissen, was sie zu tun hatten, ihre schiere Anzahl war ihre Stärke. Waffe stand gegen Waffe, Schild gegen Schild. Kriegshämmer und Streitäxte gingen nieder, zerschlugen Helme und zerschmetterten Schädel, die Planken des Wehrgangs färbten sich rot. Ich tat, was ich konnte, um mir die wütenden Hiebe eines Verteidigers vom Leib zu halten. Sobald sich die Gelegenheit ergab, schlug ich meinerseits zu. Meine Klinge erwischte die Waffenhand des Mannes und schnitt tief hinein, ohne sie ganz zu durchtrennen. Er ließ seinen Hammer fallen und ging nieder, war im nächsten Moment unter den Füßen seiner wütend nachdrängenden Kameraden verschwunden.

»Vorwärts! Für den Kaiser und das Reich!«

Pfalzgraf Konrads Losung klang aus einem Dutzend Kehlen wider, doch es klang verzagt. Die Verstärkung durch weitere Angreifer war ins Stocken gekommen, und mit jedem Mann, den wir verloren, wurde unsere Position schwächer. Wir versuchten geschlossen zu stehen, Schulter an Schulter, Fuß an Fuß, doch hatte der erste ungestüme Ansturm, den der Graf und seine Getreuen vorgetragen hatte, sie von den Übrigen getrennt. Bertolf, der Bannerträger, war mit zwei weiteren Rittern von Feinden umringt und hatte kaum noch Aussicht, zu uns aufzuschließen. Von allen Seiten hieb und schlug man auf sie ein. Schon sank einer mit klaffender Wunde nieder – und noch immer gab es keine Verstärkung.

Ich stieß den Cremasken zurück, mit dem ich gefochten hatte, verschaffte mir für einen Moment Luft, um einen Blick über die Schulter zu werfen. Mit Entsetzen sah ich, dass der Turm von einem der Katapulte getroffen worden war. Die Brücke selbst schien unbeschädigt zu sein, aber eine Handvoll Männer lag in ihrem Blut und musste von den Nachfolgenden erst beiseitegeräumt werden – was dadurch geschah, dass man die Toten und schwer Verwundeten einfach hinab in die Tiefe warf.

Um ihren bedrängten Gefährten zu Hilfe zu kommen, versuchten einige, die Kluft zwischen Turm und Mauer in wagemutigem Sprung zu nehmen, was jedoch nur wenigen gelang – die Übrigen verfehlten die Zinnen und endeten zerschmettert am Fuß der Mauer.

Unter uns Übrigen war Chaos ausgebrochen. Von einer Schildreihe war keine Rede mehr, viele von uns waren gefallen oder lagen verwundet. Von einigen Schrammen abgesehen, hatte ich das Scharmützel bislang unbeschadet überstanden, geradeso als verschmähte der Allmächtige das Opfer, das ich ihm aus Reue hatte darbringen wollen. Da der Pfalzgraf keinen Befehl zum Rückzug gab (und wir ohnehin nicht gewusst hätten, wohin wir hätten zurückweichen sollen), kämpften wir mit dem Mut der Verzweiflung weiter, suchten blutige Kerben in den Wust der Angreifer zu schlagen und dabei selbst nicht durchbohrt oder erschlagen zu werden.

Auf dem Turm hatten sie den Zugang inzwischen freigeräumt und schwenkten die Brücke wieder aus. Wir hofften darauf, nun endlich Verstärkung zu erhalten – als etwas geschah, womit keiner rechnen konnte. Obschon ich im Lauf meines Lebens auf vielen Schlachtfeldern gekämpft habe, stehen mir die Bilder noch vor Augen, als wäre es gestern erst geschehen: Bertolf von Urach, der sich zu weit in die feindlichen Reihen gewagt hatte, hatte mit Todesverachtung gekämpft, doch schließlich gewannen die Cremasken Oberhand. Von allen Seiten hieben sie auf ihn ein und schlugen ihn nieder, und unter den Klingen der Feinde fand unser Bannerträger ein blutiges Ende. Statt es jedoch dabei bewenden zu lassen, riss ihm ein wütender Verteidiger Helm und Haube vom Kopf und benutzte sein Schwert, um dem Toten das flachsblonde Haar mitsamt der Kopfhaut vom Schädel zu schneiden. Die blutige Trophäe schwenkend, verfiel der Mann in fürchterliches Geschrei, in das seine Kumpane einfielen, halb wahnsinnig in Kampfesrausch und Blutdurst.

Das brachte die Wende.

Die Unseren, ohnehin schon in Not durch die Überzahl der Feinde, verfielen in nackte Panik. Einige wurden niedergemacht, als ihre Gegenwehr plötzlich nachließ, die anderen wandten sich zur Flucht – und die Sturmbrücke, die eben erst wieder ausgebracht worden war, kam ihnen dabei gelegen. Statt neue Kämpfer zu bringen, wurde sie zum Fluchtweg für jene, die angesichts der Barbarei des

Feindes jeden Mut verloren hatten. Vergeblich versuchte Pfalzgraf Konrad, seine Leute mit heiseren Befehlen und unter wüsten Drohungen zurückzuhalten – als ihn ein Schwerthieb oberhalb des Schildrands traf und an der Schulter verletzte, war auch sein Kampf zu Ende.

»Rückzug! Rückzug!«, hieß es, und alles wandte sich zur Flucht. Da ich selbst zu den wenigen gehörte, die noch auf den Beinen standen und kämpfen konnten, deckte ich die Flucht meiner Kameraden bis zum letzten Moment mit meiner Klinge und dem in Fetzen hängenden Schild. Den Pfalzgrafen stützte ich, während wir uns über die Brücke zurückzogen, wobei noch mehr von uns ihr Leben ließen, gespickt mit cremaskischen Pfeilen. Endlich waren wir auf der anderen Seite, verschanzten uns hinter der hölzernen Wand, die hochgezogen wurde und unter den Einschlägen der Armbrustbolzen erbebte.

Ich bekam kaum Luft und rang keuchend nach Atem, mein Herz schien meinen vom Kettengeflecht beengten Brustkorb sprengen zu wollen. Wohin ich auch blickte, sah ich in blutverschmierten Gesichtern nichts als Angst und bloße Verzweiflung, auch der Pfalzgraf selbst war inzwischen davon ergriffen. Wie geprügelte Hunde zogen wir uns zurück, während hinter uns an der Mauer das Jubelgeschrei der Sieger erklang, gekrönt vom heiseren Johlen des Irrsinnigen, der den Leichnam Bertolfs geschändet hatte. Den Sieg hatten wir erringen und des Kaisers Namen reinwaschen wollen – nun waren wir geschlagen worden, gedemütigt und in Schimpf und Schande vertrieben. Und nicht nur das: Durch die Niederlage der Turmbesatzung war auch der Angriff auf den Seitenflügeln zum Erliegen gekommen, auch dort befand sich das kaiserliche Heer nun auf dem Rückzug.

Es war ein Debakel, unseres Herrn unwürdig – und doch fanden wir ihn in bester Stimmung vor, als wir ihn aufsuchten, um zu berichten.

Graf Konrad hatte sich nicht die Zeit genommen, sich zu reinigen oder auch nur seine Wunden versorgen zu lassen. Stehenden Fußes suchten wir das Zelt des Kaisers auf, der durch seine Beobachter bereits erfahren hatte, dass der Angriff kläglich gescheitert war.

Schmutzig und blutend standen wir vor ihm in seinem Zelt, und ich bemerkte wohl den Blick, den die Königin mir zuwarf, erwiderte ihn jedoch nicht. Beatrix mochte womöglich Erleichterung darüber empfinden, dass ich vom Schlachtfeld wiedergekehrt war, vielleicht dankte sie dem Schöpfer dafür. Ich selbst war mir nicht so sicher, wie ich darüber denken sollte.

Neben der Königin war auch Erzbischof Rainald anwesend, und wie immer kam es mir vor, als ob Beatrix und er um die Seele des Kaisers rangen. Die eine suchte sie ins Licht zu ziehen, der andere in die Dunkelheit zu reißen, doch Friedrichs bärtige Züge verrieten nicht, welche Seite im Augenblick die Oberhand hatte.

»Ich weiß, meine Freunde«, sagte er und erhob sich, trat auf uns zu, um jedem tief in die Augen zu sehen. »Ich weiß, dass ihr gescheitert seid, doch ersuche ich euch dringend, euch nicht zu grämen.«

»Herr?«, fragte ich verständnislos.

»Ich weiß, dass ihr tapfer und gut gekämpft habt – doch manche Kriege werden nicht auf Kriegsmaschinen und vor feindlichen Mauern gewonnen.«

»Was … meint Ihr, mein Kaiser?«, stieß nun auch Konrad hervor, die behandschuhte Rechte auf seine Schulter pressend. Blut sickerte darunter hervor.

»Ich habe Kunde erhalten«, erklärte Friedrich feierlich, »dass es dem Allmächtigen in seiner Weisheit gefallen hat, seinen Diener Papst Hadrian zu sich zu rufen – das ändert vieles, wenn nicht alles.«

»In … welcher Weise?«, fragte Konrad, in politischen Belangen offenbar nicht sehr viel mehr beschlagen als ich.

»Hadrian war kein Freund des Reiches«, erklärte Erzkanzler von Dassel an des Kaisers Stelle. »Er hat die Krone hintergangen und heimlich mit den Normannen im Süden Frieden geschlossen. Darüber hinaus wissen wir aus zuverlässiger Quelle, dass er mit Mailand im Bunde stand – gegen das Reich und gegen den Kaiser, dem er selbst in Rom die Krone aufgesetzt hat.«

»Er hat meinen Feinden den Rücken gestärkt«, fuhr Friedrich mit triumphierendem Lächeln fort, »aber nun ist es damit vorbei. Der nächste Papst, der auf dem Stuhle Petri sitzt, wird ein Papst von unseren Gnaden sein und gegen all jene vorgehen, die dem Reich und der jahrhundertealten, gottgegebenen Ordnung trotzen. Dies ist der Wendepunkt, auf den wir gewartet haben, meine Freunde! Schon bald wird dem Reich wieder die Achtung zukommen, die ihm gebührt – und mit ihm auch der Krone auf meinem Haupt«, fügte er voller Überzeugung hinzu, auf seine rote Stirn deutend.

Erneut sollte er sich irren.

Indicium VIII

Unum Corpus, Capites Duo

37

Pavia
Herbst 1160

Zumindest in einer Hinsicht behielt mein Herr zunächst recht – der Kampf um Crema ging bald darauf zu Ende.

Zwar war auch dem Angriff mit dem neu erbauten Turm letztlich kein Erfolg beschieden, doch war die Botschaft, die er den Oberhäuptern der Stadt sendete, unmissverständlich: Der Kaiser hatte die Mittel und den Willen, noch mehr Türme dieser Art zu bauen und immer wieder anzugreifen, und mit der Verstärkung, die von jenseits der Alpen eingetroffen war, auch eine deutliche Übermacht. Ob die Nachrichten aus Rom dabei auch eine Rolle gespielt haben, vermag ich nicht zu beurteilen, doch im Januar boten die Stadtoberen von Crema Verhandlungen für eine Übergabe an, und noch binnen desselben Monats wurden Vereinbarungen getroffen.

In jener Stunde bewies mein Herr Besonnenheit. Obwohl er Crema und seine Bewohner zu Feinden des Reiches erklärt hatte und sie nach dem Gesetz ihr Leben verwirkt hatten, gewährte er Schonung. Da ich bei den Beratungen zugegen war, weiß ich, dass es nicht reine Menschenfreundlichkeit war, die Friedrich dazu veranlasste;

gewiss, als gottesfürchtiger Mann, der er sein Leben lang gewesen ist, hatte er das Heil seiner unsterblichen Seele im Blick, wissend, dass er im Lauf dieses Krieges bereits Schuld auf sich geladen hatte. Dennoch gab es viele unter seinen Edlen, die eine harte Bestrafung der Cremasken forderten, allen voran Pfalzgraf Konrad, der ihnen das unrühmliche Ende seines Bannerträgers nie verziehen hatte. Rainald von Dassel jedoch war überzeugt, dass ein milder, verzeihender Kaiser mehr zu gewinnen hätte als einer, der sich gnadenlos an seinen Untertanen rächte, und einmal mehr folgte Friedrich seinem Rat.

Unter der Auflage, dass sie ihre Stadt räumen und alle Waffen dort zurücklassen mussten, wurde den Einwohnern Cremas freies Geleit zugesichert, sogar ihre Habe durften sie mitnehmen. Und Rainald, der die Vorliebe meines Herrn für große Gesten kannte, sorgte dafür, dass am Tag des Auszugs ein fußlahmer Greis zu Gebote stand, den der Kaiser unter großem Beifall auf seinen starken Armen aus der Stadt tragen konnte. Auf diese Weise stellte Friedrich vor aller Augen die kaiserliche Barmherzigkeit unter Beweis.

Nach dem Abzug der Cremasken ging es freilich weniger barmherzig zu. Die Stadt wurde zur Plünderung freigegeben, und neben den deutschen Kämpen waren es vor allem jene aus Lodi und Cremona, die keinen Stein auf dem anderen ließen und sich auf diese Weise für die jahrelange Unterdrückung rächten. Fünf Tage und Nächte wüteten sie – danach waren von der Stadt nur noch schwelende Trümmer übrig.

Der Sieg war vollkommen.

Nach endlos scheinenden Monaten der Belagerung wurde das Heerlager endlich aufgelöst, und wir zogen nach Pavia, um den Erfolg zu feiern, ehe der Kaiser sein Heer wieder entließ. Doch obwohl der Feind bezwungen war und seine Stadt in Schutt und Asche lag, war es nicht der Triumph, den sich mein Herr erhofft hatte. Denn angesichts anderer, noch bedeutenderer Ereignisse war der Kampf um Crema beinahe zur Nebensache verkommen, dem vielen Blut zum Trotz, das vor und auf den Mauern vergossen worden war.

Nachdem der Heilige Stuhl im September des vorangegangenen Jahres so unverhofft frei geworden war, hatte sich Friedrichs wahre Aufmerksamkeit längst gen Rom gerichtet. Noch während der Belagerung von Crema hatte er Legaten entsandt, die in seinem Namen auf die Wahl des neuen Papstes Einfluss nehmen sollten.

Woher mein Herr damals die Kraft nahm, gleichsam zwei Kriege zur selben Zeit zu führen, den einen mit dem Schwert, den anderen mit den nicht weniger scharfen Waffen der Diplomatie, frage ich mich bis heute. Vermutlich waren es die vielversprechenden Aussichten, die ihn beflügelten, genau wie an jenem Tag, als wir auf den Zinnen Cremas so vernichtend geschlagen wurden. Denn in der Tat waren die Perspektiven günstig: Gelang es, einen geeigneten Kandidaten zum Nachfolger Petri zu machen, der nicht länger mit Mailand und den Normannen paktieren, der die Reichsgrenzen achten und die Macht des Kaisers nicht beständig in Zweifel ziehen würde, würde dies das Kräfteverhältnis schlagartig zu Friedrichs Gunsten verändern.

Die Voraussetzungen dafür schienen gegeben zu sein, zumal der Kandidat, den Friedrich erwählte, kein anderer als Octaviano von Santa Cecilia war, jener Kardinal, der sich bereits bei der Krönung in Rom als Verbündeter erwiesen hatte. Da er aus dem Geschlecht der Creszentier stammte, hieß es zudem, dass er dem staufischen Haus verwandt sei – für meinen Herrn, der Familienbande über alles schätzte, ein Grund mehr, ihn auf den Heiligen Stuhl zu bringen.

Doch die Gegner des Reiches, von denen es in der Kurie nicht wenige gab, waren ebenfalls nicht untätig und sorgten dafür, dass nicht Octaviano, sondern ein anderer Kardinal zum Kandidaten ernannt wurde. Und vermutlich war es mehr als eine grausame Laune des Schicksals, dass sie keinen anderen als Rolando Baldinelli zum Nachfolger Petri bestimmten, der einst als päpstlicher Gesandter in Besançon gewesen war. Seit jenem Zwischenfall, bei dem Rolando um ein Haar unter dem Schwerte Otto von Wittelsbachs ein blutiges Ende gefunden hätte, war der Kardinal dem Kaiser in herzlicher Ablehnung zugetan, und es stand zu befürchten, dass er seine Wahl zum Papst dazu nutzen würde, die Politik seines Vorgängers nicht nur fortzusetzen, sondern sich sogar noch weiter vom Reich zu entfernen und bei den Fürstenhäusern des Abendlandes gegen Friedrich zu intrigieren.

Die Wahl der Kardinäle entfiel zu seinen Gunsten, noch im Herbst des Jahres 1159 bestieg Bandinelli als Papst Alexander, dritter seines Namens, den Heiligen Stuhl, wohingegen zahlreiche Bischöfe und die Römer selbst Octaviano unterstützten. Als Viktor der Vierte wurde im Oktober auch er zum Nachfolger Petri auf Erden erhoben, und so begann, was mir im Nachhinein als die dunkelste Zeit in der an Licht und Segen sonst reichen Regentschaft meines Herrn erscheinen will.

Nach ihrer Spaltung in eine Kirche des Abend- und des Morgenlandes war die Christenheit abermals zwischen zwei Oberhäuptern zerrissen, und nicht nur mir kam es so vor, als hätte sich die Sonne in diesen Tagen über uns allen verfinstert und der Allmächtige sich von uns abgewandt; denn diese neuerliche Trennung ließ sich nicht an Himmelsrichtungen festmachen, an irdischen Reichen oder Grenzen. Sie betraf das gesamte Abendland und riss es mitten entzwei.

Denn Friedrich hielt weiter an Viktor fest, bestätigte ihn kraft seiner kaiserlichen Gewalt als einzig wahren *pontifex* und brandmarkte seinen Rivalen als Betrüger: Bereits im Februar 1160 wurde eine feierliche Synode abgehalten, in deren Verlauf Friedrich Papst Viktor alle erforderlichen Ehren erwies, selbst jene, denen er sich im Falle seines Vorgängers Hadrian noch so hartnäckig verweigert hatte. Vermutlich hatte ich etwas falsch verstanden als der einfache Diener, der ich nun einmal war – aber da es seinen eigenen Zwecken nun diente, schien es für meinen Herrn keine Ehrverletzung mehr darzustellen, dem *pontifex* den Steigbügel zu halten und ihm die Füße zu küssen. Zum Abschluss der Synode wurden Reichsacht und Kirchenbann über den aus Friedrichs Sicht falschen Papst verhängt.

Die Antwort ließ nicht lange auf sich warten. Bereits zwei Wochen später verkündete Alexander die Exkommunikation Papst Viktors im Dom zu Mailand, das zu seinem engstem Verbündeten geworden war. Noch schlimmer als der Klüngel seiner Feinde zählte für den Kaiser jedoch, dass die Könige Englands und Frankreichs Viktor die Anerkennung verweigerten.

In dieser Lage versammelte mein Herr die ihm verbliebenen Kräfte und marschierte im Frühjahr gegen Mailand. Die Entscheidung zu Felde konnten wir nicht suchen, dazu waren wir nach wie vor zu wenige, vor allem gepanzerte

Reiter fehlten in den Kontingenten, die die Fürsten Wilhelm von Montferrat und Guido von Biandrate, aber auch Pavia, Bergamo, Novara und andere Städte schickten. In dieser Lage machte mein Herr aus seiner Not eine Tugend und verlegte sich erneut darauf, den Milanesen kurze, beherzte Stiche zu versetzen und das Umland ihrer Stadt zu verwüsten – auch wenn dies bedeutete, dass wir uns auf unritterliche Weise wie Diebe aus dem Hinterhalt anpirschen und uns rasch wieder zurückziehen mussten. Im Mai liefen wir Gefahr, von einer mailändischen Übermacht gestellt und vernichtend geschlagen zu werden. Wie einst auf unserer Pilgerfahrt musste mein Herr sich die Frage stellen, was ehrenvoller wäre – in einer aussichtslosen Schlacht zu kämpfen und zu verlieren oder die Flucht zu ergreifen, um an einem anderen Tag zu siegen.

Er entschied sich für das Letztere.

Als im Sommer in Mailand ein Feuer ausbrach, das einen Teil der Stadt in Flammen aufgehen ließ, sahen viele darin eine Handlung des Allmächtigen, der die Milanesen für ihren Hochmut bestrafte. Vielleicht sah auch Friedrich darin ein himmlisches Zeichen – jedenfalls führte er sein Heer in den Norden, wo er der Burg Carcano zu Hilfe kam, die von mailändischen Truppen belagert wurde. Doch nach Erfolgen in einigen kleineren Scharmützeln sahen wir uns auch hier mit einer Übermacht konfrontiert, und ein wildes Katz-und-Maus-Spiel entbrannte.

In Bescheidenheit darf ich für mich in Anspruch nehmen, meinen Teil dazu beigetragen zu haben, als ich dem Kaiser riet, seine Truppen zum Schein abzuziehen und den Feind so zum Angriff zu verleiten – in unserem Lager überraschten wir die Milanesen und verjagten sie, doch schon bald kehrten sie in doppelter Stärke zurück.

Die Kämpfe wogten hin und her, das Glück lag bald auf der einen, bald auf der anderen Seite, so als weigerte sich der Allmächtige, in dieser Auseinandersetzung Partei zu nehmen, und ich war nicht der Einzige, der sich fragte, ob dies an der Spaltung lag, die unsere Mutter Kirche erdulden musste. Ein Ende des Zwists war nicht in Sicht, zumal es Papst Alexander gelungen war, viele gekrönte Häupter Europas, zuvorderst jene von England und Frankreich, dazu zu veranlassen, ihn als Oberhaupt der Kirche anzuerkennen. Dass der Kaiser einen anderen auf den Stuhl des Heiligen Petrus gesetzt hatte, schien weit weniger Nachhall zu finden, als Friedrich und sein Erzkanzler geglaubt hatten. Selbst nördlich der Alpen hatte Alexander inzwischen Parteigänger wie die Bischöfe von Salzburg und Mainz, und es ging sogar das Gerücht, dass sich auch Friedrichs Oheim Welf dem falschen Papst angenähert habe.

Der Sommer ging zu Ende, ohne dass mein Herr einen entscheidenden Vorteil errungen hatte, weder im Kampf gegen Mailand noch im Streit um den Stuhl Petri. Er suchte Pavia auf, das er für die nächsten Monate zu seiner Residenz erkor, und bestellte die Reichsfürsten Italiens dorthin sowie die Vertreter der mit ihm verbündeten Städte. Von beiden verlangte er die Entsendung weiterer Bogen- und Armbrustschützen, denn es hatte sich gezeigt, dass die Kriege im Süden anders geführt wurden, und mein Herr hatte daraus gelernt. Er wusste jetzt, dass der offene Kampf Ritter gegen Ritter, Lanze gegen Lanze, hier weniger zählte als der Einsatz von Fußvolk und Kampfmaschinen, und er war bereit, die Herausforderung anzunehmen.

Nichtsdestotrotz war er in Pavia zunächst zur Untätigkeit verdammt. Bis zum Frühjahr würden seine Kräfte nicht ausreichen, um Mailand gefährlich zu werden, und so musste er abwarten und damit leben, dass seine Feinde gegen ihn Bündnisse schmiedeten und zu weiteren Kriegen rüsteten.

Mein Herr war kein geduldiger Mann. Und bisweilen kam es mir vor, als spiegle der herbstliche Regen, der sich über Tage hinweg über Pavia entlud, die Häuser und Dächer der Stadt in trübes Grau tauchte und die gestampften Straßen in Morast verwandelte, den Zustand seiner Seele wider.

»Was habe ich erreicht?«, fragte er, ruhelos in seinem Gemach auf und ab gehend, in dem wir zu später Stunde allein waren, der Kaiser und sein Schatten.

Ich erwiderte nichts, denn mir war klar, dass mein Herr keine Antwort wollte. Neuerdings neigte er dazu, sich selbst zu betrachten und innere Einkehr zu halten. Vor allem dann, wenn die Königin nicht an seiner Seite war, sondern in ihrer Grafschaft weilte.

»Ich wollte so viel«, fuhr er fort. »Ein Reich unter Gott und einem Kaiser – stattdessen haben wir zwei Päpste! Was ich wollte, war eine Ära des Friedens, nun führe ich Krieg! Immer nur Krieg! Wo ist unsere Jugend geblieben? Wo die unbeschwerte Zeit?«

Offenbar wollte er doch eine Antwort oder zumindest eine Bestätigung meinerseits, denn als ich wiederum nichts erwiderte, wandte er sich zu mir um, als wolle er sich vergewissern, dass ich noch da war.

»Was immer du getan hast, Herr, hast du zum Wohl des Reiches getan«, versicherte ich.

Friedrich nickte, langsam und nachdenklich. »Wenn ich auf das zu Ende gehende Jahr blicke, klingt das wie Hohn in meinen Ohren. Ich sitze hier fest und trete auf der Stelle, während meine Feinde Pläne schmieden und

Attentäter schicken, die mir nach dem Leben trachten. Wo sind meine Getreuen, um mich zu beschützen?«

»Ich bin hier, Herr«, erwiderte ich.

»Mein treuer Arndt.« Er lächelte, flüchtig und freudlos. In seiner rechten Hand hielt er den Weinbecher, den er schon zum wiederholten Mal geleert hatte. »Nur du bist mir geblieben, während sich meine Ritter in alle Winde zerstreut haben, einer wie der andere – mein Vetter Heinrich, der ungestüme Otto, selbst mein Oheim Welf … alle haben sie mich verlassen.«

»Sag das nicht, Herr«, sah ich mich nun doch zum Widerspruch veranlasst. »Die Fürsten stehen treu zu dir. Sie haben dich stets unterstützt und werden es auch weiter tun.«

»Bist du dir sicher?«, fragte der Kaiser, die Zunge schwer vom Wein. »Die Krone wiegt leicht, wenn es Getreue gibt, die sie tragen helfen – doch ist man allein, wird man davon niedergedrückt.«

Als wolle er verdeutlichen, was er meinte, ließ er sich auf den Scherenhocker fallen und schenkte sich aus dem Krug nach, der auf dem Tisch stand. »Nicht einmal meine Gemahlin ist bei mir geblieben.«

»Die Königin weilt in Burgund bei den Ihren«, erwiderte ich, mich ungefragt zu ihrem Fürsprecher machend. »Noch vor dem Christfest wird sie wieder bei dir sein.«

Mit glänzenden Augen sah Friedrich mich an. »Und dann?«, fragte er leise. »Wird sie ein Kind unter dem Herzen tragen, wenn ich sie wiedersehe? Wird die Saat aufgegangen sein, die ich ausgebracht habe?«

»Ich weiß es nicht, Herr.« Es war das erste Mal, dass ich Friedrich sich über derlei Dinge äußern hörte. Die Zurückhaltung, von der Beatrix noch vor Crema gesprochen hatte, hatte er wohl aufgegeben …

»Ich bete Tag und Nacht dafür, dass der Allmächtige mir einen Erben schenken möge, einen starken Erben, der den Ruhm der Staufer fortschreibt – doch womöglich ist es mir nicht vergönnt. Vielleicht will mich der Herr auf diese Weise strafen«, sagte er, ehe er den Becher ansetzte und in einem Zug leerte.

»Du darfst nicht zweifeln, Herr.«

Friedrich lachte nur. »Je größer die Herrschermacht, desto größer die Zweifel. Hast du das nicht gewusst?«

»Nein, Herr.« Nach meiner Erfahrung verhielt es sich mit den Zweifeln genau gegenteilig, aber das behielt ich für mich.

»Mein ganzes Leben glaubte ich mich im Recht, wähnte mich auf der richtigen Seite und unter dem Schutz des Allmächtigen – doch was bedeutet das schon? Wie können wir wissen, was der Herr im Himmel plant?«

»Durch unser Gewissen spricht der Herr zu uns«, erwiderte ich, was die Mönche von Cappenberg mich einst gelehrt hatten.

»Und ich habe redlich versucht, seine Stimme zu hören«, versicherte Friedrich, das rote Haupt schüttelnd. »Aber wer kann das Wort des Herrn verstehen, wenn er von Speichelleckern und Stiefelküssern umgeben ist, die ihn beständig umgarnen? Für jeden Aufrechten unter meinen Beratern gibt es eine Schlange, die sich mein Vertrauen erschleicht.«

Ich nickte nur, erleichtert darüber, dass Friedrich offenbar erkannt hatte, dass einige in seiner Umgebung ihn zu beeinflussen suchten, vor allem einer …

»Wäre es nicht um meinen guten Rainald, hätte ich den Kampf längst verloren«, sagte Friedrich in diesem Moment.

»Wenn du das denkst, Herr …«

»Du etwa nicht?« Die weinseligen Augen sahen mich forschend, beinahe herausfordernd an.

Ich war mir der Gefahr bewusst und wog die nächsten Worte sorgfältig ab. »Ich denke«, sagte ich leise, »dass der Erzbischof von Köln neben den deinen auch seine eigenen Ziele verfolgt ...«

»Und warum auch nicht? Das ist sein gutes Recht! Von Bedeutung ist nur, dass seine Pläne den meinen nicht entgegenstehen, und das haben sie bislang nie getan.«

Auch hier war ich mir keineswegs so sicher wie mein Herr. Doch hätte es in diesem Augenblick wohl nichts genutzt zu widersprechen.

»Mein Vater hat mich gelehrt, dass ein Lehnsherr stets wissen muss, auf welchen seiner Gefolgsleute er sich verlassen kann und auf welchen nicht«, fuhr er fort. »Wer vermag zu sagen, wie lange mir der Allmächtige noch die Kraft verleiht, all jene Kämpfe zu führen?«

»Was meinst du, Herr?«, fragte ich. Zu jener Zeit hatte Friedrich das vierzigste Lebensjahr noch nicht erreicht, und es war das erste Mal, dass ich ihn, der stets so unbekümmert gewesen war, was sein körperliches Wohl betraf, auf diese Weise sprechen hörte.

»Was sollte ich wohl damit meinen?« Er griff nach dem Krug und schenkte sich nach. »Allein in den letzten beiden Wochen hat es vier Anschläge auf mein Leben gegeben. Mit Gottes Hilfe ist es gelungen, sie zu vereiteln. Dennoch mögen das Gift eines Mörders oder ein verirrter Pfeil mein Dasein auf Erden rasch beenden.«

»Das werden wir nicht zulassen«, versicherte ich.

»Du kannst nicht überall sein, mein getreuer Schatten«, entgegnete Friedrich leise. »Ich habe den Kapellan deshalb angewiesen, meinen letzten Willen als Herrscher zu Protokoll zu nehmen. Sollte mir etwas zustoßen, so wird die Krone auf meinen Vetter Friedrich übergehen – als Sohn König Konrads ist er der rechtmäßige Erbe. Und falls er nicht zur Stelle ist, so wünsche ich meinen anderen Vetter Heinrich auf den Thron. Ohnehin ist er schon nach dem König des Tierreichs benannt – vielleicht wird er ein besserer Herrscher sein, als ich es jemals …« Den Rest seiner Worte ertränkte er in einem tiefen Schluck Wein.

»Du solltest weniger trinken, Herr.«

»Weshalb?« Stieren Blickes sah er mich an. »Willst du mir auch das noch verwehren?«

Ich schüttelte den Kopf. »Nein, Herr.«

»Setz dich zu mir und trink mit mir«, forderte er mich auf, »so, wie wir es früher getan haben, als wir noch halbwüchsige Knaben waren.«

»Du hast getrunken, Herr«, verbesserte ich.

»Das ist wahr.« Er nickte versonnen. »Mein halbes Reich gäbe ich dafür, noch einmal so zu empfinden, wie ich es damals tat, die unbekümmerte Kraft der Jugend in meinen Adern zu spüren. So viel ist seither mit uns geschehen«, sagte er und setzte den Becher wieder an. »So unendlich viel …«

38

Kaiserpfalz zu Lodi
März 1162

Dem kalten Winter folgte ein Frühjahr, in dem zwar neue Truppen das kaiserliche Heer verstärkten; seine beiden großen Ziele, nämlich den Sieg über Mailand und die Entmachtung Papst Alexanders, konnte Friedrich jedoch nicht erreichen.

Mein Herr nutzte die Zeit, um sich der Loyalität in seinen eigenen Reihen zu versichern. Fürsten, die sich in der Vergangenheit insgeheim oder ganz offen Papst Alexander angenähert hatten, ließ er aus ihren Ämtern entfernen und enthob sie ihrer Lehen, ganz gleich, ob es sich um weltliche oder geistliche Würdenträger handelte. Dass er sich dadurch neue Feinde schuf, nahm er wissend in Kauf – sein Leben und seine Macht, so pflegte er zu sagen, seien ohnehin bedroht. Doch ein Herrscher, der sich auf die Seinen nicht verlassen könne, sei zum Untergang verurteilt.

Schließlich reichten die zur Verfügung stehenden Kräfte aus, um direkt gegen Mailand vorzurücken. Zwei harte Winter, der verheerende Brand des Vorjahrs und die Verwüstung des Umlands durch die kaiserlichen Truppen hatten zur Folge gehabt, dass dort eine Knappheit an

Vorräten eingetreten war. Mit besorgtem Blick auf das herannahende kaiserliche Heer schickten die Milanesen Gesandte zu Pfalzgraf Konrad, der sich vor Crema einen Ruf als wagemutiger Streiter erworben hatte, aber auch als Mann von Ehre. Von ihm wussten sie zudem, dass er als Stiefbruder des Kaisers auch dessen Vertrauen genoss. Im Namen der Mailänder Konsuln baten sie um ein Ende der Auseinandersetzung und schlugen vor, welche Strafen sie auf sich nehmen wollten, wenn der Kaiser sie wieder in seine Huld aufnähme – doch noch ehe Konrad dazu kam, mit Friedrich zu sprechen, wurden die mailändischen Gesandten auf ihrem Rückweg von einer Abteilung kaiserlicher Ritter überfallen. Und es war kein Zufall, dass diese Ritter unter dem Banner Rainald von Dassels kämpften.

Der Kölner Erzbischof behauptete später, dass er von diesen Dingen nichts gewusst habe, und es half auch nichts, dass der Pfalzgraf, der den Gesandten bei der Ehre seines Namens freies Geleit zugesichert hatte, vor dem Kaiser Einspruch erhob. Friedrich schenkte in dieser Sache nicht seinem Stiefbruder Glauben, sondern seinem Erzkanzler. Dabei war selbst für einen einfachen Diener wie mich offensichtlich, dass von Dassel Konrads Bemühungen absichtlich zunichte gemacht hatte, weil er selbst an einer Einigung mit den Milanesen nicht interessiert war und sich größeren Vorteil versprach, wenn die Stadt, wie zuvor Crema, in hellen Flammen aufging.

In seiner Ehre gekränkt, kehrte Pfalzgraf Konrad in die deutsche Heimat zurück, wo er sich an von Dassel auf seine Weise rächte, indem er das Erzbistum Köln mit Fehde überzog; die anderen Fürsten schlugen sich entweder auf die Seite von Dassels oder schwiegen. Zu eng waren die Bande zwischen ihm und Friedrich geworden, und niemand wollte sich dem Verdacht aussetzen, nicht treu zu Kaiser und Reich zu stehen.

Die Kämpfe gingen also weiter.

Bis vor die Mauern Mailands wurden sie nun getragen, und um seinen Mannen ein Beispiel zu geben, nahm der Kaiser selbst daran teil. Mochten andere Herrscher sich in ihre Zelte zurückziehen oder von entfernten Hügeln aus das Geschehen beobachten – Friedrich zog an der Spitze der Seinen selbst in die Schlacht und riskierte seine Haut und sein Blut so wie der einfachste Knecht. Bei einem Scharmützel, das ihn bis vor die *porta Romana* führte, das vielleicht mächtigste Tor in der Mailänder Mauer, wurde sein Pferd von Pfeilen getroffen und brach unter ihm zusammen. Der Allmächtige hielt an jenem Tag seine schützende Hand über meinen Herrn, sodass ein Lanzenstich, der seinem Herzen gegolten hatte, fehlging und ihn nur leicht verwundete. Dennoch haderte ich mit mir, weil ich ihn im Getümmel des Kampfes aus den Augen verloren hatte.

Friedrich machte mir keine Vorwürfe. So viel Draufgängertum war noch immer in ihm, dass er sein Leben gering achtete und den Schmerz mit Fassung trug. An den Milanesen rächte er sich, indem er nach der Verwüstung ihrer Felder auch die Zufahrtswege zur Stadt blockieren ließ, sodass kein Proviant mehr durchkam; wer dennoch versuchte, Lebensmittel in die Stadt zu schmuggeln und von den kaiserlichen Soldaten gefasst wurde, der verlor eine Hand. Mailändische Edle, die gefangen wurden, büßten neuerdings Augen, Ohren oder Nasen ein, ehe sie in ihre Stadt zurückgeschickt wurden, barfuß und entehrt.

Meinem Herrn ging es nicht um Boden oder um Beute, die er beim Sieg über den Feind zu machen gedachte, sondern darum, diesen in Schrecken und Furcht zu versetzen. Und diese Taktik trug einmal mehr die Handschrift des *archicancellarius*: Rainald von Dassel hatte niemals vergessen oder verziehen, dass Otto von Wittelsbach und er einst in des Kaisers Auftrag in Mailand gewesen und dort mit dem Schmutz der Straße beworfen worden waren. Diese Schmach wollte er den Einwohnern der Stadt heimzahlen, vom höchsten Konsul bis hinab zum niedrigen Bettler, den zarten Frauen und auch noch dem letzten unschuldigen Kind. Ich war kein Ritter, hatte die Schwertleite nie erhalten und niemals den feierlichen Eid geschworen, aber ich schämte mich angesichts der Art des Krieges, den wir vor Mailands Mauern führten, statt uns dem Feind in mannhaftem Kampf auf den Mauern zu stellen.

Doch der Erfolg gab von Dassel recht.

Die Hungersnot, die die Stadt alsbald befiel, ließ dort Unruhen ausbrechen. Und als es Friedrichs Gesandten schließlich gelang, sich den gekrönten Häuptern Frankreichs und Englands anzunähern und die Position Papst Alexanders damit zu schwächen, ging den einstmals so stolzen Milanesen endgültig auf, dass ihre Sache verloren war und sie nicht anders konnten, als die Gnade jenes Herrschers zu suchen, den sie zuvor verspottet hatten.

Am Tag vor Kathedra Petri trafen der Kaiser und seine Edlen sowie Vertreter der mit ihnen verbündeten Städte in der neu errichteten Pfalz zu Lodi zusammen, um über das Angebot zu beraten, das Mailand unterbreitet hatte: Die Konsuln erboten sich, die Verteidigungsanlagen der Stadt einzureißen und die Gräben zuzuschütten, die dem Kaiser so frech getrotzt hatten; außerdem wollten sie eine große Summe Geldes bezahlen, dem Kaiser einen Palast errichten und in Zukunft nicht mehr gegen ihn paktieren.

Einige Fürsten des Rates, vor allem jene, die Italien verbunden waren, vertraten die Ansicht, dass dies ausreiche, um Mailand die Verfehlungen der Vergangenheit nachzusehen; die deutschen Noblen, allen voran Rainald von Dassel, bestanden jedoch darauf, dass nur eine vollständige Unterwerfung der Stadt die Ehre des Reiches wiederherstellen könne. Und Friedrich, dem die Ehre nun einmal über alles ging, stimmte dem zu. Statt dies jedoch den Mailändern unverzüglich mitzuteilen und damit womöglich als hartherzig zu gelten, ersann von Dassel eine neue List: Der Kaiser werde, so hieß es, auf die Vorschläge eingehen, sofern die Bürger der Stadt zum Zeichen ihrer Reue nicht mehr gegen kaiserliche Anordnungen verstießen.

Nicht nur dem Kanzler, auch meinem Herrn war klar, dass diese Forderung angesichts der Hungersnot, die in Mailand tobte, nicht zu erfüllen war: Es dauerte keine zwei Tage, bis Bauern aufgegriffen wurden, die die Sperrung der Straßen zu umgehen und Rüben und Getreide in die Stadt zu bringen versuchten; sie alle verloren ihre rechte Hand – und Mailand, das abermals gegen den Kaiser gehandelt und die Ehre des Reiches wiederum gekränkt hatte, musste nun Abbitte leisten und sich ganz und gar Friedrichs Gnade unterwerfen, so wie er und von Dassel es von Anfang an geplant hatten.

Am ersten März, dem Tag des heiligen Suitbert, kamen einige der mailändischen Konsuln nach Lodi, wie schon einmal mit blanken Klingen im Genick, um sich der kaiserlichen Gnade zu unterwerfen – und das im wörtlichen Sinn. Ich konnte die Genugtuung in Friedrichs Mienenspiel erkennen, als sich die Konsuln vor ihm in den Staub warfen, einige von ihnen in der Blüte ihres Lebens, andere ergraute Männer, die sich vor ihm erniedrigten, der

Würde des Alters zum Trotz. Bäuchlings am Boden liegend baten sie um Schonung ihrer Stadt und um Vergebung, erflehten die Wiederaufnahme in die kaiserliche Huld – doch mein Herr blieb unerbittlich.

Wenige Tage später marschierten auch alle anderen Würdenträger der Stadt in Lodi auf und vollführten dasselbe Ritual, wälzten sich Tieren gleich im Staub. Doch der Ehre des Reiches war damit noch immer nicht Genüge getan.

Mein Herr ließ auch die mailändischen Ritter nach Lodi kommen, zusammen mit ihren Unterführern und Knechten, Stricke um die Hälse und Schwerter im Genick. Er ließ sie um Vergebung bitten und Gehorsam schwören, vor allem aber ließ er sich ihre Fahnen und Trompeten übergeben – denn wenn wir eines gelernt hatten, dann, dass die italienischen Städte großen Wert auf diese legten und sie als Symbole ihres Stolzes ansahen.

Der Kaiser nahm ihnen auch das und entehrte sie damit vor aller Augen, doch seine Gnade gewährte er noch immer nicht. Wie ein Stück Fleisch, das gesotten wurde, bis es fast vom Knochen fiel, ließ er die Milanesen in ihrem eigenen Safte schmoren, im Ungewissen darüber, was aus ihnen und ihrer Stadt werden würde. Im Lauf der Jahre habe ich manchen Besiegten gesehen, der bittere Tränen vergoss, als er sich unterwerfen, alle Ehre fahren lassen und um sein Leben bangen musste. Doch niemand weinte jemals so bitter wie die Oberen von Mailand.

Graf Guido von Biandrate konnte das Wehklagen schließlich nicht mehr ertragen und ging selbst vor dem Kaiser auf die Knie, um für den geschlagenen Feind um Gnade zu bitten.

Von seinem hohen Sitz am Ende der Halle aus hatte

Friedrich alles verfolgt und das Jammern mitangehört, jedoch keine Miene verzogen. Das Antlitz des Kaisers war wie in Eis gefroren und verriet keine Regung. Würde er dem Flehen der Mailänder nachgeben und Barmherzigkeit zeigen? Oder würde er allen Bitten zum Trotz auf die Vernichtung seiner Feinde bestehen?

So lange ich meinen Herrn auch kannte – ich hätte nicht zu sagen vermocht, wie seine Entscheidung lauten würde.

Friedrich hatte sich verändert. Das Gewicht der Krone, die zermürbenden Kämpfe und nicht zuletzt der Einfluss seines Erzkanzlers hatten einen anderen Mann aus ihm gemacht, der reifer war und überlegter handelte als zu früheren Zeiten. Aber auch grausamer und unbarmherziger …

»So liegt euer Leben nun also in meiner Hand«, sagte er mit Blick auf die Konsuln und Ritter. »Von eurem Hochmut ist nichts geblieben, nun liegt ihr im Staub und fleht um Vergebung.«

»Das tun wir, Herr«, versicherte der Konsul, den die Mailänder zu ihrem Sprecher erkoren hatten, weil er als Kaufmann Handel mit dem Norden trieb und deshalb der deutschen Sprache mächtig war. Er war ein drahtiger kleiner Mann mit dünnem weißem Haar und unstetem Blick. Dass er auf den Namen Vincenzo hörte, was in unserer Sprache »Sieger« bedeutet, war eine grausame Laune des Schicksals. »Wir sind bereit, uns Eurem Urteil zu unterwerfen, wie es auch laute.«

»Weil ihr auf meine Gnade hofft«, entgegnete Friedrich gelassen. »Doch ehe ich euch diese gewähre, muss gesichert sein, dass ihr niemals, niemals wieder etwas gegen mich unternehmen oder eure Hand gegen das Reich erheben werdet.«

»Das geloben wir feierlich, Herr«, entgegnete Vincenzo ohne Zögern.

Friedrich lachte auf. »Wie schnell euch dies über die Lippen geht. Habt ihr es auch wohl erwogen? Habt ihr überlegt, was es euch kosten wird, meine Huld wiederzuerlangen?«

»Der Kaiser gewährt euch Zeit, darüber nachzudenken«, fügte Rainald von Dassel hinzu, der an Friedrichs Seite stand und in seinem roten Umhang wie ein Racheengel wirkte. »Kommt morgen wieder und wiederholt eure Bitten.«

»Herr?« Vincenzo blickte zum Kaiser, und die übrigen Würdenträger Mailands, die den Wortwechsel zwar nicht verstanden, aber mitbekamen, dass etwas nicht stimmte, sahen Friedrich ebenfalls fragend und furchtsam an.

Doch Friedrich erwiderte nichts.

»Denkt über das nach, was euch euer Kaiser gesagt hat, und kehrt morgen wieder«, sagte von Dassel noch einmal und mit einer Stimme, die keinen Widerspruch duldete.

Vincenzo tat es dennoch und bewies damit, dass er mutiger war, als sein Äußeres erahnen ließ. »Wir werden gehen und morgen zurückkommen«, kündigte er an. »Doch bevor wir dies tun, wollen wir unser Anliegen vor die Gemahlin des Kaisers tragen!«

Damit wandte er sich Beatrix zu, die neben Friedrich auf dem Thronpodest saß. Seit mehreren Tagen weilte sie in Lodi und hatte die Bußgänge der Mailänder wortlos mitverfolgt. Wie sie darüber dachte, war nicht festzustellen, aber ich vermutete, dass sie lieber an einem anderen Ort gewesen wäre, weit entfernt.

»Hohe Herrin«, setzte Vincenzo an, »erlaubt mir, das Wort an Euch zu …«

»Wie könnt ihr es wagen?«, unterbrach von Dassel ihn scharf. »Es steht euch nicht zu, von euch aus zu sprechen, geschweige denn, euch an die Königin zu …«

Er verstummte, als Beatrix unwirsch die Hand hob. »Lasst ihn«, verlangte sie. »Ich will hören, was er zu sagen hat – mit Eurer Erlaubnis, mein Gemahl«, fügte sie an Friedrich gewandt hinzu.

»Es sei«, brummte der Kaiser. Er sah wenig begeistert aus, wollte ihr die Bitte jedoch nicht abschlagen.

»Sprecht also«, forderte Beatrix den Konsul auf.

»Herrin«, begann dieser noch einmal, mit dünner, vor Aufregung bebender Stimme, »ich bin Vorsteher meiner Gemeinde, nicht von Geburt dazu bestimmt, sondern von meinesgleichen gewählt und deshalb in aller Bescheidenheit auftretend. Doch wende ich mich an Euch als Sprecher unserer Stadt und flehe in ihrem Namen um Gnade!«

»Euer Leben liegt nicht in meiner, sondern in des Kaisers Hand«, entgegnete Beatrix in flüssigem und gut verständlichem Deutsch. »Wie könnte ich da helfen?«

»Dessen bin ich mir bewusst, Herrin – aber als Gemahlin des Kaisers sind die Schutzbedürftigen des Reiches Eure Kinder, und Eure Sanftmut und Eure Mildtätigkeit werden weithin gerühmt. Deshalb ersuche ich Euch im Namen aller Konsuln und Ritter und aller Bürger der Stadt Mailand, auf Euren Gemahl einzuwirken, auf dass er sich in Christi Namen barmherzig gegen jene zeige, die er besiegt und niedergeworfen hat.«

Beatrix sah den Mann an, beinahe starrte sie. Schon so lange war sie nun Königin, aber mir kam es vor, als würde sie sich in diesem Augenblick zum ersten Mal der Rolle bewusst, die sie spielte – zumindest in den Augen jener, die sich Hilfe von ihr versprachen …

»Habt Dank für Eure offenen Worte, Konsul Vincenzo«, entgegnete sie leise. »Ich will darüber nachdenken.«

»Herrin«, sagte der Mailänder. Noch immer am Boden kniend, verbeugte er sich so tief, dass er diesen beinahe küsste. Als er sich wieder aufrichtete und noch etwas hinzufügen wollte, traten auf einen Wink von Dassels hin die kaiserlichen Leibwachen vor und bedrängten ihn mit ihren Schilden.

Vincenzo zog sich zurück, und mit ihm die anderen Mailänder Oberen, die sich in den Staub geworfen und um Gnade gefleht hatten. Unter den Augen der Reichsfürsten und der Vertreter der mit dem Kaiser verbündeten italienischen Städte verließen sie die Halle wie geprügelte Hunde. Zurück blieb der Geruch von Angstschweiß, der die Luft tränkte.

Während die Noblen noch ihren Spott mit den Besiegten trieben, erhoben sich der Kaiser und seine Gemahlin und zogen sich zurück. Zusammen mit ihren Leibdienern und den Wachen folgte ich ihnen durch die Gänge des noch jungen Palasts, den die Lodesen ihrem Kaiser errichtet hatten.

Friedrich ging gebeugt wie unter einer schweren Last. Die Dunkelheit, die ihn schon früher überkommen hatte, zuerst auf der Pilgerfahrt ins Heilige Land und dann vor den Mauern von Crema, schien erneut nach ihm zu greifen. Und noch nicht einmal die Anwesenheit der Kaiserin schien ihn davor zu bewahren.

Die Wachen blieben vor dem kaiserlichen Gemach zurück, nur die Leibdiener und ich folgten dem Herrscherpaar. Wie gewohnt nahm ich meinen Platz in der Nische der Vorkammer ein, während die Diener Friedrich und Beatrix die Umhänge abnahmen und ihnen Wein und

Früchte brachten. Dann zogen auch sie sich zurück, nur ich blieb in meiner Nische, wie ich es immer tat, bis mein Herr mich entließ, ein lautloser Schatten.

Friedrich hatte sich auf den Hocker niedergelassen, der beim Tisch stand, und griff nach der Karaffe mit dem Wein.

»Was wirst du tun, mein Gemahl?«, erkundigte sich Beatrix. Besorgnis stand in ihren schönen, vom weißen Stoff des Kopftuchs umrahmten Gesicht zu lesen. »Ihnen die Vergebung verweigern? Sie alle töten?«

»Ich könnte es tun«, sagte Friedrich und schenkte sich ein. »Als Kaiser habe ich das gottgegebene Recht dazu.«

»Und wie viele von ihnen willst du töten nach Gottes Recht?«, erkundigte sich Beatrix, wie es mir vorkam, nicht ohne Spott. »Einhundert? Eintausend? Die ganze Stadt? Auch die Frauen und die Kinder?«

»Auch dazu hätte ich das Recht«, erwiderte Friedrich überzeugt und nahm einen Schluck Wein. »Oder willst du das bezweifeln?«

»Ich zweifle nicht, dass du die Macht dazu hättest. Doch zweifle ich, dass du dazu fähig wärst.«

»Das solltest du nicht.« Friedrich schüttelte unwillig das Haupt. »Nicht nach allem, was sie mir angetan haben.«

»Dir?«, fragte Beatrix und sah ihn dabei an, wie nur sie es konnte, durchdringend und liebevoll zugleich. »Oder dem Reich?«

Erneut nahm Friedrich einen tiefen Schluck. »Wo ist der Unterschied?«

»Das will ich dir sagen, mein Gemahl: Das Reich hat kein Herz und keinen Verstand. Es lebt nicht und es atmet nicht, und es hat keine unsterbliche Seele, die es verlieren könnte.«

»Es lebt und atmet durch mich«, widersprach Friedrich entschieden und schmetterte den Becher auf den Tisch zurück. »Von Gottes Gnaden bin ich dazu bestimmt, über das Reich zu herrschen – was ihm widerfährt, widerfährt auch mir!«

Beatrix trat auf ihn zu, scheu und zögernd, als würde sie sich einem wilden Tier nähern, das in einer Falle gefangen und noch immer gefährlich war. »Ich weiß, dass du zornig auf diese Menschen bist«, versicherte sie, »und du hast alles Recht dazu. Mailand war hochmütig und rebellisch, hat das Gesetz mit Füßen getreten und Krieg gegen dich geführt …«

»… und damit seine Existenz verwirkt«, beharrte der Kaiser.

»Nach menschlichen Gesetzen mag es so sein. Aber wie du schon sagtest, bist du von Gottes Gnaden Kaiser. Seine Macht allein ist es, die dich am Leben hält und dich über deine Feinde siegen lässt – willst du es danken, indem du christliches Gebot missachtest?«

»Ich befolge das Gesetz«, beteuerte Friedrich.

»Menschliches Gesetz.« Beatrix nickte. »Aber was ist mit den himmlischen Gesetzen? Mit der Vergebung und Barmherzigkeit, die uns der Herr gelehrt hat? Sollten sie für die Bürger von Mailand keine Gültigkeit besitzen?«

Mein Herr leerte seinen Becher und brummte etwas Unverständliches hinein. Er widersprach nicht mehr, was bedeuten musste, dass die Königin einen wunden Punkt berührt hatte …

»Von Dassel mag dir zur Härte raten und dich ermahnen, nicht zu nachgiebig gegen deine Feinde zu sein. Aber er ist es nicht, der sich dereinst für eine solche Tat vor dem himmlischen Richter verantworten muss, sondern du, mein Gemahl. Und er muss auch nicht das Murren und die Missgunst jener ertragen, die dich für hartherzig und gnadenlos halten.«

»Glaubst du, das wüsste ich nicht, Weib?«

»Dann verstehe ich nicht, warum du dich so unversöhnlich zeigst. In all den Jahren habe ich dich stets als weisen und gerechten Herrscher gesehen. Ich habe zu dir aufgeblickt, mein Gemahl, und dich für deine Stärke bewundert, für die Beharrlichkeit, mit der du dafür kämpfst, den Ruhm des Römerreichs wiederherzustellen. Doch nun drohst du all das zu verlieren, und nicht nur in meinen Augen, sondern vor aller Welt.«

Von seinem Hocker aus sah Friedrich sie an, das Gesicht ebenso unbewegt wie vorhin in der Halle. »Was weißt du schon?«, knurrte er leise.

»Die Königin hat recht, Herr«, sagte ich in die Stille hinein, noch ehe mir recht klar wurde, was ich da tat.

»Nanu?« Friedrich warf das Haupt herum. »Haben die Mauern meiner Pfalz jetzt Münder? Oder haben Schatten neuerdings einen eigenen Willen?«

»Verzeih, Herr, aber ich kann nicht schweigen«, erwiderte ich. »Täte ich es, wäre ich dir ein schlechter Diener.«

»Dann sprich also«, meinte der Kaiser und hob fragend die roten Brauen. »Was willst du sagen?«

»Nicht viel, Herr. Nur, dass die Königin recht hat, mit jedem einzelnen Wort, und du auf sie hören solltest – und nicht auf einen Erzkanzler, der dir dazu rät, dein Herz zu verschließen und deine unsterbliche Seele zu wagen.«

»Wie kannst du so etwas sagen?« Friedrich sprang auf, sodass der Hocker krachend umfiel. »Rainald von Dassel ist der Erzbischof von Köln, während du nichts weiter bist als ein niederer Diener, ein gestaltloser Schatten!«

»So ist es, Herr«, gab ich zurück, noch ehe ich recht überlegen konnte, ob diese Antwort angemessen war, »und doch stündest du nicht hier, wenn dieser Schatten nicht wäre.«

»Das sagst du mir ins Gesicht?«, herrschte der Kaiser mich an, dass sich seine Stimme überschlug. »Weißt du nicht, wen du vor dir hast? Wir sind nicht mehr die unbekümmerten Burschen, die wir einst waren! Kenne deinen Platz, oder er wird dir zugewiesen, so wahr ich hier vor dir stehe!«

Einen Augenblick lang hielt ich der Glut stand, die aus seinen blauen Augen zu schlagen schien. Von der Verbundenheit, die wir einst gehegt hatten, war in diesem Moment nichts zu spüren. Vielleicht, sagte ich mir, hatte ich sie mir auch nur eingebildet. Betroffen senkte ich den Blick.

»Du darfst Aren nicht zürnen, mein Gemahl«, trat Beatrix nun für mich ein. »Was er sagt, sagt er nur, weil er sich aufrichtig um dich sorgt – genau wie ich.«

Friedrich schnaubte, seine breite Brust hob und senkte sich unter keuchenden Atemzügen, während sein getriebener Blick zwischen Beatrix und mir hin und her flog.

»Die Ehre des Reiches ist alles, was zählt«, stellte er klar. »Geht sie verloren, bleibt nichts übrig, worauf man eine Krone setzen oder ein Banner pflanzen könnte. Und wenn es nötig ist, sie mit Blut von allen Makeln reinzuwaschen, dann ist es so. Rainald hat das verstanden – ihr beide ganz offenkundig nicht.«

»Vielleicht nicht, mein Gemahl«, gab Beatrix zu. »Aren ist nur ein Diener, und ich mag in deinen Augen nur ein schwaches Weib sein – doch anders als der Erzbischof lieben wir dich aufrichtig und aus tiefem Herzen, jeder von uns auf seine Weise. Und deshalb sagen wir nicht das, was du hören möchtest, sondern was uns im Innersten bewegt.«

Noch immer stand Friedrich zwischen uns, sah bald zur einen und bald zum anderen wie jemand, der unentschlossen war, wohin er seine Schritte lenken solle. Schließlich nickte er, was ebenso Resignation wie Einsicht bedeuten mochte.

Dann wandte er sich ab und zog sich wortlos in sein Schlafgemach zurück. Die Entscheidung über das Wohl oder Wehe einer ganzen Stadt nahm er mit.

39

Pavia
Sommer 1164

Ob es an den Worten seiner Gemahlin lag oder ob ihn der Allmächtige in jener Nacht mit Einsicht segnete – als Friedrich am nächsten Tag erneut über die Bürger von Mailand zu Gericht saß, deren Konsuln und Ritter wiederum pflichtschuldig erschienen waren und um Vergebung flehten, zeigte er sich barmherzig.

Er ließ Gnade vor Recht ergehen, indem er ihnen das Leben schenkte; die übrigen Strafen jedoch, die Mailand trafen, waren hart und sollten verhindern, dass sich die Stadt jemals wieder gegen die Krone erhob.

Die Milanesen erhielten die Anweisung, sich bis Ende März, zum Tage Sancti Castuli, aus ihrer Stadt zu entfernen, die dann der Zerstörung übergeben werden sollte. Bis zuletzt hofften die Bürger, der Kaiser würde sich auch hier letztlich milde zeigen, doch diese Hoffnung zerschlug sich. Als Friedrich am besagten Tag nach Mailand ritt, zogen ihm die Bürger zu Tausenden entgegen im Bestreben, ihn doch noch umzustimmen, doch mein Herr hatte seine Entscheidung längst getroffen. Kaum hatten die letzten die Stadt verlassen, ließ er Feuer legen, und besonders die

Ritter und Soldaten aus Cremona, Lodi und Pavia, jenen Städten, die mehr als alle anderen unter der mailändischen Knute gelitten hatten, ließen ihrem Rachedurst freien Lauf. Innerhalb weniger Tage wurde die einstige Perle der Lombardei bis auf die Grundmauern niedergebrannt, nur einige Kirchen bewahrte der Allmächtige in seiner Güte vor der Zerstörung. Als einsame Mahnmale blieben sie inmitten der schwelenden Ruinen stehen.

Es war das Ende eines langen Krieges, den der Kaiser in Oberitalien geführt hatte – zumindest glaubte er dies damals. Wenn Mailand, die mächtige Metropole mit ihren hohen Mauern und ihren schier unerschöpflichen Vorräten an Geld nun endlich niedergeworfen war, wer sollte sich da noch gegen ihn und das Reich erheben?

Nicht nur Friedrich erlag in dieser Hinsicht einem folgenschweren Irrtum, auch seine Berater und nicht zuletzt Rainald van Dassel täuschten sich gründlich.

Doch zunächst wurde das Osterfest in Pavia mit einer Dankesfeier zu Ehren des Herrn begangen. Die Noblen des Reiches und die Konsuln der reichstreuen Städte wurden zum Festmahl eingeladen, dem der Kaiser und seine Gemahlin in prunkvollen Gewändern vorsaßen, goldschimmernde Kronen auf der Stirn. Nach Monaten zermürbenden Kampfes, der an unser aller Kraft gezehrt und tiefe Spuren hinterlassen hatte, waren es Tage des Triumphs für meinen Herrn. Er hatte das dunkle Tal durchschritten und den Gipfel bestiegen.

Auch jene Städte, die mit Mailand verbündet gewesen waren, sahen in diesen Tagen ein, dass es keinen Sinn hatte, sich der Allmacht des Kaisers zu widersetzen. Eine nach der anderen unterwarf sich seiner Herrschaft, vom ehrwürdigen Brescia bis hinab nach Bologna.

Vom Hochgefühl des Sieges getragen, wandte sich mein Herr nun dem anderen Gegner zu, der ihm in Italien erwachsen war. Mit dem festen Vorhaben, die Stellung Alexanders III. zu schwächen und die von Papst Viktor zu stärken, verließ er Italien, das er in der Obhut Otto von Wittelsbachs und anderer Getreuer zurückließ, und wandte sich gen Burgund. Ein Treffen mit Ludwig, dem König der Franzosen und siebten seines Namens, sollte endgültige Klärung im Fall des Schismas bringen. Auf einer Brücke über den Fluss Arar, den die Franzosen Saône nennen, sollten Kaiser und König einander begegnen, der eine in Begleitung Papst Viktors, der andere zusammen mit Alexander, der im Vorjahr aus Furcht um Leib und Leben nach Frankreich geflohen war.

Mein Herr setzte große Hoffnung in dieses Treffen – doch es kam nie zustande. Papst Alexander zeigte sich nämlich nicht gewillt, an der verabredeten Stelle zu erscheinen, was für den König der Franzosen fraglos eine Schmach bedeutete – und da sich Friedrich aus Gründen, die nicht in seinem Verschulden lagen, verspätete, nutzte der Franzose die günstige Gelegenheit und ritt mit den Seinen von dannen.

Das gescheiterte Treffen war ein Ärgernis für meinen Herrn.

Der Sieg von Mailand, so schien es, hatte bereits an Glanz verloren, doch aufzugeben war Friedrichs Sache nicht. Und Rainald von Dassel bestärkte ihn in seiner Beharrlichkeit.

Auf einer hastig einberufenen Synode wurde Papst Viktor in seinem Amt bestätigt, Alexander jedoch als Feind des Reiches gegeißelt und abermals exkommuniziert. Auch das Verhalten des französischen Königs wurde gebrandmarkt und die Rolle des Kaisers als dem Papsttum übergeordnet dargestellt, so wie es einst bei Karolus Magnus der Fall gewesen war. Dies jedoch brachte nun auch Fürsten gegen Friedrich auf, die bislang noch treu zu ihm gestanden hatten, und so wirkte sich der Streit um die Besetzung des Heiligen Stuhles im fernen Rom immer mehr auch auf deutsche Lande aus.

Der Friede, um den Friedrich einst so hart gerungen hatte, war bedroht, nicht nur der Fehde wegen, die Pfalzgraf Konrad nach wie vor gegen Rainald von Dassel wegen der vor Lodi zugefügten Kränkung führte. Auch der alte Zwist zwischen Staufern, Zähringern und Welfen drohte wieder auszubrechen, sodass Friedrich eilig in sein Stammland zurückkehren und für Ordnung sorgen musste. Und da die Königin in Burgund bei ihren Anverwandten geblieben war, konnte Rainald von Dassel seinen Einfluss auf den Kaiser uneingeschränkt geltend machen.

Beharrlich, beinahe eifersüchtig wachte er über den Kaiser und ließ nur solche Berater in seine Nähe, die die Meinung des Erzkanzlers teilten. Dass ich in jenen Tagen wiederholt Aufträge für Botendienste erhielt, die mich von Friedrich wegführten, mochte bloßer Zufall sein oder eine Folge dieser Politik. Doch ich war häufiger von meinem Herrn getrennt als je zuvor, und die Folge war, dass er mir fremd wurde.

Und nicht nur mir erging es so, auch mancher Reichsfürst, der sich ehedem zum engsten Kreis des Herrschers gezählt hatte, fand plötzlich keinen Zugang mehr. Dies lag nicht nur an von Dassel, sondern auch an Friedrich selbst. Die Abkehr der Könige Englands und Frankreichs, das eigenmächtige Handeln mancher Reichsfürsten, der wachsende Unfriede im Reich – all das bedrückte ihn so sehr, dass er sich mehr und mehr zurückzog, je länger der Streit um das Papsttum andauerte.

Im Sommer des Jahres 1163 gelang es ihm immerhin, einen Ausgleich zwischen den Fürsten zu schaffen und den Frieden zumindest in einem Teil des Reiches wiederherzustellen. Zum Hoftag in Nürnberg kamen im August nicht nur viele Edle, sondern auch Abgesandte Alexanders. Der von den Kardinälen eingesetzte Papst war offenkundig an einer Einigung mit meinem Herrn interessiert – doch wie sollte das gehen, wenn Friedrich ihn doch als Betrüger und Scharlatan betrachtete?

Die Verhandlungen blieben ohne Ergebnis.

Da Alexander bekanntermaßen mit Wilhelm von Sizilien und den Normannen paktierte, wurde ein weiterer Feldzug nach Italien beschlossen, und noch im Oktober brachen wir auf. Die Streitmacht, die den Kaiser diesmal begleitete, war vergleichsweise klein und setzte sich im Wesentlichen aus Kämpen seines eigenen Hauses und seiner engsten Gefolgsleute zusammen. Der Plan sah vor, das eigentliche Heer erst vor Ort zu formieren, mithilfe von Truppen, die die Städte Ober- und Mittelitaliens bereitstellen sollten.

Erzbischof Rainald eilte mit einer eigenen Heerschar voraus und kündigte das Kommen des Kaisers an. In Lodi, der Stadt, die Friedrich so viel zu verdanken hatte, berief er einen ersten Hoftag ein und versicherte sich der Unterstützung durch die oberitalienischen Edlen und Konsuln, ehe er über Pavia und Monza auf der alten Römerstraße ans östliche Meer zog. Es war eine Politik der Stärke, die Friedrich und sein oberster Berater verfolgten und die keinen Widerspruch zuließ – und die das leise Murren überhörte, das in vielen Städten bereits wieder zu hören war.

Im Frühjahr schlugen wir unser Lager in Parma auf, wo Friedrich weitere Vorbereitungen für den Feldzug gegen Sizilien traf, jedoch von einer Krankheit ereilt und von Fieber befallen wurde, das ihn über mehrere Wochen an sein Lager fesselte. Kein anderer als Rainald von Dassel erhielt den Auftrag, den Umritt fortzusetzen und als kaiserlicher Legat nach Tuszien zu ziehen, um den Städten dort die kaiserlichen Forderungen mitzuteilen.

Ich weiß noch, dass sich in den Tagen seiner Genesung das Gemüt meines Herrn, obwohl das Problem der beiden Päpste von einer Lösung nach wie vor weit entfernt war, merklich aufhellte. Denn zum einen stieß die Königin zur Heerfahrt, zum anderen war sie froher Erwartung.

Die Aussicht, dass er nach der Tochter, die Beatrix ihm zu Beginn des vergangenen Jahres geschenkt hatte, nun womöglich den ersehnten Sohn bekommen würde, beflügelte den Kaiser und nahm Last von seiner Seele. Oft ließ er sich in jenen Tagen von mir in die Kapelle führen und betete um einen männlichen Erben – und wurde erhört.

Am 16. Juli brachte Beatrix in Pavia einen Sohn zur Welt, der den Namen seines Vaters erhielt. Es war das zweite von insgesamt elf Kindern, die die Königin ihrem Gemahl schenken sollte, und das, ohne ihre Pflichten jemals zu vernachlässigen. Selbst mir war bewusst, dass eine solche Anstrengung nicht möglich war aus bloßer Schuldigkeit gegenüber ihrem Gemahl und Kaiser; Beatrix liebte Friedrich aus tiefem Herzen, und er erwiderte ihre Liebe, so innig und aufrichtig er es vermochte.

Die Freude über den neugeborenen Erben konnte jedoch nicht darüber hinwegtäuschen, dass sich ein neuer Sturm über dem Reich zusammenzog. Mailand mochte vernichtet sein, doch formte sich Widerstand in anderen

Städten, die mit der kaiserlichen Bevormundung unzufrieden waren und sich zu Bündnissen vereinten.

Noch weitaus schwerer wog jedoch, was im April geschehen war. Denn während Friedrich krank darniederlag und sein Erzkanzler in Tuszien weilte, wurde ebendort, in der Stadt Lucca, Papst Viktor II. vom Allmächtigen abberufen.

Der unselige Streit, der längst nicht mehr nur den Klerus entzweite, sondern auch das Reich und mithin das gesamte Abendland, war damit durch göttliche Fügung beendet, und eine Situation trat ein, in der sich alles zum Guten hätte wenden können.

Ein missgünstiger Geist verhinderte jedoch, dass es so kam.

Sein Name war Rainald von Dassel.

40

Hoftag zu Würzburg
Pfingsten 1165

»Er hat ... *was* getan?«

Den Ausruf, den Friedrich tat, nachdem sein Kapellan und Notar Gottfried von Viterbo ihm das Schreiben Rainald von Dassels vorgelesen hatte, werde ich niemals vergessen. Unglaube hatte darin gelegen, die vage Hoffnung, dass er sich womöglich verhört hätte ... doch das war nicht der Fall.

Auch ich hatte Gottfrieds Worte vernommen, und auch, wenn ich nicht wirklich etwas von diesen Dingen verstand, war mir klar, warum mein Herr so fassungslos reagierte.

Viktor II., den Friedrich um jeden Preis hatte auf den Heiligen Stuhl bringen wollen, war von uns gegangen. Damit hatte sich die Möglichkeit eröffnet, den unseligen Streit, der das christliche Abendland spaltete, zu beenden, ohne dabei an Ehre und Ansehen zu verlieren – denn wer konnte es dem Kaiser vorwerfen, wenn er sich einem Schiedsspruch unterwarf, den der Allmächtige selbst gefällt hatte? Ob mein Herr diesen Weg tatsächlich eingeschlagen hätte, vermag ich nicht zu sagen – die Beharrlichkeit, die er in manchen Dingen an den Tag legte, ließ mitunter an einen Ochsen denken. Doch in diesem Fall schien selbst ihm aufzugehen, welche vielfältigen neuen Aussichten ihm das überraschende Ableben Papst Viktors eröffnet hatte – wenn auch nur für einen kurzen Augenblick.

Denn statt diese neuen Möglichkeiten zu nutzen, mit Papst Alexander in Verhandlungen zu treten, die wachsende Zwietracht unter den Fürsten so zu beenden und die Wogen im Reich zu glätten, hatte Erzbischof Rainald von Dassel dafür gesorgt, dass schon zwei Tage nach dem Tod des Heiligen Vaters, am 22. April des Jahres 1164, in Lucca ein neuer Papst gewählt worden war. Die Entscheidung war zugunsten Guidos, des Kardinalpriesters zu Sanctae Mariae trans Tiberim gefallen, eines Verwandten und engen Vertrauten Viktors, von dem man annehmen konnte, dass er dessen kaisertreue Linie fortsetzen würde – und mit ihr auch die Zwietracht, die das Vorhandensein zweier Päpste zur selben Zeit bedingte.

Die Tatsache, dass Friedrich Gottfried das Schreiben noch ein zweites Mal hatte vortragen lassen, änderte nichts am Inhalt. Von Dassel, der noch immer in Tuszien weilte, rühmte sich darin, die Tradition im Namen des Kaisers und zum Ruhm des Reiches fortgeführt zu haben.

Schon öfter hatte Rainald Friedrich beeinflusst, hatte ihm das Gefühl vermittelt, seine Politik zu vertreten und in Wahrheit doch eigene Ziele verfolgt. So eigenmächtig wie in diesem Fall hatte er jedoch noch nie gehandelt. Ich konnte meinem Herrn die Wut und die Frustration darüber ansehen, doch waren ihm die Hände gebunden. Wie hätte er dagestanden, hätte er die Entscheidung seines Erzkanzlers widerrufen? Musste man ihn nicht für einen Zauderer halten, für einen schwachen Herrscher, der sich von seinen Untergebenen gängeln ließ?

Die Ehre des Reiches, auf die mein Herr so großen Wert legte, verlangte es, dass er die Kröte schluckte, die von Dassel ihm aufgetischt hatte, und den neu gewählten Papst Paschalis III. vorbehaltlos unterstützte – auch wenn es noch tieferen Zwist und neue Wirren bedeutete.

Dass Papst Alexander auch seinen neuen Widersacher ablehnen würde, war nicht anders zu erwarten gewesen; dass nunmehr jedoch auch die Römer ihn dabei unterstützten, war ein Rückschlag für meinen Herrn. Noch ein weiterer folgte, als in Salzburg der Stuhl des Erzbischofs neu besetzt werden sollte, denn Salzburg war Papst Alexander treu ergeben, und der neue Erzbischof kein anderer als Konrad von Passau, ein Onkel Friedrichs. Hämische Reden, dass der Kaiser noch nicht einmal seine eigene Verwandtschaft hinter seinem Papst versammeln könne, machten die Runde und bewirkten, was meinem Herrn mehr zusetzte als alles andere: Sie untergruben seine Autorität und kratzten an dem, was er als seine kaiserliche Ehre ansah.

Ein hastig anberaumtes Geheimtreffen, an dem neben dem besagten Erzbischof Konrad auch die Markgrafen Guido von Biandrate und Wilhelm von Montferrat sowie Pfalzgraf Otto von Wittelsbach teilnahmen, konnte die aufkommende Unruhe im Reich nicht schlichten. Zusammen mit Beatrix kehrte Friedrich in den Norden zurück, ihren kleinen Sohn, der kränklich war und zu schwach, um die Strapazen der Reise auf sich zu nehmen, ließen sie in der Obhut des Markgrafen Wilhelm zurück.

Im November rief Friedrich zum Hoftag nach Bamberg, wo es die Fehde zwischen Rainald von Dassel und Pfalzgraf Konrad zu schlichten galt. Hier kam es zum ersten Aufeinandertreffen zwischen dem Kaiser und dem Erzkanzler nach dessen eigenmächtigem Handeln bei der Einsetzung des neuen Papstes. Ich wusste um die Wut, die mein Herr empfunden hatte, und auch um seine Verzweiflung, und ich erinnere mich, dass ebenso laute wie harsche Worte durch die geschlossene Tür der Ratskammer nach draußen drangen. Doch einmal mehr gelang es von Dassel, Friedrich für sich einzunehmen; wie er es bewirkte, ob mit Versprechungen oder Schmeicheleien, weiß ich nicht. Aber wieder fand er beim Kaiser Gehör und schaffte es nicht nur, dass er ihm sein eigenmächtiges Handeln verzieh, sondern dass er den Streit mit dem Pfalzgrafen, der immerhin Friedrichs Stiefbruder war, zu von Dassels Gunsten beendete. Der Erzkanzler war wieder im Herzen des Kaisers, und Friedrich vertraute ihm wie zuvor.

Im Frühjahr des darauffolgenden Jahres schien Rainald dieses Vertrauen zu belohnen: Als kaiserlicher Gesandter reiste er nach Rouen und konnte dort ein Bündnis mit Heinrich von England in die Wege leiten: Sowohl Heinrich der Löwe als auch Friedrichs erstgeborener Sohn sollten die beiden Töchter des englischen Königs heiraten und damit ein Bündnis besiegeln, das dem Reich in Zeiten zunehmender Unruhe Frieden und Sicherheit geben würde. Von diesem Erfolg getragen wie ein Schiff, das Wind in den Segeln hatte, lud Friedrich auf von Dassels Veranlassung hin zum Hoftag nach Würzburg.

Zusammen mit den anderen Dienern und Ministerialen wohnte ich der Ankunft der Noblen bei, die dem Ruf des Herrschers folgten: Neben dem Banner Heinrichs des Löwen wurden auch jene des Pfalzgrafen Konrad erblickt sowie des kaiserlichen Schwagers Ludwig von Thüringen, den man auch den »Eisernen« nannte. Uns allen jedoch fiel auf, dass vor allem geistliche Würdenträger nach

Würzburg geholt worden waren – nicht weniger als dreißig Bischofswappen zählten wir, darunter jene so mächtiger Kirchenherren wie Konrad von Mainz und Eberhard von Bamberg. Und auch wenn ich den genauen Grund nicht kannte, hegte ich den Verdacht, dass dahinter ein Plan stehen musste, den der Kaiser und von Dassel im Geheimen verfolgten. Erneut schienen sich die Absichten meines Herrn zu verfinstern, und noch nicht einmal die Anwesenheit von Königin Beatrix und die Tatsache, dass sie wieder ein Kind unter dem Herzen trug, schienen daran etwas ändern zu können. Wie ein wildes Tier witterte ich einen neuen Sturm, der heraufzog – und sollte recht behalten.

Rainald von Dassel war es auch, dem in Würzburg die größte Aufmerksamkeit aller Gefolgsleute des Kaisers zuteilwurde. Eben erst von seiner Reise nach Rouen zurückgekehrt, empfing er, der schon seit sechs Wintern dem Erzbistum von Köln vorstand, nun endlich auch die heilige Weihe zum Priester – und benutzte den feierlichsten Moment im Dom zu Würzburg dazu, vor aller Augen und Ohren seinen Eid auf Papst Paschalis abzulegen. Die englischen Gesandten, die ihn aus Rouen begleitet hatten, taten es ihm gleich.

Dann erhob sich Friedrich selbst von seinem Sitz, trat vor die versammelten Bischöfe und weltlichen Fürsten, hob die rechte Hand zum Schwur und leistete folgenden feierlichen Eid, an dessen Wortlaut ich mich entsinne, als hätte er ihn gestern erst gesprochen: »Und auch ich, Friedrich, römischer König und Kaiser von Gottes Gnaden, gelobe feierlich Treue Papst Paschalis, dem rechtmäßigen und einzigen Nachfolger Petri auf Erden, und will ihm allzeit gehorchen und ihn ehren. Weiter gelobe ich, dass ich, solange ich atme, niemals den abtrünnigen Roland als Nachfolger Petri anerkennen werde noch einen anderen, der aus seinen Reihen zum Papst gewählt wird. Ferner will ich keinem der Meinen jemals erlauben, den falschen Roland anzuerkennen und jedem, der es dennoch tut, die kaiserliche Huld entziehen. All dies schwöre ich beim allmächtigen Herrn im Himmel.«

Friedrichs eifriger, mit lauter Stimme ausgesprochener Eid sorgte für Unruhe unter den Fürsten, vor allem aber unter den Bischöfen. Jäh wurde ihnen klar, dass dies kein Hoftag wie andere war, dass sie nicht nur nach Würzburg gerufen worden waren, um mit dem Kaiser zu Gericht zu sitzen und über neue Feldzüge zu beraten; sondern dass man, nachdem sich Friedrich selbst so laut und vernehmlich zu Papst Paschalis bekannt hatte, dasselbe nun auch von ihnen erwarten würde.

Allerdings folgten nur wenige Getreue dem Beispiel meines Herrn und legten noch zur Stunde ihren Eid auf Paschalis ab, um zugleich ihre Ablehnung Papst Alexanders zu bekunden, den der Kaiser wohlweislich nur bei seinem weltlichen Namen genannt hatte. Ein paar andere holten dies an den darauffolgenden Tagen nach, wieder andere, wie der Erzbischof von Magdeburg, leisteten den Eid nur unter Vorbehalten; und dann gab es noch jene, die wie die kaiserlichen Verwandten Konrad von Salzburg und Friedrich von Schwaben den Eid gänzlich verweigerten und Würzburg unverrichteter Dinge verließen. Erst später wurde mir klar, dass diese »Würzburger Eide«, wie sie schließlich genannt wurden, nicht nur dem Zweck gedient hatten, Friedrichs Gefolgsleute hinter ihm zu vereinen. Sondern auch dazu, jene ins helle Tageslicht zu zerren, die bislang im Verborgenen für Alexander gewesen waren, um mit der ganzen kaiserlichen Macht und notfalls auch mit Waffengewalt gegen sie vorzugehen.

Die neuerliche Zwietracht, die dies heraufbeschwören würde, mochte Rainald von Dassel billigend in Kauf nehmen – andere sahen sie mit großer Sorge. Schon in den Gesichtern der Fürsten Italiens hatte ich diese Sorge gesehen; ich sah sie in der von Falten zerfurchten Miene Gottfried von Viterbos und im anmutigen Antlitz der Königin. Und auch ich selbst empfand sie, gepaart mit der Furcht, dass sich mein Herr erneut in jene Finsternis begeben könnte, die ihn schon früher wiederholt verschlungen hatte. Und womöglich, sagte ich mir, würde sie ihn diesmal nicht wieder freigeben.

Ich beschloss, mit meinem Herrn zu sprechen. Längst waren wir nicht mehr die jungen Männer von einst; mir war bewusst, dass wir einander fremd geworden waren und ich mehr als nur meinen Posten bei Hof riskierte, wenn ich die Stimme erhob. Dennoch sah ich keine andere Wahl. Ich hatte mich der Wahrheit verpflichtet und dem Schutz meines Herrn.

Das war der Eid, den *ich* geleistet hatte.

Jedoch durfte ich nicht im Beisein anderer sprechen, meinem Herrn nicht das Gefühl geben, ihn unter Zugzwang zu setzen. Mit Bedacht wartete ich deshalb auf eine passende Gelegenheit.

41

Waldgebiet westlich von Würzburg
Wenige Tage später

Meine Gelegenheit kam, als mein Herr und seine Getreuen nach den heiligen Tagen zur Jagd ausritten. Nach all den Auseinandersetzungen bei Hofe war es eine willkommene Abwechslung für die Noblen, und auch Friedrich selbst schien außerhalb der Mauern des Palasts ein anderer zu sein, weniger beschwert und freier in seinen Gedanken.

Ein Ritter mit Namen Zobel hatte den Kaiser eingeladen, einen stolzen Zwanzigender zu erlegen, der wiederholt in dessen Forst gesehen worden war, und mein Herr, der stets ein Freund der Jagd gewesen war, hatte die Einladung nur zu gerne angenommen. Tatsächlich war es uns mithilfe einiger Treiber gelungen, das stolze Tier ausfindig zu machen, doch Friedrichs Pfeil war fehlgegangen. In kleinen Gruppen folgten wir nun der Fährte, die sich bald verlor und bald wieder zeigte, und mir war klar, dass ich eine bessere Möglichkeit als diese nicht erhalten würde, meinen Herrn allein und ungestört zu sprechen.

Als wir auf einer Lichtung rasteten, um uns an einer Quelle zu erfrischen, ergriff ich das Wort. »Herr«, fragte ich leise, »darf ich offen sprechen?«

»Mir dünkt, du tust es bereits«, knurrte er zwischen zwei Schlucken Wasser. Er kniete an der Quelle und trank aus seinen zum Gefäß geformten Händen. Prunk jeder Art war meinem Herrn auf der Jagd zuwider. »Sollten Schatten nicht eher schweigen?«

»Das ist wahr«, räumte ich ein, unruhig von einem Bein auf das andere tretend, »und die meiste Zeit über findest du mich schweigend, Herr, so wie es einem Schatten zukommt. Doch ich habe auch geschworen, dich stets zu beschützen.«

»Herrje.« Der Kaiser erhob sich und machte ein bekümmertes Gesicht. »Wirst du jetzt wieder behaupten, dass ich in Gefahr sei? Glaubst du denn, das wüsste ich nicht?«

»Ich glaube«, erwiderte ich vorsichtig, »dass du manches nicht erfährst, weil deine Berater es dir vorenthalten, Herr.«

»Tatsächlich?« Ein herablassendes, freudloses Lächeln glitt über Friedrichs bärtige Züge. »Und was sollte das sein?«

»Dass sich Widerstand regt. Die Fürsten murren.«

Friedrich lachte nur. »Es wäre kein rechter Hoftag, würden die Fürsten nicht murren.«

»Das allein meine ich nicht, es ist viel mehr als das. In deiner Gegenwart mögen die Noblen sich einsichtig zeigen. Aber sobald sie dir den Rücken kehren, ist ihre Rede eine andere.«

Das Grinsen verschwand aus dem Gesicht meines Herrn. Seine Fäuste ballten sich, dass die Knöchel weiß hervortraten. »Wer?«, verlangte er zu wissen. »Wie lauten ihre Namen?«

»Du kennst die Namen, Herr. Es sind jene, die dein Erzkanzler dazu gezwungen hat, vor aller Augen und Ohren zu schwören. Ihre Ehre wurde verletzt, das werden sie so schnell nicht vergessen.«

»Ihre Ehre?« Friedrichs Augen blitzten wütend. »Was ist mit meiner? Mit der des Reiches? Gezwungen werden mussten jene doch nur, weil sie vergessen haben, was ihre heilige Pflicht ist, nämlich ihrem Kaiser und dem Reich ergeben zu dienen! Oder müssen diese Fürsten etwa gezwungen werden zu atmen? Zu essen? Oder ihren Weibern beizuwohnen?«

»Vermutlich nicht«, räumte ich ein, »dennoch wäre es vielleicht klüger gewesen …«

»Was denn?«, fiel mein Herr mir barsch ins Wort. »Will die Ameise jetzt klüger sein als der Adler?«

»Nein, Herr.« Ich schüttelte den Kopf. »Mir ist bewusst, dass ich nicht halb so beschlagen bin wie jene, die euch beraten, und dass ich nichts weiß von den Schlichen der Politik – aber ich kenne dich von Kindesbeinen an, und deshalb weiß ich, dass es nicht du bist, der so denkt und spricht.«

»Wer sollte es denn sonst sein?« Friedrichs Stimme triefte jetzt vor Hohn und Spott. »Willst du mir nun wieder erzählen, dass ich unter Erzbischof Rainalds Einfluss stünde? Auch meine Gemahlin ist dieser Ansicht, und sie lässt keine Gelegenheit aus, es mir kundzutun.«

»Die Königin ist eine kluge Frau«, entgegnete ich. »Du solltest auf sie hören, Herr.«

»In der Tat.« Friedrich griff nach seinem Bogen, den er an einer Eiche angelehnt hatte. »Sagst du das, weil du mir treu ergeben bist und nur mein Bestes willst – oder weil du insgeheim Zuneigung für die Königin hegst?«

»Herr?« Meine Stimme war heiser und ohne Klang. Kaltes Entsetzen fuhr in meine Glieder.

War der Augenblick gekommen, da ich für meine Zuneigung, für mein verbotenes Begehren bezahlen musste?

Der Kaiser schien mir den Schrecken anzusehen, denn er schnaubte verächtlich. »Was denn?«, fragte er wie beiläufig, während er die Spannung der Sehne prüfte. »Hast du gedacht, ich wüsste nicht um deine Schwäche für sie? Vergiss nicht, dass ich dich ebenso lange kenne wie du mich.«

»He-Herr«, versicherte ich, stammelnd wie ein Narr, »was auch immer du zu wissen glaubst … die Königin trifft keine Schuld. Wenn du mich fragst, so gestehe ich, dass ich meine Herrin die Königin aufrichtig und von ganzem Herzen liebe. Jedoch nicht auf eine Weise, die …«

Friedrichs derbes Gelächter schnitt mir das Wort ab, er ließ den Bogen wieder sinken. »Was bildest du dir ein?«, fragte er. »Beatrix ist von edlem Geblüt, nicht von ungefähr habe ich sie zu meiner Gemahlin erwählt. Glaubst du ernsthaft, eine hohe Dame wie sie würde sich jemals für einen Niemand wie dich interessieren? Für jemanden, der keine Herkunft und keinen Namen hat? Der nicht mehr als der Schatten eines mächtigen Herrschers ist?«

Ich senkte den Blick und starrte zu Boden.

Ich mochte ein Niemand sein, Friedrichs Worte hatten mich dennoch tief getroffen. Alles in mir verlangte danach zu widersprechen und zu sagen, dass seine Gemahlin und mich etwas verband, das er niemals haben oder auch nur verstehen würde, und der Allmächtige allein weiß, wie sehr ich in diesem Augenblick mit mir rang – doch am Ende schwieg ich.

Schon um Beatrix' willen …

»Nein, Herr«, gestand ich leise.

»Selbst wenn du von Adel wärst, würde sie dich keines Blickes würdigen«, fügte Friedrich mit einer Spur von Gehässigkeit hinzu, »weil du ein Denker bist und kein Mann der Tat. So ist es schon immer gewesen, erinnere dich nur an dein allererstes Liebesglück in jener Nacht im Kloster.«

Ich hob den Blick. »So hast du es in Erinnerung, Herr?«

»Wie sonst?« Er schüttelte unwillig das Haupt. »So ist es immer gewesen. Vielleicht hätte man dir deinen Willen gewähren und dich Mönch werden lassen sollen.«

»Vielleicht, Herr«, gab ich zu. »Und vielleicht«, fügte ich leiser hinzu, »wärst du dann bereits tot.«

Es zuckte in seiner Miene, und für einen Moment hatte ich den Eindruck, er würde in wilden Zorn ausbrechen. Dann jedoch nickte er. »Vielleicht«, räumte er ein. Er ließ das Ende des Bogens zu Boden gleiten und stützte sich auf ihn, so als bedürfte er plötzlich eines Halts. »Es ist wahr, dass du mir in all den Jahren gut gedient hast. Bis ans Ende der Welt und zurück hast du mich begleitet, und wir haben gemeinsam mehr durchgestanden als andere in ihrem ganzen Leben …«

»Das haben wir, Herr.«

»… aber womöglich ist die Zeit gekommen, da sich unsere Wege trennen müssen«, fuhr Friedrich fort. »Vielleicht sollte ich dich freigeben, Arndt von Cappenberg.«

»Nein, Herr«, widersprach ich sofort – nicht, weil mich der Gedanke, mich von meinem Herrn zu trennen, so sehr entsetzte. Sondern weil ich fürchtete, dass ich daran Gefallen finden könnte …

»Sieh an.« Friedrich hob die buschigen Brauen. »Ist dein Wunsch, mir zu dienen, so groß?«

»So wurde es mir von meinem Mentor Otto von Cappenberg aufgetragen, Herr«, wich ich einer direkten Antwort aus. »Und so habe ich es deinem Vater einst versprochen.«

»Mein Vater …« Friedrich nickte nachdenklich. Er sah zu Boden, schien sich seine nächsten Worte genau zu überlegen. »Da ist etwas, das mir keine Ruhe lässt«, sagte er schließlich, wobei er den Blick wieder hob und mich prüfend ansah. »Was genau hat mein Vater dir damals auf dem Sterbebett gesagt? Was hat er deinen Ohren anvertraut, was weder mein Onkel noch ich erfahren durften?«

Ich zögerte.

In diesem Moment hätte ich es aussprechen können, hätte sagen können, was mir der einäugige Friedrich offenbart hatte und was außer mir und Friedrichs Pate Otto von Cappenberg niemand wusste. Doch ich hatte dem sterbenden Herzog einen heiligen Eid geleistet, dies niemals zu tun.

Und daran musste ich mich halten.

»Dein Vater sagte mir, dass er Großes in dir sieht, Herr«, erwiderte ich deshalb. »Und dass ich bei dir bleiben und dich nach Kräften schützen soll. Notfalls auch vor dir selbst.«

Friedrich nickte nachdenklich. »Hier ist kein Hirsch oder?«, fragte er dann.

»Herr?«

»Du hast mich nicht der Beute wegen auf diesen Pfad geführt …«

»Nein, Herr«, gestand ich ehrlich, »sondern weil ich mit dir sprechen wollte …«

»… entgegen jeder Vernunft und allem, was sich für einen Diener deines Ranges geziemt. Um mich vor jenen zu warnen, die mich umgeben.«

»Ja, Herr.«

Der Kaiser nickte wiederum. Sein Zorn war verflogen, so plötzlich, wie er aufgeflammt war. »Was du nicht verstehst«, erklärte er schließlich, »und was auch die Königin nicht begreift, ist, dass nicht ich mich verändert habe, sondern die Krone, die ich trage. Weißt du noch, damals? Als wir in Byzanz weilten und dieser hochmütige Eunuch uns herumführte?«

»Nicolaios war sein Name«, erinnerte ich mich.

»Bei allem, was er uns zeigte und erklärte, ließ er stets durchblicken, dass er uns für Barbaren hielt, für rohe und ungebildete Menschen, die zu solcher Größe niemals fähig wären. Damals habe ich gut aufgepasst, Arndt. Vieles von dem, was der Grieche über das östliche Reich sagte, habe ich mir eingeprägt und mir geschworen, dass ich, sollte ich jemals die Gelegenheit dazu erhalten, das Römische Imperium in alter Ehre wiederherstellen werde, ein Reich unter einem Kaiser, von Gott bestimmt. Und diese Idee, diese Vision, verfolge ich bis zum heutigen Tag, zur Ehre des Reiches und zum Ruhm des Allmächtigen im Himmel – doch um sie zu verwirklichen, brauche ich Unterstützung.«

»Das verstehe ich«, räumte ich ein. »Doch würden dich die Noblen nicht bereitwilliger unterstützen, wenn sie dich liebten, statt dich zu fürchten? War es nicht einst dein Ziel, deine Gegner an dich zu binden und ihre Wertschätzung zu gewinnen, statt sie zu bekämpfen?

»So habe ich einst gedacht«, räumte Friedrich ein, etwas Mitleidiges im Blick, »doch ich bin ein Narr gewesen. Die Wahrheit ist, dass jene, die mich ehren, es nur deshalb tun, weil ich ihnen eine Wohltat erwiesen habe – bekommen sie nicht, was sie verlangen, so schmilzt ihre Liebe wie Schnee in der Sonne. Ich bin von Feinden umgeben, Arndt, von Neidern und Verrätern. Zuneigung ist wankelmütig, mein einfältiger Freund – auf Furcht jedoch war zu allen Zeiten Verlass. Lieber binde ich die Fürsten mit Eiden und Schwüren an mich und strafe sie, wenn sie ihnen zuwiderhandeln, als mich ihren Versprechungen und falschen Beteuerungen auszusetzen.«

»Und wieder höre ich den Erzkanzler reden«, sagte ich.

Friedrich sah mich an, direkt und ernst. »Dann irrst du dich«, sagte er, »denn es ist der Kaiser, der spricht. Und jetzt lass uns aufbrechen und diesen Hirsch suchen, bevor ihn ein anderer findet.«

»Herr …«

»Es ist gut«, sagte Friedrich nur, und ich kannte ihn gut genug, um zu wissen, dass es Versicherung und Warnung zugleich war. Ich nickte, und wir verließen die Lichtung und setzten die Jagd fort.

Der Zwanzigender entging uns an jenem Tag. Weder fanden wir ihn, noch erlegte ihn ein anderer, es war, als hätte sich das stolze Tier in Luft aufgelöst.

Mein Herr machte mir keinen Vorwurf deswegen, aber ich denke auch nicht, dass er noch einmal über meine warnenden Worte nachdachte. Denn in den beiden Jahren, die folgten, sollte Friedrich auf dem Pfad bleiben, den er eingeschlagen hatte, und weiter eine Politik der Konfrontation verfolgen, der Härte und der Furcht.

Fürsten, die dem Lager Papst Alexanders zugetan waren, wurden ihrer Ämter und Lehen enthoben, gegen das Erzbistum Salzburg und den Orden der Zisterzienser wurde gar mit Waffengewalt vorgegangen. Aus all diesen Konflikten ging der Kaiser kraft seiner Macht als Sieger hervor; er brachte seine Gegner im Reich zum Verstummen und vereinte die Seinen hinter sich, um schließlich einen Feldzug gegen Rom zu führen. Zudem schenkte die Königin ihm einen weiteren Knaben, der den Namen Heinrich erhielt und nicht schwach und kränklich war wie der erstgeborene, sondern kräftig und stark, und dem es in die Wiege gelegt war, dereinst seinem Vater auf den Thron zu folgen.

Doch obwohl all dies geschah, wie Friedrich es geplant und gewollt hatte, hörte ich ihn Jahre später und im Spiegel der Weisheit des Alters sagen, dass es just jene Jahre waren, in denen sich Fortunas Rad zu seinen Ungunsten drehte.

Indicium IX

Dei Poena

42

Leostadt, Rom
25. Juli 1167

»Legt Feuer!«

Mit lauter Stimme erscholl der Befehl meines Herrn, und einem vielfachen Echo gleich setzte er sich durch die Reihen seiner Ritter und ihrer Unterführer fort. Schon Augenblicke später stand die ehrwürdige Kirche Santa Maria in Turri, auf deren Stufen mein Herr einst feierlich gelobt hatte, mit Gottes Hilfe Beschützer und Verteidiger der römischen Kirche sein zu wollen, in lodernden Flammen; es war der vorläufige Höhepunkt der Entwicklung, die der Kaiser und seine Berater in den letzten Monaten vorangetrieben hatten.

Mit dem Gedanken an einen Feldzug, der die Frage der beiden Päpste mit Waffengewalt und somit endgültig klären sollte, hatte Friedrich schon länger gespielt. Ein Hilferuf des in Viterbo weilenden Papstes Paschalis, demzufolge sein Rivale Papst Alexander aus dem französischen Exil zurückgekehrt sei und den Heiligen Stuhl in Rom bestiegen habe, gab den endgültigen Ausschlag für die Unternehmung.

In Christian von Buch, der sich zuvor als kaiserlicher

Gesandter Friedrichs Vertrauen erworben hatte, hatte mein Herr einen weiteren erbitterten Streiter für die Sache des Reiches gefunden und ihn zum Erzbischof von Mainz gemacht, natürlich ohne die Zustimmung Papst Alexanders. An der Spitze zweier schlagkräftiger Heere waren von Buch und Rainald von Dassel dem Kaiser vorausgezogen und hatten den stadtrömischen Truppen bereits im Mai bei Tusculum eine vernichtende Niederlage zugefügt; danach hatte dem kaiserlichen Heer der Weg nach Rom offengestanden.

An der Küste des *mare adriaticum* entlang waren wir gen Süden gezogen, in Begleitung nicht nur eines beträchtlichen Trosses von Klerikern, die der Kaiser mitführte, um seiner Unternehmung himmlische Legitimation zu verschaffen, sondern auch der Königin. Erst im Februar hatte Beatrix einem weiteren Sohn das Leben geschenkt, der nach Friedrichs Onkel den Namen Konrad erhalten hatte; die Strapazen der Schwangerschaft hatten die Königin gezeichnet, noch immer wirkte sie müde und ausgezehrt, dennoch hatte sie nicht gezögert, ihrem Gemahl zu folgen.

Erst vor wenigen Tagen hatten wir die Ewige Stadt erreicht – nun loderten bereits die Flammen der Zerstörung, und in den Straßen wurde allenthalben gekämpft. Eigentlich hatte unser Angriff der Engelsburg gegolten, vor der wir vor zwölf langen Jahren bereits einmal gefochten hatten. Doch zum einen wurden die trutzigen Mauern von Alexanders Gefolgsleuten erbittert verteidigt; zum anderen erhielten wir Kunde, dass der aus Sicht des Kaisers falsche Papst gar nicht wie angenommen in der alten Feste weile. Stattdessen hatte Alexander bei der Familie Frangipan Unterschlupf gefunden, einem der ältesten und einflussreichsten römischen Adelsgeschlechter.

Im Südosten der Stadt hatten die Frangipani eine mächtige Burg errichtet, aus Steinen, die sie aus dem ehrwürdigen Kolosseum gebrochen hatten; einen Teil des alten Amphitheaters hatten sie sogar in ihre Feste eingebunden, die sich trutzig und beinahe uneinnehmbar inmitten der Trümmer des alten Rom erhob. Belagerungsmaschinen wurden herangeschafft, brachten jedoch nicht den gewünschten Erfolg.

Gleichzeitig wurden die Mauern der Leostadt bestürmt und eingenommen; ich selbst war dabei, als wir unter wildem Kampfgebrüll ebenjenes Tor stürmten, durch das uns Kardinal Octaviano einst bei Nacht und Nebel eingelassen hatte; unendlich lange schien das zurückzuliegen, so viel war seither geschehen, dass ich es kaum begreifen konnte.

Der Widerstand, auf den wir stießen, war rasch überrannt. Im Dutzend fanden römische Stadtsoldaten und gedungene Waffenknechte ein blutiges Ende, durchbohrt von den Lanzen und Klingen deutscher Ritter und niedergetrampelt von den Hufen ihrer Rösser. Der Kaiser selbst ritt an der Spitze, und wie immer blieb ich an seiner Seite. Ich sah die Zornesröte in seinen Zügen, hörte sein kampflustiges Schnauben. Sein Leben schien Friedrich wenig zu bedeuten im Vergleich zu der Ehre, die es zu erringen galt. Und die Aussicht, den unseligen Päpstestreit auf ewig und als Sieger zu beenden, verlieh ihm zusätzliche Kraft. Wie ein Sturm fegten er und Christian von Buch durch die Reihen der Verteidiger, der eine, indem er seine blutige Klinge kreisen ließ, der andere, indem er als Streiter der Kirche eine mächtige Keule schwang.

Den Reitern der Apokalypse gleich trugen sie Furcht und Panik in die Reihen der Römer, die sich schon bald zur Flucht wandten – doch unser Vormarsch ging weiter, selbst dann noch, als die Kirche Sanctae Mariae bereits lichterloh in Flammen stand. Das Fieber des Gefechts hatte uns alle erfasst, eine Raserei von uns Besitz ergriffen, wie ich sie bis dahin nie erlebt hatte. Die Sonne, die sengend vom Himmel stach, die brüllend heißen Flammen und der Geruch des frischen Blutes, all das trug dazu bei, dass in den Straßen der Leostadt wüst gemordet wurde. Ich selbst sah mich einem römischen Soldaten gegenüber, der mich mit Augen anstarrte, aus denen nackte Furcht sprach. Nur zaghaft hob er den Schild, machte kaum Anstalten, sich zu verteidigen, dennoch versetzte ich ihm einen tödlichen Hieb. Am Hals getroffen ging der Mann in einem blutigen Sturzbach nieder. Unter heiserem Kampfgebrüll setzte ich über ihn hinweg und folgte meinem Kaiser.

Auf dem Vorplatz von Sankt Peter waren es die Erzbischöfe Rainald von Dassel und Christian von Buch selbst, die aus den Sätteln stiegen und die Stufen zum Portal erklommen. Gewaltsam ließen sie die Tore öffnen und stürmten den Vorraum, begleitet vom Jubelgeschrei der Ritter. Übelkeit befiel mich, denn obwohl ich auch dabei war und lauthals schrie, spürte ich zugleich den Frevel …

Ein Mönch hatte ich einst werden, mein Leben in die Sache Christi stellen wollen – nun entweihte ich heiligen Boden.

Die Priester, die das Heer begleiteten, würden in den nächsten Tagen sehr beschäftigt sein. Wir alle würden viel zu beichten haben, und ich war mir nicht sicher, ob alles in den Augen des Herrn Vergebung finden würde.

Entsprechend erleichtert war ich, als die Raserei endlich ein Ende nahm – die anklagenden Blicke, mit denen die steinernen Statuen der Apostel auf uns blickten, brachten uns zur Besinnung. Ernüchterung kehrte ein wie nach einem Rausch, in den wir alle verfallen waren, vom Kaiser bis zum Knecht.

Die Leostadt wurde besetzt, die Brände gelöscht und die Toten von den Mauern nach draußen geworfen. Und nur wenige Tage später – grauer Rauch und der beißende Gestank der Leichen lagen noch immer über der Stadt – fand in der Kirche Sancti Petri die feierliche Einführung Papst Paschalis des Dritten in sein Amt statt. Und zum ersten August, dem Gedenktag der wundersamen Errettung des heiligen Petrus aus dem Kerker von Jerusalem, die feierliche Krönung nicht nur meines Herrn, sondern auch seiner Gemahlin zu Kaiser und Kaiserin des Römischen Reiches.

Was Friedrich betraf, so diente die Wiederholung der Zeremonie dazu, seine Stellung vor aller Welt – vor allem jedoch vor den Augen der Römer und des sich nach wie vor in der Burg der Frangipani verschanzenden Alexander – unter Beweis zu stellen. Königin Beatrix jedoch wurde dadurch eine Ehre zuteil, wie sie lange keiner Gattin widerfahren war. In ein weißes, mit goldenen Borten besticktes Kleid gehüllt, saß sie neben ihrem Gemahl auf dem Thron, und die edelsteinbesetzte Krone, die Paschalis ihr aufs Haupt setzte, verblasste angesichts ihrer alles überstrahlenden Schönheit.

Der Papst gab seinen Segen, und Friedrich erhob sich, um zu der jubelnden Menge der Gefolgsleute zu sprechen, die sich in der Kirche versammelt hatten.

»Dies«, verkündete er mit lauter Stimme und stolzgeschwellter Brust, »ist der Augenblick des Triumphs! Mit Gottes Hilfe haben wir Rom gewonnen und den unwürdigen Feind bezwungen – und können nun mit Recht sagen, dass kein anderer Herrscher jemals so viel Ehre und Ruhm über das Abendland gebracht hat!«

Nie habe ich meinen Herrn zufriedener, nie erhabener, nie majestätischer erlebt als in diesem Augenblick – vorher nicht, und auch später niemals wieder. Denn der Frevel, den er und wir alle begangen hatten, sollte nicht ohne Folgen bleiben, auch wenn wir in diesen stolzen Augenblicken noch nichts davon ahnten.

Die Ritter, allen voran Erzkanzler von Dassel und Christian von Buch, brachen in lauten Jubel aus und stimmten einen Hymnus an, unter dem Kaiser und Kaiserin aus der Kirche auszogen, hinaus in das grelle Licht des Mittags. Der Glockenschlag von Sankt Peter hieß sie willkommen und begleitete sie, trug die Kunde in alle Himmelsrichtungen. Selbst die Stadtrömer, gegen die wir noch Tage zuvor erbittert gekämpft hatten, konnten sich dieser Botschaft nicht entziehen. Spontan versammelten sich Bürger in den Straßen, um dem Kaiser und der Kaiserin zu huldigen, und eine Abordnung des Senats erschien, die Friedrich dauerhaften Frieden und die Anerkennung von Papst Paschalis anbot.

Friedrich war am Ziel seiner Wünsche, und ich musste mir eingestehen, dass es nichts anderes als jene Politik von Furcht, Strafe und unnachgiebiger Härte gewesen war, die ihn hierhergeführt hatte. Hatte ich mich also geirrt? Hatte ich meinen Herrn vergeblich gewarnt?

Dass Alexander die Flucht aus Rom gelang und er nach Benevent entkommen konnte, in den Schutz des Normannenkönigs, war nur ein kleiner Makel, der den Triumph meines Herrn nicht schmälern konnte – anders als das Unwetter, das nur wenige Tage nach der Krönung über die Stadt hereinbrach.

Als Wolken heranzogen, die so schwarz waren wie Teer, und die Sonne verfinsterten, sprachen die ersten von einem unheilvollen Vorzeichen – doch noch wurden sie verlacht und verspottet. Als sich die Wolken dann entluden und Regen in solchen Massen zur Erde stürzte, als wollte er eine neue Sintflut entfesseln, wurden die Spötter leiser. Endgültig verstummten sie jedoch, als die Sonne Italiens wieder unbarmherzig auf die vom Regen durchweichte Landschaft brannte und nicht nur wabernder, nach Sumpf und Moder riechender Dampf aufstieg, sondern auch der grässliche, unbarmherzige Atem des Todes.

43

Was genau es war, das das kaiserliche Heer befiel, vermag ich bis heute nicht zu sagen. Ich weiß nur, dass es ein hinterhältiger, erbarmungsloser Feind war, der aus dem Verborgenen zuschlug und gegen den kein Schild und keine Brünne zu schützen vermochte; innerhalb weniger Tage entriss er uns den Sieg, den wir so blutig erstritten hatten.

Der Erste, der vor meinen Augen starb, war ein Wachsoldat in unserem Feldlager am *mons gaudii.* Der Mann war auf seinem Posten, wie es ihm befohlen worden war, doch man konnte sehen, dass etwas mit ihm nicht stimmte. Trotz der schwülen Hitze, die über der Landschaft brütete, waren die von Kettengeflecht umrahmten Gesichtszüge totenbleich, mit dunklen Rändern um die rot geäderten Augen. Schweiß lief an seinen Schläfen herab, Fieber schien ihn zu schütteln. Dann, unvermittelt, verkrampfte sich sein Körper. Den Spieß, auf den er sich stützte, ließ er fallen und sank zu Boden, nach vorn gekrümmt und mit vor Schmerz und Fieber verzerrtem Gesicht. Ich wollte zu ihm, um zu helfen, aber jemand hielt mich zurück – womöglich war es diese Hand, die mir das Leben rettete. Der Wachsoldat lebte noch lange genug, um sich zu übergeben und im Schlamm und seinem Erbrochenen zu wälzen. Dann, nach einer letzten, schrecklichen Verkrampfung, lag er still und leblos.

Er war der Erste, den ich in diesen Tagen sterben sah, aber er sollte nicht der Letzte bleiben.

Schon am ersten Tag, an dem die Seuche wütete, wurden allein im Lager mehr als zweihundert Tote gezählt, in Rom waren es noch sehr viel mehr. Und je größer die Anzahl derer wurde, die von dem rätselhaften Gebrechen befallen wurden, das kräftige Männer innerhalb von Stunden zu totenbleichen, von Krämpfen geschüttelten Hüllen werden ließ, desto schlimmer wurde der Gestank, der aufstieg und sich mit jenem verband, der sich ohnehin schon aufgrund der Gefallenen, der Jauche und der erbarmungslosen Sommerhitze über Stadt und Lager verbreitet hatte.

Die Seuche schien überall zu sein.

Sie gärte in den Schlammlöchern und Pfützen, die das Unwetter zurückgelassen hatte, stieg wie giftiger Nebel vom Boden auf und verbreitete sich in alle Richtungen; traf nicht nur jene, die niedrigen Standes waren und in den Gassen nächtigten oder auf freiem Feld, sondern auch die Noblen, Hochgeborenen. Weder Zeltwände noch Mauern boten Schutz. Das Verderben kroch bis in den letzten Winkel.

Es war, als wäre zusammen mit dem Regen auch das Verderben auf uns herabgekommen, und es dauerte nicht lange, bis die Ersten von einem Gericht des Allmächtigen sprachen, von einer Strafe Gottes dafür, dass seine Stadt angegriffen und seine Häuser entweiht worden wären, noch dazu von jenen, die geschworen hatten, sein Reich auf Erden zu verteidigen.

Auch ich war nicht frei von diesen Gedanken. Hatte ich

also doch recht gehabt mit meinen Bedenken? Wenn es so war, so empfand ich keinen Triumph darüber, denn die Niederlage meines Herrn war auch die meine.

Unsere Feinde, von denen es in Rom auch nach Alexanders Flucht noch immer viele gab, waren schnell überzeugt, dass das Jüngste Gericht über den Kaiser und die Seinen hereingebrochen war, während man im Lager der Unseren anfangs noch nach anderen Erklärungen suchte. Aber nachdem die Seuche auch Gefolgsleute aus dem Umfeld des Kaisers befiel und selbst vor dem Erzkanzler nicht Halt machte, wurden diese immer leiser, bis sie schließlich ganz verstummten.

Rainald von Dassel, Friedrichs engster Berater und Erzbischof von Köln, starb am 14. August des Jahres 1167 an den Folgen der Krankheit, die auch ihn befallen hatte. Mit ihm verlor Friedrich seinen erbittertsten Streiter, doch der Erzkanzler war nicht der einzige Getreue, dessen Tod der Kaiser zu beweinen hatte. Dass die Seuche unter den Dienern Gottes besonders wütete und neben dem Erzbischof von Köln auch die Oberhirten der Bistümer Augsburg, Prag, Regensburg, Lüttich, Speyer und Verden dahinraffte, sahen manche als weiteres Zeichen; aber auch weltliche Fürsten gingen zugrunde. Herzöge und Ritter ebenso wie Knechte und Gemeine, starben im stinkenden Pfuhl der Seuche. Innerhalb von Stunden waren Hunderte von Opfern zu beklagen, binnen Tagen Tausende.

Warum ich selbst nicht erkrankte, weiß ich nicht zu sagen. Vielleicht war es Glück, vielleicht eine Gnade Gottes, die mich mit dem Leben davonkommen ließ, während Gefährten links und rechts von mir niedersanken. Vielleicht rettete mich aber auch die Tatsache, dass ich selbst in diesen grässlichen Tagen nicht von meinem Herrn wich, als sein treuer Diener und Schatten; denn weder Friedrich noch seine Gemahlin wurden von der Krankheit ereilt.

Die ersten Augusttage weilte der Kaiser noch im Lager in der Hoffnung, die Lage werde sich rasch wieder bessern. Sein Zelt stand auf dem höchsten Punkt des Hügels, von dem die Pilger gewöhnlich zum ersten Mal die Heilige Stadt erblickten; bis dort hinauf drangen die giftigen Dämpfe noch nicht; noch vor dem Fest Sanctae Afrae beschloss mein Herr allerdings, das Lager aufzugeben und sich an der Spitze jener, die ihm noch verblieben waren, nach Norden zu begeben.

Es war kein geordneter Abzug, schon eher eine verzweifelte Flucht – vor einem Feind, den wir weder sehen noch hören konnten und der dennoch erbarmungslos tötete. In den Zelten, die sich den Hang hinab und am Fuß des Berges erstreckten, lagen leblose Körper, in der Hitze dem Zerfall überlassen, weil keiner es wagte, sie zu berühren und zu begraben. Wer noch aufrecht stehen und das Lager verlassen konnte, der tat das, aber nicht selten kam es vor, dass Ritter, die sich mühsam in den Sattel gekämpft hatten, im nächsten Augenblick leblos daraus zu Boden stürzten.

Das Feldlager, das noch vor wenigen Tagen vor Leben gewimmelt hatte, verwandelte sich in einen Garten des Todes, über dem der Pestatem der Seuche lag und das Jammern der Sterbenden. Herrenlose Pferde trabten hier und dort umher, Zelte standen so, wie ihre Bewohner sie verlassen hatten, Waffen und Ausrüstung lagen allenthalben umher, ein Fest für die Fledderer, die schon bald in Scharen zur Stelle waren. Wie Ungeziefer krochen sie aus der nahen Stadt heran und rafften an sich, was ihnen brauchbar und nützlich erschien – nur um gleichfalls vom Tod ereilt und ein Fraß der Krähen zu werden.

Wir folgten dem Pilgerpfad der *via Francigena* hinauf, zunächst bis in Kapellan Gottfrieds Heimatstadt Viterbo, wo wir unsere Reihen ordneten, dann über Lucca bis Pisa, das meinem Herrn bereitwillig Hilfe bot, und von dort in die Lombardei. Doch das oberitalienische Land war nicht mehr, wie mein Herr es nach seinem letzten Feldzug verlassen hatte.

Mit dem wiedererstarkten Mailand an der Spitze hatten sich die Städte zur *lega Lombarda* zusammengeschlossen, einem Bündnis, dessen einziges Ziel es war, sich dem Kaiser zu widersetzen. Schon bei der Stadt Pontremoli stießen wir auf feindliche Truppen, denen wir jedoch nicht die Stirn bieten konnten. Nach unserem überstürzten Abzug aus Rom standen meinem Herrn kaum mehr als fünfhundert Reiter zur Verfügung, dazu etwa ebenso viel Fußvolk – der Rest des Haufens, der die Bezeichnung Heer kaum noch verdiente, bestand aus Dienern und Knechten, viele davon von Krankheit gezeichnet. Nur dem Schutz von Markgraf Obizo Malaspina, der von einem der erbittertsten Gegner meines Herrn zu einem seiner wertvollsten Getreuen geworden war, hatten wir es zu verdanken, dass wir am 12. September unbeschadet Pavia erreichten.

Innerhalb von nur einem Monat hatte sich die Lage in Italien auf den Kopf gestellt; als dann auch noch Kunde kam, dass sich die Städte der *lega* nun auch noch mit Venedig und dem Bund der Veroneser zusammengeschlossen hätten, wurde die Lage aussichtslos.

Wollte er nicht Gefahr laufen, dem Feind in die Hände zu fallen, musste Friedrich in die Heimat zurück. Da sich die Pässe gen Norden jedoch unter der Kontrolle nunmehr feindlich gesinnter Städte befanden, war an einen gemeinsamen Marsch des Heeres nicht zu denken. Der Kaiser entließ seine Noblen, und jeder suchte für sich einen eigenen Weg zurück in die Heimat. Um den Heiligen Stuhl zu gewinnen, waren wir nach Italien gezogen – wie Diebesgesindel schlichen wir uns zurück.

Mein Herr selbst tat in dieser Zeit, was er tun musste, nicht mehr und nicht weniger. In den ersten Tagen nach unserer Flucht aus Rom war er so schweigsam wie noch nie zuvor, sodass wir schon befürchteten, die Seuche hätte ihn doch noch eingeholt. Aber der Kaiser war nicht krank; er brauchte Zeit, um zu begreifen, was geschehen war und dass sich das eben noch so günstige Schicksal gegen ihn gewendet hatte; und er trauerte, um die vielen, die wir verloren hatten, aber um keinen so sehr wie um Erzbischof Rainald.

Auf seinem starken Ross sitzend, das er beharrlich nach Norden lenkte, hüllte sich der Herrscher in Schweigen, nicht einmal seiner Gemahlin offenbarte er sich. Er machte den Eindruck eines Raubtiers, das nur mit knapper Not einer Falle entkommen war und nun seine Wunden leckte.

Die Wahl für den Alpenübergang fiel auf den *mons Cenisius*, über den wir ins Königreich Burgund gelangen wollten und von dort zurück in die Heimat. Graf Humbert jedoch, dritter seines Namens, Herr des Hauses Savoyen und damit auch über den Pass, nutzte die günstige Gelegenheit, um zu taktieren und Vorteile für sich zu erwirken. Man verhandelte, konnte sich jedoch nicht einigen, und so verbrachten wir den Winter im Grenzland, von einer Stadt zur nächsten huschend, bald hier und bald dort aus Furcht vor Entdeckung. In dieser Zeit – es mag um das Christfest gewesen sein, ereignete sich eine seltsame Begebenheit, von der ich kurz berichten möchte.

Ein Kartäusermönch, Dietrich mit Namen, aus der nicht weit entfernten *cartusia* von Sylva Benedicta, suchte meinen Herrn auf. Zu jener Zeit hielten wir uns nahe der Stadt Susa auf, auf einem kleinen Gehöft, eines Kaisers nicht würdig, und bis heute weiß ich nicht, woher der Kartäuser von unserem Aufenthalt erfahren hatte.

Noch eigenartiger war jedoch, dass Friedrich den jungen Mann zu kennen schien, mehr noch, die beiden waren auf eine Art miteinander vertraut, wie sie sonst nur unter engsten Freunden oder Blutsverwandten auszumachen ist. Woher diese Vertrautheit rührte, entzieht sich meiner Kenntnis; ich konnte mich nicht entsinnen, Dietrich je zuvor bei Hofe oder sonst wo in Gesellschaft meines Herrn gesehen zu haben, und auch Beatrix kannte ihn nicht.

Was jedoch auffallend war – oder spielen die vielen Jahre, die seither vergangen sind, meiner Erinnerung einen Streich? –, war die Ähnlichkeit zwischen meinem Herrn und dem jungen Mönch. Dasselbe Blau leuchtete in beider Augen, und Dietrichs Haar, das die Tonsur auf seinem Haupt umgab, war von rötlicher Farbe, wenn auch nicht ganz so feurig wie das des Kaisers. Ich sprach meine Gedanken nicht aus, weder damals noch irgendwann später, schon aus Respekt vor der Kaiserin – doch möchte ich bis heute nicht ausschließen, dass es sich bei Dietrich um einen Spross meines Herrn handelte, um den Ableger einer Blüte, die mein Herr am Wegesrand gepflückt hatte, als er noch jung und ungestüm gewesen war. Womöglich waren die beiden in all den Jahren durch Briefe in Verbindung gewesen, das hätte manches erklärt … Oder aber, und diese Möglichkeit lässt mich bis zum heutigen Tag vor Ehrfurcht erschaudern, der junge Mönch war weit mehr, als er zu sein vorgab, nämlich ein Engel, den der Herr in seiner Güte geschickt hatte, um Friedrich in dunkler Zeit einen neuen Weg zu weisen.

Die Unterredungen der beiden fanden unter vier Augen statt. Was sie dabei besprachen, vermag ich nicht zu berichten, doch weiß ich zwei Dinge: Dass der Kaiser trotz der aussichtslosen Lage und der Gefahr, in der wir alle schwebten, in jenen kalten Wintertagen wieder Kraft und Zuversicht gewann; und dass es der Beginn einer tiefgreifenden Veränderung war.

Nach dem harschen, stets den Konflikt suchenden Erzkanzler von Dassel schien nun eine ruhigere, sanftere Stimme zu meinem Herrn zu sprechen und auf ihn Einfluss zu nehmen. Innerhalb weniger Tage gelang es Dietrich, den Kaiser davon zu überzeugen, dass nicht Krieg, sondern nur Verhandlungen zu einer Lösung des Kirchenstreits führen könnten und dass ein Friede mit Papst Alexander schon um Friedrichs unsterblicher Seele willen so bald als möglich geschlossen werden müsse.

Hatten andere solches in der Vergangenheit gesagt, waren sie vom Kaiser in Schimpf und Schande hinausgeworfen, zumindest aber brüsk verspottet worden. Doch die Erfahrungen der vergangenen Monate, der Triumph und der tiefe Fall von Rom, hatten meinem Herrn wohl klargemacht, dass es Zeit war für eine Veränderung, und der junge Dietrich, auf dessen Rat der Kaiser in den kommenden Jahren noch manches Mal hören sollte, war ihr Vorbote. Ob nun der Himmel selbst ihn geschickt hatte oder eine Laune des Schicksals, vermag ich nicht zu sagen.

Doch wir waren am Ende einer tiefen und dunklen Schlucht angekommen – und es war Zeit umzukehren.

44

Susa, Piemont
März 1168

Auch wenn die Begegnung in jenen kalten Wintertagen eine Wende in Friedrichs Politik herbeiführte, war davon vorerst noch wenig zu spüren.

Dietrich mochte einen Weg zum Herzen meines Herrn gefunden haben – aus dem Treffen, das er vorschlug und zu dem neben dem Prior seiner Kartause auch der Zisterzienserabt Alexander von Cîteaux sowie Bischof Petrus von Pavia hätten gerufen werden sollen, um gemeinsam über die Beendigung der Kirchenspaltung zu beraten, wurde nichts.

Denn die Bürger der Stadt Susa, in der wir uns zu jenem Zeitpunkt aufhielten, hatten mitbekommen, welch hohen Gast sie in ihren Mauern beherbergten, und wollten ihren Vorteil ziehen, indem sie sich des Kaisers bemächtigten. Im letzten Augenblick wurden wir gewarnt und mussten abermals fliehen – und soweit es mich betraf, war diese Flucht noch bitterer als alle anderen zuvor.

Mit Fackeln in den Händen durchstreiften die Waffenknechte bereits die Gassen, durchsuchten jedes einzelne Haus auf der Suche nach meinem Herrn. Zusammen mit den letzten Getreuen, die dem Kaiser verblieben waren, griff ich zu den Waffen, bereit, meinen Herrn und seine Gemahlin bis zum letzten Atemzug zu verteidigen – als Berthold von Zähringen eine List einfiel. Der Ritter Hartmann von Siebeneich, der seinem Namen Ehre machte, stand er doch tatsächlich so groß und fest wie sieben Eichen, und der feuerrotes Haar hatte, sollte in Rock und Umhang des Kaisers schlüpfen und die Aufmerksamkeit des Feindes auf sich ziehen, während Friedrich selbst sich heimlich davonschleichen sollte. Ein Torposten war bestochen worden, Pferde standen bereit …

»Das kommt nicht infrage«, ließ mein Herr uns entschlossen wissen. »Der Herrscher des christlichen Abendlandes stiehlt sich nicht davon wie ein geprügelter Hund!«

»Wir sind bereit, für Euch zu kämpfen«, versicherte Berthold, »aber lange werden wir nicht standhalten können.«

»Dann sterben wir im Kampf«, erwiderte Friedrich trotzig, die Hand schon am Schwertgriff. »Worauf warten wir? Treten wir diesem Pack entgegen und …«

»Nein!« Beatrix trat vor. Ihre Kleider hatten auf der Flucht gelitten, nicht selten hatte sie den Bliaut gegen eine schlichte Tunika getauscht, doch ihre Schönheit war ungebrochen, selbst jetzt, im flüchtigen Kerzenschein. »Sie sollen dich nicht bekommen, mein Gemahl! Und ich will auch nicht, dass du dein Leben wegwirfst in sinnlosem Zorn. Fliehe jetzt und kämpfe an einem anderen Tag, wenn du die Chance hast zu siegen!«

Voller Zuneigung und – so kam es mir vor – auch Bewunderung sah Friedrich sie an. Sein innerer Aufruhr legte sich, ein Lächeln huschte gar über seine bärtigen Gesichtszüge. »Dies«, sagte er leise, »scheint der Wahlspruch meines Lebens zu sein.«

»Fliehe, mein Gemahl«, bestärkte sie ihn. »Wenn du es wünschst, so werde ich mit dir kommen und dein Schicksal teilen.«

»Mit Verlaub, Herrin«, wandte Berthold ein, »aber das ist nicht möglich. Ich weiß, Ihr meint es gut, aber ohne es zu wollen, würdet Ihr Euren Gemahl gefährden. Mit Rücksicht auf Euch würde er seine Flucht verlangsamen und vom Feind womöglich doch noch eingeholt werden …«

»Was schlagt Ihr stattdessen vor?«, platzte ich heraus, noch ehe ich recht darüber nachdenken konnte. »Wollt Ihr die Kaiserin etwa zurücklassen?«

»Sie wird nicht schutzlos sein, denn auch des Kaisers Getreue werden bleiben und sich der Gnade des Feindes ausliefern«, erklärte der Zähringer prompt. »Man wird für ihre Freilassung ein Lösegeld verlangen, ihnen jedoch kein Haar krümmen.«

»Und der Kaiser?«, fragte ich.

»Nur wir beide werden ihn begleiten. So hat er die beste Möglichkeit zu entkommen.«

Ich fühlte einen Stich in meinem Herzen.

Wenn mich irgendetwas in all der Bitterkeit der vergangenen Monate getröstet hatte, dann, dass ich meinem Kaiser und der Kaiserin gleichzeitig hatte dienen und beistehen können. Nun wurde von mir verlangt, dass ich meine Herrin zurückließ, um meinen Herrn zu beschützen …

»Was zögerst du?«, fragte Friedrich, Verletztheit in der Stimme. »Willst du deinen Kaiser nicht auf seiner schmachvollen Flucht begleiten?«

Einen Augenblick rang ich mit mir, obschon ich wusste, dass ich nicht die Wahl hatte. Ich vermied es, Beatrix anzusehen, doch ich fühlte ihren Blick auf mir lasten und wusste nur zu gut, was sie von mir erwartete …

»Ich bin dein ergebener Diener, Herr«, sagte ich.

Friedrich lachte freudlos, ob über mich, über sich selbst oder das widrige Schicksal, vermag ich nicht zu sagen. Er beließ das Schwert in der Scheide, trat stattdessen auf Beatrix zu und schloss sie zum Lebewohl in die Arme.

Nie habe ich Eheleute von nobler Herkunft vertrauter voneinander Abschied nehmen sehen. Friedrich küsste seine Gemahlin auf Scheitel, Stirn und Wange, wünschte ihr den Segen des Allmächtigen und versprach ihr, dass er sie auslösen wolle, sobald sich die Gelegenheit dazu ergäbe.

Dann verließen wir die Herberge, und während Ritter Hermann und die verbliebenen Getreuen das Haus durch die Eingangstür verließen, um die Schergen der Stadt auf eine falsche Fährte zu locken, stahlen Herzog Berthold, der Kaiser und ich uns in den angrenzenden Stall.

Hier wechselte mein Herr die Kleider, warf sich den wollenen, nach Schweiß und Dung riechenden Mantel eines Pferdeknechts über, ehe wir hinaus in die Dunkelheit huschten, unsere Pferde am Zügel führend. In der Ferne konnten wir Schreie und das Klirren von Schwertern hören, während wir zur Stadtmauer und dem Nebentor schlichen, dessen Wächter man bestochen hatte. Der Mann, der ein paar Worte gebrochenes Deutsch beherrschte, ließ uns hinaus, und schon kurz darauf saßen wir in den Sätteln und ritten in nordwestlicher Richtung den Bergen entgegen, nun endgültig wie Diebesgesindel mit den Schatten verschmelzend, die das Mondlicht warf.

Meine Gedanken galten Beatrix, und ich betete, dass der Herr sie beschützen und bewahren mochte, während ich gleichzeitig um Vergebung dafür bat, sie zurückgelassen zu haben. Der Mann, dem meine Verpflichtung galt, saß neben mir im Sattel, und es war schwer vorstellbar, dass es derselbe war, der noch vor einem halben Jahr im Dom von Sankt Peter gestanden und mit der Krone auf dem Haupt seinen Triumph in vollen Zügen ausgekostet hatte.

Den Rest der Nacht verbargen wir uns in den Wäldern, die sich westlich der Stadt erstreckten, bei Tagesanbruch setzten wir unseren Weg zum Pass fort.

Mit Graf Humbert hatte der Zähringer inzwischen eine Einigung erzielt. Man gewährte uns sicheres Geleit durch das Gebiet, sodass wir im März Geneva erreichten und von dort nach der Grafschaft Burgund weiterziehen konnten.

In Besançon schließlich fand unsere Irrfahrt ein glückliches Ende, und das im doppelten Sinn. Nicht nur dass es uns geglückt war, den Feinden des Kaisers zu entgehen, in ihrer burgundischen Heimat trafen wir auch auf die Kaiserin, die zwischenzeitlich freigelassen worden und auf schnellstem Wege in ihre Heimat gereist war.

So erleichtert ich darüber war, Beatrix wiederzusehen und sie wohlbehalten bei ihrem Gemahl zu wissen, so beschämt war ich auch, denn entgegen meines Eides hatte ich sie in Susa im Stich gelassen. Über die Zeit, die sie in der Obhut der Magistrate verbracht hatte, verlor die Kaiserin mir gegenüber niemals ein Wort, doch ihr Augenspiel verriet mir, dass ihr Stolz gebrochen worden war. Nur wenige Jahre später sollte die Stadt Susa in Flammen aufgehen, in Brand gesteckt von kaiserlichen Truppen – und die Genugtuung, die Beatrix dabei empfinden sollte, verriet mehr, als Worte es je getan hätten.

Schleunigst kehrte Friedrich danach in sein Stammland zurück. Die Niederlage, die er in Italien erlitten hatte, und seine Monate währende Flucht waren auch nördlich der Alpen nicht ohne Folgen geblieben. Die Autorität des Kaisers war geschwunden, die Fürsten dabei, sich wie einst in Fehden zu ergehen und sich um Besitz und Boden zu streiten wie ausgehungerte Köter um saftige Knochen. Verheerend war die Lage in Sachsen, wo sich gleich mehrere Reichsfürsten gegen Heinrich den Löwen verbündet hatten und diesem einen blutigen Kampf lieferten. Schlimm stand es auch um Friedrichs Oheim Welf, der als Reaktion auf den Tod seines Sohnes vor den Toren von Rom nun einem zügellosen Leben frönte und seine Besitzungen verprasste, wohingegen er seiner Gemahlin die Haare scheren ließ und sie in ein nahes Kloster schickte.

Das Reich, dessen Ordnung Friedrich einst wiederhergestellt hatte, befand sich in zunehmendem Aufruhr, und seine Feinde dies- wie jenseits der Alpen frohlockten bereits. Doch mein Herr dachte nicht daran aufzugeben. Allerdings sollten die folgenden Jahre seine Geduld, seine Ausdauer und seine Überzeugungen auf harte Proben stellen, so als würde der Allmächtige ihn bereits auf Erden durch ein Fegefeuer der Läuterung schicken.

Unter Vermittlung des geheimnisvollen Kartäusermönchs Dietrich trat der Kaiser nunmehr mit jenen einflussreichen Kirchenmännern in Verbindung, mit denen er sich bereits im Frühjahr hatte treffen wollen, und begann Verhandlungen über eine Beilegung des Streits, der der Kern allen Übels war. Dass »sein« Papst Paschalis III. im September zum Herrn abberufen wurde, hätte eine Einigung wiederum beschleunigen können – doch in der festen Meinung, dass der Kaiser noch immer hinter ihnen stünde, beschritten Stadtrömer und die von Paschalis eingesetzten Kardinäle weiter den Pfad der Zwietracht und setzten einen weiteren Gegenpapst auf den Stuhl Petri.

Sein weltlicher Name war Johannes von Struma, als Callixt III. wurde er oberster *pontifex*. Doch allein die Tatsache, dass mein Herr seine Anerkennung so lange wie möglich hinauszögerte und eine persönliche Begegnung mied, zeigte deutlich, dass er seine Politik neu ausgerichtet hatte und nicht mehr um jeden Preis die Konfrontation mit Papst Alexander suchte. Um das Heil seiner unsterblichen Seele mag es Friedrich dabei auch gegangen sein; vor allem jedoch war sein Blick auf das Hier und Jetzt gerichtet, und ihm war klar geworden, dass er nicht beliebig viele Kriege gleichzeitig führen konnte, weder mit Waffen noch mit Worten. Während Legaten ausgesandt wurden und sich mit päpstlichen Bevollmächtigten trafen, befriedete der Kaiser den Norden des Reiches und schaffte es dabei noch, seine eigene Position zu festigen.

Den Streit zwischen dem Löwen und seinen Widersachern schlichtete Friedrich persönlich und sorgte für Ausgleich; sodann sandte er seinen Vertrauten Christian von Mainz nach Byzanz, um in Verhandlungen für ein neues Bündnis zu treten. Ich nehme an, dass er sowohl die Normannen von Sizilien als auch Papst Alexander damit unter Druck setzen und sich in eine bessere Verhandlungsposition bringen wollte. Zusätzlich sandte er Heinrich den Löwen ins Morgenland, um nicht nur mit den Byzantinern, sondern auch mit den Sarazenen zu verhandeln. Ein Heiratsbündnis mit dem mächtigen Kriegsherrn und Sultan Salah ad-Din wurde angestrebt, jedoch nicht vereinbart. Sogar mit Frankreich trat man wieder in Verbindung und sicherte auf diese Weise die westlichen Grenzen, ein erfolgreich verlaufender Feldzug nach Polen sorgte für Ruhe im Osten.

Zu dieser Zeit traf traurige Kunde aus dem Kloster zu Cappenberg ein: Mein väterlicher Gönner Otto war im gesegneten Alter von zweiundsiebzig Jahren zum Schöpfer gerufen worden. Der Tod seines Paten betrübte Friedrich sehr – vielleicht, weil Otto stets an ihn geglaubt hatte und davon überzeugt gewesen war, dass Großes in ihm schlummere. Wohl aus Dankbarkeit dafür hatte der Kaiser immer wieder wertvolle Geschenke nach Cappenberg geschickt, von denen mir ein kostbares Reliquienkreuz und eine silberne Schale besonders in Erinnerung sind.

Bei allen Verhandlungen, die geführt wurden und bei allen Zugeständnissen, zu denen der Kaiser inzwischen bereit war, wurde jedoch keine Einigung mit den päpstlichen Gesandten erzielt. Alexander bestand darauf, dass der Kaiser sich vor ihm erniedrige und gebeugten Hauptes um die Vergebung seiner Sünden und die Wiederaufnahme in den Schoß der Kirche bitten müsse – dazu war mein Herr nicht bereit.

Oder vielleicht hatte er, wie ein ihm nahestehender Kleriker vermutete, einfach noch nicht lange genug in den Qualen des irdischen Fegefeuers gelitten.

Statt den Weg der Versöhnung weiterzugehen, erneuerte er den einst in Würzburg gegebenen Eid, Alexander niemals anerkennen zu wollen, und bereitete einen weiteren Feldzug nach Italien vor. Da die lombardische Liga und der veronesische Bund sich zusammengeschlossen hatten und die Macht des Reiches nun ernsthaft bedrohten, war diese Unternehmung unumgänglich geworden – doch anders als bei der Katastrophe von Rom sollten die Dinge diesmal sorgfältig vorbereitet werden.

Die Reichsoberen wurden in die Planungen einbezogen, die man im Sommer 1174 abschloss. Im September überquerte Friedrich an der Spitze seines Heeres die Alpen. Es war das fünfte Mal, dass er seine Schritte gen Süden lenkte, wiederum durch das Gebiet Humberts von Savoyen und über den *mons Cenisius*, über den wir damals mit knapper Not entkommen waren.

Dass die erduldete Schmach den Kaiser und die Kaiserin auch nach all der Zeit noch verfolgte, bekamen die Einwohner der Stadt Susa zu spüren: Die Stadt ging in Flammen auf, ehe wir weiter nach Südosten zogen, in die Ebene hinab.

Schon bald darauf begannen die Kämpfe.

45

Chiavenna
Januar 1176

Pavia war an der Seite des Kaisers geblieben, ebenso wie Markgraf Wilhelm von Montferrat und Guido von Biandrate, die in all den Jahren treu zu Friedrich gestanden hatten. Andere hingegen, unter ihnen auch der plötzlich wieder wankelmütige Graf Malaspina, hatten die Seiten gewechselt und standen nun gegen den Kaiser. Wie Aasfresser kreisten sie, bereit, ihre Krallen in das Fleisch des Reiches zu schlagen, sobald sich die Gelegenheit dazu ergäbe – mein Herr jedoch war nicht gewillt, ihnen diese Gelegenheit zu bieten.

Das Heer, das er anführte, war zu klein, um sich den Kräften des Lombardenbundes zu einer Entscheidungsschlacht zu stellen, jedoch hatte Friedrich zu einer List gegriffen: Ein weiteres Heer unter der Führung von Erzbischof Christian war vorausgezogen und hatte den Krieg nach Süden getragen; auf diese Weise hatten die Feinde des Reiches an mehreren Orten gleichzeitig zu kämpfen und konnten ihre Kräfte nicht an einem Ort konzentrieren.

Unser erstes Angriffsziel war Alessandria gewesen, eine Stadt, die erst vor wenigen Jahren ohne Einwilligung des

Kaisers gegründet worden war. Schon ihre Namensgebung nach Papst Alexander war in Friedrichs Augen eine Dreistigkeit, ihre bloße Existenz eine Schmach.

Also waren wir vor die Stadt gezogen und hatten sie ein halbes Jahr belagert. Doch die Kälte des Winters und ein Mangel an Nahrungsmitteln sorgten dafür, dass das kaiserliche Heer beständig schrumpfte. Am Ostersonntag des Jahres 1175 hatten wir uns einer erdrückenden Übermacht gegenübergesehen, und Friedrich war nichts anderes übrig geblieben, als zu verhandeln. In der Stadt Montebello war ein Friedensabkommen unterzeichnet worden, und für eine kurze Zeit hatten wir alle aufgeatmet in der Hoffnung, dass der Krieg vorüber sei und der Streit endlich beigelegt werden könnte. Doch bei allen Zugeständnissen, die mein Herr machte, hatte er weiter darauf bestanden, dass Alessandria, dieser Stachel in der Ehre des Reiches, zerstört und vom Angesicht der Erde getilgt würde. Die Städte hatten dies abgelehnt, und so hatte sich das Kämpfen und Töten im Oktober fortgesetzt.

Den gesamten Winter hindurch hatten wir die Truppen der Liga in Atem gehalten, sie in kurzen, aber gezielten Vorstößen geschlagen und ihnen bereits besetzte Gebiete wieder abgerungen. Doch so geschickt Friedrich als Feldherr sein mochte – ihm war auch bewusst, dass ein dauerhafter Sieg auf diese Weise nicht zu erringen war. Was er mehr als alles andere brauchte, waren Truppen, und so wandte er sich einmal mehr an seinen mächtigen Vetter Heinrich und bestellte ihn zu einem Treffen nach Chiavenna, einer Festungsstadt in der Nähe des *lacus Larius*, eingezwängt zwischen gewaltigen Bergen und wegen ihrer Lage an gleich zwei Alpenübergängen von großer strategischer Bedeutung.

Der Löwe folgte dem Ruf des Kaisers – und über das, was dann geschah, bin ich bis zum heutigen Tage tief erschüttert und berichte an dieser Stelle zum ersten Mal davon; doch ich habe versprochen, alles der Wahrheit getreu zu erzählen, also will ich auch dies nicht verschweigen.

Das Treffen fand im Festungsturm von Chiavenna statt, wo Friedrich Quartier bezogen hatte. Außer mir war nur die Kaiserin zugegen, und ich nehme an, dass meine Anwesenheit eher einem Zufall zu verdanken war, so als hätte man mich in meiner Ecke, in der ich wie immer schweigend stand, schlicht vergessen. Ganz sicher hatte mein Herr die Unterredung auch nicht so vorgesehen, wie sie schließlich verlief … obgleich ich mich erinnere, dass er düsterer Stimmung war an jenem Morgen, als ahnte er bereits, welch ungünstigen Ausgang das Gespräch mit dem Vetter nehmen würde.

Zunächst schien alles gewohnter Wege zu gehen.

Der Löwe erschien und erwies dem Kaiser den gebührenden Respekt, ehe sich die Vettern in aller Herzlichkeit begrüßten. Sodann kam Friedrich rasch auf die angespannte Lage zu sprechen. Er schilderte den bisherigen Verlauf des Feldzugs, die erfolglose Belagerung von Alessandria und den Scheinfrieden von Montebello und machte klar, warum er nicht anders gekonnt hatte, als den Krieg fortzuführen. »Aus diesem Grund, Vetter«, schloss er seinen Bericht, »habe ich nach dir geschickt, damit du mit eigenen Augen sehen kannst, wie es um das Reich und deinen Kaiser bestellt ist.«

»Ich habe es bereits gesehen«, versicherte der Löwe, der am offenen Kamin stand, um sich an den Flammen zu wärmen. »In den Mienen deiner Ritter und Knechte, die mich bei meiner Ankunft in Empfang nahmen, stehen

Mangel und Entbehrung geschrieben. Hoffnungslosigkeit spricht aus ihren Augen.«

Friedrich, der auf einem Scherenstuhl saß und in vieler Hinsicht erschöpfter wirkte als sein Vetter, obwohl dieser eine anstrengende Reise hinter sich hatte, nickte bedächtig. »Sie alle, die an der Seite ihres Kaisers geblieben sind, haben tapfer gekämpft und alles gegeben, doch nun sind sie am Ende ihrer Kräfte. Ich brauche frische Truppen, wenn ich im Frühjahr gegen Alessandria ziehen soll!«

Der Löwe nickte nur, dabei weiter in die Flammen starrend. Zweifellos hatte er verstanden, was sein Cousin und Kaiser ihm damit sagen wollte, aber er schien sich in der Rolle des Unwissenden zu gefallen. »Solltest du?«, fragte er nur.

»Was meinst du?«

Heinrich wandte sich zu meinem Herrn um, eine große dunkle Silhouette vor der lodernden Glut des Feuers. »Friedrich«, sagte er, »du weißt, wie sehr ich dich schätze ...«

»Ich weiß es«, versicherte der Kaiser nicht ohne Spott. »Nicht zuletzt deshalb, weil ich mir deine Wertschätzung viel habe kosten lassen.«

»Du hast mich in meinen Plänen stets unterstützt, so wie ich dich in deinen unterstützt habe«, räumte der Löwe ein. »So haben wir es vereinbart, als wir uns vor vielen Jahren trafen, noch bevor du König wurdest, und es ist uns beiden gut bekommen. Doch inzwischen frage ich mich ...«

»Was?«, hakte Friedrich nach, als der andere zögerte.

Heinrich trat aus dem Gegenlicht des Feuers und auf seinen Vetter zu. »Ich frage mich«, wiederholte er, »ob du dich in dieser Sache nicht verrannt hast.«

»Erkläre das«, knurrte der Kaiser.

»Du weißt, was ich meine. Hattest du nicht nach deinem letzten italienischen Abenteuer gesagt, dass du genug davon hättest, dich mit habgierigen Konsuln und ehrlosen Magistraten herumzuschlagen? Dass du genug hättest vom Kirchenstreit und dich mit Papst Alexander einigen wolltest?«

»Das sagte ich«, räumte Friedrich ein. »Doch bei aller Schmach, die dem Reich seither zugefügt wurde …«

»Sprechen wir tatsächlich von einer Schmach für das Reich?«, fiel der Löwe ihm ins Wort. »Oder für dich selbst?«

Der Kaiser sah zu ihm auf. Seine Augen glänzten dabei. »Was willst du damit sagen?«

Der Löwe holte tief Luft. Einen Moment lang schien er zu zögern, offen auszusprechen, was er dachte, doch dann überwand er sich: »Dass ich mich frage, Vetter – und das schon seit geraumer Zeit –, ob es dir wirklich noch um die Ehre des Reiches geht, wie du immer behauptest, oder vielmehr um deine eigene. Um deinen Ruhm, deine Anerkennung und deinen Platz in den Chroniken der Schreiber.«

Die Worte waren so brüsk und direkt ausgesprochen, dass sie Friedrich unvorbereitet trafen, Schwerthieben gleich, die so schnell erfolgten, dass man den Schild nicht heben konnte.

»Sei vorsichtig, was du sagst, Vetter«, war alles, was er schließlich hervorstieß, einem hilflosen Ausfall gleich, den man mit der Klinge vortrug, nur um den Gegner auf Distanz zu bringen.

»Mit Verlaub – du bist nicht in der Lage, mich einzuschüchtern«, stellte Heinrich klar. »Bei meinem Ritt hierher habe ich die abgerissenen Gestalten gesehen, die du

Ritter nennst, und ihre halb verhungerten Knechte. Dass du mich hast rufen lassen, beweist, dass du meine Hilfe brauchst, Cousin – doch sollte ich sie dir geben?«

»Ich bin dein Kaiser«, erklärte Friedrich schnaubend und – so kam es mir vor – ein wenig hilflos.

»Gewiss. Doch wie oft habe ich dich schon bei deinen Unternehmungen unterstützt? Wie oft meine Truppen nach Italien geführt, um dir beizustehen? Wie oft in vorderster Reihe für dich gekämpft und geblutet?«

»Schon manches Mal – und es ist nie zu deinem Schaden gewesen.«

»Das ist wahr. Doch die Zeiten haben sich geändert. Dieses Mal bist du zu weit gegangen. Du stehst mit dem Rücken zur Wand und kannst dich deiner Feinde nicht erwehren. Und nun willst du meine Hilfe in diesem aussichtslosen Kampf.«

»Wenn du zu meinen Reihen stößt«, erwiderte Friedrich und hielt ihm eine bebende Rechte hin, »so ist es nicht länger ein aussichtsloser Kampf. Gemeinsam können wir das treulose Pack besiegen, die Macht der Städte brechen und Alexander ein für alle Mal in seine Schranken weisen!«

Der Löwe blickte auf die ausgestreckte Rechte. »Du meinst das wirklich ernst, nicht wahr?«

»Natürlich«, versicherte mein Herr ohne Zögern. »Wenn Adler und Löwe sich verbinden, wer könnte ihnen da widerstehen?«

Heinrich schüttelte nur den Kopf. »Du hast noch nie gewusst, wann man besser aufgeben sollte, Vetter. Schon früher nicht.«

»Weil aufgeben mir nicht im Blut liegt«, erwiderte Friedrich trotzig. »Oder glaubst du, ich wäre König oder gar Kaiser geworden, wenn ich leicht aufgeben würde?«

»Wohl kaum«, musste Heinrich zugestehen. »Doch haben stets andere für deine Beharrlichkeit bezahlt.«

»Darum geht es dir also?« Friedrich sah ihn fragend an. »Du willst für deine Dienste noch reicher entlohnt werden? Schon jetzt bist du nach mir der wohlhabendste und mächtigste Mann im Reich. Genügt dir das noch immer nicht?«

Der Löwe schüttelte die schwarze Mähne. »Du missverstehst meine Absichten. Ich trachte nicht danach, noch mehr zu gewinnen – ich fürchte zu verlieren, was ich bereits habe, im Dienst für deine Eitelkeit.«

»Was fällt dir ein?« Friedrich sprang auf, die Hände zu Fäusten geballt. Beatrix, die bislang reglos dabeigestanden hatte, zuckte zusammen und schickte mir einen hilflosen Blick – doch was hätte ich tun sollen? Was konnte ein Schatten tun, wenn sich die Sonne verfinsterte und er verblasste?

»Ich spreche lediglich aus, was viele unter den Fürsten denken«, stellte Heinrich unbeirrt klar. »Sie sagen, dass die Kriege, die du in Italien führst, nicht dem Reich dienen, sondern nur dir selbst. Das ist der Grund, warum dir einer nach dem anderen die Unterstützung verweigert.«

»Und du?«, knurrte Friedrich. »Was ist mit dir, Vetter? Denkst du das auch?«

»Ich denke, dass du auf einem schmalen Grat wandelst«, entgegnete der Löwe nach kurzem Zögern. »Und dass du nach allem, was geschehen ist, nach allen Niederlagen und Triumphen, zwischen deinem Wohl und jenem des Reiches nicht mehr zu unterscheiden weißt.«

»Das also hältst du von mir?« Mein Herr starrte seinen Vetter an, die Gesichtszüge vor Zorn gerötet, und einen Augenblick lang fürchtete ich, er würde sein Schwert ziehen und auf den Löwen losgehen. Ich spannte die Muskeln, bereitete mich darauf vor einzugreifen, um Friedrich davor zu bewahren, etwas zu tun, das er schon morgen bitter bereuen würde … doch es kam anders. Etwas geschah, mit dem weder ich noch Beatrix oder Heinrich und womöglich noch nicht einmal der Kaiser selbst gerechnet hätten.

Friedrich fiel auf die Knie.

Tat das, was er noch vor keinem König und nur mit Widerwillen vor dem Nachfolger Petri auf Erden getan hatte, und erniedrigte sich selbst, kauerte gebeugten Hauptes vor seinem Vetter.

Beatrix stand reglos, das Antlitz kreidebleich, die Hand vor den Mund geschlagen, als wolle sie sich selbst am Schreien hindern. Auch ich war wie erstarrt, und sogar dem Löwen war seine Bestürzung anzusehen.

»Was … was tust du, mein Gemahl?«, hauchte die Kaiserin, so als fürchte sie um Friedrichs Verstand.

»Was nötig ist, um zu beweisen, dass es mir nicht um meine Ehre geht oder um mein Ansehen, sondern allein um das des Reiches«, stieß der Kaiser hervor. »Wenn es das ist, was du willst, so mache ich mich klein vor dir, Vetter, und bitte dich im Namen unserer gemeinsamen welfischen Ahnen um deine Unterstützung im Kampf gegen jene, die dem Reich spotten und seine Heiligkeit verlachen. Wirst du sie mir gewähren?«

Er hob den Blick und sah Heinrich direkt an. Was im Kopf des Löwen vor sich ging, war unmöglich zu erkennen. Verwirrung, Entsetzen, Genugtuung – von allem schien etwas dabei zu sein, eine Sturzflut an sich widersprechenden Gefühlen, die seine Gedanken lähmte und ihn nur schweigend dastehen ließ, eine quälende Ewigkeit lang, während der Kaiser weiter vor ihm kniete.

Es war Beatrix, die das lange Schweigen brach.

»Nun sagt schon etwas, Mann!«, zischte sie, die Stimme bebend vor Zorn. »Wie lange wollt Ihr ihn noch dort auf dem Boden kauern und sich vor Euch erniedrigen lassen?«

»Ich«, stammelte der Löwe, »weiß nicht ...«

»Was Ihr sagen sollt?« Beatrix schnaubte verächtlich. Den Blick, mit dem sie den kaiserlichen Vetter bedachte, werde ich nie vergessen, er war anklagend und voller Abscheu. »Wenn Euch darauf keine Erwiderung einfällt, Euer Gnaden, dann wäre es besser, Ihr würdet nie wieder ein Sterbenswort sagen und für alle Zeit schweigen! Und Ihr, mein Gemahl«, wandte sie sich an Friedrich, »solltet nicht vor einem Gefolgsmann das Knie beugen, der solche Treue nicht verdient.«

Die Worte waren spitz wie Pfeile, und sie trafen den einen wie den anderen. Selbst wenn es eine Kaiserin war, die sprach – kein hoher Herr wollte sich gerne auf solche Weise schulmeistern lassen. Beatrix wusste das und hatte darauf gesetzt, und tatsächlich hielt in den reglosen Zügen des Löwen so etwas wie Ernüchterung Einzug.

»Nun gut, Vetter«, sagte er und reichte dem am Boden Knienden die Hand. »Wenn du mich derart inständig bittest und mir auf so drastische Weise versicherst, dass es dir nicht um deine Ehre geht, sondern um die des Reiches, kann ich mich deinem Ansinnen nicht länger verschließen. Ich werde in die Heimat zurückkehren und mit einem Kontingent von zweitausend Rittern und dreitausend Mann Fußvolk wiederkommen – für einen gewissen Preis.«

Friedrich, der bereits dabei gewesen war, die ausgestreckte Hand zu ergreifen, horchte auf. »Was für ein Preis, Vetter?«

»Goslar«, sagte der Löwe nur. »Ich will Goslar.«

Zweifelnd, so als hätte er sich verhört, sah der Kaiser zu ihm auf. »Ich kann dir Goslar nicht geben, Vetter. Die Silberminen, die sich dort befinden, sind eine meiner wichtigsten Einnahmequellen, wie du sehr wohl weißt. Ohne sie würde ich …«

»Goslar«, wiederholte Heinrich nur. »Die Entscheidung liegt bei dir.«

Friedrich zögerte und schien tatsächlich einen Moment nachzudenken. Dann, wie jemand, der aus einem Traum erwacht, schüttelte er das Haupt und raffte sich auf die Beine.

»Ich habe dir viel gegeben, mehr als jedem anderen Fürsten des Reiches«, stellte er klar. »Aber nun verlangst du mehr, als ich dir geben kann.«

»Dein letztes Wort?«, fragte Heinrich nur.

Friedrich stand vor ihm, leicht gebeugt, weil ihm die Knie schmerzten, und schwer atmend vor innerer Erregung. Beatrix trat zu ihm und stützte ihn, und ihre Nähe schien ihm die Kraft zu geben, das zu sagen, was er als Kaiser des Reiches, als Herrscher von Gottes Gnaden und als Mann von Ehre sagen musste. »Geh mir aus den Augen«, knurrte er.

Der Löwe zögerte. In seinen Augen funkelte es, vielleicht ging ihm in diesem Moment auf, dass er in seiner Habsucht zu weit gegangen war. »Vetter«, begann er, »ich …«

»Geh!«, wiederholte Friedrich mit einer Stimme, die weder Widerspruch noch Aufschub duldete.

Heinrich der Löwe machte auf dem Absatz kehrt und verließ das Turmgemach.

Und es geschah, was geschehen musste.

46

Gegend um Legnano
29. Mai 1176

Es war ein heller Frühsommertag.

Ein blauer Himmel spannte sich von Horizont zu Horizont, die Sonne schickte wärmende Strahlen, ließ das Wasser des nahen Flusses glitzern und das Gras in sanftem Grün leuchten. Es hätte ein Bild des Friedens sein können, wäre es nicht um die unzähligen, in blutbesudelte Rüstungen und Röcke gehüllten Gestalten gewesen, die mit Klingen, Keulen und Äxten aufeinander einschlugen und den fruchtbaren Boden mit Eingeweiden und abgetrennten Gliedmaßen bestellten. Der Gesang der Vögel, der noch am Morgen über der Ebene gelegen hatte, war dem Geklirr der Waffen, dem Wiehern der Pferde und den Schreien der Verwundeten gewichen. Und über allem lag noch die Stimme des Kaisers, der selbst in vorderster Reihe kämpfte.

»Vorwärts! Weicht nicht zurück! Für Gott und den Kaiser!«

»Gott und den Kaiser!«, wurde der Schlachtruf aus heiseren Kehlen beantwortet, und tatsächlich schien ein Ruck durch die Reihen der Kämpen zu gehen. Beherzt trieben sie ihre Rösser in die Reihen der Feinde, ließen ihre Schwerter bald nach dieser, bald nach der anderen Seite fahren und ritten die Verwundeten einfach nieder.

Durch Erzbischof Philipp von Köln, den Friedrich nach der erfolglosen Unterredung mit dem Löwen zurück in die Heimat geschickt hatte, um dort neue Truppen zu beschaffen, waren endlich frische Kräfte herangeführt worden. Freudig war der Kaiser dem Heereszug aus Rittern und Fußvolk entgegengeritten, um sie nach Pavia zu geleiten, wo er Quartier bezogen hatte. Doch auf dem Weg dorthin waren wir in einen Hinterhalt aufständischer Bauern geraten, die sich auf unsere Vorhut gestürzt und sie aufgerieben hatten. Zwar hatte die Hauptmacht des Heeres das aufrührerische Landvolk rasch vertrieben, doch wie sich herausgestellt hatte, war der scheinbar spontane Überfall Teil eines wohlüberlegten Plans gewesen: Auf der anderen Seite des Wäldchens, durch das wir die flüchtenden Bauern davonjagten, waren wir auf eine Streitmacht der *lega Lombarda* getroffen, Reiter und Fußkämpfer, die sich um ihren *carroccio* versammelt hatten. So pflegten sie in Italien den Ochsenkarren zu nennen, der neben Banner und Feldzeichen auch Reliquien und andere Artefakte beherbergte, denen für den Sieg wichtige Bedeutung beigemessen wurde.

Doch was auch immer es sein mochte – an diesem Tag schien es seine Wirkung zu verfehlen.

»Vorwärts, meine Getreuen! Vorwärts!«, trieb Friedrich uns an, und wir lenkten unsere Rösser mitten hinein in den Wald aus Lanzen und Spießen und schimmernden Klingen. Ich selbst kämpfte auf der einen Seite des Kaisers, Philipp von Köln auf der anderen. Mit unseren Schilden und Körpern schirmten wir den Herrscher gegen feindliche Spieße und Pfeile, während wir mit unseren Klingen freigebig Tod verteilten. Ein lombardischer Knecht, der mit einer unförmigen Waffe nach mir drosch, stieß einen heiseren Schrei aus, als meine Klinge ihm zwischen Kopf und Schulter drang. Der Mann ging nieder, fiel zurück in das Getümmel, das ihn aufnahm und verschlang. Wir droschen und hieben weiter, fochten uns durch die Reihen, die unter unserem Angriff in Bewegung gerieten und nachgaben. Schon wandten sich die ersten zur Flucht, ließen ihren *carroccio* treulos im Stich. In diesem Augenblick war der Sieg, der womöglich die Wende in diesem Feldzug bedeutet hätte, zum Greifen nah – doch wir bekamen ihn nicht zu fassen.

Denn just in dem Augenblick, da wir alle neue Hoffnung schöpften, erklang von der rechten Flanke ein heiserer Ruf: »Reiter! Feindliche Reiter!«

Wir fuhren in den Sätteln herum, blickten gen Osten, wo plötzlich Scharen gepanzerter Krieger auftauchten. Ihre Rüstungen schimmerten im fahlen Sonnenlicht, an ihren Lanzen wehten rot-weiße und blau-weiße Banner – die Farben von Mailand und Brescia, den beiden mächtigsten Verbündeten der Liga.

Auf donnernden Hufen kamen sie heran, die Lanzen eingelegt und bereit zum Kampf, und anders als wir waren sie frisch und ausgeruht und brannten darauf, sich in die Schlacht zu stürzen. Friedrich und seine Unterführer unternahmen noch den Versuch, unsere Reihen neu auszurichten und auf den Zusammenprall vorzubereiten, doch es war zu spät. Nur Augenblicke später brach das Verderben über uns herein.

Der kaiserliche Bannerträger, an dessen Namen ich mich nicht entsinne, wurde gleich beim ersten Zusammenstoß von einer mailändischen Lanze durchbohrt und aus dem Sattel gerissen. Er schrie erbärmlich und vollführte groteske Bewegungen auf dem durch seinen Körper getriebenen Lanzenschaft, ehe das Holz schließlich nachgab und brach. Ich sprang vom Pferd, hob das Adlerbanner aus Blut und Morast und richtete es wieder auf, indem ich es in den weichen Boden rammte. Konrad von Lützelhardt, einer der verwegensten Kämpen des Kaisers, der im Getümmel sein Pferd eingebüßt hatte, sprang mir bei und übernahm das Banner, während ich nach meinem Herrn Ausschau hielt.

Ich erschrak, als ich rings nichts als Kämpfende erblickte, schimmerndes Eisen und von Hass und Anstrengung verzerrte Mienen – aber keine Spur von meinem Herrn! Auch mein Pferd sah ich nicht mehr, die heftige Bewegung der Schlacht hatte es fortgerissen wie die Flut einen losen Nachen. Den Schild am linken Arm und das Schwert in der Rechten, bahnte ich mir einen Weg in die Richtung, in der ich meinen Herrn vermutete.

Ein heftiger Hieb, vermutlich ein Kriegshammer, traf mich am Helm und schmetterte mich zu Boden. Sofort raffte ich mich wieder auf, und keinen Augenblick zu früh – ein Waffenknecht sprang mit gesenktem Spieß auf mich zu, bereit, mir die Spitze in den Hals zu treiben. Ich blieb auf den Knien, suchte Zuflucht hinter dem Schild, der ob der Wucht des Angriffs barst. Die Spitze kam durch, jedoch nur eine Handbreit, dann steckte sie fest. Mit einer energischen Bewegung zog ich den linken Arm zurück und entriss dem Angreifer seine Waffe. Als er auf mich zutaumelte, stürzte er geradewegs in meine Klinge, und da er keine Brünne trug, sondern nur einen wattierten Rock, fuhr der Stahl in seine Eingeweide.

Den verzweifelten Blick, mit dem der Mann – eigentlich noch ein Junge von nicht mehr als siebzehn Lenzen – mich ansah, werde ich nie vergessen. Ich stieß ihn von mir, in den Morast, in den sich das feuchte Grasland verwandelt hatte, dann suchte ich weiter nach meinem Herrn und Kaiser, irrte über den Acker des Todes, der rings um mich mit Eifer bestellt wurde.

Ein kaiserlicher Ritter sank vom Pferd, einen Pfeil im weit aufgerissenen Rachen. Ein lombardischer Knecht kauerte inmitten des Getümmels blutüberströmt auf dem Boden und betrachtete seinen rechten Arm, der vor ihm lag und nicht mehr zu ihm gehörte, obschon er die Axt noch umklammert hielt. Ein anderer Ritter – und bei all dem Blut, das seinen Rock tränkte, war es unmöglich zu sagen, zu welcher Seite er gehörte – lag am Boden und versuchte, seine hervorquellenden Gedärme wieder in den aufgeschlitzten Unterleib zu stopfen.

Dann, endlich, erblickte ich inmitten all des Grauens meinen Herrn! Friedrich saß noch auf seinem Ross, aber er war allein und zu allen Seiten von Feinden umgeben! Ich ließ den Schild fallen, der mir ohnehin nutzlos geworden war, packte das Schwert mit beiden Händen und bahnte mir einen blutigen Weg zu meinem Kaiser – als Friedrichs Pferd unter dem Ansturm der von allen Seiten drängenden Feinde scheute.

Wiehernd bäumte es sich auf und schlug mit den Vorderhufen, streckte einen Angreifer nieder und zwang die übrigen auf Distanz. Schnaubend drehte sich das Tier auf der Hinterhand herum, fiel auf alle vier Beine und stieg noch einmal auf – und plötzlich schien alles gleichzeitig zu geschehen.

Ein feindlicher Kämpfer sprang vor und rammte seinen Spieß in die ungeschützte Brust des Tieres, gleichzeitig verlor mein Herr den Halt im Sattel. Rücklings stürzte er und fiel, überschlug sich in der Luft und verschwand in einer Kuhle auf dem Schlachtfeld. Sein Pferd gebärdete sich, als wolle es seinen gestürzten Reiter verteidigen. Den abgebrochenen Spieß in der Brust, schlug es sterbend mit den Hufen nach den Feinden, die erschrocken zurückwichen.

Atemlos eilte ich zu der Kuhle, schlitterte auf den Knien hinein. Mein Herr lag bäuchlings im Dreck, leblos, wie es schien. Ich packte ihn an der Schulter, drehte ihn herum – um erleichtert festzustellen, dass er atmete!

»Herr«, stieß ich hervor, »bist du …?«

»Hilf mir auf die Beine«, verlangte Friedrich, und ich griff unter seine Arme und zog ihn auf. Den Helm mit der Krone hatte er beim Sturz verloren, Blut rann aus einer Platzwunde an der Stirn unter das Kettengeflecht der Kapuze. Doch wie durch ein Wunder schien er sonst unversehrt zu sein. Ich reichte ihm das Schwert, das neben ihm im Morast gelegen hatte, und wir wollten zurück in den Kampf – als ich hinter uns Hufschlag hörte.

Feindliche Reiter jagten heran, aber ihr Angriff galt nicht uns. Sie sahen uns noch nicht einmal!

Ich ließ mich zu Boden fallen, zurück in die Kuhle, meinen Herrn riss ich mit mir. Der Kaiser stieß eine wüste Verwünschung aus – als die Rösser bereits über die Vertiefung hinwegsprangen. Hätten wir noch aufrecht gestanden, hätten uns ihre Hufe zerschmettert. So setzten sie auf der anderen Seite auf und jagten mit eingelegten Lanzen auf den versprengten Haufen zu, der noch von den Unseren übrig war.

Das Schlachtenglück hatte sich gegen uns gewendet, die Niederlage schien bereits unausweichlich – als jemand aus dem Heer der Lombarden einen Spieß in die Höhe streckte. Ein abgetrenntes Haupt steckte darauf, so blutig, dass die Gesichtszüge nicht zu erkennen waren, doch auf der Stirn saß der Helm mit der Krone.

Friedrichs Helm.

Der Helm des Kaisers.

»Imperatore è morto!«, erscholl es prompt in den Reihen der Milanesen, und nur Augenblicke später erklang der grässliche Ruf auch unter den deutschen Rittern: »Der Kaiser ist tot! Der Kaiser ist tot …!«

Es war der Augenblick, in dem auch die Tapfersten der Unseren den Mut verloren. Panisch ergriffen sie vor den feindlichen Reitern die Flucht, räumten in wilder Unordnung das Feld, das wir zuvor Fußbreit um Fußbreit erkämpft hatten.

»Bleibt!«, stieß Friedrich hervor. »Bleibt hier und kämpft! Noch bin ich nicht tot, und solange mein Herz schlägt und noch ein Funke Leben in mir ist …«

Er schickte sich an, die Kuhle zu verlassen. Den Jubel, der überall ringsum ausbrach, weil den Lombarden klar wurde, dass sie die Schlacht für sich entschieden hatten, schien er gar nicht wahrzunehmen. Ich musste handeln, denn der Tod des Kaisers war bereits ausgerufen. Wenn er ihnen jetzt noch lebend in die Hände fiel, würden sie nicht zögern, das Versäumte nachzuholen.

Beherzt packte ich meinen Herrn an der Schulter und riss ihn erneut zurück in die Vertiefung, den Schmutz und den Morast.

»Was soll das?«, fuhr er mich an. »Lass mich gefälligst los, oder ich werde …«

»Sieh dich um, Herr!«, zischte ich. »Überall sind nur noch Feinde! Die Unseren liegen erschlagen in ihrem Blut, sind verwundet oder auf der Flucht. Die Schlacht ist verloren!«

»Was redest du?« Er sah mich an, als hätte ich den Verstand verloren. Kampfeslust blitzte in seinen Augen, die aus seinem von Dreck und Blut besudelten Gesicht starrten. Er sah fürchterlich aus.

»Die Schlacht ist verloren, Herr«, wiederholte ich. »Du kannst nichts mehr daran ändern!«

Erst jetzt schien er zu begreifen. Von der Senke aus ließ er den Blick über das Schlachtfeld schweifen, nur um festzustellen, dass ich recht hatte. Wohin man auch sah, erblickte man nur noch Streiter der Gegenseite. Noch immer vor Blutdurst bebend, rissen sie ihre Waffen empor, brüllten ihren Triumph über den Sieg laut hinaus – und führten meinem Herrn die schmachvolle Niederlage deutlich vor Augen.

Friedrich stieß ein pfeifendes Geräusch aus. Ächzend wie ein kaputter Blasebalg sank er auf den Grund der Kuhle zurück, Resignation in den Augen. Seine Gedanken mochten der verlorenen Schlacht gehören und der neuerlichen Schmach, die dem Reich damit zugefügt worden war, während ich mich nach einem Ausweg umblickte, nach einer Möglichkeit, meinen Herrn unbeschadet aus dieser gefährlichen Lage zu befreien.

Sein roter Rock hatte sich mit Nässe vollgesogen und starrte vor Blut und Dreck, sodass er nicht mehr zu erkennen war. Überhaupt konnte man uns bei flüchtigem Hinsehen für Verwundete halten wie die vielen Hundert weiteren traurigen Gestalten, die das Schlachtfeld übersäten, sich bald mehr, bald weniger rührten und ihre Qualen laut hinausschrien. Zudem lag der Kadaver von Friedrichs Ross so am Rand der Vertiefung, dass er uns neugierigen

Blicken entzog, als wolle das treue Tier selbst im Tod noch seinen Herrn beschützen.

So verharrten wir.

Der Jubel der Sieger verebbte irgendwann, und sie räumten das Feld, nahmen einen Teil der Verwundeten mit. Die zurückblieben, brüllten noch verzweifelter, und ihr Geschrei vermischte sich mit dem Krächzen der Krähen. Mit grausigem Flügelschlag ließen diese sich auf den Toten nieder, labten sich an Augen und offenen Wunden. Und mit den tierischen Aasfressern kamen auch die menschlichen.

Es waren Kämpfer, die aufs Schlachtfeld zurückkehrten, um sich an den Gefallenen zu bereichern – beileibe nicht nur Waffenknechte und Söldner, sondern auch Ritter, die auf Beute aus waren und nichts dabei fanden, leblose Körper ihrer Brünnen, Gurte und Stiefel zu berauben. Dann, wie Ratten, die aus ihren Löchern krochen, kamen Leute aus den nahen Dörfern, um sich zu nehmen, was die hohen Herren übrig gelassen hatten. Und schließlich Tagelöhner und Unfreie, die selbst nur wenig besser dran waren als die Toten, die sie bestahlen.

Einer dieser Elenden beging den Fehler, in unsere Kuhle zu steigen. Dass wir von Kopf bis Fuß verdreckt waren, schien ihn nicht zu stören. Unsere Kettenhemden und Stiefel hatten seine Begehrlichkeit geweckt. Er sagte etwas, das ich nicht verstand – vielleicht war es ein flüchtiger Dank an den Schöpfer für die vermeintlich leichte Beute –, dann beugte er sich über uns. Mein Dolch schnitt ihm die Kehle durch, noch ehe er Hand an meinen Herrn legen konnte. Der arme Kerl fiel zur Seite und verblutete, während er neben uns lag und uns mit weit aufgerissenen Augen anstarrte.

Inzwischen hatte die Dämmerung eingesetzt. Im Westen färbte das Firmament sich blutig rot, als wäre es ein Spiegel dessen, was hier auf Erden geschehen war. Mönche aus einem nahen Kloster kamen, um den Sterbenden beizustehen und die Toten fortzubringen, unabhängig davon, auf welcher Seite sie gefochten hatten – bei den meisten war es bei all dem Dreck und Blut ohnehin nicht mehr festzustellen. Im Tod waren alle Krieger einander gleich.

Mein Herr sprach in all diesen Stunden kaum ein Wort, nicht einmal, als ich den Fledderer tötete. Düster vor sich hin sinnierend, schien sich die Niederlage wieder und wieder vor Friedrichs geistigem Auge zu wiederholen. Es war, als hätte er sich aufgegeben, als machte es keinen Unterschied, ob er hier lag und lebte oder ob er tot war und sein Haupt auf jenem Spieß steckte.

Schließlich wurde es so dunkel, dass wir es wagen konnten, unser Versteck zu verlassen, ohne dabei gleich gesehen zu werden. Friedrich folgte mir, gehorchte jeder meiner Anweisungen, als wäre nicht er der Herr, sondern ich. Auf allen vieren krochen wir aus der Senke, blieben weiter dicht am Boden, bereit, uns leblos zu stellen, falls sich etwas regen sollte. Von irgendwo drangen Stimmen zu uns, und im Lichtschein einiger Fackeln sahen wir Mönche leblose Körper auf Eselkarren laden. Mein Ziel war der Wasserlauf, der westlich des Schlachtfelds verlief und dessen steil abfallende Böschung uns vor neugierigen Blicken schützen würde.

Auf einem grausigen Pfad, der über leblose Körper und abgetrennte Gliedmaßen führte, erreichten wir die Böschung. Ich packte die Hand meines Herrn, um ihn hinabzulassen, dann folgte ich selbst. Das Wasser, das unten plätscherte, war nur kniehoch, dennoch forderte ich Friedrich auf, sich seiner Rüstung zu entledigen.

»Warum?«, fragte er mich mit leerem Blick. »Fürchtest du, dein Kaiser könnte ertrinken?«

Auch die Waffenröcke ließen wir zurück, behielten nur die wattierten Sarröcke an. So folgten wir der Strömung nach Süden, von der Böschung geschützt, und entfernten uns vom Schlachtfeld. Manchmal verharrten wir, pressten uns an das feuchte Erdreich, wenn wir von oben Stimmen oder gar den Hufschlag von Pferden hörten. Dann setzten wir unseren Weg fort, zwei abgerissene Gestalten im fahlen, blassen Mondlicht.

Als der Morgen dämmerte, hatten wir ein gutes Stück Weges zwischen uns und das Schlachtfeld gebracht. Wir verließen den Wasserlauf und trockneten unsere Kleider, dann ging es weiter. Die Straße, auf die wir stießen, wagten wir nicht zu benutzen aus Furcht vor feindlichen Spähern. Stattdessen bewegten wir uns im Schutz der Bäume, auch wenn wir auf diese Weise nur langsam vorankamen.

Ganze vier Tage brauchten wir, um uns bis in die Gegend von Pavia durchzuschlagen. Bei einem Bauern erstanden wir im Tausch für meinen Dolch ein Maultier, auf das sich Friedrich setzte, erschöpft und müde, wie er war.

Als wir Pavia erreichten, war uns die Kunde von Friedrichs Tod bereits vorausgeeilt. Die Glocken schwiegen, obschon Markttag war, und als wir den *palas* der Kaiserpfalz erreichten und die Wachen meinen Herrn erkannten, ließen sie ihre Waffen fallen und bekreuzigten sich, als hätten sie einen Geist erblickt. Nicht anders erging es den Noblen, die sich nach der Niederlage in die Stadt zurückgezogen hatten, um ihre Wunden zu lecken und um ihren

Herrscher zu trauern – doch niemands Überraschung vermochte die der Kaiserin zu übertreffen.

Im Trauergewand schritt Beatrix die Stufen zur Halle herab, als sie ihren Gemahl erblickte: zerlumpt und unter all den Krusten von Schmutz und Schweiß kaum zu erkennen, jedoch wohlauf und lebendig.

Was der höfische Umgang in einem solchen Moment verlangt hätte, weiß ich nicht – Beatrix begnügte sich damit, in die Arme ihres Gemahls zu stürzen und ihn innig zu liebkosen. Ich stand dabei, glücklich nicht nur weil wir überlebt hatten, sondern vor allem deshalb, weil sie es auch war. Und meine Brust wollte vor Stolz bersten, als sie mir ein Lächeln schenkte, voller Dankbarkeit und Freude.

Doch auch wenn die Nachricht von seinem Tod nur eine Täuschung gewesen und Friedrich Barbarossa in Wahrheit wohlauf sein mochte – die Niederlage bei Legnano war wirklich geschehen.

Danach war seine Welt nicht mehr dieselbe.

47

Venedig
24. Juli 1177

Die Niederlage gegen die Lombarden war das eine, was Friedrich in jenem dunklen Jahr des Herrn 1176 beugte, Krankheit das andere.

Zwar erfüllte die unverhoffte Rückkehr des bereits totgeglaubten Kaisers die Unseren mit neuer Hoffnung. Und mein Herr ließ es sich auch nicht nehmen, all jene zu belohnen, die in Legnano tapfer gekämpft hatten, an erster Stelle den Grafen von Lützelhardt, der in der Schlacht das Banner genommen und bis zuletzt verteidigt hatte. Der Kaiser gab ihm die Markgrafschaft Ancona, womit er in den Kreis der mächtigen Fürsten des Reiches aufstieg.

Doch der Euphorie über Friedrichs Rettung folgte Ernüchterung. Legnano hatte deutlich gezeigt, dass an einen Sieg über die Lombardenstädte nicht zu denken war – vorerst nicht und womöglich auch in Zukunft nicht. Der Gedanke, aus dem italienischen Streit, der ja auch eng mit der Frage der Papstwahl verbunden war, als Verlierer hervorzugehen, bedrückte meinen Herrn. Dass Beatrix im frühen Sommer erneut ein Kind zur Welt brachte, einen Sohn, der den Namen Wilhelm erhielt, war ebenfalls kein

Trost, denn das Kind verstarb schon bald nach seiner Geburt.

Um sich zu erholen, kehrte die Kaiserin nach Burgund zurück. Friedrich blieb in Pavia, von Gram gebeugt, und wurde bald darauf von einer rätselhaften Krankheit befallen, die ihn ans Lager fesselte und derart schwächte, dass er kaum in der Lage war, seinen Pflichten nachzukommen.

In jener Zeit blieb ich Tag und Nacht bei ihm, reichte ihm Wasser, wenn er Durst hatte, und schickte nach dem *medicus*, wann immer es notwendig war. Der Name des Mannes war Kuno, und er war gleichermaßen *magister* der Kirche wie der Heilkunst. Während für mich feststand, dass es die zahlreichen Schicksalsschläge waren, die meinen Herrn so schwer getroffen hatten, sodass er nun krank darniederlag, war Kuno der Ansicht, dass Friedrich jenes Gebrechen schon länger hätte; dass er ähnliche Zeichen bei vielen Männern gesehen hätte, die in jungen Jahren auf Pilgerschaft im Heiligen Land gewesen seien, und dass er deshalb annehme, dass mein Herr schon damals davon befallen worden sei.

Der Gedanke, wie sein Onkel an nicht mehr verlöschendem Fieber zu leiden und langsam dahinzuschwinden, entsetzte Friedrich sehr. Im Angesicht eines bevorstehenden Kampfes habe ich niemals Furcht in seinen Augen gesehen, doch diese Aussicht ängstigte ihn, und vielleicht war sie der Grund dafür, dass ihn neue Demut überkam.

Das irdische Fegefeuer zeigte Wirkung.

Erneut war es der ihm so vertraute Kartäusermönch Dietrich von Sylva Benedicta, durch den Friedrich noch vom Krankenbett aus Verbindung zu den Mittelsleuten Papst Alexanders aufnehmen ließ. Die darauf folgenden Verhandlungen waren zäh und zogen sich bis weit ins nächste Jahr, doch anders als zuvor hatte Friedrich nicht mehr ernstlich vor, sie scheitern zu lassen. Er ließ seine Legaten – allen voran die Erzbischöfe Christian von Mainz und Wichmann von Magdeburg, die sowohl beim Kaiser als auch bei der Gegenseite großes Vertrauen genossen – so geschickt verhandeln, wie es in Anbetracht der Lage eben noch möglich war. An seinem Ziel, die Ehre des Reiches zu erhalten und es vor inneren wie äußeren Feinden zu schützen, hielt Friedrich dabei fest, wenn auch, wie er selbst eingestand, weniger starrsinnig als zuvor. Keinen Zweifel ließ er allerdings daran, dass er weder barfuß und im Büßergewand vor dem Papst erscheinen noch sich vor ihm in den Staub werfen würde, um wieder in die Huld der Kirche aufgenommen zu werden – und die Kardinäle, die wohl ahnten, wie bitterernst es meinem Herrn damit war, gestanden ihm dies zu.

Im selben Maß, wie die Verhandlungen vorankamen, erholte sich auch mein Herr. Zu Beginn des neuen Jahres saß er wieder im Sattel und brach zu neuen Umritten auf, die ihn an die östliche Meeresküste führten, wo wir den Sommer verbrachten. Die Versöhnung zwischen Kaiser und Papst rückte in greifbare Nähe. Und da sie einen beinahe zwei Jahrzehnte währenden Streit beenden würde, sollte sie nicht nur einfach verkündet, sondern in einer persönlichen Begegnung gefeiert werden.

Als Ort dieser feierlichen Zusammenkunft wurde Venedig festgelegt.

Von Cesena aus zogen wir gen Ravenna, das wir im Juli erreichten. Sebastiano Ziani, der Doge von Venedig, schickte sechs Galeeren, die meinen Herrn und seine Getreuen von der Stadt des Theoderich zunächst nach der

Hafenstadt Chiogga brachten, von wo aus wir am 23. Juli das Venedig vorgelagerte Kloster San Nicolo erreichten. Dort, verborgen vor den Augen der Welt, nahmen sieben Kardinäle meinem Herrn das Eingeständnis ab, dass die Benennung dreier Päpste durch den Kaiser nicht rechtens gewesen sei. Nachdem Friedrich dies durch einen feierlichen Schwur bekundet hatte, wurde seine Exkommunikation aufgehoben, und ich erinnere mich an das Mienenspiel meines Herrn, als er den Segen empfing, der ihn in den Armen der Kirche wieder willkommen hieß. Erleichterung war darin zu lesen, auch Dankbarkeit ... der verlorene Streit und alle Opfer, die dafür erbracht worden waren, schienen vergessen.

Am nächsten Tag dann, dem Fest des heiligen Christophorus, kam es in der Lagunenstadt auf dem Platz von Sankt Markus zu jenem Ereignis, auf das die Welt, auf das wir alle so lange gewartet hatten.

Es begann am frühen Morgen, mit einem feierlichen Aufgebot des Dogen, des Patriarchen und der Noblen von Venedig, die den Kaiser in San Nicolo in Empfang nahmen und ihn an Bord eines prunkvoll geschmückten Schiffes zum Dom von San Marco brachten. Hier, wo die Gebeine des Evangelisten Markus ruhten, sollte es zur Versöhnung zwischen meinem Herrn und dem Nachfolger Petri kommen.

Als hätte der Allmächtige selbst seinen Segen gegeben, trübte an diesem Morgen keine Wolke den Himmel. Ein sanftblauer Himmel spannte sich über der Lagune, in gleißendem Sonnenschein setzten wir über.

Je näher wir dem Dom und dem vorgelagerten Platz von Sankt Markus kamen, desto deutlicher ging uns auf, welche baulichen Wunder hier vollbracht worden waren:

Riesige Kuppeln erhoben sich stolz über dem blauen Wasser, hohe Säulen und Bogen überragten das Portal des Gotteshauses. Davor breitete sich, unmittelbar an das Wasser grenzend, ein weiter Platz aus, der mit Fahnen und Wimpeln geschmückt war und an dem sich an diesem Morgen Hunderte, wenn nicht Tausende von Menschen drängten. Auf eigens errichteten Tribünen und unter Baldachinen, die vor der Hitze der Sonne schützten, hatte sich der Adel der Stadt versammelt, dazu der Klerus, Äbte und Bischöfe, teils von weither angereist. Jenseits der Tribüne drängte sich das Volk von Venedig: Jeder Mann, jede Frau und jedes Kind in der Lagunenstadt schien sich der Bedeutung dieses großen Tages bewusst zu sein und war gekommen, um ihn zu bezeugen.

Mit lautem Beifall begrüßte das Volk den Kaiser. Friedrich, auf dem erhöhten Achterdeck zur Rechten des Dogen sitzend, hatte mit einem solchen Empfang wohl nicht gerechnet. Selten hatte ich ihn lächeln sehen in den vergangenen Wochen. Das Wissen, im Streit um das Papsttum letztlich doch unterlegen zu sein, setzte ihm, dem unbeugsamen Kämpfer, noch mehr zu als seine angeschlagene Gesundheit. Doch so unbeirrt wie den Weg des Krieges hatte er nun auch jenen der Buße beschritten. Erleichterung spiegelte sich in seinen Zügen.

An Land erwartete uns eine feierliche Prozession, der sich nicht nur der Kaiser und sein Gefolge anschlossen, sondern auch der Doge und seine beiden Söhne sowie der Patriarch und einige Bischöfe. Sie alle übernahmen es, den Kaiser zu einer weiteren Tribüne zu geleiten, die sich unmittelbar vor dem Portal des Domes erhob. Darauf stand ein Thron, auf dem Papst Alexander saß, festlich bekleidet mit einer leuchtend blauen Kasel und dem weißen, mit

Kreuzen verzierten Pallium, in der Hand den Bischofsstab und auf dem Haupt das goldbereifte Phrygium.

Mein Herr, selbst im besten Festgewand, den roten Kaisermantel um die Schultern, ging ihm gefasst entgegen. Obwohl ich ihn so viele Jahre kannte, hätte ich nicht zu sagen vermocht, was in diesem Augenblick in ihm vor sich ging. Trotz all der Noblen und hohen Würdenträger, die ihn begleiteten, wirkte er einsam und allein. Die Kaiserin – wohl die Einzige, die ihm auf diesem Weg Kraft und Trost hätte spenden können – war nicht anwesend, sondern weilte auf einer Burg, die zwei Tagesritte von Venedig entfernt lag. Da es nicht Alexander, sondern Paschalis gewesen war, der ihr in Sankt Peter die Krone aufs Haupt gesetzt hatte, hätte entweder der Kaiser oder der Papst diesbezüglich seinen Irrtum eingestehen müssen, und man war übereingekommen, diesen Ehrverlust weder dem einen noch dem anderen zuzumuten.

Seine Ehre war meinem Herrn heilig. Er hatte dafür Kriege geführt, hatte Leben geopfert und wäre auch dafür gestorben – umso erstaunlicher war das, was nun geschah.

Die Prozession hatte sich der Tribüne bis auf wenige Schritte genähert. Die begleitenden Kleriker und Noblen bildeten ein Spalier, in das auch ich mich einreihte. Dann bestiegen zunächst der Patriarch und die Bischöfe das Podest und nahmen zu beiden Seiten des Papstes Platz.

Dann richteten sich aller Augen auf Friedrich.

Doch wer angenommen hatte, dass sich mein Herr furchtsam oder auch nur zögerlich verhalten würde, der hatte sich geirrt. Mit einer Entschlossenheit, die ich lange nicht bei ihm gesehen hatte, legte der Kaiser seinen roten Umhang ab. Dann nahm er die Stufen festen Schrittes, sodass das frisch geschlagene Nadelholz unter seinen Füßen knarrte.

Alexander sah ihm entgegen, und beider Blicke begegneten sich. Und dieser Moment, in dem die Feinde, die sich über zwei Jahrzehnte hinweg stets nur aus der Entfernung bekämpft hatten, einander leibhaftig gegenübertraten, veränderte etwas. Wir alle, die wir in der Nähe waren, konnten es spüren. Es war, als täte sich für einen kurzen Augenblick der Himmel auf und ließe etwas vom ewigen Frieden, der im Reich des Allmächtigen herrscht, hienieden auf Erden wirken. In einer Geste, von der ich bis zum heutigen Tage nicht weiß, ob sie vorab so vereinbart worden war oder einem inneren Drang meines Herrn entsprang, kniete Friedrich nicht nur nieder, sondern legte sich bäuchlings flach auf den Boden. In dieser Haltung höchster Bußfertigkeit küsste er dem Papst die Füße.

Als der *pontifex* dies sah, hielt es ihn nicht länger auf seinem Thron. Jäh erhob er sich, bückte sich zu meinem Herrn hinab, hob ihn vom Boden auf und küsste ihn. Tränen der Rührung rannen dabei ungehemmt über seine Wangen.

Die lateinischen Worte, die der Papst daraufhin sprach, werde ich nie vergessen: *»Bene venisti, fili ecclesiae!«* – *Wie gut, dass du hergekommen bist, Sohn der Kirche!*

Darauf brach gewaltiger Jubel los.

Es war, als wäre eine Fessel von der Welt genommen, die Freude über die glückliche Versöhnung griff wie eine Flutwelle um sich und erfasste jeden, der ihr Zeuge war. Auch ich verspürte in diesem Moment tiefes Glück, zumal ich die Züge meines Herrn erblickte, die gelöst waren, beinahe heiter.

Zum Klang der Glocken von San Marco, der klar und

weithin hörbar über die Lagune scholl, gesellte sich froher Gesang, als der Klerus das *Te deum* anstimmte. Und zu den Klängen des Gesangs, der von den Kirchenvätern Ambrosius und Augustinus auf uns gekommen war, zogen Papst und Kaiser gemeinsam in die Kirche ein, wo die Heilige Messe begangen wurde und Friedrich vor dem hohen Altar die feierliche Segnung erhielt.

Der nächste Tag sah nach der Wiederaufnahme Friedrichs in den Schoß der Kirche noch ein weiteres Ritual, dessen Tragweite wohl nur erfassen konnte, wer vor all den Jahren in Sutri dabei gewesen war. Wieder waren Volk, Noble und Klerus zugegen, als Papst und Kaiser auf dem Platz von Sankt Markus zusammenkamen, und wieder legte Friedrich seinen Mantel ab, um dem *pontifex* den Weg in die Kirche und zum Altar zu bereiten. Während der Predigt, die Alexander von hoher Kanzel aus in lateinischer Sprache hielt, schien er zu bemerken, dass mein Herr zwar aufmerksam lauschte, jedoch offenkundig nicht verstand, was er sagte; daraufhin unterbrach er seine Predigt und wies den Patriarchen von Aquilea an, rasch für einen Übersetzer zu sorgen. Die Wahl fiel auf mich, und so kam mir die ehrenvolle Aufgabe zu, die Worte seiner Heiligkeit für den Kaiser zu übersetzen.

Gesten wie diese waren es wohl, die Friedrich das Gefühl vermittelten, in der Lagunenstadt willkommen zu sein, dem verlorenen Sohn gleich, von dem unser Herr im Evangelium spricht. Als wir den Dom nach der Messe zum Klang der Glocken verließen, zögerte er deshalb auch nicht, dem Papst eben jene Dienste zu erweisen, denen er sich ehedem mit Verweis auf seine Ehre und die des Reiches so vehement verweigert hatte.

Ohne Zögern hielt er den Bügel, sodass Alexander

das weiße Ross besteigen konnte, das vor dem Dom bereitstand. Dann nahm mein Herr das Tier am reich verzierten Zügel und führte es zum Landesteg, wo die Ruderbarke des *pontifex* wartete, um ihn zurück zum Palast des Patriarchen zu bringen. Bereits auf halber Strecke entließ der Papst den Kaiser jedoch aus seinem Dienst und segnete ihn, und wir alle konnten das Glück sehen, das sich in diesem Moment in Friedrichs Antlitz spiegelte und das der Allmächtige selbst geschickt haben mochte.

Als die beiden einander am darauffolgenden Tag erneut begegneten, geschah es nicht mehr im Beisein des Volkes, sondern nur noch in Gegenwart ausgewählter Kardinäle und Getreuer. Der Papst hatte Friedrich zu sich in den *palas* geladen, und mein Herr folgte der Aufforderung gern; ich traute meinen Augen kaum, als ich Kaiser und Papst einvernehmlich und in beinahe freundschaftlicher Verbundenheit beisammensitzen und sogar über dies und jenes scherzen sah, nachdem ihr Jahrzehnte währender und mit aller Unnachgiebigkeit geführter Streit so viel Kummer und Leid hervorgebracht hatte. Die Mächtigen der Welt, das lernte ich an diesem Tag einmal mehr, lachen über andere Scherze als jene, die ihr Wirken ertragen müssen.

An die Feierlichkeiten schlossen sich Gespräche an, die sowohl mit Vertretern der Liga als auch mit den Legaten geführt wurden, die Wilhelm von Sizilien geschickt hatte. Nun, da Papst und Kaiser sich ausgesöhnt hatten, verfingen die Ränke jener nicht mehr, die stets versucht hatten, den einen gegen den anderen auszuspielen, und so wurde auch hier rasch Einigung erzielt: Eine sechsjährige Waffenruhe sollte in Italien herrschen, die es Friedrich ermöglichen würde, wieder in den Norden des Reiches zurückzukehren und dort zu ordnen, was im Argen stand; ein fünfzehnjähriger Friede mit Wilhelm von Sizilien sollte zudem auch im Süden für Ruhe sorgen und die Grenzen des Reiches sichern, ohne dass der Normanne oder die Kurie daran rührten.

Für den 14. August, den Tag vor Dormitio, wurde eine Synode nach Venedig einberufen, zu der sich weltliche wie geistliche Fürsten einfanden und der Papst und Kaiser gemeinsam vorsaßen. Und als Alexander schließlich wieder gen Rom aufbrach, war es kein anderer als des Kaisers Vertrauter Christian von Mainz, der ihn dorthin begleitete und ihm damit den Schutz des Reiches zuteilwerden ließ.

Friede und Eintracht herrschten wieder zwischen Kirche und Reich. Die tiefe Spaltung, die die Christenheit hatte erdulden müssen, war überwunden, der Konfliktherd, der das Handeln meines Herrn und damit des ganzen Reiches über mehr als zwei Jahrzehnte bestimmt hatte, war erloschen.

Ein anderer war dafür entflammt.

Und diesmal in den eigenen Reihen.

In seiner nächsten Nähe.

Indicium X

Leo Et Aquila

48

Würzburg
Januar 1180

Geläutert kehrte Friedrich in den Norden des Reiches zurück, und obwohl er genau das getan hatte, was er stets hatte vermeiden wollen, nämlich sich vor dem Papst zu erniedrigen, schien niemand darin eine Herabsetzung seiner Person oder eine Entehrung der Krone zu sehen, im Gegenteil: Von Neuem in die Gnade der Kirche aufgenommen, achteten ihn die Fürsten des Reiches noch mehr als zuvor. Nur einer tat dies nicht, und diese Weigerung sollte Folgen haben.

Dass sein Vetter Heinrich ihn einst bei der Königswahl unterstützt, dass er ihm vor Tortona, Crema und Mailand wertvolle Waffenhilfe geleistet hatte; dass er als sein Gesandter in Byzanz gewesen und mit einer Tochter des Königs von England vermählt war – all diese Dinge hatten dem Löwen unter den Fürsten des Reiches einen herausragenden Rang eingetragen. Aus Dankbarkeit und Treue hatte Friedrich seinen Cousin gegenüber anderen bevorzugt, hatte Streitigkeiten zu seinen Gunsten geschlichtet und ihn – wie manche behaupteten – auch verwöhnt, sodass der Löwe wie sein Namensvorbild aus dem Tierreich, dem er vor seiner Burg ein gewaltiges Standbild aus Erz hatte errichten lassen, stolz und überheblich geworden war.

Nur so ließ sich verstehen, was in der Abgeschiedenheit von Chiavenna geschehen war, und es erklärte den Neid und die Missgunst, mit der viele andere Fürsten schon seit geraumer Zeit auf Heinrich den Löwen blickten. Solange sie die Bande zwischen dem Kaiser und seinem Vetter ungebrochen wussten, hatten sie geschwiegen. Doch als sich nun offen Risse zeigten, verschafften sie ihrem Unmut ungehemmt Luft, und all jene, die in den zurückliegenden Jahren und Jahrzehnten unter Heinrichs Hochmut, seinem Stolz und seiner Gier zu leiden gehabt hatten, traten nun offen gegen ihn auf. In Erzbischof Philipp von Köln fanden sie zudem einen Fürsprecher, der hoch in der Gunst des Kaisers stand.

Wann genau mein Herr den Entschluss fällte, seinen Vetter zu bestrafen, weiß ich nicht. Sein Leben lang hatte Friedrich ein offenes Ohr für jene gehabt, die um ihn waren, seien es Berater, Freunde oder Verwandte, und manchmal war es mir erschienen, als wäre er Wachs in ihren Händen. Doch in diesem Fall möchte ich glauben, dass es nicht fremder Einfluss war, sondern sein persönlicher Groll auf Heinrich, der ihn dazu veranlasste, gegen den Löwen vorzugehen. Sich vor dem Papst zu erniedrigen um der Versöhnung und des Heils der unsterblichen Seele willen, war eine Sache. In höchster Bedrängnis vor einem Anverwandten zu knien und ihn flehend um Hilfe zu bitten und dann kaltblütig abgewiesen zu werden, war etwas anderes.

Die sich überstürzenden Ereignisse in Italien mochten meinem Herrn keine Zeit gelassen haben, sich um seinen hochmütigen Vetter zu kümmern – vergessen hatte er die Kränkung von Chiavenna jedoch nie. Und als er im November des Jahres 1178 wieder in die deutsche Heimat zurückkehrte, brauchte er nicht lange nach einem Anlass zum Konflikt zu suchen.

Der Löwe lieferte ihn bereitwillig in Gestalt einer Fehde, die er sich ausgerechnet mit Erzbischof Philipp lieferte; und nach allem, was geschehen war, verspürte der Kaiser diesmal kein Verlangen danach, den Streit zugunsten seines Vetters zu schlichten. Gleich zu Beginn des neuen Jahres rief er die Fürsten zu einem Hoftag nach Worms, wo sich Heinrich den Anklagen seiner Gegner stellen sollte. Der Löwe jedoch blieb der Versammlung fern, worauf Friedrich ihm im Sommer zu Magdeburg eine zweite Möglichkeit gab, sich nach altem Recht zu verteidigen.

Der Löwe jedoch missachtete auch diesen Ruf des Kaisers, worauf Friedrich die Reichsacht über ihn verhängte. Noch zwei weitere Hoftage gab mein Herr seinem Vetter Zeit, um vor ihm zu erscheinen und sich zu den Vorwürfen zu äußern, die nicht nur von Erzbischof Philipp, sondern auch von anderen Großen des Reiches erhoben wurden. Doch der hochmütige Herzog zeigte sich auch diesmal nicht, missachtete die Autorität des Kaisers wie der Fürsten.

Ich habe Heinrich den Löwen kennengelernt, sein schlichtes, jedoch verbindliches Wesen, seinen Heldenmut im Kampf und seine Vorliebe für Reichtum und Macht, die ihm als Enkelsohn Kaiser Lothars wohl in die Wiege gelegt war. Deshalb bezweifle ich, dass er die Vorladungen meines Herrn ausschlug, weil er sich vor Strafe oder Erniedrigung fürchtete; vielmehr nehme ich an, dass er sich so über den Dingen stehend wähnte, dass er geltendes Recht nicht mehr beachtete – und darin lag sowohl sein Irrtum als auch sein Verhängnis.

Denn nunmehr, am Beginn des neuen Jahres 1180 im Kalender des Herrn, waren der Kaiser und die Fürsten in Würzburg zusammengekommen, um in der großen Halle über die Zukunft des Löwen zu beraten. Und das Ziel, das sie verfolgten, lautete nicht länger nur Bestrafung … sondern Entmachtung.

»Zu lange schon hat Euer Vetter Eure Geduld und Eure Großzügigkeit beansprucht, mein Kaiser«, führte Erzbischof Philipp von Köln das Wort, unterstützt von zustimmendem Gemurmel der anderen Fürsten – besonders natürlich jener, die sich vom Niedergang des Löwen Vorteile für sich selbst versprachen. »Vier Mal habt Ihr ihm die Gelegenheit gegeben, vor Euch zu erscheinen und sich für seine Verfehlungen zu rechtfertigen. Vier Mal hat er sie ausgeschlagen. Gewährt sie ihm noch ein fünftes Mal, und er wird glauben, dass die Gesetze des Reiches für ihn keine Gültigkeit besäßen. Und wie lange wird es danach noch dauern, bis er auch die Gesetze des Allmächtigen infrage stellt?«

In einer effektheischenden Geste deutete er hinauf zur hohen, von Balken getragenen Decke und darüber hinaus zum Himmel. Seine rundlichen, auf den ersten Blick so milde wirkenden Gesichtszüge blickten fragend in die Runde.

»Dazu darf es nicht kommen, mein Kaiser!«, ließ Otto von Wittelsbach sich vernehmen. »Indem er sich Euch widersetzte, hat Heinrich die Ehre des Reiches befleckt. Sie muss wiederhergestellt werden, um jeden Preis!«

»Heinrich ist ein elender Verräter!«, fügte ein anderer Fürst, Markgraf Dietrich von der Lausitz, empört hinzu, »und als solcher sollte er behandelt werden!«

Wieder wurden zustimmende Rufe laut, einzelne Noble

reckten die Fäuste empor, um zu zeigen, dass sie nötigenfalls auch bereit wären, dem Recht mit Waffengewalt Geltung zu verschaffen. Friedrich ließ sie eine Weile gewähren. Von seinem erhöhten Sitz an der Stirnseite der Halle aus, die Kaiserin neben sich, ließ er den Blick über die Versammelten schweifen. Schließlich, nachdem sich die Aufregung wieder ein wenig gelegt hatte, nickte er und ergriff das Wort.

»Ihr alle habt recht, hohe Herren«, sagte er. »Mein Vetter, den ich, Gott sei mein Zeuge, von Herzen liebe und dem ich es nie an etwas habe fehlen lassen, hat meine Treue missbraucht und meine Güte mit Füßen getreten. Er hat Euch und mir den nötigen Respekt verweigert und erkennt das Gesetz nicht an. Dafür werde ich ihn zur Rechenschaft ziehen.«

»Wie, Herr?«, wandte Otto ein. »Wir alle kennen den Löwen und wissen, dass er sich nicht ohne Weiteres einschüchtern lässt …«

»Zweifelst du an meiner Entschlossenheit, Otto?«, fiel ihm der Kaiser ins Wort. »Oder gar an meiner Macht?«

»Nein, Herr.« Der Wittelsbacher, der in vorderster Reihe stand, schüttelte entschieden den Kopf.

»Du solltest wissen, dass ich jenen, die mein Vertrauen missbraucht und sich gegen mich gestellt haben, nicht leicht verzeihe«, fuhr Friedrich fort.

Beatrix wandte den Blick und sah ihn von der Seite an. Sie schien dasselbe zu verspüren, was auch ich in diesem Augenblick fühlen konnte, die tiefe Verletztheit, die aus Friedrichs Worten sprach. Heinrich hatte die Lage wohl falsch eingeschätzt und nicht nur die Gunst des Kaisers verloren, sondern auch die des Verwandten und Freundes.

»Durch sein wiederholtes Fernbleiben vom Rat hat

Euer Vetter sein Recht auf Verteidigung verwirkt«, fasste Erzbischof Philipp zusammen. »Welche Strafe, mein Kaiser, wollt Ihr gegen ihn verhängen? Bedenkt, dass sie nicht zu milde ausfallen darf, der Löwe würde sonst nur die Mähne werfen und herzlich darüber lachen.«

Das war vermutlich die Wahrheit – aber auch nur die halbe. Ebenso entsprach es den Tatsachen, dass der Kölner Erzbischof in den vergangenen Jahren zu den erbittertsten Rivalen Heinrichs gehört hatte und aus seinem Sturz großen Nutzen ziehen würde. Und was Otto von Wittelsbach betraf, der dem Kaiser in all den Jahren treu gedient hatte, so würde Heinrichs Niedergang zugleich sein Aufstieg sein, was wohl auch zu seiner Empörung beitrug …

Die Kaiserin schien ähnlich zu denken, darum tat sie etwas, das sie im Rat der Fürsten zu selten tat, und ergriff das Wort. »Ehe Ihr Euch entscheidet, mein Gemahl«, sagte sie, nicht an die Fürsten, sondern direkt an Friedrich gewandt, »und das Ausmaß der Strafe für Euren Cousin bekanntgebt, möchte ich daran erinnern, dass Heinrich Euch in früheren Jahren stets treu gedient und unterstützt hat. Vielleicht solltet Ihr ihm noch eine letzte Möglichkeit einräumen, sich zu bewähren …«

»Noch eine?«, hakte Philipp kritisch nach. Er sprach Beatrix nicht direkt an, sondern wandte sich wie sie an den Herrscher. »Das Wesen der Kaiserin ist sanftmütig und ihr Herz voller Güte, wofür der Allmächtige sie segnen möge – doch sind dies nicht Dinge, die einer leichtfertigen oder allzu wohlwollenden Einschätzung überlassen werden sollten …«

»Diese Einschätzung, ehrwürdiger Herr Erzbischof, ist weder leichtfertig noch allzu wohlwollend«, stellte Beatrix energisch klar, »sie ist nur um Ausgeglichenheit bemüht.«

»Was befürchtest du, meine Liebe?«, wandte sich Friedrich an seine Gemahlin. Die Fürsten schwiegen dazu, aber ich konnte die unwilligen Blicke sehen, die sie untereinander tauschten. Die Kaiserin wohnte den Beratungen häufig bei, doch es war nicht üblich, dass sie sich daran beteiligte. Jedem der Anwesenden war allerdings auch bekannt, wie sehr Friedrich seine Gemahlin schätzte, und ebenso ihre Meinung.

»Dieses Reich«, führte Beatrix aus, »hat eben erst eine tiefe Spaltung überwunden. Wollt Ihr um der Bestrafung eines einzelnen Mannes willen eine weitere riskieren?«

Ich ließ mir meine Überraschung nicht anmerken, blieb der ausdruckslose Schatten an der Seite meines Herrn. Dennoch war ich tief verwundert. Beatrix hatte nie ein Hehl aus ihrer Abneigung gegen den Löwen gemacht, dessen lautes und prahlerisches Wesen wohl so ziemlich das genaue Gegenteil von dem war, was sie bei einem Mann als schicklich und ehrenvoll erachtete, und ich erinnerte mich, wie sehr es ihr in Chiavenna missfallen hatte, dass sich der Kaiser vor seinem Vetter erniedrigte. Doch aus Sorge um das Reich war sie bereit, ihre persönlichen Empfindungen hintanzustellen, was mir nur einmal mehr zeigte, wie turmhoch überlegen an Herz und Verstand sie all jenen gegenüber war, die sich dort vor dem Thron versammelt hatten …

Philipp holte Luft, um den Worten der Kaiserin etwas hinzuzufügen, doch eine unwirsche Handbewegung Friedrichs ließ ihn schweigen. Der Kaiser dachte einen Augenblick nach, dann nickte er. »Ich weiß die Sorgen zu schätzen, die du dir um das Reich machst, meine Gemahlin«, sagte er dann. »Doch Heinrich ist nicht irgendein Mann. Er ist mein Vetter, mein eigen Fleisch und Blut. Hätte ein anderer getan, was er getan hat, so wäre er längst als Verräter gebrandmarkt worden und seine Güter der Krone verfallen. Welch andere Wahl also habe ich, als auch ihn nun hart zu bestrafen? Andernfalls würden die Fürsten mit Recht sagen, dass das Gesetz im Reich blind ist, wenn es um die Familie des Kaisers geht – und das wäre noch weit gefährlicher, verstehst du?«

Beatrix nickte. »Ich verstehe Euch, mein Gemahl«, erwiderte sie. »Und ich bewundere Eure Weisheit.«

»Wie also wollt Ihr den Löwen bestrafen, mein Kaiser?«, verlangte Erzbischof Philipp nunmehr endlich zu wissen. »Wie lautet Euer Vorschlag, den Ihr vor den versammelten Rat der Fürsten bringen wollt?«

Friedrich nickte wieder, schien seine Worte wohl zu überlegen – oder brauchte er sich ihrer nur zu entsinnen? Waren sie in den geheimen Treffen, die er in den vergangenen Tagen mit Erzbischof Philipp und anderen abgehalten hatten, längst festgelegt worden?

Es hatte den Anschein, denn als Friedrich sprach, tat er es mit ruhiger Stimme und in einem langen, gleichmäßigen Fluss, der für meinen Herrn, der nie lesen gelernt hatte und nichts von antiker Redekunst wusste, mehr als ungewöhnlich war.

»Mein Vetter Heinrich, genannt der Löwe«, sagte er, »hat wiederholt gegen geltendes Recht verstoßen, indem er die Freiheit anderer Fürsten sowie nicht zuletzt der Kirche Gottes infrage gestellt, bedroht und verletzt und den Frieden im Reich gebrochen hat. Unserer wiederholten Vorladung vor dieses Gericht ist er nicht nachgekommen und hat damit seine Missachtung unserer Macht und Person hinreichend zum Ausdruck gebracht. Aus diesem Grund ordne ich mit Eurer Zustimmung, hohe Herren, an, dass seine Güter an die Krone fallen und ihm die Herzogtümer Bayern und Sachsen entzogen werden. Letzteres soll geteilt werden, die Besitzungen an all jene gehen, die unter den Umtrieben meines Vetters zu leiden hatten, an vorderster Stelle das Erzbistum von Köln. Bayern jedoch übergebe ich – unter entsprechendem Ausgleich an die übrigen Fürsten – an meinen treuen Gefolgsmann Otto von Wittelsbach. So ist es unser Wille, der Rat der Fürsten möge beraten und ihn bestätigen.«

Indem er energisch die Fäuste auf die Armlehnen des Throns drosch, erhob sich mein Herr und wandte sich zum Gehen. Seiner Gemahlin bot er den Arm, und sie folgte ihm. Ich schloss mich den beiden an, blieb gerade noch lange genug, um die Genugtuung in den Gesichtern der Noblen zu sehen und die schiere Freude in den Mienen von Philipp und Otto. Sie hatten bekommen, was sie gewollt hatten, der Großteil der Beute war damit verteilt. Um die Neuvergabe der übrigen Lehen würde nun ein lautstarkes Schachern einsetzen, in das sich der Kaiser irgendwann schlichtend einschalten würde, für den Augenblick schien Friedrich jedoch genug davon zu haben.

Mit ausgreifenden Schritten stach er den Gang hinab zu dem Gemach, das Kaiser und Kaiserin sich teilten. Erst dort verharrte er, ließ sich auf den samtbeschlagenen Hocker nieder und wies seinen Leibdiener an, ihm Wein einzuschenken.

»Auf das Reich und seine Ehre«, murmelte er, ehe er den Becher in einem Zug lehrte.

»Mein Gemahl, was hast du?«, fragte Beatrix, nun in einem anderen, vertrauteren Tonfall als zuvor.

»Meine Entscheidung ist mir verhasst«, gab Friedrich unumwunden zu. »So verhasst wie die Wolfsgrube, in die ich Heinrich geworfen habe – doch hat er mir eine Wahl gelassen? Immer weiter hat er mich getrieben, bis ich nicht mehr anders konnte.«

»Denkst du, es wird Krieg geben?«

»So sicher wie das Amen in der Kirche.« Friedrich lachte freudlos auf und hielt dem Diener den leeren Becher zum Nachschenken hin. »Ich kenne Heinrich lange genug, um zu wissen, dass er sich nicht einfach nehmen lassen wird, wofür er so lange und erbittert gekämpft hat. Doch hätte ich es ihm lassen sollen nach allem, was er getan hat? Er hat mich erniedrigt, meinen Richterstuhl missachtet! Dafür muss er bezahlen. Also werde ich ein weiteres Mal das Schwert umgürten und in die Schlacht reiten, wie schon so viele Male …«

Er leerte den Becher abermals und rammte ihn auf den Tisch zurück, dass es laut krachte. Der Diener zuckte zusammen und trat einige Schritte zurück, die Karaffe in den Händen. Mit einem Blick bedeutete ich ihm, sich ganz zu entfernen.

»Ich bin müde«, sagte Friedrich leise. »Und ich bin des Kämpfens leid.«

Beatrix warf mir einen Blick zu. Ich konnte die Bestürzung darin sehen, auch ich selbst war schockiert. Trotz allem, was mein Herr durchlebt hatte, trotz aller Tiefen und Niederlagen – so resigniert hatte ich ihn noch nie erlebt. Die Auseinandersetzung mit Heinrich, seinem leiblichen Verwandten, schien ihn mehr Kraft zu kosten als jeder Kampf, den er gegen die rebellischen Städte Oberitaliens geführt hatte. Oder vielleicht hatte ihn auch die Krankheit geschwächt, die in unregelmäßigen Abständen wiederkehrte und ihn dann für Tage oder gar Wochen ans Lager fesselte?

»Ich werde einen Feldzug anführen«, gab er bekannt. »Heinrich hat bereits damit begonnen, die Ländereien in seiner Umgebung zu verwüsten, bis nach Magdeburg ist er vorgedrungen. Das muss ein Ende haben, und ich werde selbst dafür sorgen.«

»Dann werde ich an deiner Seite sein und dich begleiten, mein Gemahl«, gab Beatrix bekannt.

»Nein.« Der Kaiser schüttelte das ergraute Haupt. Dann nahm er Beatrix' zarte Hände in seine schwieligen, von Narben übersäten Pranken und sah zu ihr empor. »Du wirst nach Burgund gehen, dort bist du in Sicherheit. Und du, Arndt, wirst dafür sorgen.«

»Herr?«, erwiderte ich, noch verwunderter als zuvor. »Wenn es dein Wunsch ist, dann bin ich an der Seite der Kaiserin. Aber sollte ich nicht lieber bei dir bleiben, um …«

Friedrich lachte kehlig. »Nach allem, was sie erhalten haben, werde ich Philipp und Otto ständig um mich haben«, sagte er voraus. »Vermutlich werde ich hinter ihren Schilden nicht einen einzigen Feind zu sehen bekommen, also sorge dich nicht um mich. Der Kaiserin hat deine ganze Sorge zu gelten, hast du verstanden? Schütze sie, und du schützt mich.«

Der Blick, mit dem Friedrich mich bedachte, war von solcher Endgültigkeit, dass ich nicht widersprach. Der Blick eines Kaisers auf seinen Vasallen.

»Ja, Herr«, sagte ich nur.

Beatrix sagte nichts.

49

Grafschaft Burgund
Sommer 1181

Eine seltsame Fügung führte uns wieder genau dorthin, wo wir einander vor so vielen Jahren zum ersten Mal begegnet waren: auf eben jene im Umland von Besançon gelegene Burg, vor deren Toren ich einst um Beatrix' Freiheit gekämpft hatte.

Bei dem Gedanken an den Waffengang mit ihrem unnachgiebigen Onkel begann die Narbe, die ich als Andenken zurückbehalten hatte, erneut zu schmerzen, und ich bedauerte bis auf den heutigen Tag, ihm das Leben genommen zu haben; doch die angenehmen Erinnerungen überwogen bei Weitem die bitteren. Der Kaiserin schien es ebenso zu gehen, und nicht zum ersten Mal fragte ich mich, ob es vielleicht kein Zufall gewesen war, der uns wieder just auf jene Burg geführt hatte, sondern ob Beatrix selbst dies so veranlasst hatte.

Noch im vergangenen Jahr war Friedrich mit einer beachtlichen Streitmacht nach Sachsen aufgebrochen, um sich dort mit einem Söldnerheer unter der Führung Philipps von Köln zu vereinen und gemeinsam gegen Heinrich den Löwen vorzugehen. Unterdessen hatte ich die Kaiserin in ihre Heimat gebracht, wo wir seither weilten und der Nachrichten harrten, die aus dem Norden eintrafen.

Die Zeit verbrachten wir wie einst mit Ausritten und Spaziergängen, auf denen wir uns lange unterhielten, was sehr viel einfacher war als damals. Zwar hatten meine Kenntnisse der französischen Sprache kaum Fortschritte gemacht, dafür hatte Beatrix die unsere längst fließend erlernt.

Anfangs fühlte es sich noch seltsam an, diesmal fernab vom Geschehen zu weilen und meinem Kaiser bei seinen Kämpfen nicht beizustehen. Doch Beatrix' Liebreiz und das Privileg ihrer Nähe ließen mich Gedanken wie diese rasch vergessen. Ein wenig war es wie damals, vieles hatte sich aber auch verändert. Ich mochte noch immer der ergebene Schatten meines Herrn sein, Beatrix war hingegen inzwischen Kaiserin des Reiches und Königin von Burgund, zu der Friedrich sie vor zwei Jahren in Vienne hatte krönen lassen; und sie war die Mutter von nicht weniger als zehn Kindern, die sie ihrem Gemahl geschenkt hatte, zuletzt einen Knaben mit Namen Philipp, der zu diesem Zeitpunkt drei Jahre alt war. Dennoch war weder er noch ein anderes ihrer Kinder bei ihr. Heinrich und Konrad, die ältesten Söhne, begleiteten den Vater auf seinem Feldzug; die übrigen, sofern es dem Allmächtigen gefallen hatte, sie am Leben zu erhalten, weilten auf Hohenstaufen, in den Stammlanden des Kaisers, in der Obhut des Kapellans Gunther, der zugleich auch ihr Lehrer war.

Beatrix beklagte sich nie, aber die Trennung schmerzte sie. In hohen Kreisen war es nicht üblich, dass sich Mütter um ihre Kinder kümmerten, wenn doch, dann allenfalls um die Mädchen. Vom Vater bestellte Kapellane und Erzieher übernahmen diese Aufgabe und bereiteten sie auf ihre zukünftigen Pflichten als Sprösslinge des Herrschers vor. Beatrix wusste dies, sie selbst war kaum anders erzogen worden. Dennoch wirkte sie einsam auf mich, und nicht, weil es ihr an Aufmerksamkeit gefehlt hätte oder an Dienern, die sie umgaben. Sondern weil da niemand war, der ihrer Fürsorge bedurfte, ihrer Unterstützung und ihrer Liebe. Wie tapfer die Kaiserin sein konnte, hatte sie in den vergangenen Jahren immer wieder unter Beweis gestellt. Aber ich bezweifelte, dass es viele gab, die auch die andere Beatrix kannten, jene verletzbare, empfindsame Seele, die sich für Musik und Dichtkunst begeisterte und die die griechischen Philosophen gelesen hatte.

»Gibt es neue Kunde?«, fragte ich, während ich ihr aus dem Sattel half. Es war der Tag des Herrn, und wir waren gemeinsam ausgeritten. Anders als damals gab es keine Mönche, die uns folgten und jeden unserer Schritte beobachteten.

»In der Tat.« Sie nickte. »Wie es heißt, ist die Belagerung von Lübeck siegreich zu Ende gegangen. Die Stadt hat sich dem Kaiser ergeben und ihn in ihre Mauern eingelassen.«

»Das sind gute Nachrichten.« Ich nickte. »Lübeck war die letzte Bastion des Löwen. Das bedeutet, dass der Krieg bald zu Ende sein und Euer Gemahl heimkehren wird.«

»Ja, richtig.« Es war ein warmer Sommertag. In ihrem Kleid ließ sich Beatrix auf einem von Moos bewachsenen Felsen nieder, der im Halbschatten einer Kiefer stand. »Das bedeutet es wohl – so wie es bedeutet, dass unsere gemeinsamen Ausritte schon bald der Vergangenheit angehören werden.«

»Nichts ist von Dauer, Herrin«, sagte ich nur.

»Nein, wohl nicht.« Sie schüttelte den Kopf

»Der alte Fuchs hat es also einmal mehr geschafft, seinen Willen zu bekommen«, meinte ich anerkennend und mit einem Lächeln, das sie aufheitern sollte.

»Das hat er. Und ich danke Gott dafür, dass er am Leben ist und wohlauf. Und dennoch …« Sie unterbrach sich, sah an den hohen Bäumen empor. Im Licht der Sonne, das warm und golden durch die Zweige fiel, sah ich Tränen auf ihren Wangen glänzen.

»Herrin …«

»Es ist nichts«, versicherte sie, wischte die Tränen jedoch nicht weg. »Es scheint, dass die Tage hier in meiner Heimat stets die schönsten sind. Vor allem dann, wenn ich sie mit dir teilen darf, mein alter Freund.«

Sie wandte den Blick und sah mich direkt an. Ihre Gesichtszüge waren schmaler geworden, die vielen Leben, die in ihrem Leib gereift waren, hatten an ihr gezehrt; die Schönheit der Jugend war gewichen und hatte einer anderen, reiferen Anmut Platz gemacht, die ich jedoch als nicht weniger anziehend empfand. Von dem Augenblick an, da ich sie zum ersten Mal gesehen hatte, war mir immer klar gewesen, dass ich einem liebreizenderen, makelloseren Geschöpf als meiner Herrin niemals begegnen würde, und so war es in all den Jahren geblieben, auch wenn ich meine Empfindungen vor der Welt stets verborgen hatte.

»Sagt so etwas nicht, Herrin«, bat ich sie. »Es ist gefährlich für Euch.«

»Natürlich. Mein treuer Leibwächter beschützt mich. Selbst dann, wenn ich nur zu viel rede.« Sie nickte und wischte nun doch die Tränen fort. »Warum hast du nie geheiratet, Aren?«, wollte sie dann unvermittelt wissen.

»Herrin?« Ich kam mir töricht vor, wie ich auf der Lichtung vor ihr stand, die Zügel der Pferde haltend.

»In all den Jahren, die wir uns nun kennen – warum hast du dir niemals ein Weib genommen? Nie eine Familie gegründet? Und sage nicht, es wäre keine Zeit dafür gewesen …«

»Ihr kennt die Antwort, Herrin.«

Wieder nickte sie. »Weil du dein ganzes Leben dem Dienst an deinem Kaiser gewidmet hast, als sein getreuer Schutz und Schatten.«

»Nein, Herrin«, widersprach ich, »das ist nicht der Grund gewesen.«

»Was dann?« Ihr Blick wurde so forschend, dass ich ihm auswich und zu Boden sah.

»Ihr kennt die Antwort«, murmelte ich.

»Ich möchte es aber hören, Aren. Aus deinem Mund, hier und jetzt, denn es ist womöglich das letzte Mal, dass wir einander so begegnen. Also?«

»Weil …« Ich biss mir auf die Zunge. Die Worte brannten auf meinen Lippen, ich hatte mir geschworen, sie niemals auszusprechen. Doch in diesem Augenblick …

»Weil Euch mein Herz gehört«, sagte ich so leise, dass ich es selbst kaum hören konnte. »Und weil ich keine andere Frau jemals so lieben könnte, wie ich Euch liebe.«

Stille herrschte auf der Lichtung.

Der Gesang der Vögel war verstummt, selbst das Zirpen der Grillen schien ausgesetzt zu haben – oder vielleicht nahm ich es auch nur einfach nicht mehr wahr.

Langsam hob ich den Blick wieder.

Es war ausgesprochen.

Ein für alle Mal.

Wie würde meine Herrin reagieren? Würde sie mich zur Rede stellen? Mich verfluchen? Mich an ihren Gemahl verraten, wie ich es verdiente?

Doch Beatrix sagte nichts.

Sie saß nur da, und wieder rannen Tränen über ihr Gesicht.

»Damals, nachdem du meinen Onkel besiegt und mich gerettet hattest«, begann sie dann leise, »bin ich nicht nur bei dir geblieben, weil ich dir dankbar war und es als meine Pflicht betrachtete ... ich wollte es auch. Es gefiel mir, in deiner Nähe zu sein, und ich betete zum Herrn, er möge dich vor dem Wundfieber bewahren und dich retten. Und je mehr du dich erholtest, desto besser lernte ich dich kennen und erkannte, dass mich mein erster Eindruck nicht getäuscht hatte. Wir sind einander ähnlich, Aren, auf mancherlei Weise. Seelen, die einander verbunden sind.«

»Lanzelet und Gwenivar«, flüsterte ich.

»Das weißt du noch?«

»Ich habe es nie vergessen – und auch nicht, was geschah, als sie Artus betrogen.«

»Es ist nur eine Geschichte, Aren«, sagte Beatrix und lächelte. »Weißt du noch, damals, an jenem Weiher? Als ich vor dir stand, mit kaum etwas bekleidet? Und sage nicht, du würdest dich nicht daran erinnern ...«

»Ich erinnere mich«, gestand ich.

»Es hat mir nichts ausgemacht«, sagte sie leise, »denn mir war klar, dass du mich in diesem Augenblick einmal nicht als deine Kaiserin siehst, nicht als deine Herrin ...«

»Aber Ihr seid meine Kaiserin«, beharrte ich hilflos. »Und auch meine Herrin.«

»... sondern als Frau«, brachte sie ihren Satz unbeirrt zu Ende. Und mit einer beiläufigen Bewegung streifte sie das weiße Kopftuch ab. Blondes, zu einem Zopf geflochtenes Haar kam darunter zum Vorschein. Es leuchtete nicht mehr golden wie einst, Weiß überzog es wie feines

Gespinst. Doch nicht das Alter hatte es darüber geworfen, sondern die Strapazen der Mutterschaft. Und in meinen Augen war es noch immer wunderschön.

»Ich habe Euch als Frau gesehen, Herrin«, versicherte ich. »Damals wie heute – doch steht es mir nicht zu.«

»Das zu entscheiden, ist nicht deine Sache«, erwiderte sie und erhob sich. Dann trat sie auf mich zu, umgeben von Sonnenlicht, ein anmutiges Lächeln im Gesicht.

»Ich bin ein Narr gewesen«, flüsterte ich.

»Das bist du«, bestätigte sie schlicht, »aber nun sind wir hier und entscheiden von Neuem.«

Sie kam noch näher, und ich ließ die Zügel los und wich zurück. Die Pferde schnaubten. »Herrin«, sagte ich leise, »ich muss Euch warnen. Euer Gemahl weiß von meiner Leidenschaft und meiner Zuneigung für Euch …«

»… und dennoch hat er dich mit diesem Auftrag betraut«, entgegnete Beatrix mit verblüffender Offenheit. »Friedrich ist kein Narr, Aren.«

»Ihr meint …?«

»In all den Jahren war ich ihm treu ergeben, während er das Lager mit vielen Frauen geteilt hat, Dienstmägde und Bauernmaiden, die man ihm zuführte, wann immer er Verlangen danach verspürte. Ich weiß, dass er das Recht dazu hat, und ich habe mich nie beklagt. Doch nun stehe ich hier vor dir.«

Ich sah sie an.

Mein Herz schlug so heftig wie einst in jener Nacht im Kloster, da ich zum ersten Mal fleischlicher Lust frönen sollte, und meine Gedanken jagten einander wie wilde Tiere. Dafür, dass damals nie geschehen war, was leicht hätte geschehen können, hatte ich mich ebenso oft verwünscht, wie ich den Schöpfer dafür gepriesen hatte. Doch nun, in diesem Augenblick, nach all den Jahren, was sollte ich tun?

Einen endlos scheinenden Augenblick zögerte ich.

Dann folgte ich meinem Herzen.

50

Erfurt
1. Dezember 1181

Der Feldzug in den Norden war beendet, Heinrich der Löwe geschlagen.

Nicht nur die Stadt Lübeck hatte sich ergeben und dem Kaiser die Tore geöffnet, auch andere Gefolgsleute des Löwen hatten ihm in immer größer werdender Anzahl den Rücken gekehrt. Teils, weil sie den Hochmut ihres Herrn nicht länger ertrugen, teils, weil sie seine Sache verloren sahen und sich mit dem Kaiser gutstellen wollten.

Von den Seinen verlassen, blieb dem Löwen nichts, als sich gen Lüneburg auf die Güter seiner Gemahlin zurückzuziehen. Von dort aus versuchte er, Friedrich zu beschwichtigen, doch dieser reagierte nicht auf die Versöhnungsversuche seines in Ungnade gefallenen Vetters. Stattdessen bestellte er ihn zum Hoftag nach Erfurt – und diesmal blieb Heinrich keine andere Wahl, als dort zu erscheinen.

Auch die Kaiserin war nach Erfurt gerufen worden, und so trafen wir dort alle wieder zusammen: der Kaiser, seine Getreuen und seine besiegten Feinde, die Abbitte leisteten, um die Huld des Herrschers zurückzuerlangen. Doch

Friedrich wäre nicht Friedrich, hätte er diesen Anlass nicht zu einem einzigartigen *spectaculum* genutzt. Ein Schauspiel, das nicht nur dazu angetan war, aller Welt zu zeigen, wer die Macht im Reich in den Händen hielt, sondern auch die persönliche Kränkung zu heilen, die dem Kaiser in Chiavenna durch seinen Vetter widerfahren war.

Friedrich weilte bereits einige Tage in Erfurt, um wie üblich Schlichtungen auszusprechen, Privilegien zu verteilen und Gründungen zu besiegeln, als am ersten Dezember, dem Fest des heiligen Eulogius, auch Heinrich der Löwe dort erschien, in Begleitung des Erzbischofs Wichmann von Magdeburg.

Nun endlich war die Zeit gekommen, um sich des Besiegten anzunehmen. In der Halle der erzbischöflichen Burg war ein Thron für den Kaiser aufgestellt worden und ein zweiter, geringerer, für die Kaiserin. Dort saßen sie, im Beisein der Erzbischöfe Philipp von Köln und Wichmann von Magdeburg und vieler weiterer Getreuer des Kaisers, sowie von Fürsten, die noch zu Beginn des Konflikts auf Heinrichs Seite gestanden hatten. Entsprechend mied der Löwe ihre Blicke und sah zu Boden, während er an ihnen vorbei vor den Thron des Herrschers trat.

So hatte ich den Löwen nie gesehen.

Zwar trug er noch den schwarzen Rock mit dem Wappen darauf, doch seine Brünne hatte man ihm genommen, ebenso wie das Schwert, das ein Diener hinter ihm hertrug. Das schwarze Haar und der Bart waren lang und verwildert, man hatte ihm wohl nicht zugestanden, sich nach seiner Ankunft zu reinigen und zu pflegen – eine der vielen kleinen Demütigungen, die Friedrich ihm angedeihen ließ und von denen er aus eigener Erfahrung wusste, wie sehr sie die Seele eines Besiegten schmerzten.

Philipp von Köln, der durch die Entmachtung des Löwen zum mächtigsten Fürsten des Reiches aufgestiegen war, oblag es, all jene Punkte zu verlesen, derer Heinrich angeklagt und in seiner Abwesenheit für schuldig befunden war. Sodann war die Reihe am Löwen, seinen Vetter um Gnade zu ersuchen.

Heinrich der Löwe tat dies, indem er vor Friedrich auf die Knie fiel, das Haupt gesenkt, in einer seltsamen Verkehrung dessen, was vor nunmehr fünf Wintern in Chiavenna geschehen war. »Mein Kaiser«, sagte er dazu, »mein König und Lehnsherr. Aufmerksam habe ich verfolgt, was gegen mich vorgebracht wird, und ich bekenne vor Euch und den hier versammelten Fürsten, dass ich gefehlt habe. Ich habe Gesetze verletzt, den von Euch erlassenen Landfrieden gebrochen und Eure wiederholte Ladung zum Hoftag missachtet, womit ich nicht nur die Ehre des Reiches, sondern auch die Eure befleckt habe«, fügte er hinzu, und wohl nicht nur ich fühlte mich bei dieser Wortwahl an den Streit von damals erinnert. Ganz offenbar wollte Heinrich seinem kaiserlichen Vetter zeigen, wie ernst ihm seine Reue war – doch war es nicht längst zu spät dafür?

Beatrix schien ähnlich zu denken, sie sandte ihrem Gemahl einen Seitenblick. Doch Friedrichs Blick war starr auf seinen ihm zu Füßen kauernden Vetter gerichtet.

»Hiermit«, fuhr der Löwe leise fort, »liefere ich mich Eurer Gerichtsbarkeit und Gnade aus. Verfügt meine Bestrafung nach Gottes Willen und nehmt mich wieder auf in Eure heilige Huld als Herrscher.«

Die Worte waren wohlgewählt. Jeder bei Hofe wusste um die Frömmigkeit meines Herrn und sein Bemühen darum, ein guter Christenmensch zu sein – sich auf die Gnade des Allmächtigen zu berufen, war folglich ein kluger Schritt. Doch auch wenn sie Vettern waren, kannte der Löwe Friedrich offenbar nicht halb so gut wie ich. Milde, so war ich überzeugt, hatte Heinrich nicht zu erwarten. Lieber würde sich Friedrich vor aller Welt als unbarmherzig zeigen, als seinen hochmütigen Cousin noch einmal zu verschonen.

Doch einmal mehr überraschte mich mein Herr. Denn zwischen Vergeben und Verdammen fand er noch einen anderen Weg …

»Vetter«, sagte er, »wir erkennen an, dass du dich eingefunden und zu deinen Verfehlungen gegenüber deinem Kaiser und König, den Fürsten und dem Reich bekannt hast, und wir wollen alle Gnade walten lassen, zu der unsere Herrscherpflicht und die Gnade des Allmächtigen uns befähigen. Es wurde entschieden, dass du zur Strafe wie zur Sühne die Herzogtümer von Bayern und Sachsen verlieren sollst, lediglich die Stammlande deiner Familie werden dir gelassen. Ferner wirst du dich, um nicht fürderhin ein Quell steter Unruhe im Reich zu sein, nach England in die Verbannung begeben.«

Noch immer auf dem nackten Steinboden kniend, sah Heinrich auf. Er wirkte gefasst, hatte wohl mit Maßnahmen wie diesen gerechnet. »Für wie lange soll ich die Heimat nicht wiedersehen, mein Lehnsherr und Kaiser?«, fragte er.

»Bei der Familie deiner englischen Gemahlin wird es dir an nichts fehlen, deshalb haben die Fürsten einen Zeitraum von sieben Jahren verlangt«, erwiderte Friedrich rundheraus. »Wir haben dem zugestimmt, doch liegt es in unserer Macht, dein Exil früher zu beenden, wenn dein Verhalten es erlaubt. Das Misstrauen der Fürsten gegen dich ist groß, Vetter, und ich kann es ihnen nicht verdenken.«

»Ich weiß«, versicherte Heinrich und senkte abermals das Haupt. »Und ich danke Euch.«

»So wirst du die Strafe annehmen, die dein Kaiser und der Rat der Fürsten über dich verhängen?«

»Ja, mein Kaiser.«

Friedrich ließ sich noch einen Moment Zeit, und ich fragte mich, ob er diese Augenblicke, in denen der Löwe gesenkten Hauptes vor ihm kniete, insgeheim genoss. Doch dann sah ich die Tränen, die über die Wangen meines Herrn liefen und in seinem Bart versickerten.

Vermutlich dachte der Kaiser an vergangene Tage, an eine Zeit, in der sein Vetter und er wie zwei Schneiden derselben Klinge gewesen waren, Seite an Seite und durch niemanden zu trennen. Oder vielleicht weinte er auch, weil diese Vorstellung nur ein Idealbild, ein Wunsch von ihm gewesen war und der Wahrheit niemals entsprochen hatte. Oder weil mein Herr in diesem Augenblick tief in seinem Inneren fühlte, dass ein Zeitalter langsam zu Ende ging.

Jedenfalls erhob er sich von seinem Thron, schritt über die samtbeschlagenen Stufen hinab, bot seinem Vetter die Hand dar und hob ihn vom Boden auf. Dabei küsste er ihn, wie Papst Alexander ihn geküsst hatte, als er ihn wieder in die Gemeinschaft der Kirche aufgenommen hatte.

Das erleichterte, beinahe glückselige Lächeln, das ich damals auf Friedrichs Zügen gesehen hatte, vermisste ich allerdings in Heinrichs bärtigem Gesicht.

Dem Recht war dennoch Genüge getan.

Die Strafe war verkündet und angenommen, und weder konnten die Fürsten dem Kaiser vorwerfen, erneut zu milde mit dem Löwen verfahren zu sein, noch konnte man behaupten, dass Friedrich keine Barmherzigkeit gezeigt hätte. Seine Tränen hatten darüber beredtes Zeugnis abgelegt.

Nach der Beendigung des Hoftags kehrten viele der Fürsten in ihre Bistümer und Stammlande zurück, Friedrich und seine Gemahlin blieben in Erfurt, wo wir das Christfest begingen.

Heinrich der Löwe und seine Gemahlin Mathilde jedoch traten noch vor Ablauf des Jahres den Weg in die Verbannung an. Obwohl sie in England am Hof von Mathildes Vater König Heinrich lebten und es ihnen, wie mein Herr vorausgesagt hatte, an nichts fehlte und dem Löwen sogar besondere Ehren zuteilwurden, soll er später gesagt haben, dass die Zeit in der Ferne seine bitterste war.

Ins Reich kehrte er erst drei Jahre später zurück, und auch dann nur für eine kurze Zeit. Seine Herzogtümer und seine herausragende Stellung beim Kaiser gewann er nie zurück.

Indicium XI

Terra Firma

51

Maaraue, Mainz
Mai 1184

Das Meer der Zelte und der aufgerichteten Lanzen, an deren Spitzen bunte Banner wehten, war unüberschaubar.

An so vielen Feldzügen hatte ich teilgenommen, hatte zahllose Heereskolonnen, Feldlager und Siegesprozessionen gesehen – doch nichts davon konnte es an Größe, Prunk und Farbe mit dem Anblick aufnehmen, der sich jenen bot, die sich Mainz am Pfingstfest des Jahres 1184 von Südwesten näherten: Hunderte, wenn nicht Tausende von Zelten lagen wie Blumen über die weite Wiese hingestreut, in deren Zentrum sich der *palas* erhob: eine hölzerne Pfalz mit einer eigenen Kirche und einer Festhalle von wahrhaft gewaltigen Ausmaßen, errichtet auf des Kaisers Geheiß.

Statt zu einem gewöhnlichen Hoftag zu laden, hatte Friedrich zu einem wahren Fest gerufen, das er anlässlich der Schwertleite seiner beiden ältesten Söhne abhalten wollte. Und da selbst im mächtigen Erzbistum Mainz der Platz begrenzt war, hatte man beschlossen, die Zusammenkunft nicht innerhalb der Mauern abzuhalten, sondern auf den weiten Auen, die sich auf dem der Stadt gegenüberliegenden Rheinufer erstreckten.

Nie hatte es ein größeres Fest im Reich gegeben. Nicht weniger als siebzig Fürsten waren mit ihrem Gefolge erschienen, sodass wohl siebzig mal tausend Menschen auf der Wiese lagerten und sich in den Straßen und Gassen der Zeltstadt drängten, in denen Spielleute, Gaukler und Artisten für Kurzweil sorgten. Dazu kamen die Abgesandten, die aus allen Himmelsrichtungen eingetroffen waren, aus den italienischen Städten ebenso wie aus England und Frankreich sowie aus den Landen der Spanier und Slawen.

Weiter im Osten schließlich gab es noch eine zweite Zeltstadt, die allerdings weniger prunkvoll war und über der der schwere Geruch von Rauch, verbranntem Fett und Pferdeäpfeln hing – hier wohnten all die Knechte, Diener und Köche, die das Fest mit Annehmlichkeit versorgten, und hier wurden auch all die Speisen zubereitet, die sich der Herrscher und seine Getreuen munden ließen, von gebratenen Hammeln, Schweinen und Hühnern über gesottenes Rindfleisch bis hin zum erlesenen Wildbret, dazu Käse, Brot und Kuchen sowie seltene, aus dem Osten kommende Früchte wie Feigen und Datteln, die mein Herr und ich einst auf unserer Pilgerschaft kennengelernt hatten. Über flache Boote wurden die Spezereien den Fluss heraufgebracht, dazu unzählige Fässer weißen und roten Weines.

Dergleichen hatte ich nie gesehen. Das Fest verschlang ein Vermögen, nicht wenige der dreitausend Schweine und vierhundert Rinder, die die umliegenden Güter jährlich an meinen Herrn entrichteten, bekamen im Lauf der drei Tage währenden Feierlichkeiten Spieße zu schlucken, von den Vorräten an Getreide, Wein und Wachs, das gebraucht wurde, um die Zelte der hohen Herren auch nach Einbruch der Dunkelheit mit Licht zu füllen, ganz zu schweigen.

Allein die Vorbereitungen dieses größten aller Hoftage hatte mehr als ein halbes Jahr in Anspruch genommen, und ich fragte meinen Herrn, warum er sich die Schwertleite seiner beiden Söhne so viel kosten ließ. Mit einem Blick, den ich nie vergessen werde, gab er mir zu verstehen, dass mich das nichts anginge, er mir aus Großmut aber dennoch antworten wolle. Dann sagte er: »Weil, mein guter Arndt, es einem mächtigen Herrscher fremd ist, sich mit Wenigen zu umgeben.«

Um ehrlich zu sein, verstand ich nicht, was er mir damit sagen wollte – das begriff ich erst, als ich all die Erzbischöfe, Bischöfe, Herzöge, Landgrafen, Markgrafen und Pfalzgrafen sich in so großer Anzahl einfinden sah: Es ging dem Kaiser längst nicht nur darum, die Erhebung seiner Söhne in den Ritterstand zu begehen, die Schwertleiten waren nur der Anlass für ein Fest von noch weit größerer Bedeutung.

Nachdem er Heinrich den Löwen bezwungen hatte, war er in Verhandlungen mit den lombardischen Städten getreten, und im vergangenen Jahr war es ihm gelungen, durch einen in der Stadt Konstanz unterzeichneten Vertrag zu einer dauerhaften Einigung mit den einstmals so rebellischen Gemeinden zu gelangen. Die gegenseitigen Rechte und Pflichten waren neu geregelt und die meinem Herrn so verhasste Stadt Alessandria umbenannt worden in Cesarea – die ›Kaiserliche‹. Soweit ich es verstanden hatte, hatten auch die Lombarden ihren Vorteil aus der Einigung gezogen, umso mehr ging es dem Kaiser nun darum, sich als mächtiger Herrscher zu präsentieren, weshalb er sich und seine Gemahlin zum Pfingstfest von Neuem krönen und sich die Krone wiederum aufs Haupt setzen ließ. Mit reichen Schenkungen nicht nur an die Bedürftigen, wie es an hohen Festtagen üblich war, sondern auch an seine Getreuen und sogar an einstige Feinde wurde Friedrich seinem Ruf als großzügiger und ehrenvoller Herrscher gerecht, und die Dichter und Spielleute, die dem Fest beiwohnten, priesen ihn als den größten Kaiser seit Karolus.

Dass so viel Licht auch Dunkelheit zeitigt, wird niemand bezweifeln wollen. Ich begegnete ihr noch am Nachmittag des ersten Festtags, als die Noblen und ihre Damen in den hölzernen Hallen zu Tisch saßen. Sie schwelgten in Genüssen, die auf goldenen Tafeln und in Krügen aus Bergkristall kredenzt wurden, umgeben von Dienern, die geschäftig um sie schwirrten wie Bienen um den Honigtopf. Wie immer stand ich dabei, meinen Herrn und seine Gemahlin stets im Blick – als mir ein Ritter auffiel, der wie ich selbst ein wenig abseits stand, den Blick ähnlich aufmerksam auf die kaiserliche Tafel gerichtet wie ich selbst. Ich nickte ihm zu, und er erwiderte meinen Gruß, als gäbe es zwischen uns ein stilles Einvernehmen.

Schließlich ging ich zu ihm, und obwohl er französisch sprach, konnten wir uns dank meiner geringen Kenntnisse und der Tatsache, dass wir beide ein wenig Latein beherrschten, verständigen. So erfuhr ich, dass jener Ritter ein *specialis custos* sei. Die Bezeichnung war mir in meinem Leben bislang nur ein einziges Mal begegnet, und das lag schon sehr lange zurück, aber mir war klar, dass dieser Ritter jemands eigens bestellte Leibwache war. Auf meine Frage, wen er denn so überaus sorgsam hüte, deutete er auf keinen anderen als Philipp von Köln.

Ich erinnerte mich an den Zwischenfall, den es am Vormittag beim Besuch der Heiligen Messe gegeben hatte, als sowohl Erzbischof Philipp als auch Konrad, der einflussreiche Abt der Reichsabtei zu Fulda, den freien Platz zur

Linken des Kaisers für sich beansprucht hatten. Dass der Kaiser Abt Konrad den Vorzug gegeben hatte, hatte Philipp als solche Kränkung empfunden, dass er kurz davor gewesen war, die Feier samt der mehr als tausend Ritter, mit denen er gekommen war, zu verlassen. Dass es nicht geschah, war nur dem raschen Eingreifen von Heinrich, dem ältesten Kaisersohn, zu verdanken, der den Erzbischof herzlich umarmte und ihn mit Bitten überzog, doch zu seinem großen Fest zu bleiben.

Philipp hatte sich daraufhin besänftigt gezeigt, doch offenbar hielt er es dennoch für nötig, einen dem Hof fremden Ritter damit zu betrauen, ihn zu beschützen.

Der Grund dafür wurde mir erst am nächsten Tag klar, der nun endlich die Schwertleite der beiden königlichen Brüder sehen sollte. Heinrich, der bereits als Knabe zum König erhoben worden war, und Friedrich, der auf den Namen Konrad getauft und nach dem Tod des erstgeborenen Sohnes dessen traditionsreichen Namen erhalten hatte, waren unter der Anleitung des kaiserlichen Marschalls Heinrich von Kalden zu prächtigen jungen Männern herangereift; ihre körperliche Stärke und ihr Geschick im Umgang mit Pferd und Waffen hatten sie fraglos vom Vater geerbt, ihr Talent für Ausdruck und Sprache von der Mutter.

Dass sie sich nach der neuesten Mode die Gesichter glatt schabten, statt wie ihr Vater einen stolzen Bart zu tragen, erfüllte Friedrich mit Unverständnis. Davon abgesehen war er von sichtlichem Stolz erfüllt, als er seine Söhne vor der Versammlung der Fürsten zu Rittern erhob und ihnen eigenhändig die Schwertgurte umlegte. Jubel brach los, als die versammelten Ritter die Kaisersöhne zur Aufnahme in ihren Stand beglückwünschten. Gratulationen wurden ausgesprochen und Geschenke gegeben, und der zweite Teil der Feierlichkeiten begann: zur Freude der Damen und besonders der Kaiserin mit kunstvollen Liedern und Gedichten, die von den berühmtesten Spielleuten des Landes vorgetragen wurden; zur Erbauung der hohen Herren mit prachtvoll anzusehenden Reiterspielen, an denen nicht nur die beiden neuen Ritter teilnahmen, sondern auch der Kaiser selbst und damit allen bewies, dass er auch im zweiundsechzigsten Jahr seines Lebens Schild und Lanze noch immer sicher zu führen verstand.

Für seine Kunst im Sattel wurde mein Herr von allen Fürsten einhellig bejubelt – an dem Gast, der nachmittags zur Gesellschaft stieß, schieden sich allerdings die Geister: Es war ein Löwe, der auf samtenen Pfoten um die kaiserliche Loge schlich, bis er sich schließlich dazu durchrang, sie zu betreten. Die Gesichter der Reichsfürsten – allen voran Philipps von Köln – werde ich nie vergessen, als sie den aus dem Exil zurückgekehrten Heinrich erblickten. Von ehrlicher Überraschung bis hin zu offener Abscheu spiegelte sich alles in ihren Mienen wider. Ein freundlicher Ausdruck war jedoch kaum dabei.

Von der Verbannung, die zu Erfurt über den Löwen verhängt worden war, waren inzwischen drei Jahre verstrichen, und obwohl die Zeit in der englischen Fremde Heinrich offenbar nicht schlecht bekommen war, schien er sich doch nach der Heimat zu sehnen. Und Friedrich, der ihm die Erlaubnis zum Besuch in Mainz gegeben hatte, schien gewillt, sich mit dem in Ungnade gefallenen Vetter zu versöhnen.

Doch nicht die Fürsten.

Viele der Noblen, an vorderster Stelle Philipp von Köln und alle anderen, die aus dem Fall des Löwen Nutzen gezogen hatten, verwehrten sich mit aller Macht gegen Heinrichs Rückkehr und beharrten darauf, dass die Verbannung nicht eher enden dürfe, als bis die sieben festgesetzten Jahre verstrichen seien. So musste der Löwe unverrichteter Dinge wieder abreisen und nach England zurückkehren. Was den Erzbischof von Köln betraf, so zählte mein Herr ihn nach diesem Tag jedoch nicht mehr zu seinen Vertrauten.

Die Feier dauerte an und sollte am dritten und letzten Tag Abschluss und Höhepunkt in Form eines Turniers finden, bei dem die Edlen des Reiches zum Streit um Ruhm und Ehre antreten würden. Da es in der Vergangenheit zu schweren Unfällen gekommen war, wenn gepanzerte Kämpen mit eingelegten Lanzen aufeinander losritten, und die Kirche zudem der Ansicht war, dass Christenmenschen nicht aus eitlen Gründen gegeneinander kämpfen sollten, hatte sie das Abhalten von Turnieren eigentlich untersagt; um seinen Söhnen, sich selbst und den versammelten Noblen eine Freude zu machen, setzte sich Friedrich jedoch über das Verbot hinweg – und es gab nicht wenige, die der Ansicht waren, dass er damit den Zorn des Allmächtigen selbst heraufbeschwor.

Denn kaum war der dritte Tag des Hoffests angebrochen, der auch das eitle Turnier sehen sollte, zogen dunkle Wolken am Himmel auf, und ein Unwetter, wie ich es selten erlebt habe, ging über Stadt und Land nieder.

Der Sturm, der über die Zeltstadt fegte, war so heftig, dass nicht wenige der prächtigen Behausungen darunter einstürzten. Der Brokat und die Seide der Sonnendächer zerrissen wie griechisches Pergament, kostbare Teppiche wurden von Regen durchtränkt, wie überhaupt das gesamte Lager in einer wahren Flut versank. Einige Edle kamen zu Tode, und mit ihnen ihre Diener, die ihnen zu Hilfe eilen wollten. Wer konnte, der ergriff die Flucht, und so endete das Fest jäh mit der überstürzten Abreise all der noblen Herren und Damen, die noch am Abend zuvor so prunkvoll gefeiert hatten.

Bei aller Großzügigkeit, die er bewiesen, bei allem Ruhm, den sich der Kaiser damit erworben hatte, blieb doch ein schaler Nachgeschmack, ein Makel im Andenken an meinen Herrn, und nicht nur ich sah darin ein schlechtes Vorzeichen für die kommenden Jahre seiner Regierung.

Denn es sollte sich zeigen, dass die Ablehnung, die einige der Fürsten, vornehmlich Philipp von Köln, gegen den Löwen gezeigt hatten, kein einzelnes Vorkommnis gewesen war, sondern Ausdruck einer wachsenden Entfremdung zwischen dem Kaiser und seinen Beratern. Entsprechend sollte Friedrich in den darauffolgenden Jahren sein Vertrauen immer mehr auf seine Söhne und andere Familienmitglieder setzen.

Und schließlich sollte der Tod gleich dreier geliebter Menschen eine tiefe Wunde in seine Seele reißen, die sich niemals wieder schloss.

52

Lombardei
Sommer 1186

Noch im September des gleichen Jahres brach mein Herr zu einem weiteren Zug nach Italien auf. Es sollte sein letzter bleiben, und er war anders als alle zuvor.

Einst, vor dem allerersten Marsch über die Alpen, hatte Heinrich der Löwe gescherzt, dass es mehr Feldzug denn Triumphzug werden würde.

Diesmal war es umgekehrt.

Nach der zu Konstanz erreichten Einigung mit den Städten Oberitaliens brauchte der Kaiser sich nicht mehr auf kargen Nebenwegen über die Alpen zu stehlen, sondern konnte die *via imperii* benutzen, die alte Reichsstraße in den Süden. Auch musste er die Berge nicht an der Spitze einer gewaltigen Heeresmacht überqueren, es genügte ein Tross, dem neben einigen Ministerialen und seinem treuen Schatten auch hochrangige Fürsten wie Konrad, der nach dem Tode Christian von Buchs neue Erzbischof von Mainz, Herzog Leopold von Österreich sowie weitere Bischöfe und Noble angehörten.

Diesmal ritt Friedrich nicht in Feindesland ein, sondern in befreundetes Gebiet, kam nicht als Feldherr, sondern als Friedenskaiser – zumindest, was den größten Teil seines Umritts betraf, der zwei Jahre dauern und ihn noch einmal an all jene Orte führen sollte, um die er im Lauf seiner Regentschaft so erbittert gerungen hatte.

So galt der erste Halt Mailand, das dem Kaiser einst heftigen Widerstand geleistet hatte. Nun öffnete ihm die Stadt bereitwillig die Tore und beherbergte einen prächtigen Hoftag, zu dem mein Herr die Fürsten und Konsuln der umliegenden Landstriche lud; anschließend zogen wir nach Pavia, das dem Kaiser in all den Jahren treu zur Seite gestanden hatte, und darauf nach Cremona, wo man ihm zu Ehren ein hohes Podest vor dem Dom errichtete, von dem aus Friedrich die Huldigungen der Stadtoberen entgegennahm.

Noch im Oktober erreichten wir Verona, wo es zum Zusammentreffen mit Papst Lucius kam. Dieser, dritter seines Namens, war auf den Stuhl Petri nachgerückt, nachdem Papst Alexander bereits drei Jahre zuvor von uns gegangen war, und die Zusammenkunft von Papst und Kaiser sollte der Höhepunkt von Friedrichs Zug durch Italien werden. Doch wie sich zeigte, waren die Unstimmigkeiten, die einst zum Zwist geführt hatten, noch längst nicht alle ausgeräumt.

Man war sich einig, dass den Umtrieben des Sultans Salah ad-Din im Heiligen Land Einhalt geboten werden müsse, ehe Jerusalem in Gefahr geriet, und ich war erstaunt zu hören, dass mein Herr trotz allem, was wir in jungen Jahren auf unserer Pilgerschaft erlebt hatten, nicht abgeneigt schien, zu einem neuen Feldzug ins Heilige Land aufzubrechen.

Davon abgesehen jedoch gab es vieles, was den neuen Papst und den Kaiser trennte – Uneinigkeit im Hinblick auf die Besetzung von Bischofssitzen sowie im Umgang mit italienischen Gütern, auf die das Reich wie die Kurie Anspruch erhoben. Kern der neuen Unstimmigkeiten scheint mir jedoch gewesen zu sein, dass eine Heirat von Friedrichs ältestem Sohn Heinrich mit Konstanze, der Tochter König Rogers von Sizilien vereinbart worden war und der Papst wohl fürchtete, zwischen den Reichen zweier so mächtiger Herrscher eingezwängt zu werden.

Obwohl sich Konrad von Mainz in die Verhandlungen einbrachte und als Mittler zu fungieren suchte, wurde keine Einigung erzielt. Im Dezember schließlich wurde mein Herr zu Verona von drei Nachrichten ereilt, die dazu angetan waren, selbst jemanden wie ihn in den Grundfesten zu erschüttern.

Die erste Nachricht betraf seine jüngste Tochter Agnes, die im Alter von nur vier Jahren zum Schöpfer heimgerufen worden war; die zweite seine Tochter Gisela, die zweitgeborene, die erst im Sommer mit Richard Löwenherz von England verlobt worden war und nun ebenfalls den Weg in die Ewigkeit angetreten hatte. Und schließlich traf jene Nachricht ein, die nicht nur meinen Herrn, sondern auch mich in einen tiefen Abgrund der Trauer und der Verzweiflung stürzte: Beatrix, Kaiserin des Reiches und Königin nicht nur von Burgund, sondern unser beider Herzen, war am fünfzehnten November aus dieser Welt geschieden und hatte sie zu einem einsamen, unwirtlichen Ort gemacht.

Der Winter, der folgte, war der zweite in meinem Leben, dessen eisige Kälte ich kaum ertrug, und selbst das darauffolgende Frühjahr schien Licht und Wärme nicht wieder zurückzubringen. Nicht in mein Herz und erst recht nicht in das meines Herrn. Doch die politischen Entwicklungen gönnten dem Kaiser weder Rast noch Ruhe, den Verlust zu betrauern.

Je deutlicher sich abzeichnete, dass die Verhandlungen mit dem Papst scheitern würden, desto enger verband er sich mit den lombardischen Städten. Dass es ausgerechnet Mailand war, dessen Nähe mein Herr suchte, nachdem in früheren Jahren so viel tapferes Blut vergossen worden war, um jene aufrührerische Stadt in die Knie zu zwingen, gehört zu den Dingen, die mein einfacher Verstand nie begreifen wird; Friedrich hingegen machte, wie er es so oft getan hatte, aus der Not eine Tugend. Dass er damit den Neid seines einstigen Verbündeten, der Stadt Cremona, heraufbeschwören würde, muss ihm bewusst gewesen sein, doch er scherte sich nicht darum, zumal die Cremonesen Friedrichs Notlagen in der Vergangenheit oft zu ihren Gunsten genutzt und sich Privilegien ertrotzt hatten – das hatte ihnen der Kaiser nicht vergessen.

Als sich Friedrich im Januar in Lodi aufhielt, brachten die Einwohner von Crema Beschwerden gegen Cremona vor – was wiederum die Abgesandten jener Stadt so erzürnte, dass sie zu ihren Schwertern griffen und die Beschwerdeführer aus der Stadt jagten. Dass solches unter den Augen und in Anwesenheit des Kaisers geschah und die Cremonesen das Recht in eigene Hände nahmen, konnte Friedrich nicht dulden. Um seinen ehemaligen Verbündeten Cremona in die Schranken zu weisen, schloss er Anfang Februar ein Bündnis mit dem einstigen Erzfeind Mailand.

Verbündete wurden zu Feinden und Feinde zu Verbündeten – ich gestehe, dass mir der Kopf schwirrte von so viel Politik. Einmal mehr wurde mir klar, dass ich niemals zum König, geschweige denn zum Kaiser getaugt hätte.

Um aller Welt zu zeigen, wie sehr sich die Verhältnisse geändert hatten, zog Friedrich im Mai vor Crema, erklärte feierlich die Neugründung der Stadt und führte die zuvor in alle Winde zerstreuten Cremasken zurück hinter die Mauern, die er einst selbst hatte niederbrennen lassen.

Der Sommer brachte uns hinab in den Süden, um Konstanze, die zukünftige Schwiegertochter des Kaisers, in Empfang zu nehmen und gen Norden zu geleiten. Ziel der Verbindung mit dem jungen König Heinrich war es, den für eine Dauer von fünfzehn Jahren festgesetzten Frieden mit dem Normannenreich zu garantieren. Ob mein Herr auch daran dachte, über die zum Zeitpunkt der Verlobung bereits dreißigjährige Konstanze für seinen Sohn ein Anrecht auf den Thron Siziliens zu erwirken, vermag ich nicht zu sagen, doch würde es mich nicht wundern, wäre es so gewesen.

Ein halbes Jahr später, zu Beginn des Jahres 1186, wurde die Vermählung Heinrichs und Konstanzes gefeiert – in der Kirche des heiligen Ambrosius zu Mailand, das damit erneut zum Mittelpunkt der Lombardei wurde, nun jedoch mit dem Segen des Kaisers. Vor aller Augen wurden sowohl Friedrich als auch sein Sohn und dessen Gemahlin im Anschluss feierlich gekrönt.

Im Frühjahr schließlich geschah, was die sich über Oberitalien verdichtenden Wolken bereits angekündigt hatten: Cremona, die einstige Stütze des Kaisers, sah sich sowohl von Mailand als auch von seiner ewigen Konkurrentin Crema überflügelt und stellte sich offen gegen das Reich und den Kaiser. So mündete der anfängliche Friedenszug in den Süden doch noch in einen Waffengang.

Unsere Schwerter, die bereits Rost angesetzt hatten, schliffen und ölten wir, dann brachen wir an der Spitze eines Heeres, das sich zum größten Teil aus mailändischen Rittern und Soldaten zusammensetzte, nach Osten auf.

Unser erstes Angriffsziel war eine am Fluss Serio gelegene Burg, die Cremona erst wenige Jahre zuvor als Vorposten errichtet hatte. Friedrich ließ sie einschließen und mit Belagerungsgerät umgeben, dessen bloßer Anblick genügte, um den Verteidigern die Aussichtslosigkeit ihrer Lage vor Augen zu führen. Der Krieg, den wir befürchtet hatten, fand nicht statt. Gegen die Abtretung einiger Gebiete und die Bezahlung einer Strafe nahm der Kaiser die abtrünnigen Cremonesen wieder in seine Huld auf. Vielleicht hatte er aus der Vergangenheit gelernt und eingesehen, dass den rebellischen Italienern am besten mit Geduld und Nachsicht zu begegnen war; vielleicht, so dachte ich damals, war mein Herr auch einfach nur des Krieges und des Kämpfens müde.

Ein Irrtum, wie ich später feststellen sollte.

Ein neuer Papst – der nach dem Tode Lucius III. auf den Stuhl Petri berufene Urban III. – sollte den alternden Kaiser noch einmal herausfordern.

Die Einmischung des *pontifex* in die Einsetzung des Erzbischofs von Trier sowie die Tatsache, dass sich Philipp von Köln nach seiner Entfremdung von meinem Herrn mehr und mehr dem englischen Königsthron zugewandt hatte, machte Friedrichs Rückkehr in den Norden dringend erforderlich.

Im August des Jahres 1186 verließ der Kaiser Italien.

Er sah es niemals wieder.

53

Trier
Anfang 1188

An dieses Gespräch erinnere ich mich deutlicher als an jedes andere, dass ich mit meinem Herrn führte.

Das Weihnachtsfest hatten wir in Trier begangen und hielten uns noch dort auf, als mich Friedrich eines Abends in seine Kammer rufen ließ. Und obwohl die Streitigkeiten im Reich zu jenem Zeitpunkt wieder beigelegt und die Grenzen gesichert waren; obwohl seine Nachfolge geregelt war und mit Papst Gregor, dem Achten seines Namens, ein neuer, auf Gemeinsinn bedachter Nachfolger Petri den Heiligen Stuhl besetzte, sodass der Friede auf Erden, den das Christfest verhieß, mehr als nur ein frommer Wunsch war, fand ich meinen Herrn in niedergeschlagener Stimmung.

Es mochte an der Kälte des Winters liegen, die durch die Flure der Kaiserpfalz drang, und an der frühen Dunkelheit, die der Schein von einem halben Dutzend Kerzen nur unzureichend vertrieb. Doch zum ersten Mal hatte ich den Eindruck, dass der Mann, der dort auf seinem Stuhl kauerte, einen Umhang aus Fell um die Schultern, den Blick auf das flackernde Kaminfeuer gerichtet, ein Greis war. Zu jenem Zeitpunkt stand Friedrich so wie ich selbst im siebenundsechzigsten Jahr seines Lebens, und so war mir bewusst, dass ich in einen Spiegel blickte.

»Hier bin ich, Herr«, sagte ich, als ich über die Schwelle trat und die Tür hinter mir wieder schloss.

Der Kaiser lachte nur. »So lange kennen wir uns, von Kindesbeinen an. Doch nie hast du mich bei meinem Namen angesprochen.«

»Weil es mir nicht zukommt, Herr.«

Friedrich wandte das Haupt und sah mich an. Im Blick seiner Augen, in deren einst so strahlendes Blau sich stumpfes Grau gemischt hatte, schien sich Wissen zu spiegeln, über das er nicht sprechen wollte. Und vielleicht war das auch besser so.

»Komm näher«, forderte er mich auf, und ich stieg die Stufen hinab, die in die Kammer führten, tauchte in die Wärme des Feuerscheins.

»Was kann ich für dich tun, Herr?«

»Nichts, vermutlich.« Er lachte wieder. »Ich wollte wohl nur nicht allein in die Flammen starren. Und ich bin den Wein als Gefährten leid.«

»Das kann ich verstehen«, versicherte ich. »Zumal ich dir keine Kopfschmerzen bereite.«

»Denkst du?« Er sah mich fragend an. »Du hast mir Widerworte gegeben, wiederholte Male.«

»Nur aus Sorge um dich, Herr.«

»Ich weiß.« Er nickte. »Genau wie sie, nicht wahr? Manchmal glaube ich, ihr seid die Einzigen gewesen, denen mein Wohl je am Herzen lag. Nicht das des Reiches und nicht euer eigenes, sondern nur das meine …«

Ich fragte nicht nach, es war offensichtlich, von wem er sprach. Der Tod der Kaiserin lag zu jenem Zeitpunkt bereits vier Jahre zurück, doch die Wunde war noch immer frisch, bei meinem Herrn nicht weniger als bei mir, und noch immer trauerten wir, ein jeder aus seinen Gründen.

Mein Herr hatte mit Beatrix nicht nur die Gemahlin verloren, sondern auch die furchtlose Gefährtin, die ihm stets zur Seite gestanden und ihm eine Stütze gewesen war, wann immer er schwach gewesen war oder gezweifelt hatte – vorausgesetzt natürlich, er selbst hatte es zugelassen. Was mich betrifft, so war es die Anmut der Kaiserin gewesen, die ich stets über alles gepriesen hatte. Doch jetzt, da sie nicht mehr unter uns weilte, merkte ich, dass es nicht ihre Schönheit gewesen war, die mich in all den Jahren betört und ihr einen unauslöschlichen Platz in meinem Herzen eingetragen hatte.

Sondern ihre Klugheit.

Ihre Sanftmut.

Ihre Stärke.

Auf ihre Weise, so fürchte ich, hatte sie nicht nur dem Kaiser Halt gegeben, sondern auch seinem Schatten. Und sie hatte in der Zeit, die der Allmächtige ihr auf Erden schenkte, nicht weniger als elf Kinder zur Welt gebracht. Von den Strapazen der Mutterschaft gezeichnet, war Beatrix zu Beginn des Italienzugs nach Burgund zurückgekehrt und dort am 15. Tag des Novembers verstorben, ihre sterbliche Hülle war im Dom zu Speyer beigesetzt.

»Ich habe sie geliebt«, sagte Friedrich so leise, dass es gegen das Knacken des Feuers kaum zu vernehmen war.

»Ich weiß, Herr.«

»Und mir ist klar, dass auch du sie geliebt hast«, erwiderte er. Ich wollte widersprechen, aber sein Lächeln gab mir zu verstehen, dass es nicht nötig war. »Leugne es nicht, alter Freund«, fügte er hinzu, nicht aufbrausend und im Zorn wie einst, sondern ruhig und gelassen.

Wieder fragte ich mich, was Friedrich wusste und ob er mehr wusste, als er in diesem Moment durchblicken ließ. Ich hatte zu niemandem je ein Wort darüber verloren, was an jenem Sommertag in Burgund geschehen war, noch nicht einmal einem Beichtvater hatte ich mich anvertraut aus Sorge, die Kaiserin und ihr Ansehen zu gefährden. Doch in diesem Augenblick verspürte ich den Drang, mich meinem Herrn zu offenbaren, ihm zu gestehen, was damals geschehen war, und dann auf seine Vergebung zu hoffen oder meine Bestrafung zu erwarten – aber wäre das nicht selbstsüchtig gewesen?

Um mein Gewissen zu erleichtern, würde ich Beatrix' Andenken schädigen und Friedrichs Herz beschweren, wann immer er an sie dachte …

Nein.

Einst würde ich vor den Schöpfer tragen, was ich auf Erden getan hatte, und mich dafür verantworten. Bis dahin jedoch würde ich damit leben müssen.

»In ihren Augen fand ich immer Gnade«, sagte mein Herr.

»Die Kaiserin hatte ein großes Herz«, bestätigte ich.

»Das hatte sie – doch werden andere einst ebenso gütig über mich befinden, wie sie es tat?«

»Was meinst du?«

Friedrich lachte wieder und sah von den Flammen auf. Und als ich den furchtsamen, beinahe flehenden Ausdruck in seinen Augen sah, wurde es mir klar: Ich stand vor einem Mann, dem bewusst geworden war, dass er im Herbst seines Lebens stand. Krankheit und die üblichen Gebrechen eines alternden Körpers hatten ihm vor Augen geführt, dass alles Sein vergänglich war, selbst das eines Kaisers. Und nachdem seine Gemahlin ihm bereits vorangegangen war, schien sich auch Friedrich mit den letzten Dingen zu beschäftigen …

»Meine Nachfolge ist geregelt«, sagte er leise. »Heinrich ist mir ein guter Sohn, und er wird ein guter Herrscher sein – womöglich ein besserer, als ich es je gewesen bin. Doch was wird von dem bleiben, was ich getan habe? Was von den Kämpfen, die ich geführt habe? Wird man Kaiser Friedrich Rotbart in Erinnerung behalten?«

»Das wird man«, war ich überzeugt.

»Aber auf welche Weise? So wie man meinen Onkel in Erinnerung behalten hat? Als eine Randbemerkung im Buch der Geschichtsschreiber?«

»König Konrad ist nie in Rom gewesen«, brachte ich in Erinnerung. »Er hat die Kaiserkrone nie getragen.«

»Und ich?« Friedrich lächelte gequält. »Ich habe sie mir ertrotzt, habe mir Gold mit Eisen erkämpft – und was hat es mir eingetragen? Kriege, Kriege und noch mehr Kriege. Und einen Streit, den ich von Anfang an nicht gewinnen konnte und der damit endete, dass ich zu Venedig bäuchlings im Staub lag und dem Papst die Füße küsste.«

»Alle Welt hat dich für deine Frömmigkeit und Größe bewundert, Herr«, versicherte ich. »Und seine Heiligkeit hat dir vergeben.«

»Seine Heiligkeit.« Friedrich nickte und schien über meine Worte nachzudenken. »Aber wen von uns beiden wird man in Erinnerung behalten? Ihn, der triumphiert hat? Oder mich, der ich nachgeben musste?« Er ließ die Fragen offen und schien auch nicht zu erwarten, dass ich eine Antwort gab. »Je älter ich werde«, fuhr er stattdessen fort, »desto seltsamer werden die Gedanken, die mich überkommen. Ist alles vergeblich gewesen? All die Kämpfe, die wir gefochten, das Blut, das wir vergossen haben? Werden sich die Menschen einst daran erinnern? Werden sie noch wissen, wofür wir gekämpft haben? Oder wird es ihnen gleichgültig sein?«

»Ich weiß es nicht, Herr«, gestand ich.

»Der Herr allein weiß, wie viele Sünden ich in meinem Leben begangen habe. Stolz und hochmütig bin ich gewesen, aufbrausend im Zorn und grausam in meinen Entscheidungen. Mein Vetter Heinrich warf mir einst vor, mehr an meiner eigenen Ehre interessiert zu sein als an der des Reiches, und manchmal glaube ich, er hatte recht …«

»Herr«, warf ich ein, »wenn du die Beichte abzulegen wünschst, so werde ich nach dem Kapellan schicken, damit er …«

»Keine Sorge, mein Freund – nach Absolution verlangt es mich nicht … noch nicht. Aber ich weiß auch nicht, wie viel Zeit mir auf Erden noch bleibt. Ich habe gebetet und dem Herrn vertraut, habe Klöster und Kirchen gestiftet – doch wird es am Ende genügen, um einen Weg in die Ewigkeit zu finden? Um meinen Namen einzureihen unter die Größten, die je über das Abendland herrschten?«

Wieder sah er mich fragend an, und diesmal erwartete er wohl eine Antwort. Ich wusste nicht, was ich erwidern sollte, all dies mutete eigenartig an. Friedrich Barbarossa, der mächtige Kaiser, war verunsichert, ja verängstigt, was sein Nachleben betraf, sein Wirken über den Tod hinaus – und ausgerechnet ich, der ich mein Leben lang nur in seinem Schatten gestanden hatte, sollte ihm diese Furcht nehmen?

»Würdest du dir das denn wünschen, Herr?«, fragte ich.

»Ist das nicht der Wunsch eines jeden Herrschers? Unvergessen zu bleiben? Unsterblich in der Erinnerung der Menschen?«

Ich überlegte. »Einst hörte ich von einem König aus dem fernen Britannien, Artus mit Namen«, erwiderte ich dann. »Er war ein guter und weiser Herrscher. Nach seinem Tod wurde er ins Reich der Legenden geholt, und es heißt, dass er von dort wiederkehren wird, wenn sein Volk seiner Hilfe bedarf.«

Friedrich nickte. »Du hast mich verstanden, mein Freund. Das ist es, was auch ich mir wünsche. Mehr als alles andere.« Er wandte sich wieder den Flammen zu und blickte, wie es schien, gedankenverloren hinein.

»Ich werde gehen«, sagte er nach einer Weile.

»Wohin, Herr?«

In einem plötzlichen Entschluss stand der Kaiser auf, warf den Umhang aus Fell ab und trat vor. »Nach Jerusalem«, verkündete er. »Salah ad-Din hat die Christen dort bezwungen, das Heilige Grab ist in die Hände der Sarazenen gefallen. Papst Gregor hat zur Pilgerfahrt aufgerufen, um Stadt und Grab von den Heiden zu befreien.«

»Und du willst diesem Aufruf folgen, Herr?«

»Ja, Arndt.« Nickend beugte er das noch immer rötliche, jedoch stark ergraute Haupt. »Schon bald werde ich in Mainz einen großen Hoftag abhalten, zu Ehren unseres Herrn Jesus, und die Fürsten auffordern, mir ins Heilige Land zu folgen. Doch anders als mein Onkel werde ich niemanden dazu zwingen. Dies ist meine Reise, meine Pilgerschaft, mein Weg in den Himmel – doch es muss nicht der deine sein. Aus diesem Grund gebe ich dich frei, mein Freund.«

»Was?« Ich glaubte, nicht recht zu hören.

»Der Kaiser entlässt seinen Schatten«, bekräftigte Friedrich. »Nicht länger bist du an mich gebunden oder an den Schwur, den du einst geleistet hast. Es steht dir frei, zu gehen, wohin du willst, niemand wird es dir verwehren. Für deine Verdienste um die Krone wirst du ein Gut erhalten, das dich redlich nähren wird bis ans Ende deiner Tage.«

»Aber …«, widersprach ich, während ich mir gleichzeitig klarzumachen versuchte, was diese Worte für mich bedeuteten.

Freiheit zu entscheiden.

Zu gehen, wohin ich wollte.

Zu tun, was mir beliebte.

Ich brauchte nicht mehr zu kämpfen, konnte mich zurückziehen vom Schlachtfeld des Lebens, mich dem Studium von Büchern widmen, wie ich es stets hatte tun wollen.

Für einen Augenblick sah ich mich dort sitzen, wie ich im Kerzenschein alte Schriften las, gebeugt vom Alter …

… und allein.

Nein, Freiheit bedeutete mir nichts, wenn ich niemanden hatte, mit dem ich sie teilen konnte, kein Weib und keine Kinder. Friedrich und niemand sonst war meine Familie.

»Ich will nicht frei sein, Herr«, erklärte ich leise, aber mit fester Stimme. »Mein Platz ist an deiner Seite.«

»Auch auf einer Pilgerschaft, von der wir womöglich nicht zurückkehren werden? Die vielleicht unsere letzte sein wird?«

Ich zögerte nicht. »Auch dann, Herr.«

»So folge deinem Kaiser nicht als Schatten«, sagte Friedrich und hielt mir die Rechte hin. »Folge mir als mein Gefährte. Als mein Freund und Kreuzfahrerbruder.«

Ich hielt für einen Moment inne, dann ergriff ich den Arm meines Kaisers bis zum Ellbogen, und Friedrich zog mich an sich heran, küsste mich auf die Stirn und umarmte mich wie einen lieben Freund oder Bruder, und ich schämte mich nicht der Tränen, die wir beide dabei vergossen.

Im darauffolgenden Jahr brachen wir auf, ein Heereszug so groß, dass er von einem Horizont zum anderen reichte, durch das Reich der Bulgaren ins Land der Türken und Seldschuken, bis wir schließlich ans Ufer des Flusses Saleph gelangten.

Und das Schicksal seinen Lauf nahm.

EPILOG

Der Kreis der Erzählung hatte sich geschlossen.

Ich war wieder dort angelangt, wo ich vor Stunden begonnen hatte, mein Bericht war zu Ende – so wie die Nacht, die sich zurückzog wie eine geschlagene Armee, um dem neuen Tag zu weichen, der im Osten über dem Flusstal heraufzog.

Nachdem ich die letzten Worte gesprochen hatte, kehrte Stille im Zelt ein. Die Talgkerzen und Fackeln, die mehrfach hatten ausgewechselt werden müssen, waren erneut herabgebrannt, der violette Schein der Dämmerung drang durch die Rauchabzüge herein. In diesem Licht verharrte ich, während Friedrich und seine Noblen mich weiter ansahen, als erwarteten sie noch einen letzten, entscheidenden Hinweis.

»Und das ist alles, was ich berichten kann, edle Herren«, sagte ich deshalb. »Ich habe berichtet, wessen ich mich entsinne, und bin bei der Wahrheit geblieben, wie ich zu Beginn versichert habe.«

»Das bist du in der Tat.« Der Kaisersohn nickte. Nicht alles, was er gehört hatte, hatte ihm gefallen, und ich konnte mir durchaus denken, welche Stellen meines Berichts ihn mit Unbehagen erfüllten. »Über manches werden wir noch zu sprechen haben«, kündigte er wenig überraschend an.

»Nichts anderes habe ich erwartet, junger Herr.«

»Und du fürchtest keine Strafe?«

»Ich bin ein alter Mann, Herr«, erwiderte ich nur. »Außerdem habt Ihr nach Wahrheit verlangt, und Wahrheit habe ich Euch gegeben.«

»Mir war stets bewusst, dass der Kaiser viele Feinde hatte«, warf Heinrich von Kalden ein. »Jedoch habe ich mir nie klargemacht, dass alles zusammenhing …«

»Nichts bleibt ohne Folgen, Herr«, entgegnete ich. »Alles, was wir im Leben tun, alle Entscheidungen, die wir treffen, haben Auswirkungen. Die Herrschaft Friedrich Rotbarts war glanzvoll und strahlend – doch die Anzahl seiner Feinde war so groß wie die der Sterne am Firmament.«

»In der Tat.« Der Marschall nickte. »Außerhalb des Reiches wie auch innerhalb, selbst in den Reihen der heiligen Kirche. Weltliche Fürsten wie geistliche, Fremde wie Angehörige der eigenen Familie, Sarazenen ebenso wie Christen …«

»Neid kennt kein Land und keine Religion, Herr«, erwiderte ich. »Ebenso wenig wie Habgier, Missgunst oder Hass.«

»Das ist leider nur zu wahr«, bestätigte Hermann, der Bischof von Münster. »Dazu sind alle Menschen fähig, die rechtgläubigen wie die Heiden.«

»Doch was folgern wir daraus?«, fragte Ludwig von Helfenstein. »Viel haben wir über unseren verstorbenen Herrscher gehört, womöglich mehr, als wir jemals erfahren wollten – doch was nun? Wer von all jenen, die Arndt uns nannte, war dem Kaiser so feind, dass er ihm nach dem Leben trachtete? Wer war es, der die Sattelgurte durchschnitt, sodass er im Fluss ertrinken musste?«

Der Blick, mit dem mich der Ritter bedachte, war so verlangend, dass Bischof Hermann für mich Partei ergriff. »Der Schatten des Kaisers hat nie behauptet, dies zu wissen«, beschwichtigte er. »Er sagte nur, die Feinde unseres Herrschers genau zu kennen.«

»Und das hat er bewiesen, fürwahr«, bestätigte Gottfried von Wiesenbach, dem der Kopf zu schwirren schien von all den Dingen, die ich berichtet hatte – mit den Pranken rieb er sich die Schläfen.

Friedrich schnaubte. Wieder hatte ich das Gefühl, im Blick seiner blauen Augen etwas von seinem Vater zu entdecken. »Ich will über alles nachdenken«, kündigte er an. »Ich bin sicher, irgendwo in deinen Erzählungen befindet sich die entscheidende Spur. Jener Hinweis, der uns verrät, wer meinen Vater, unseren großen und geliebten Kaiser, ermorden ließ.«

»Damit mögt Ihr recht haben, junger Herr«, stimmte ich zu. »Wenn Ihr gestattet, so werde ich mich zur Ruhe legen. Wie Ihr habe auch ich diese Nacht kein Auge zugetan, und im Gegensatz zu Euch bin ich ein alter Mann.«

»Geh«, bestätigte der Kaisersohn. »Leg dich in deinem Zelt nieder, aber halte dich zur Verfügung, sofern ich noch weitere Fragen an dich habe.«

»Gewiss, Herr«, versprach ich.

Ich erhob mich und erwies den versammelten Edlen die Ehre, dann verließ ich das Zelt. Kühle, trockene Morgenluft schlug mir entgegen, die ich tief in meine Lungen sog.

Doch anders, als ich gesagt hatte, schlug ich nicht den

Weg zu meinem Zelt ein, sondern lenkte die Schritte zum nahen Fluss. Der Saleph floss ruhig an diesem Morgen. Der rötliche Himmel spiegelte sich darin, und niemand hätte vermutet, dass dieses so harmlos wirkende Wasser am gestrigen Tage den Herrscher des Abendlandes verschlungen hatte.

Ich stieg auf einen Felsen, der ein Stück über das Wasser ragte, und blickte auf die Flut, die unter mir dahinglitt, plätschernd, rauschend, sich beständig verändernd.

Dann griff ich unter meinen Rock und holte das Messer hervor, das ich dort verborgen hatte. Es hatte einen schmalen Griff aus Hirschhorn und eine kurze, scharfe Klinge, und wer genau hinsah, der hätte noch Rückstände von Gurtleder daran erblickt. Warum ich es die ganze Zeit bei mir getragen hatte, vermochte ich selbst nicht zu sagen. Vielleicht, weil ein Teil von mir gewollt hatte, dass es in meinem Besitz gefunden wurde? Weil ein Teil von mir die Tat bereute?

Der andere Teil jedoch wusste, dass es nur diesen Weg gegeben hatte. Der Kaiser und sein Schatten, untrennbar waren sie verbunden gewesen in all den Jahren, hatten Freud und Leid geteilt. Wir hatten gemeinsam Siege errungen und Niederlagen erlitten, Glück empfunden und getrauert; wir hatten geliebt und hatten verloren, hatten helle wie dunkle Zeiten durchlebt, und immer war ich dabei an der Seite meines Herrn geblieben, so wie man es mir einst aufgegeben hatte.

Und so war mir auch die Aufgabe zugefallen, es zu beenden.

Nicht aus Neid, weil er alles gewesen war und ich nichts. Nicht aus Missgunst, weil er die Frau, die ich liebte, zur Gemahlin gehabt hatte. Nicht wegen dem, was unser

Vater mir einst auf dem Sterbebett offenbart hatte und was der wahre Grund dafür gewesen war, dass die Mönche von Cappenberg mich einst retteten; nicht aus Rache für manches bittere Wort, das er mir hatte angedeihen lassen, für manches Unrecht und manche Kränkung. Sondern zu Ehren des Kaisers, der er gewesen war, trotz aller Anfeindungen unbeugsam und mächtig und auf das Wohl und das Ansehen des Reiches bedacht.

Aus Achtung vor dem König, der er gewesen war – treu zu den Seinen, dabei gottesfürchtig und von großem Mut erfüllt.

Aus Liebe zu dem Mann, der er gewesen war, zu dem Freund und Gefährten, mit dem ich den Vater teilte und den ich doch nie Bruder nennen durfte.

Das war es gewesen, was mir der einäugige Herzog damals offenbart hatte, zusammen mit dem Versprechen, das Geheimnis meiner Herkunft niemals zu verraten – und wer bin ich, den letzten Wunsch eines Sterbenden zu missachten? Friedrich hat es nie erfahren ... Vielleicht hat er es geahnt, in Momenten, in denen wir einander besonders nahe waren, dass es noch eine andere, tiefere Verbindung zwischen uns gab, die mich zum Schatten des Kaisers machte.

Und als solcher hatte ich noch einen allerletzten Dienst zu erweisen gehabt, einen letzten Wunsch zu erfüllen.

Eine letzte Pflicht.

Sollte Bestand haben, was Friedrich zu seinen Lebzeiten getan hatte, sollten die Visionen, denen er gefolgt war, die Zeit überdauern und sein Name einst zusammen mit den Großen der Vergangenheit genannt werden, wie er es sich gewünscht hatte, so hatte seine Geschichte hier enden müssen, in den Wassern dieses Flusses.

Denn anders als Friedrich zweifelte ich nicht daran, dass dieser Feldzug, diese dritte große Pilgerfahrt ins Heilige Land, zum Scheitern verurteilt war. Der eitle Versuch, einen aussichtslosen Kampf zu gewinnen, würde wie der zuvor in einem Fehlschlag enden, würde in einer trockenen Wüste oder vor den Toren einer Stadt, an die sich später niemand mehr erinnern würde, ein zähes und grausames Ende finden. Doch Friedrich Rotbarts Licht sollte nicht langsam verlöschen, sondern hell leuchten am Firmament der Erinnerung.

Als sein treuer Schatten hatte ich ihn stets beschützt – nun hatte ich seinen Stern davor bewahrt zu verblassen.

Aus den Büchern, die ich einst gelesen hatte, wusste ich nur zu gut, wie viele gekrönte Häupter nach Größe gestrebt hatten und letztlich doch gestorben waren, ob im Kampf oder auf dem Totenbett, dem Vergessen ausgesetzt. Ein Ende wie dieses jedoch, unvermittelt, unbegreiflich und vom Hauch des Rätsels umgeben, würde Friedrich Barbarossa noch größer machen, als er im Leben je gewesen war, seinen Namen unauslöschlich in das Andenken der Menschen meißeln.

Wie einst Lanzelet das Schwert Excalibur warf ich das Messer in die Fluten. Im Licht der Morgensonne blitzte die Klinge noch einmal auf, ehe sie im Fluss versank.

Es gab keine Hand, die es aufnahm, keine Dame vom See, die mir versicherte, dass alles gut werden und der König in den Kreis jener Herrscher aufgenommen würde, die die Welt einst mit Weisheit und Macht regierten wie der große Konstantin oder der legendäre Artus. Doch vielleicht, dachte ich, während die Sonne über den Horizont stieg und ihre ersten Strahlen in die Ebene schickte, würde man dereinst ebenfalls erzählen, dass Friedrich Barbarossa nicht wirklich tot war, sondern lediglich schlief. Und dass er an einem fernen, entlegenen Ort seiner Rückkehr harrte.

ENDE

NACHWORT

Ein ganzes Menschenleben in einem Roman einfangen zu wollen, muss letztlich immer ein Versuch bleiben – erst recht, wenn dieses Leben vor neunhundert Jahren begonnen hat und nicht irgend jemands Leben war, sondern das einer der schillerndsten und sagenumwobensten Gestalten des Mittelalters.

Es gibt kaum einen realen Herrscher, um den sich so viele Mythen und Anekdoten ranken wie um Friedrich von Hohenstaufen, dem die Überlieferung seines roten Bartes wegen den Beinamen »Barbarossa« gab (dass zumindest seine italienischen Untertanen ihn schon zu Lebzeiten so nannten, ist möglich, aber nicht gesichert – dies ist eine der Freiheiten, die ich mir in diesem Roman genommen habe). Kaum einen anderen Herrscher aber auch, der von späteren Generationen so vereinnahmt und instrumentalisiert wurde, mitunter auch missbraucht. Ob als Urahn einer werdenden Nation, als propagandistischer Popanz oder als romantische Symbolfigur – die (Über-)Person Friedrich Barbarossas hat über die Jahrhunderte immer wieder fasziniert und provoziert, hat Widersprüche und Sehnsüchte geweckt wie wohl kaum eine andere reale Herrschergestalt – um vergleichbare Überhöhung zu finden, muss man das Reich der Mythen und den sagenhaften König Artus bemühen, dessen Geschichte nicht von ungefähr auch einige Parallelen zur Barbarossa-Überlieferung aufweist.

Dennoch handelt dieser Roman nicht von einer Mythengestalt, sondern von einem Herrscher, der tatsächlich gelebt und eine der spannendsten Phasen des Mittelalters maßgeblich bestimmt hat – nicht immer erfolgreich, jedoch von einem Denken geleitet, das einerseits den Bogen zurück zu einer stolzen Vergangenheit schlug und sich andererseits mit neuen, revolutionär anmutenden Ideen auseinandersetzen musste, mit einem erstarkenden Bürgertum und dem Konzept eines städtischen Föderalismus, Konzepte, die das Ende der alten feudalen Ordnung bereits im Ansatz erahnen ließen.

Zu Barbarossas Zeit war dieser Wettstreit der Ideen freilich noch nicht entschieden. Eine Welt, die nicht von adeligen Berufskriegern und gegenseitiger Lehnstreue bestimmt war, konnte er sich vermutlich ebenso wenig vorstellen wie wir heute eine Welt ohne Kapitalismus. Und das bringt uns zu dem Menschen Barbarossa, zu dem Sohn, Neffen, Ehemann und Vater, der der Staufer war, zu seinen Vorlieben und Abneigungen, von denen uns einige überliefert sind, aber die meisten eben nicht. Den Menschen Barbarossa dennoch greifbar zu machen, die Wechselwirkung zwischen Herrschermacht und Persönlichkeit zu zeigen und dabei weder das Licht noch die Dunkelheit auszusparen (von der es in Friedrichs langem Leben eine Menge gab), war die Grundidee dieses Romans. Und ich wollte Friedrich nicht durch seine eigenen Augen betrachten, sondern durch einen Menschen an seiner Seite, der ihm auf schicksalhafte Weise verbunden ist und ihm zur Seite steht: die (fiktive) Figur des Arndt von Cappenberg, des Schattens des Kaisers, war der Schlüssel zu diesem Roman.

Durch Arndt, den besitzlosen Jungen, der unter demselben Stern geboren wird wie der spätere Kaiser, ergab sich die Möglichkeit, einen neuen, anderen Blick auf das Leben Friedrich Barbarossas zu werfen; Aspekte zu beleuchten, die bislang vielleicht vernachlässigt wurden, aber auch manche Gestalt der historischen Überlieferung in einem neuen, womöglich kritischeren Licht zu zeigen.

Von jener ersten Idee bis zum fertigen Buch, das Sie, liebe Leserin, lieber Leser, nun in den Händen halten, war es freilich ein weiter Weg, und ich möchte all jenen danken, die dazu beigetragen haben, das Ziel zu erreichen.

Im Zuge der umfangreichen Recherche, die diesem Roman vorausging, waren mir die Standardwerke von Ferdinand Oppl und Knut Görich eine große Hilfe. Den beiden verdienten Historikern möchte ich daher an dieser Stelle meinen Dank aussprechen – und zugleich um Nachsicht dafür bitten, dass ich mich bisweilen weniger am aktuellen Stand der Forschung als an der volkstümlichen Überlieferung orientiert und mir hin und wieder zugunsten der Dramaturgie auch Freiheiten in Reihenfolge und Auftritt einzelner Ereignisse genommen habe (wobei in Friedrichs Leben kein Mangel an schicksalhaften Fügungen und dramatischen Wendungen besteht). Mein Dank geht an Ralf Schaltenbrand und seine Mitstreiter vom Rotary-Club Selm, nicht nur für die Anregungen, sondern auch für die Einladung zu einem überaus fesselnden (und den Autor inspirierenden) Symposium auf Schloss Cappenberg.

Meinem Agenten Peter Molden und seiner Ehefrau

Regina danke ich für den besonderen Zuspruch und die Ermutigung bei der Entstehung dieses Werks, meinem Lektor Stefan Bauer für die Freundschaft und die Unterstützung selbst unter erschwerten pandemischen Bedingungen.

Und natürlich danke ich meiner wunderbaren Familie, die mich einmal mehr unterstützt und getragen hat, auch durch Tage, die nicht einfach waren, und nicht nur der Herausforderung wegen, die das Schreiben eines Romans darstellt.

Die Wahrheit ist es, die der Kaisersohn Friedrich im Prolog von Arndt von Cappenberg verlangt – und Wahrheit findet sich in diesem Buch. Nicht zwangsläufig immer in Form historischer Fakten, sondern die Wahrheit des Geschichtenerzählers über das Wesen des Menschen; Facetten der Wirklichkeit, wie sie gewesen sein könnte, damals, zur Zeit des Roten Friedrich.

Michael Peinkofer
Herbst 2021